中国社会科学院创新工程学术出版项目

考古学专刊甲种第四十号

夏鼐文集

A COLLECTION OF XIA NAI' S WORKS

第 一 册

中国社会科学院考古研究所　编辑

社 会 科 学 文 献 出 版 社　出 版

夏鼐（1910~1985）

1924 年就读温州浙江省立第十中学 1927 年就读上海光华大学附属中学
初中部时 高中部时

1933 年末清华大学历史系毕业前夕 1939 年伦敦大学毕业时

1940 年在埃及开罗博物馆工作时

1941 年在殷墟进行田野考古实习时，与历史语言研究所考古组人员合影（李光谟同志提供）
左起：王湘、胡福林（胡厚宣）、李光宇、祁延霈、刘燿（尹达）、梁思永、李济、尹焕章、夏鼐、石璋如

1941 年参加彭山崖墓发掘时考古队人员合影（采自《四川彭山汉代崖墓》）
左起：吴金鼎、王介忱、高去寻、冯汉骥、曾昭燏、李济、夏鼐、陈明达

1950 年中国科学院考古研究所成立后，率领全所业务人员前往河南辉县进行新中国第一次大规模的考古发掘
后排右起：石兴邦、王伯洪、马得志、安志敏、夏鼐、苏秉琦、郭宝钧
前　　坐：白万玉（左三）、王仲殊（左四）、赵铨（右一）

1958 年与郑振铎（左）在北京明定陵发掘现场（右侧为记者）

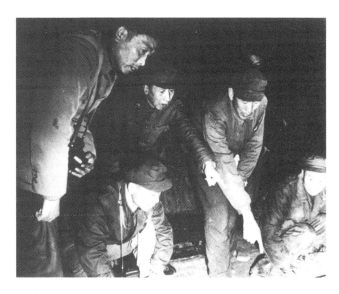

1958 年在长沙马王堆汉墓发掘现场
（左一高至喜、右一王㺵）

1983 年在广州汉南越王墓发掘现场

1979 年在中国考古学会成立大会上作题为《我国考古工作的巨大成就和今后努力方向》的报告

1985 年在中国考古学会第五次年会开幕式上作题为《考古工作者需要有献身精神》的讲话（左侧为马洪、朱德熙、刘大年）

1983 年 3 月中国大百科全书考古学卷分编委会扩大会议
前排左起：王振铎、苏秉琦、姜椿芳、夏鼐、张友渔、贾兰坡、
林志纯、安志敏、宿白
二三排右起：刘加乾、石兴邦、徐苹芳、石磊、张广达、佟柱臣、
张长寿、王世民、朱龙华、吕遵谔、卢兆荫、黄展岳、杨泓、
殷玮璋、邵望平

1982 年 9 月出席在美国檀香山举行的中国商文化研讨会时，
与同行的中国大陆考古学者等合影
右起：胡厚宣、林沄、杨锡璋、夏鼐、张政烺、宿白、安金槐、
周鸿翔（美）、高至喜、王贵民、张振香

1983 年 12 月，第二届国际中国科技史研讨会在香港举行，
以中国代表团顾问身份出席会议（左侧为代表团团长席泽宗）

1983 年 8 月，中国考古学会、中国社会科学院考古研究所与
联合国教科文组织联合举办的亚洲地区（中国）考古讨论会在
北京和西安举行。开幕式上被推选为讨论会主席

与英国科学家李约瑟（1984 年）

与美籍考古学家张光直（1975 年）

1984 年 4 月，出席联合国教科文组织
在巴黎举行的《人类科学文化史》国际
委员会第一卷正副主编会议时，与夫人
李秀君女士在凯旋门前

1973年，以顾问身份与团长
王冶秋共同率领代表团参加
在英国举行的首次中国出土
文物展览开幕式时，参观斯
通衡器环状列石

与日本考古学家三上次男
（1978年）

接待日本考古学家樋口隆康（右二）、友好人士圆城寺次郎（左二）（1979 年）

1983 年 3 月，应日本广播协会（NHK）的邀请，前往东京、福冈、大阪演讲

与王仲殊接待日本作家松本清张（1983 年）

THE BRITISH ACADEMY

BURLINGTON HOUSE, PICCADILLY, LONDON, W1V 0NS
Telephone: 01-734-0457

10 July 1974

Dear Sir,

I have the honour to inform you that at the Annual General Meeting of the Fellows of the Academy held this day you were elected a

Corresponding Fellow of the British Academy

in accordance with the terms of the Charter and Bye-Laws.

Yours faithfully,

Secretary

Professor Xia Nai,
Institute of Archaeology,
Academia Sinica,
9 Wang Fu Ta Chieh,
Peking,
China.

1974 年英国学术院授予的通讯院士证书

1984 年 5 月，在美国全国科学院签字接受外籍院士证书

1985 年 6 月，最后一次接待外国考古学家。左起：安志敏、坪井清足（日）、王世民、夏鼐、杨泓、黄展岳、王仲殊、日方人员

出版说明

　　夏鼐（1910～1985）先生是中国杰出的考古学家。作为新中国考古工作的主要指导者和组织者、中国现代考古学的奠基人之一，他为推进中国考古事业的全面发展做出卓越的贡献。他学识渊博，视野广阔，治学严谨，对中国考古学的许多领域作过精湛而深入的具体探讨，取得享誉中外的杰出成就。为了更好地研究夏鼐先生的学术思想和宝贵遗产，继承与弘扬他所一贯倡导的实事求是的优良学风，我们在 2000 年夏鼐先生诞辰九十周年之际，曾出版《夏鼐文集》（共三册），收录夏鼐先生 1930 年至 1985 年春五十余年的学术论文 141 篇。现在出版的《夏鼐文集》（全五册），仍由中国社会科学院考古研究所王世民先生主持编辑，收录学术论文及其他文字增至 213 篇，共计 229 万字。

　　这部《夏鼐文集》（全五册）不是无所不包的全集，也不是仅收名篇的选集，而是力求全面反映夏鼐先生毕生学术研究成果的一部集子。为切实保持所收文章的原来面目，本文集全部依照原发表书刊或手稿核校，仅作极个别的文字订正。在编排上，按照所论问题的性质即学科分支分编，同一类别内再按其写作年代先后排列。全书卷首，除冠有王仲殊先生撰写的《夏鼐先生传略》外，又增加了王仲殊、王世民两位先生合写的《夏鼐先生的治学之路》一文，卷末附载的《夏鼐先生学术活动年表》也有所增补。

2016 年 6 月

总　目

第一册

第二册

第三册

第四册

第六编　考古漫记与述评、短论等

第五册

第七编　历史学研究和其他方面的文章
夏鼐先生学术活动年表

编后记

General Contents

Volume I

Volume II

Volume III

Volume IV

Part VI   Archaeological Narratives, Comments and Short Remarks

Volume V

Part VII   Historical and Other Writings
Chronology of Xia Nai's Academic Activities

Editorial Afterword

目　录

Contents

Part I   General Archaeology

夏鼐先生传略[*]

王仲殊

一

夏鼐先生字作铭，1910 年 2 月 7 日出生于浙江省温州府永嘉县（今温州市）。1927 年以前在温州上私塾、小学和初中，1927 年 9 月到上海上高中。1930 年高中毕业后，他来到北京，进燕京大学，次年又转入清华大学求学。1934 年 7 月在清华大学历史系毕业，获文学士学位。同年 10 月初，他考取清华大学留美公费生的考古学部门，以求出国深造，学习近代考古学。

按照当时的规定，出国前要在国内准备并实习一年。因此，他于 1935 年春以实习生的身份在河南省安阳参加由梁思永先生主持的殷墟西北冈墓群的发掘，与梁思永、石璋如、尹达、胡厚宣等相过从，在实际工作中学得许多考古学的知识和技术。这一年，便是夏鼐先生开始从事考古工作的一年。

---

[*] 本文原是王仲殊同志于 1985 年初为《中国考古学研究——夏鼐先生考古五十年纪念论文集》（文物出版社，1986）撰写的，夏鼐先生生前曾亲自过目，现将此稿编入文集以示纪念。

1935 年夏，夏先生征得有关方面的同意，改到英国留学，在伦敦大学攻读考古学。那时，伦敦大学主持田野考古学课程的彼特利（W. F. Petrie）教授已经退休，其职位由惠勒（M. Wheeler）教授继任。夏鼐先生在留学期间，参加了由惠勒领导的梅登堡（Maiden Castle）山城遗址的发掘，颇受教益。他又随同英国调查团到埃及，在阿尔曼特（Armant）参加调查发掘；接着还到过巴勒斯坦，在泰尔·丢维尔（Tell Duweir）参加发掘工作。当时，彼特利教授正在巴勒斯坦耶路撒冷城的医院中疗养。夏鼐先生在那里访问了彼特利，并接受他的指教。1939 年秋，第二次世界大战在欧洲爆发，夏鼐先生由英国经埃及返国。他在开罗博物馆从事研究工作一年余，才取道西亚、印度、缅甸，于1941 年初抵达昆明（他的伦敦大学埃及考古学博士学位，是战争结束后于 1946 年授予的）。

当时正值抗日战争，中央博物院筹备处由南京迁到四川省南溪县的李庄。夏鼐先生回国后不久，便在该处任专门委员之职。1941 年夏至1942 年，他和吴金鼎、曾昭燏、高去寻等调查并发掘了四川省彭山县豆芽房和寨子山的崖墓。1943 年，夏先生转入由南京迁到李庄的中央研究院历史语言研究所工作，被任为副研究员。1944 年至 1955 年，他和向达先生等负责西北科学考察团在甘肃省境内的考古工作，调查、发掘了敦煌的佛爷庙、月牙泉、玉门关，宁定的阳洼湾，民勤的沙井，武威的喇嘛湾，临洮的寺洼山，兰州的高坪、中山林、太平沟、十里店等遗址和墓地，有许多重要的收获。在发掘阳洼湾齐家文化墓葬时，他在墓坑填土中发现仰韶文化的彩陶片，从地层学上确认仰韶文化的年代比齐家文化为早，从而否定了安特生（J. G. Anderson）关于甘肃新石器时代文化的分期。这标志着中国史前考古学的新起点，也意味着由外国学者主宰中国考古学的时代从此结束了。

1946 年，国民党发动内战，田野调查发掘工作不得不停止。这时，中央研究院已迁回南京，夏鼐先生在历史语言研究所由副研究员升任研究员，主要是从事室内研究工作。1948 年冬到 1949 年春，中央研究院所藏图书、文物资料被迁运到台湾，历史语言研究所中的李济、董作宾、石璋如、高去寻等都随着殷墟出土的文物由大陆去台湾。夏先生当机立断，决意留在大陆。1949 年秋全国解放，他曾一度应聘在杭州的浙江大学任教授。

二

中华人民共和国成立后不久，在北京创立中国科学院，由郭沫若先生任院长。1950 年夏，在中国科学院设立考古研究所。根据郭沫若院长的提名，周恩来总理任命郑振铎先生为所长，梁思永和夏先生为副所长。这样，夏鼐先生便于同年 9 月由杭州来到北京，协助郑振铎、梁思永主持考古研究所的工作。

由于郑振铎主要是在文化部文物事业管理局任局长，梁思永又经常患病，夏先生承担了考古研究所的主要业务领导工作。他到任不满一个月，便组织一个发掘队，前往河南省辉县，进行研究所成立后的第一次发掘。发掘队由夏鼐先生任队长，郭宝钧任副队长，苏秉琦任秘书长；队员有安志敏、王伯洪、石兴邦、王仲殊、马得志、赵铨等，他们多是初次参加工作的青年人。夏先生为了训练这些年轻的新手，花费了极大的心力。在辉县的发掘工作中，第一次在安阳以外发现了商代的遗迹，从地域上和年代上扩大了对商文化的认识。从这一年的 12 月到次年的 1 月，夏鼐先生亲自手执小铲，在琉璃阁发掘战国时代的车马坑，在冰雪严寒中成功地剔掘出 19 辆大型木车的遗存，初次显示了新中国田野考古工作的技术水平，在国际学术界受到重视和好评。

1951 年春，夏鼐先生率领安志敏、王仲殊、马得志等在河南中部和西部地区进行广泛的调查发掘。他在郑州确认二里岗遗址为早于安阳的殷墟的又一处重要的商代遗址。经过对渑池县仰韶村遗址的再发掘，他进一步指出该遗址不仅有仰韶文化的遗存，而且也有龙山文化的遗存，从而为探求中原地区从仰韶文化到龙山文化的发展演变提供了线索。在各处的调查发掘中，他把田野考古的方法传授给年轻的助手们，指示他们严格划分土层，正确判定层位关系，仔细辨认土色、土质，不放过任何细微的现象。在成皋县青台新石器时代遗址的发掘中，继红烧土和白灰面等居住遗迹的发现之后，他亲手从土层中发掘出许多轻易不能辨认出来的柱子洞，使助手们懂得发掘居住址的难度更在发掘一般墓葬之上。夏先生对大家说，考古工作者的成绩如何，主要不是看他发掘出什么东西，而是要看他用什么方法发掘出这些东西而定。他告诫大家不要有"挖宝思想"。他经常说，居住址出土的遗物多是破碎的陶片，但居住址的研究价值却往往胜过包含着珍贵随葬品的墓葬。先生身体力行，使大家懂得必须在调查发掘工作中坚持亲自操作，既要学会认土、找边、剥人骨架，又要学会照相、绘图和测量。每天晚上，他都要检查大家的记录是否及时完成，记录的内容有无差错。遇到星期天，他带头用毛笔蘸墨在每一块陶片上书写出土坑位和层次的编号。夏鼐先生的这种工作作风，为此后中国田野考古工作的健康发展奠定了基础。

1951年秋，夏鼐先生又带领考古研究所的安志敏、王伯洪、石兴邦、王仲殊、陈公柔、钟少林等到湖南省长沙去发掘战国和两汉的墓葬。这使得研究所的调查发掘重点在年代上从石器时代、商代延长到汉代，在地域上从北方的黄河流域扩展到南方的长江流域。这次工作的成果在于通过大量墓葬的发掘，究明战国至两汉墓葬制度的演变过程，确定墓葬形制及随葬器物的分期，而楚文化的特点也得到初步的阐明。当时，许多人把马王堆汉墓看成是五代十国时楚国马殷的墓。经过实地考察，夏鼐先生确认它们是汉墓。他的这一判断，为20年后的正式发掘所证实。

随着社会主义工农业建设事业的发展，配合各种建设工程进行考古调查发掘的任务越来越大。为了应付这一严重的局面，并为了使新中国的考古队伍能在短期内迅速扩大，中国科学院（考古研究所）与文化部（文物事业管理局）、北京大学（历史系）自 1952 年至 1955 年联合举办了四届全国考古工作人员训练班，每届为期三个月。学员们来自全国各省区的博物馆和文物管理委员会等单位，每届人数各达一百数十人之多。夏鼐先生和裴文中、向达、郭宝钧、苏秉琦先生等都参与训练班的组织领导工作，制订室内授课和野外实习的计划，而野外实习则是每届训练班的训练重点所在。安志敏、王仲殊、王伯洪、石兴邦先生与北京大学历史系考古专业的宿白一同负责教务处的具体工作，也参加授课，并担任野外实习时的辅导员。从 1953 年的第二届训练班起，夏先生每次都亲临实习的现场，讲授田野调查发掘的方法。实习时所进行的发掘工作，规模往往相当大。西安附近的半坡遗址便是 1954 年第三届训练班实习时开始由石兴邦主持发掘的，这一发掘工作为大面积揭露新石器时代遗址开创了良好的先例。1956 年冬，在夏鼐先生的领导下，继四届全国性训练班之后，在考古研究所内部也举办了一次训练班；由教师们的讲义汇编而成的《考古学基础》一书，在一个相当长的时期内，是全国青年考古工作者必读的手册。在历届训练班获得成功的基础上，1956 年至 1958 年，集中了考古研究所和全国各有关单位的近百名考古工作者，组成庞大的考古队，由夏鼐先生任队长，安志敏任副队长，在河南省陕县配合黄河三门峡水库的建设工程，进行大规模的调查发掘，取得了很大的成绩。

1956 年，北京昌平县境内的明定陵的发掘工作开始了。应该说明，这项发掘工作，是由当时北京市副市长吴晗提议的。他研究明史，对发掘明陵特别感兴趣。当初，夏鼐先生和郑振铎先生一样，不主张发掘明陵。但是，由于吴晗的坚持，终于将发掘计划上报国务院并获得批准，使夏先生不得不把这副重担挑起来。按照最初的计划，是要发掘长陵。经过再三协商，为了慎重起见，才决定先以定陵为试掘对象。对于发掘规模如此巨大的帝陵，大家都没有经验，不知发掘从何处入手才好。

1956年5月的一个下午，夏鼐先生到现场察看。他发现定陵宝城西南方外侧的砖壁有一些隙缝，以此为契机，又发现内壁石块上刻有"隧道门"字样，便判断这里是当初再次入葬时的通道所在，决定发掘在此下手。这使得定陵的发掘作业一开始就进行得十分顺利。打开地宫以后，为了观察各种现象，特别是为了处理各种遗物，夏鼐先生终日深入地下的玄宫内工作达三四个星期之久。正是由于先生的这种忘我的精神，才使得这一帝陵的发掘工作得以顺利结束。但是，经过这次工作，他进一步感到发掘帝陵的条件不成熟，有些珍贵的随葬品难以妥善保存，从而更加强了帝陵不宜过早发掘的看法。因此，定陵试掘之后，长陵的发掘计划也就作罢了。1961年，国务院根据中国科学院（考古研究所）的意见，向全国发布通令，不准随意发掘帝王陵墓。以后，郭沫若院长曾有发掘唐乾陵的设想，也因夏鼐先生持异议而没有付诸实现。郭院长俯从夏所长的意见，至今被传为中国考古学史上的佳话。

夏鼐先生充分认识到发掘中国古代都城遗址的重要性和工作的长期性。因此，早在1954年，考古研究所就在河南省的洛阳建立工作站，在陕西省的西安建立研究室。不久，便在洛阳地区开始发掘东周的王城、汉魏的洛阳城和隋唐的洛阳城遗址，在西安地区开始发掘西周的丰镐、西汉的长安城和隋唐的长安城遗址。他把发掘任务交给王伯洪、王仲殊、马得志等年青的一代。为了表示重视，他还亲自兼任西安研究室的主任。1958年，考古研究所又在河南省安阳建立工作站，为殷墟发掘的进一步开展提供了有利的条件。1959年徐旭生先生在偃师二里头发现早商的遗址，也因洛阳工作站已经建立，所以能顺利地进行发掘。大规模的都城遗址的发掘，使中国田野考古工作进入一个新的发现阶级。二十余年以后的今天，除上述各都城遗址继续进行发掘外，考古研究所洛阳工作队于1983年在偃师发现了另一处早商都城（很可能是西亳）的遗址，城墙、城门、街道、宫殿等遗迹保存得十分良好，使中国古代都城遗址的调查发掘工作达到了最高潮。

三

　　1954 年夏，梁思永先生因病逝世；1958 年秋，郑振铎先生又因飞机失事而遇难。尹达先生来研究所兼任所长，但因他必须把大部分精力用在历史研究所的工作上，而且在其他单位兼职过多，加上身体衰弱，不能经常前来主持所务。1962 年，夏鼐先生遂继任为考古研究所所长。从此年以迄 1982 年，他任所长之职达 20 年之久。

　　繁忙的行政事务工作占去了先生的大部分时间，但他仍孜孜不倦地从事研究。从 50 年代后期到 70 年代后期，夏鼐先生先后写出《中国最近发现的波斯萨珊朝银币》、《青海西宁出土的波斯萨珊朝银币》、《咸阳底张湾隋墓出土的东罗马金币》、《元安西王府址和阿拉伯数码幻方》、《新疆发现的古代丝织品——绮、锦和刺绣》、《洛阳西汉壁画墓中的星象图》、《吐鲁番新发现的古代丝绸》、《晋周处墓出土的金属带饰的重新鉴定》、《考古学和科技史》、《从宣化辽墓的星图论二十八宿和黄道十二宫》、《我国古代蚕、桑、丝、绸的历史》、《综述中国出土的波斯萨珊朝银币》等许多论文，完成了一系列重要的研究课题。归纳起来，其主要成果表现在对中西交通史的研究和对中国科技史的研究两大方面。在前一方面，他根据中国各地出土的丝织品、外国货币及其他具有外国风格的遗物，阐明汉唐时代中国与中亚、西亚，特别是与波斯和东罗马帝国在经济和文化上的联系，并对中西交通的路线提出了重要的创见。在后一方面，他创造性地利用各种考古学的资料，运用考古学的方法，精辟地阐明中国古代在天文、数学、纺织、冶金和化学等各个科技领域中的成就，在充分肯定这些成就对世界文明所作贡献的同时，坚持实事求是的原则，反对不切实际的虚夸。他指出江苏省宜兴周处墓出土的带饰是银制品而不是铝制品，纠正了早在 3 世纪的西晋中国便能提炼铝的错误说法。他又指出河北省藁城商代遗址出土的铁钺是用自然的陨铁而不是用人工冶炼的铁料制成，否定了早在公元前 13 世纪的商代中国已进入铁器时代的错误结论。夏鼐先生卓越的研究成果和慎重、诚实的治学态度，引起了国内外学术界的高度钦佩和赞扬。

先生精通英文，也粗通法文。他早年学过日文，懂得基本文法，因为精通英文，所以除了汉字以外，还熟知日文中的外来语。正是由于具备这些语文上的条件，他能博览外国的书籍，通晓国际学术界的各种动态和研究成果。他从事考古研究，从调查发掘出发，以实物资料为主要依据，同时对中国的（在一定程度上也包括外国的）各种古代文献又几乎无所不通。他将中国传统的文史学、金石学等与从外国传入的近代考古学结合起来，使他的研究工作具有广泛而深厚的基础，既能追求现代的国际水平，又能发挥中国固有的学术传统。

新中国成立以后，先生努力学习马克思列宁主义，坚信辩证唯物主义和历史唯物主义的理论。1959 年 3 月，他光荣地加入了中国共产党。他坚持认为考古学是历史科学的组成部分，其任务在于依靠调查发掘所得的实物资料以研究古代人类社会的历史。这使得他的研究工作始终能从具体的遗迹和遗物出发，经过扎扎实实的分析，得出各种可靠的结论，经过归纳，加以提高，进而阐明有关古代社会历史文化的重大问题。他确信实事求是是马列主义的基本原则之一，反对以空论代替具体的研究，更反对以空论歪曲事实的真相。同时，他也反对忽视理论，脱离历史，把考古学的目标降低到仅限于对古器物本身的欣赏、鉴定和考据。对科学的信念，使先生养成坚毅不屈的性格。即使在"文化大革命"的艰难岁月里，他也毫不改变自己的治学态度和立场。

先生十分重视在考古研究中利用自然科学的成果，而他在自然科学方面所具备的许多知识又使得他能够充分利用其成果。早在 1955 年，他就在《考古通讯》上撰文介绍国外关于碳 14 测定年代的情况。以后，由于夏鼐先生的努力，使得本来在中国科学院原子能研究所任职的仇士华等能调到考古研究所来筹建碳 14 实验室。在夏先生的指导、帮助下，实验室于 1965 年正式建成，并在同年年底测定了第一批数据。若干年来，实验室的设备不断改进，测定工作的效率也进一步提高。到目前为止，已经为考古研究所和全国各有关单位测定了 600 多个数据，其中绝大多数是考古学的年代数据。经过多方面的检验，这些数据在很大程度上是可信的。这为中国考古学，尤其是以新石器时代为主的史前考古学的研究，提供了很大的效益。1977 年，夏鼐先生利用大量的测定数据，结合丰富的发掘资料，写了题为《碳－14 测定年代和中国史前考古学》的论文，就全国各地区新石器时代文化的年代序列进行全面、系统的探讨，对中国史前考古学的研究提出了指导性的意见。

除了碳 14 测定年代以外，在夏鼐先生的部署和计划下，考古研究所还在实验室里开展化学分析、光谱分析、金相分析和热释光测定年代等项的工作，都收到了一定的效果，做出了不少的成绩。由于夏先生的努力，考古研究所还与所外的有关单位协作，或委托这些单位，利用自然科学的手段，研究考古学上的问题。在这方面，中国科学院硅酸盐研究所的周仁所长和北京钢铁学院的柯俊教授分别为研究古代陶瓷和古代冶金作出了成绩，便是很好的例子。

四

作为考古研究所的所长，夏鼐先生不仅全面领导学术研究，而且还亲自主持编辑工作。新中国成立初期，研究所主办的定期刊物只有《考古学报》一种。后来，经过夏先生的努力，又于 1955 年创办《考古通讯》，不久改名为《考古》。这两种期刊，都由夏鼐先生负责编辑，并得到陈梦家先生的协助；《考古通讯》明确规定由夏鼐先生任主编，陈梦家任副主编。1966 年在"文化大革命"的冲击下，和全国各种刊物一样，《考古》和《考古学报》都被迫停刊。值得庆幸的是，它们和文物事业管理局主办的《文物》一起，由郭沫若院长写报告呈请周恩来总理亲自批准，于 1972 年率先复刊，在郭院长的领导下，由夏先生和王仲殊、安志敏三人组成小组，负责编辑。从 1981 年，考古研究所又新办《考古学集刊》。现在，《考古》和《考古学集刊》的主编分别由安志敏、王仲殊担任，但夏鼐先生在大家的要求下，仍然担任《考古学报》的主编。

考古研究所编辑的专刊，包括本所的著作和外单位的著作，至今已达 70 余种之多。除《辉县发掘报告》、《长沙发掘报告》等由夏鼐先生参加编写并担任主编的以外，其他如《洛阳烧沟汉墓》、《西安半坡》、《沣西发掘报告》、《长沙马王堆一号汉墓》、《满城汉墓发掘报告》等都经过他的仔细审阅和修改。黄文弼先生的遗稿《新疆考古发掘报告》，也是在夏先生的安排下整理出来，并经他亲自校定。总结新中国成立 10 年和新中国成立 30 年全国考古工作成果的《新中国的考古收获》和《新中国的考古发现和研究》两部专刊，都是由夏先生任主编、在他的领导下编写而成的。集商周青铜器铭文资料大成的《殷周金文集成》，也在夏先生的筹划和指导下进行编辑，最近已完成了头五卷，并由他写了重要的序言。

在编辑工作中，夏鼐先生严格要求刊物的质量，本着认真负责的态度，贯彻实事求是的学风。不久前，在为《考古》发刊二百期纪念而写的《回顾与瞻望》一文中，先生又一次阐述了编辑工作的方针，同时回顾了"文化大革命"期间与"四人帮"极左路线作斗争的情形。

夏鼐先生主持的规模最大的一项编辑工作，是《中国大百科全书·考古学》的编纂。此项工作的开始提出，是在 1978 年中国共产党十一届三中全会之前不久。当时，由于粉碎"四人帮"以来，拨乱反正取得了胜利，国家转入全面的经济建设和文化建设，百废待举，所以《中国大百科全书》的编写也被正式提到日程上来。大百科全书出版社于 1979 年夏约请许多专家，共同商讨考古学卷的编写工作。出版社聘请 12 位专家组成编辑委员会，由夏鼐先生任主任委员，王仲殊、安志敏、张政烺、贾兰坡、宿白任副主任委员。在夏鼐先生的领导下，经过多次酝酿，反复修订，终于在 1981 年夏拟定了全部条目和编写体例，并开始由中国社会科学院考古研究所和历史研究所、中国科学院古脊椎动物和古人类研究所、北京大学考古系及北京和全国各地各有关单位的专家共 120 余人分别负责各条目的执笔。现在，编写工作已经就绪。全卷内容包括"总论"、"旧石器时代"、"新石器时代"、"商周"、"秦汉"、"魏晋南北朝"、"隋唐"、"宋元明"和"外国"等九大部分，共计 150 余万字，不久即可付排。大家认为，《中国大百科全书·考古学》编写工作的完成，是中国考古学取得巨大成绩的结果。

五

早在 60 年代前期，许多考古工作者就提议建立中国考古学会，作为中国考古学界的群众性学术团体。但是，由于此后遇到"文化大革命"的十年动乱，考古学会的筹备工作不得不长期停顿。粉碎"四人帮"以后，经过充分酝酿和积极准备，建立学会的各种条件都已成熟，遂于 1979 年 4 月在西安举行中国考古学会的成立大会。来自全国 29 个省、市、自治区的各有关单位的代表一百余人，济济一堂，共同讨论中国考古学上的重要课题。大会选举了由 64 名理事组成的理事会（为台湾省保留若干理事名额），夏鼐先生与尹达、王仲殊、王振铎、安志敏、苏秉琦、张政烺、贾兰坡、宿白、裴文中、顾铁符等 13 人当选为常务理事。大家一致推举夏鼐先生为理事长，尹达、苏秉琦、裴文中为副理事长（1983 年改选时，裴文中先生已去世，贾兰坡被补选为副理事长），王仲殊为秘书长。

在以夏鼐先生为首的常务理事会的领导下，学会的规章制度渐趋完善，团体会员和个人会员不断增多，学术活动的内容进一步充实。到现在为止，包括成立大会在内，已经举行了五次年会。除第一次年会学术讨论的课题甚广以外，其余各次年会都规定一个至两个主题，以求集中。每次年会开过之后，都出版一册论文集。1983 年的第四次年会还决定由学会秘书处负责编辑《中国考古学年鉴》，第一册即 1983～1984年度的《年鉴》已经于最近出版。1985 年 3 月在北京召开的第五次年会的开幕式上，夏鼐先生发表了重要的讲话。他号召大家要以艰苦奋斗的献身精神，积极工作，在马克思列宁主义、毛泽东思想的指导下，发扬实事求是的优良学风，不断提高调查发掘和研究工作的科学水平，为推动我国考古事业的进一步发展而努力。夏鼐先生的讲话获得全体与会代表的热烈赞同，并受到全国各界人士的普遍重视。

在旧中国，许多重要的遗迹遭到破坏，大量珍贵的文物流散国外，而当局听之任之，毫无对策。新中国成立后，很快就制定了一系列有关保护文物的政策、法令，公布了许多国家级和省级的重点文物保护单位，加强保护措施，收到了良好的效果。1982 年 11 月，中华人民共和国全国人民代表大会常务委员会颁布了《中华人民共和国文物保护法》，进一步从法律上明确文物保护工作的重要性，规定了有关文物保护的各种制度、法则和措施。在这之前，在《文物保护法》草案的修订过程中，夏鼐先生曾多次向有关方面提出建议和意见，费了很大的心力。为了更好地贯彻执行《文物保护法》，1983 年在文化部成立了国家文物委员会，由尹达、王仲殊、王振铎、冯先铭、安志敏、苏秉琦、张政烺、吴良镛、启功、单士元、贾兰坡、郑孝燮、夏鼐、宿白、常书鸿、顾铁符等 16 名委员组成，夏鼐先生被任命为主任委员。两年来，在夏鼐先生的主持下，国家文物委员会多次举行会议，审核重大的考古发掘项目，检查重点文物保护单位的保护情况，加强文物保护工作的计划措施，制止破坏文物的违法行为，取得了显著的成效。作为考古学者，夏鼐先生回顾他所亲身经历的从旧中国到新中国成立后的几十年历史，深有体会地说：只有在《中华人民共和国文物保护法》得到认真贯彻执行的情况下，新中国的考古事业才能更加健康、更加顺利地向前发展！

六

夏鼐先生十分重视国际学术交流。长期以来，他在国内接待朝鲜、日本、缅甸、泰国、越南、巴基斯坦、印度、伊朗、伊拉克、埃及、苏联、意大利、瑞士、法国、英国、德国、瑞典、美国、秘鲁、墨西哥、澳大利亚、新西兰等许多国家的学者和代表团，通过交谈、讨论，使主客双方都在学术上有所收获。除了渊博的学识以外，他的温和的性格和诚恳、谦逊的态度也给客人们留下了十分良好的印象。他也接受邀请，到日本、泰国、巴基斯坦、伊朗、希腊、意大利、阿尔巴尼亚、罗马尼亚、法国、英国、瑞士、德国、瑞典、美国、秘鲁、墨西哥等许多国家去考察、讲学或参加国际会议。每次出国，他都满载知识和友谊而归。通过学术上的交往，夏鼐先生结识了英国的李约瑟（J. Needham）和沃森（W. Watson）、意大利的杜齐（G. Tucci，1894～1984）、瑞士的邦迪（S. G. Bandi）、西德的米勒－卡普（Müller-Karpe）、法国的叶理夫（V. Elisseeff）、瑞典的俞博（B. Gyllensvard）、美国的张光直（K. C. Chang）、苏联的吉谢列夫（S. V. Kishelev，1905～1962）、印度的萨卡尔（H. Sarkar）、巴基斯坦的达尼（A. H. Dani）、埃及的费克里（A. Fakhry，1905～1973）、日本的原田淑人（Y. Harada，1885～1974）、贝塚茂树（S. Kaizuka）、末永雅雄（M. Suenaga）、三上次男（T. Mikami）、江上波夫（N. Egami）、关野雄（T. Sekino）、樋口隆康（T. Higuchi）和冈崎敬（K. Okazaki）等许多外国学者，有的还结下了深厚的友情。夏鼐先生成为中国与世界各国在考古学领域内进行学术交流的总代表。他使中国考古学界从外国吸取经验，也使外国的同行们能更好地了解中国的考古工作。

夏鼐先生在学术上的成就，不仅在中国国内，而且在国际上普遍受到重视，赢得了崇高的荣誉。从 1974 年到 1985 年的 11 年内，他先后荣获英国学术院（B. A.）通讯院士、德意志考古研究所（DAI）通讯院士、瑞典皇家文学历史考古科学院（RALHA）外籍院士、美国全国科学院（NAS）外籍院士、第三世界科学院（TWA）院士、意大利近东远东研究所（ISMEO）通讯院士等称号和职位，成为中国学术界接受外国国家级最高学术机构荣誉称号最多的的学者之一。夏鼐先生每次接受荣誉时，总是谦虚地说："这不仅是我个人的荣誉，而且是整个中国考古学界的荣誉。"

1983 年 8 月 18 日至 26 日，由中国考古学会、中国社会科学院考古研究所和联合国教科文组织联合召开的亚洲地区（中国）考古学会议在北京和西安举行。到会的有印度、印度尼西亚、日本、朝鲜、马来西亚、尼泊尔、巴基斯坦、斯里兰卡等国的代表和来自英国、美国、瑞典、日本、朝鲜的观察员。会上讨论了亚洲各国考古学的现状和今后相互协作的前景。在此前的 1982 年夏，夏鼐先生辞去了考古研究所所长的职务，接受了名誉所长的职位，并被任命为中国社会科学院副院长。所以，他以中国考古学会理事长、中国社会科学院副院长、考古研究所名誉所长的身份，出席这次国际盛会。作为主办国的代表，他被全体与会代表推选为会议的主席。代表们和观察员们一致认为，在夏鼐先生主持下，这次会议开得很成功，解决了不少问题，取得了许多实效。通过参观访问和在会议上的讨论，大家齐声赞扬，在夏鼐先生的切实领导下，中国考古学取得了名不虚传的巨大成果。

1985 年 3 月 15 日

夏鼐先生的治学之路[*]

王仲殊　王世民

夏鼐先生是我国杰出的考古学家和历史学家，新中国考古工作的主要指导者和组织者，中国现代考古学的奠基人之一。他卓越的学术成就[①]使他在国内外学术界享有崇高的声誉，产生了深远的影响。

一

夏鼐先生出生在一个经营丝绸业的商人家庭。少年时代就学于培育过众多知名人士的浙江省立第十中学初中部（现名温州中学），后转至上海光华大学附属中学学习。他那勤于思考、善于钻研的好学精神，当时即已有所显现，曾在光华附中的刊物上发表与知名学者吕思勉商榷的

---

[*] 本文原载《中国社会科学院学术大师治学录》，中国社会科学出版社，1999，又见《考古》2000 年第 2 期。

[①] 中国社会科学院考古研究所已将夏鼐先生的论著，汇编为《夏鼐文集》（社会科学文献出版社，初版本 2000 年；增订本 2015 年，即本书）。过去出版的夏鼐先生论文集有《考古学论文集》（科学出版社，1961）和《考古学和科技史》（科学出版社，1979）。本文提到的夏鼐先生论著，均见本书。

文章①，从科学常识和文字训诂上对"茹毛"指"食鸟兽之毛"的说法提出质疑。进入清华大学以后，夏先生在陈寅恪、钱穆、雷海宗、蒋廷黻等名师的指导下，进一步打下深厚的史学基础，先治中国近代外交史，后转中国近代经济史，曾发表若干篇资料翔实、考证精到的论文②，开始在史学领域崭露头角。随后，他以优异的成绩取得中美庚款留学资格，决意出国学习现代考古学。为了做好出国前的必要准备，他于1935年春以实习生的身份前往安阳殷墟，参加梁思永主持的殷代王陵区的发掘，从此走上以田野考古为终身事业的漫长道路。

1935年夏，夏鼐先生经有关方面同意，改赴英国伦敦学习。那时的伦敦大学考古学院，是全世界科学考古学的最高学府。日本考古学的奠基人滨田耕作，就是在那里师从彼特利（W. F. Petrie）教授，从而将考古学的理论、方法和技术引进日本的。夏先生留学伦敦大学时，彼特利教授已经退休，田野考古学课程改由惠勒（M. Wheeler）教授负责。他受教于惠勒教授，参加过由惠勒领导的梅登堡（Maiden Castle）山城遗址的发掘；又曾在随英国调查团去埃及、巴勒斯坦进行发掘期间，谒见定居耶路撒冷的彼特利教授，得到这位考古学大师的直接教诲。当时，夏先生的主攻方向是埃及考古学，他师从伽丁内尔（A. H. Gardiner）教授，学习深奥的古埃及象形文字；又在格兰维尔（S. Glanville）教授的指导下，对古代埃及的各种珠子进行了系统的类型学研究，成为我国第一位埃及考古学专家。他的长篇博士论文《古代埃及的串珠》，至今仍是这一方面值得称道的重要论著③。

1941年夏先生在伦敦大学毕业，后获得博士学位（因战争关系延

① 《吕思勉〈饮食进化之序〉的商榷》，见本书第五册。
② 《百年前的一幕中英冲突》、《鸦片战争中的天津谈判》、《太平天国前后长江各省之田赋问题》等，见本书第五册。
③ 夏鼐的博士论文《古代埃及的串珠》，已于2014年6月由社会科学文献出版社和施普林格出版社合作出版。参看斯蒂芬·夸克《夏鼐先生与古埃及串珠研究》，《考古》2014年第6期。

至 1946 年正式授予），回到抗日战争中的祖国后方，投身于中国考古学的广阔天地。他先是参加四川彭山汉代崖墓的发掘。后与向达共同负责西北科学考察团历史考古组工作，在经费严重不足、条件十分困难的情况下，前往甘肃敦煌和河西走廊进行为期两年的艰苦考察，对新石器时代和汉唐时期的考古研究作出令人刮目相看的贡献。

新中国成立以后，夏鼐先生领导国家考古研究中心机构历时三十余年。他致力于考古工作队伍的建设和实事求是优良学风的形成，考古研究规划的制订和田野考古水平的提高，自然科学方法的应用和多种学科研究的协调，以及与外国考古学界的学术交流，从而极大地推进我国考古工作的全面发展。

新中国成立初期，掌握田野考古技术的专门人才奇缺，急需迅速建立和健全考古工作的队伍，以应付国家基本建设发展的严重局面。当时，郑振铎以文化部文物局局长的身份兼任中国科学院考古研究所所长，梁思永和夏鼐作为既在国外受过正规科学训练，又有丰富实践经验的田野考古学家被任命为副所长，协助郑振铎所长主持考古所的业务活动，指导全国的田野考古工作。由于梁思永先生卧病已久，行动不便，只有夏鼐先生能够亲临田野考古的第一线。他到任刚刚一个星期，便率领当时考古所的全体业务人员（共计 12 人），前往河南辉县进行规模较大的示范性发掘。以后又连年协助北京大学的考古专业工作，并为中央和部分省区考古人员训练班的举办而尽力，亲自讲授考古学通论和田野考古方法，并曾多次进行实地操作辅导，从而为新中国的考古事业培养出一批得力的业务骨干，使科学的考古发掘普及全国，成为中国考古学的主流。

夏鼐先生一贯坚持考古研究的基础在于田野工作，强调提高考古发掘的科学水平，要求大家在考古调查发掘中认真辨别复杂的地层情况，弄清楚遗迹、遗物的各种关系，并且要把观察到的一切有关现象详细、正确地记录下来。1950 年末，夏先生在辉县琉璃阁的发掘中，冒着严寒，以其娴熟的发掘技巧，第一次成功地剔剥出一座大型的战国车马坑，被国际考古学界誉为战后田野考古方法的一项新的进步。1958年，他在北京明定陵的发掘中，忍着病痛，连日深入地下玄宫，匍匐清理棺内散乱的冠冕等物，耐心观察和记录种种细微迹象，使之得以恢复原来的形状。夏先生以其实践告诉大家：考古工作的成绩如何，主要不是看你发掘出什么东西，而是看你用什么方法发掘出这些东西而定，切忌有"挖宝"思想。

1962年，夏鼐先生在《新中国的考古学》一文①中，曾经通过总结已有的考古研究成果，将中国考古学的基本课题归纳为：人类起源和人类在我国境内开始居住的时间问题、生产技术发展和人类经济生活问题、古代社会结构和社会关系问题、国家起源和夏文化问题及城市发展问题、精神文化（艺术、宗教、文字等）方面问题、汉民族和中华民族共同体的形成过程问题。多少年来，夏先生正是根据中国考古学的学科发展需要，部署考古所这一国家考古研究中心机构的田野考古和室内研究工作，有计划地着重进行黄河中下游和邻近地区的史前考古研究，夏文化的探索和历代都城遗址的勘察发掘，以及新疆、内蒙古等边疆地区的考古研究，并且注意开展甲骨文、金文，简牍、石刻等出土文献资料的整理研究，为建立和完善中国考古学的学科体系作出不可磨灭的重要贡献。同时，先生还经常通过个别交谈和书信往来，耐心细致地帮助各地同志明确学科要求，解决田野工作中的许多关键性的问题。他曾多次亲临重点发掘工地，例如20世纪70年代以后的长沙马王堆汉墓、北京大葆台汉墓、广州南越王墓、大冶铜绿山矿冶遗址、北京琉璃河西周墓地等项发掘，都曾进行过具体的现场指导。直到他突然与世长辞的前几天，还前往偃师商城遗址视察工作。在夏先生的关怀和指导下，我国一系列重点发掘工作显示了较高的科学水平，赢得国际考古学界的广泛称赞。

①　见本书第一册。

夏鼐先生十分重视在考古研究中应用现代自然科学方法，突出地表现在及时将碳－14断代法引进我国。早在1955年，美国科学家开始发表有关著作之后不久，他便对其重要意义有了明确的认识，呼吁早日建立中国自己的实验室以适应考古工作的需要①。正是由于他的远见卓识和多方筹划，考古研究所采取自力更生的办法，于1965年建成中国第一座碳－14断代实验室，并且在以后的全国同类实验室中长期居于领先地位，为中国考古学研究，特别是史前考古学研究，发挥了非常显著的推进作用。夏先生还积极倡导考古学界与有关科技单位之间的协作，有计划地开展出土文物中金属、陶瓷和其他制品的自然科学分析鉴定，在判别一些器物的原料成分及其产地，探明它们的制作方法等方面取得了很大的成绩。

夏鼐先生本人，具有学识渊博、视野广阔和治学严谨的学术研究特点。他不仅熟练地掌握了现代考古学的理论、方法和技术，具有丰富的自然科学知识和技术科学知识，而且对中国传统的文史学、金石学也有很深的造诣，从而善于把多方面学问紧密地结合起来。他还具备优越的外国语文的条件，在与国外著名学者保持广泛联系的同时，经常涉猎大量新出版的外国书刊，因而通晓国际学术界的研究成果和各种动态。在这样的情况下，他的研究工作便有非常深厚的基础，善于从世界范围和多学科角度考虑中国考古学问题，既能追求现代的国际水平，又能发扬中国固有的学术传统。我们长期在先生身边工作，清楚地知道，他撰写的每一篇学术论文，都是从收集资料、查对文献到成文清稿，乃至设计各种插图等，事无巨细，亲自动手，从不假手于人，直到晚年仍然如此，为考古界树立了严肃认真、一丝不苟的良师风范。

夏鼐先生在新中国成立以后，特别是1959年加入中国共产党以后，努力用马克思列宁主义指导自己的研究工作。他坚持认为，考古学作为

① 《放射性同位素在考古学上的应用》，见本书第四册。

历史科学的重要组成部分，所作研究不应局限于鉴别遗迹、遗物的年代和判明它们的用途及制作方法，而是应该将研究的最终目标指向阐明存在于历史发展过程中的客观规律。这便要以科学的调查发掘为基础，通过对大量的实物资料的整理、分析和多学科研究，经过归纳，加以提高，进而从理论上探讨古代社会历史的发展。他坚信实事求是是马克思列宁主义的基本原则，反对以空论代替具体的研究，甚至歪曲事实真相，也反对忽视理论，脱离历史，重蹈为考古而考古的覆辙。

夏鼐先生在相当长的时期内，是我国与世界各国在考古学领域进行学术交流的总代表。他卓越的学术成就，受到国际学术界的普遍重视，成为我国学术界接受外国国家级最高学术机构授予荣誉称号最多的学者之一。这是夏先生本人的荣誉，也是我国考古学界的光荣。

二

夏鼐先生对中国考古学的巨大贡献，首先表现在对中国史前考古学进行了长时期的创造性研究，不断地拓宽道路，引导大家走向新的境地。主要是根据可靠的发掘资料，改订黄河上游新石器文化编年体系，规范考古学上的文化命名，提出中国新石器文化发展多元说。他还是现阶段最早从考古学上探讨中国文明起源的著名学者。

新中国成立以前，中国史前考古学的研究基础相当薄弱，作过正式发掘的典型遗址为数甚少。20 世纪 20 年代初期，应聘来我国工作的瑞典学者安特生，根据甘肃地区缺乏地层关系的实物资料，将中国新石器时代划分为齐家、仰韶、马厂、辛店、寺洼、沙井六期，后又臆测各期的绝对年代。1931 年，梁思永在黄河中下游确认龙山文化，并从地层上判断仰韶文化、龙山文化和殷商文化的相对年代，揭开了中国史前考古学科学化的篇章。后来，尹达根据类型学分析，判定安特生所说的"仰韶文化"包含龙山文化因素，推断齐家文化不可能早于仰韶文化。

夏先生则在 20 世纪 40 年代中期，通过对甘肃宁定县阳洼湾齐家墓葬的发掘，从地层学上确认齐家文化晚于甘肃仰韶文化（"马家窑文化"），最终纠正了安特生的错误①。他又因临洮寺洼山遗址的发掘，第一次提出中国史前时期的文化系统问题，认为晚于马家窑文化的寺洼文化和辛店文化是同一时代的两种文化，沙井文化也属于不同的文化系统，相互之间没有因袭变迁关系，并且推测寺洼文化可能和文献记载中的氐羌民族有关②。这便宣告，曾有相当影响的安特生的分期体系已彻底破灭，中国史前时期考古研究进入了新的发展阶段。

新中国成立以后，随着田野考古工作在全国范围的逐步展开，许多地方发现前所未知的新石器时代文化遗存，过去习用的几种文化名称已经难于概括。面对这种日趋复杂的情况，如何正确进行新的文化区分和命名，便成为考古研究进一步发展的关键。1959 年初，夏鼐先生应各地同志的要求，及时发表《关于考古学上文化的定名问题》一文③，对什么是考古学文化、划分考古学文化的标准，以及定名的条件和方法等问题，给予科学的明确回答。文章指出，考古学上的"文化"是指某一社会（尤其是原始社会）的文化在物质方面遗留下来可供观察的一群东西的总称，用以表示考古遗迹中（尤其是原始社会的遗迹中）所反映的共同体，通常以第一次发现典型遗迹的小地名来命名。文章又说，这样命名是想用简单的名称来表示一种特定的含义，以便大家在共同使用时互相了解，不致产生误解。他认为确定新的"文化"名称，需要具备三个条件：第一，必须是有一群具有明确特征的类型品。这种类型品，经常地共同伴出，而不是孤独的一种东西。第二，这种共同伴出的类型品，最好是发现不止一处。第三，必须对这一文化的内容有相当充分的认识，至少有一处遗址或墓地做过比较全面而深入的研究。夏

---

① 《齐家期墓葬的新发现及其年代的改订》，见本书第二册。
② 《临洮寺洼山发掘记》，见本书第二册。
③ 《关于考古学上文化的定名问题》，见本书第二册。

先生的基本态度是从实际出发，慎重处理，既不要迟疑不决，以致不同类型的文化遗存长时间的混淆在一起，延缓研究工作的进度；又不要轻率浮夸，看到某些片面的个别现象，就匆忙地给它起一个新的名称，造成一些不应有的纠纷。他不赞成直接用历史上的族名作为考古学文化的名称，认为那只适用于年代较晚的一些文化，并且必须是考据无疑的，否则最好仍以小地名命名，还要另行交代可能属于历史上的某个民族，以免因乱扣帽子而产生种种谬论，反而引起历史研究的混乱。夏先生还预见到，区分考古学文化时，对"哪些可以算是两个不同的文化，哪些只是由于地区或时代关系而形成的一个文化的两个分支"，即在考古研究中如何界定文化、类型和分期的问题，学者之间会有不同看法，需要留待将来再作详细讨论，启发大家更加深入地思考问题。夏先生的这篇文章，统一了我国考古学界对文化命名问题的认识，从而极大地推进考古研究的健康发展，尤其是对中国新石器时代的文化分布、类型划分和分期问题的研究起了重要的指导作用，使之出现新的局面。

　　夏鼐先生对中国史前考古学的又一重大贡献，是他于 1977 年发表的《碳－14 测定年代和中国史前考古学》一文①，根据当时公布的各种史前文化的年代数据，结合文化内涵和地层证据，全面讨论它们之间的年代序列和相互关系，亦即中国史前文化的谱系问题。该文提出许多富有启发意义的独到看法，尤其可贵的是更加明确地提出中国新石器文化的发展并非黄河流域一个中心的多元说。其实夏先生早就考虑过这个问题，在 1962 年发表的《新中国的考古学》一文中便曾提道："根据考古资料，现今汉族居住的地区，在新石器时代存在着不同的文化类型。连黄河流域的中游和下游，也有很大的差异。古史传说中也有这种反映。"在上述 1977 年的文章中，他重提并发挥这一论断，指出所谓文化类型的不同是"表明它们有不同的来源和发展过程，是与当地的地理

---

① 见本书第二册。

环境适应而产生和发展的一种或一些文化"。他在此文中又说："当然这并不排除与黄河流域的新石器文化可能有互相影响，交光互影。这种看法似乎比那种一切都归于黄河流域新石器文化的影响的片面性的传播论，更切合于当时的实际情况，更能说明问题。"总之，中国远古文化的发展由传统的黄河流域一元说改变为并非一个中心的多元说，这是中国史前时期考古研究的重大突破。最近 20 多年的考古发现与研究，使多元说进一步确立，成为我国多数考古学家的共识。

夏鼐先生早就重视对新石器时代早期文化的探索。20 世纪 60 年代初期，他在《中国原始社会史文集》的序言[1]中特别讲到早期新石器文化，指出这在当时我国几乎是空白，而西亚的前陶文化遗存对于我们的探索有借鉴作用。陕西西乡县李家村遗址发掘以后，许多学者怀疑李家村文化遗址的年代未必早于仰韶文化。夏先生却根据李家村遗址所出圈足钵、直筒形三足器等独具特征的陶器曾见于宝鸡北首岭和华县元君庙仰韶遗址中的最早期墓葬或底部文化层的事实，当即表示李家村文化可能年代较早，是探索仰韶文化前身的一个较可靠的新线索[2]。后来，李家村的一件标本经碳－14 测定年代晚于仰韶文化，有的学者又怀疑起来，而夏先生则明智地指出，测定年代与地层堆积前后颠倒"是难以接受的"，继而了解到那件标本出土的地层情况不明，便断然将该数据摒弃不用，仍然认为李家村文化的年代较早。磁山、裴李岗的文化遗存发现以后，他曾亲赴磁山遗址发掘现场视察，满怀喜悦地指出："如果继续上溯，或可找到中国农业、畜牧业和制陶业的起源。"[3] 经过广大考古工作者的多年努力，已经在这方面取得了更大的突破，先后在北方和南方的若干地点发现距今 10000 年左右的农业遗存。

随着有关考古资料的日益丰富，夏鼐先生又于 1983 年提出从考古

---

[1] 见本书第二册。

[2] 《六十年代前期的中国考古新收获》，见本书第一册。

[3] 《三十年来的中国考古学》，见本书第一册。

学上探讨中国文明起源，这一中国史前考古学是世界文化史上至关重要的课题，强调其理论意义在于是"传播论派和独立演化派的争论的交锋点"。他从明确基本概念入手，强调"文明"一词是"指一个社会已由氏族制度解体而进入有了国家组织的阶段社会的阶段"。① 他还详细指出："这个社会中除了政治组织的国家以外，已有城市作为政治（宫殿和衙署）、经济（手工业以外，又有商业）、文化（包括宗教）各方面活动的中心。它们一般都已经发明文字和能够利用文字作记载（秘鲁似为例外，仅有结绳纪事），并且都已知道冶炼金属。文明的这些标志中以文字最为重要。"夏先生认为：根据现有考古资料，不仅深刻地认识到殷墟文化是高度发达的文明，更重要的是从殷墟文化向上追溯到二里冈文化和更古老的二里头文化，三者互相联系、一脉相承；而二里头文化，至少它的晚期既够得上文明，又有中国文明的一些特征，如果不是中国文明的开始，也是接近于开始点了；至于比二里头文化更早的各种文化，都属于中国的史前时期。夏先生还特地讨论中国文明是否独立地发展起来的问题，着重分析那些与中国文明起源问题关系最密切的史前文化，主要是中原地区、黄河下游和长江下游的晚期新石器文化，断定"中国文明的产生，主要是由于本身的发展"。他说："中国虽然并不是完全同外界隔离，但是中国文明还是在中国土地上土生土长的。中国文明有它的个性，它的特殊风格和特征。"夏先生还曾讲到，进行中国文明起源的探索，"主要对象是新石器时代末期和铜石并用时代的各种文明要素的起源和发展，例如青铜冶铸技术、文字的发明和改进、城市和国家的起源等等"，同时又强调"文明的诞生是一种质变，一种飞跃"。这便为中国文明起源问题的探索指明了方向，从而导致此后有关研究和讨论长盛不衰，不断深入，取得了很大的进展。

---

① 《中国文明的起源》，见本书第二册。

三

夏鼐先生说过，考古研究进入"历史时期"，便要掌握狭义历史学中的大量文献和运用文献考据功夫。① 夏先生在历史考古学方面的一系列论著，突出地反映了他本人熟知文献资料，擅长历史考据，善于从丰富的考古资料出发，结合可靠的文献记载，不断进行新的探讨。

20 世纪 40 年代后期，夏先生根据甘肃考察所获考古资料，发表过两篇蜚声史坛的考据性文章。《新获之敦煌汉简》一文②，对 1944 年敦煌两关遗址和烽燧遗迹发掘出土的 30 余支汉简进行考释，判定玉门关的确切位置，提出玉门关设置年代的新看法，又就汉武帝征和年号问题纠正了近人将其释作"延和"的谬误。《武威唐代吐谷浑慕容氏墓志》一文③，则在考释当地发掘所获金城县主、慕容曦光两方墓志的基础上，结合早年出土的四方慕容氏墓志，参以两《唐书》《册府元龟》《通典》《资治通鉴》等文献资料，用年表的形式对吐谷浑晚期历史作了详细的叙述。

新中国成立以后先生亲自主持和具体指导的田野考古工作，除渑池仰韶村等史前遗址的调查外，绝大部分属于历史考古学的范畴，其中尤以 20 世纪 50 年代初期的几项工作意义为大。例如：辉县琉璃阁的发掘，第一次在安阳以外发现早于殷墟的商代遗址；郑州附近的调查，确认二里冈是早于殷墟的又一处重要商代遗址；长沙附近的发掘，初步判明当地战国两汉时代墓葬的演变情况，为楚文化的考古研究打下基础。这样，便使我国田野考古工作的重点，在地域上从北方的黄河流域扩大到南方的长江流域，在年代上从石器时代、商周时代推延到汉代以至更

---

① 《三十年来的中国考古学》一文中语，见本书第一册。
② 见本书第二册。
③ 见本书第二册。

晚，过去那种"古不考三代以下"的不合理状况，开始发生彻底的改变。

夏鼐先生关于历史时期考古研究的论著，往往是在对具体学术问题作独到论断的同时，又从方法论上给人以深刻的启示，引导大家正确对待文献资料，深入细致地研究各种问题。例如夏文化问题，20世纪50年代末期当这项探索性考古工作开始着手进行的时候，他曾在考古所的会议上再三申明，对于所谓的"古史传说"资料需要审慎地对待，这类资料中既有古老民族口耳相传的真正传说，又有先秦诸子编造的历史哲学。1977年有关单位发掘登封王城岗遗址以后，有的学者认为王城岗遗址可能是"禹都阳城"。夏先生针对当时众说纷纭中的胡涂观念，着重从基本概念上进行澄清。① 他说"夏文化"应该是指夏王朝时期夏民族的文化。有人以为仰韶文化也是夏民族的文化，纵使能证明仰韶文化是夏王朝祖先的文化，那只能算是"先夏文化"。夏王朝时期的其他民族的文化，也不能算是"夏文化"，不仅内蒙古、新疆等边区的夏王朝时代的少数民族文化不能称为"夏文化"，如果商、周民族在夏王朝时代与夏民族不是同一个民族，那也只能称为"先商文化""先周文化"，而不能称为"夏文化"。他又指出：夏文化问题在年代学上很麻烦，商年和夏年都有悬殊较大的不同说法，目前并没有弄清楚；夏都的地理位置也很麻烦，"禹都阳城"说出自上距夏禹两千年的《孟子》，另外还有"禹都安邑"的说法，纵使"禹都阳城"可信，它和东周阳城是否为一地仍需证实。这种周密思考、认真分析的科学态度，推动了夏文化探索工作的发展，使有关研究不断深入，现已取得较多的共识。

夏先生关于商代和汉代玉器的几篇文章②，在玉器研究方法上有新的突破。首先，他注意探讨中国古玉的质料和原料产地，提倡对各地出

---

① 《谈谈探讨夏文化的几个问题》，见本书第二册。
② 《有关安阳殷墟玉器的几个问题》《商代玉器的分类、定名和用途》《汉代的玉器——汉代玉器中传统的延续和变化》《所谓玉璇玑不会是天文仪器》，见本书第二册。

土的玉器多作科学鉴定，从矿物学上判别它们的显微结构和所含元素，以便与地质矿产资料比较分析。其次他强调正确判定玉器的类别、名称和用途，不能继续采取吴大澂那样的"诂经"方法，而应改变为谨慎的考古学方法，即根据考古发掘所见各种玉器的出土情况，以及它们的形状，结合传世品和文献资料考证其古名，无法判定古名的另取简明易懂的新名，用途不明的暂时存疑。他又着重论述礼学家所谓的"六瑞"以礼天地四方的传统说法，指出这显然是战国和汉初儒生理想化的礼器系统，并不符合历史实际，强调历年发掘的上万座先秦两汉墓葬所出大量玉器并没有某种玉色和某种器形的特别结合，而汉儒关于周代葬制中六种玉器（璧、琮、圭、璋、琥、璜）摆放位置的说法更是出于杜撰。夏先生还从器物形态的发展上论证，过去被称为"璿玑"的那种周缘有三节牙形突起的玉器，实际是璧的一种，是带有礼仪和宗教意义的装饰品，而绝不会是天文仪器，不必为其使用方法枉费心力。他主张根据这种玉器形制的差异，分别命名为"简单三牙璧"和"多齿三牙璧"，总称"三牙璧"或简称"牙璧"，而将"璿玑"一名放弃不用。先生又考虑到，玉器研究中常被引用的《尔雅》所记璧、瑗、环三者的"肉""好"比例，无论怎样解释都与大多数实物不符，建议将这类玉器统称为"璧环类"，或简称为"璧"，而将其中孔径（"好"）大于全器二分之一者特称为"环"，"瑗"字则因原意不明可放弃不用。这样，便为中国古代玉器的研究开辟新的途径，使古玉研究从礼学家烦琐考证的窠臼中解放出来，对历史考古学其他方面的研究也有重要的指导作用。

夏鼐先生对古代葬制方面的问题，更是从考古发掘所见实际情况出发，考证历史文献的有关记载，对照起来进行研究的。长沙马王堆一号汉墓发掘以前，在许多论述中对如何区分棺椁存在着一定的混乱。夏先生于 1973 年发表《长沙马王堆一号汉墓的棺椁制度》一文[①]进行辨析，

---

① 见本书第二册。

认为椁室是用厚木材在墓坑现场搭成的，内棺和外棺则是预先做成的"有盖的木盒子"，可以整体迁移，盛放尸体后套合起来葬入墓中。该文论据中最有说服力的，就是马王堆一号汉墓所出四层套棺均内外涂漆，而椁室的各个部位却不加髹饰，彼此区别得非常明显。弄清楚棺椁界限这个葬制上的基本问题，避免继续在礼书记载的个别文字上打圈子，便使棺椁制度的研究前进了一步。夏先生还最早列举汉代"玉衣"的考古发现和文献记载进行考证①，指出这种葬服在汉代文献中一般称"玉匣"或"玉押"，偶尔称为"玉衣"，战国墓葬发现的缀玉面幕和衣服可能是"玉衣"的前身，也可能就是《吕氏春秋》中所谓的"鳞施"。他又指出，汉代的皇帝和贵族使用"玉衣"埋葬的重要原因，可能是迷信"玉衣"能够保存尸体不朽。

夏鼐先生对历史考古学的重要分支铭刻学非常重视，集殷周青铜器铭文大成的《殷周金文集成》，就是在他的亲自筹划和具体指导下编纂的。他为《集成》撰写的长篇前言②中，对考古学（包括它的组成部分古器物学）和铭刻学的涵义，以及中国铭刻学的特点作了详细的阐述。该文指出，铭刻学研究"包括认识文字、读通文句、绀绎文例、考证铭文内容（例如考证纪年、族名、邦国、人名、地名、官制和史事等），以及根据字形、文例、考证的研究结果，来断定各篇铭文的年代和它们的史料价值"。他说，铭刻学研究除将铭文中的古文字经过考释改写为今日的楷书以外，"它的考证方法，和利用传世的一般古代文献记载一样，完全是属于狭义的历史学范围"。夏先生还严肃地批评，"现下仍有个别搞铭刻学的人，过分强调铭文的解读，有时完全不顾古文字的原则或通例，将一些不易考释的铭文中每字都加考释，每句都加解说，实际上不过是'穿凿附会'而已。"先生不仅对铭刻学研究发表

---

① 关于"金缕玉衣"的资料简介，见本书第二册。
② 见本书第二册。

如此重要的指导性意见，而且亲自进行过某些具体的考证。例如，他曾列举传世秦戈，补释长沙新出土的吕不韦戈的铭文①，指出秦戈铭文中"职官名的后面都是或仅举人名，或兼举姓氏和名字，但没有仅举姓氏而不书名字的"。他又曾根据《宋史》等书记载，印证长沙杨家山宋墓所出残缺姓氏墓志的有关文字，判明该墓墓主应为宋高宗时被秦桧罢官下狱的知名人士王趯②。再如，1972 年他在一篇文章中提到陕西蓝田新出土的西周铜器永盂时③，注意到铭文涉及的人名"井伯"见于有穆王生称的"长由盂"和若干恭王时器，其人为周王左右的主要臣僚，因而判定永盂"应是穆、恭时期彝器"。当时，有一位古文字学家发表考释文章，将永盂考订为恭王时器，认为井伯是恭王时期的人，论证时虽曾提到长由盂，却忽略了该器铭文的"即井伯大祝射"一语，看到夏鼐的文章如此博通金文，赞叹不已。

四

中国科学技术史的考古研究，是夏鼐先生极为重视的一个方面，他为此花费很大的精力，作出了开拓性的贡献。20 世纪 50 年代初期，他根据自己亲手发掘的辉县战国车马坑和长沙汉代车船模型，进行古代交通工具的复原研究。④ 20 世纪 60 年代起，先生又创造性地利用考古学的资料，运用考古学的方法，深入探讨我国古代科学技术领域中天文、纺织、冶金和其他方面的光辉成就，主要研究成果编辑为《考古学和科技史》一书。他在 1977 年发表的一篇同名文章⑤被列于该书卷首作

---

① 《最近长沙出土吕不韦戈的铭文》，见本书第二册。
② 《长沙东郊杨家山南宋墓墓主考》，见本书第二册。
③ 《六十年代后期的中国考古新收获》，见本书第一册。
④ 《辉县发掘报告》和《长沙发掘报告》有关部分的节录，见本书第二册。
⑤ 《考古学和科技史——最近我国有关科技史的考古新发现》，见本书第三册。

为"代序"，对 1966 年以来我国考古工作中有关科技史的新发现，归纳为天文和历法、数学和度量衡、地学、水利工程和交通工具、纺织陶瓷和冶金、医学和药物学、农业科学等专题，进行全面的介绍。这实际是想说明考古资料对于科技史研究工作的重要性，借以促进考古学家与科技史专家之间的协作，共同解决考古学上和科技史上的重要课题，使科技史研究得到更好的发展。

夏鼐先生在中国天文学史方面，主要是对几幅有代表性的古代星图进行了研究。我国古代的星图有两类：一类是天文学家所用的星图，它是根据恒星观测绘出天空中各星座的位置，一般绘制得比较准确，所反映的天象也比较完整。另一类是为宗教目的而作象征天空的星图和为装饰用的个别星座的星图。先生作过详细考察的有：后一类星图中我国已发现的年代最早的洛阳西汉壁画墓星象图，最早表现黄道十二宫的宣化辽墓星图；前一类中现存年代较早的唐代敦煌星图。

洛阳西汉壁画墓星象图发现以后，有人对比现代星图提出过解释，由于不了解中国古代天文学和西洋天文学的起源不同，所作解释必然有很多不当之处。所以，夏先生的讨论便从辨明正确的研究方法入手[①]，指出：①这星图的内容，并不是比较全面地表现北天的星图，仅仅是选用少数几个星座，因而只能用中国古代星座对照，不应该用西洋星座对照；②这星图是西汉末年的，应该以《史记·天官书》作为主要的对比材料，而以《晋书·天文志》所载作为补充；③比较不能漫无边际，首先应该注意的是北天亮星的几个星座和天球赤道附近的二十八宿，它们可能是古人绘制星图时用以选择的主要对象。经过这样的重新比较，先生确认这星图既不是以十二个星座来表示十二次，更不是象征十二辰，只是从汉代天官家所区分的"五宫"中每"宫"选取几个星座用以代表天体而已。

---

① 《洛阳西汉壁画墓中的星象图》，见本书第三册。

　　夏鼐先生关于宣化辽墓星图的论文[①]，根据辽墓壁画中的二十八宿和黄道十二宫图象，结合大量文献资料，进一步论证中国古代天文学体系的特点，指出以赤道为准的二十八宿显然是起源于中国，后来由中国传入印度的，而黄道十二宫则至迟在隋代，随着佛经的翻译由印度传入中国（王仲殊在研究铜镜的论文中对此说作过补充[②]）。至于中国二十八宿创立的年代，他认为："由可靠的文献上所载的天文现象来推算，我国二十八宿成为体系，可以上推到公元前 7 世纪左右。真正的起源的可能稍早，但现下没有可靠的证据。至于文献学方面的考据结果，也和它大致相符而稍为晚近，现下只能上溯到战国中期（公元前 4 世纪）而已。"夏先生的意见，被公认为是中国天文学史研究中对于二十八宿创立年代这个众说纷纭问题的较为稳妥的提法。[③]

　　关于敦煌写本中的两件唐代星图，夏先生将现存英国不列颠图书馆的一件称为甲本，现存敦煌县文化馆的一件残卷称为乙本。他所进行的探讨[④]，首先把甲、乙二本的紫微宫图各星官列成一表进行比较，发现两种星图的内容与《丹元子步天歌》所述最为相近，而与《晋书》《隋书》二史《天文志》的记述差异较多，但都属于一个系统。继而又就两本之间的大同小异互相对比，感到乙本的原来蓝本在星官数和星数方面，实稍胜于甲本的原本，但仍是一个系统的两个不同本子；至于两本中各星官的形状和位置，一般而论，都绘制得不很正确，却又没有很大的错误。先生又将甲、乙二本的抄写年代和《步天歌》的撰写年代一并讨论，认为《步天歌》的撰述时代不能早于李淳风活动的时代，歌辞和诠释的作者应该都是唐开元年间道号"丹玄子"的王希明；进而

---

①　《从宣化辽墓中的星图论二十八宿和黄道十二宫》，见本书第三册。

②　王仲殊：《论吴晋时期的佛像夔凤镜》，原载《考古》1985 年第 7 期，又见《王仲殊文集》第 2 卷第 15 页，社会科学文献出版社，2014。

③　中国天文学史整理研究小组编著《中国天文学史》第 44 页，科学出版社，1981。

④　《另一件敦煌星图写本——〈敦煌星图乙本〉》，见本书第三册。

推测敦煌星图的原本根据应是《步天歌图》，它不会比《步天歌》的撰写年代（唐开元时，即公元 8 世纪前半叶）更早，但其转抄的年代稍晚，甲本在开元天宝，乙本在晚唐五代。这比英国李约瑟将甲本的年代定为后晋天福年间（公元 940 年），提早了 200 年。乙本则是第一次进行如此缜密的研究。

夏鼐先生是我国学术界根据考古资料进行纺织史研究的先驱。早在 20 世纪 20 年代，西方学者即已进行新疆出土汉代丝织品的研究，我国学者则开始于 20 世纪 60 年代初期。从 1961 年至 1962 年，先生通过新疆民丰、吐鲁番两地新发现的汉唐丝织品的若干残片和一些照片，参考过去其他地方出土的有关资料，考察汉唐时代绮、锦和刺绣的纺织工艺与图案纹样，附带讨论中西交通史上的问题。[①] 1972 年，他又发表《我国古代蚕、桑、丝、绸的历史》一文[②]，系统论述我国汉代和汉代以前养蚕、植桑、缫丝和织绸方面的发展情况，并对汉代织机进行新的复原研究，以进一步阐明我国古代劳动人民对人类文明的这一伟大贡献。

夏先生指出：发明蚕丝生产技术的确切年代，目前虽然还无法确定，但我国在上古时期是唯一掌握这种技术的国家，至迟在殷商时代已经充分利用蚕丝的优点，改进了织机，发明了提花装置，能够织成精美的丝绸，遗存实物有普通平纹、畦纹和文绮三种织法。他说，我国当时除使用竖机之外，可能也使用平放或斜卧的织机，这便和古代希腊、罗马等国家专门使用竖机不同，可能改进到使用吊综提花和脚踏。东周时期已有织锦机。先生又指出，我国的丝织生产发展到汉代至少已有一千多年历史，达到了一个高峰，五彩缤纷的汉锦代表汉代织物的最高水平，一般是使用二色或三色的组织法，如果需要四色或四色以上，便需要采用分区的方法，在同一区内一般都在四色以下。至于汉代的织机，

---

① 《新疆新发现的古代丝织品——绮、锦和刺绣》，见本书第三册。
② 见本书第三册。

先生根据实践经验和认真分析，指出有些学者所复原的织机"是不能工作的"，遂以江苏铜山县洪楼村出土画像石中的织机图为主要依据，经过多次讨论、反复试验和修改，重新作出比较合理的复原方案。他指出，汉代画像石上的织机都是简单的织机，但根据出土的锦、绮、文罗等实物，可以推测汉代已有提花机。当时，先生从织物花纹单元的高度和纬线的密度考虑，认为有时需要提花综四五十片之多，推测汉代的织机已有提花设备，可能是"提花线束"，而不是长方架子的"综框"。后来，他对自己的这一影响甚广的看法有较大的改变，1983 年在日本的讲演①中说："汉代提花织物可能是在普通织机上使用挑花棒织成花纹的，真正的提花机的出现可能稍晚。"令人遗憾的是，先生没有来得及详细论证自己的这一看法，便与世长辞了。

夏鼐先生在中国冶金史研究方面，也有相当重要的贡献。首先，他最早指出河北藁城县台西村商代遗址所出铁刃铜钺，可能是用天然陨铁制成的②。1972 年台西遗址出土铁刃铜钺，是中国考古学上的一项重要发现，表明我国人民早在公元前 14 世纪已经认识了铁，因而迅速得到夏先生的高度重视。开始进行的技术鉴定，以为铁刃属于古代熟铁。他考虑到人类在发明炼铁以前有时利用陨铁制器，而鉴定结果中铁刃的含镍量又高于一般冶炼的熟铁，当即表示鉴定并未排除这铁是陨铁的可能，还不能确定其为古代冶炼的熟铁，需要进一步分析研究。后经先生约请钢铁专家柯俊教授重新组织鉴定，多种现代化手段的分析结果证明藁城铜钺的铁刃不是人工冶炼的熟铁，而是用陨铁锻成的③，从而避免了中国考古学和中国科技史上的一场混乱。众所周知，夏先生还纠正了我国早在 3 世纪的西晋便能提炼铝的错误说法。1953 年江苏宜兴周处墓发现 17 件金属带饰，发掘者将其中一块碎片请人鉴定，分析结果

① 《汉唐丝绸和丝绸之路》，见本书第三册。
② 《〈河北藁城台西村的商代遗址〉读后记》，见本书第三册。
③ 李众：《关于藁城商代铜钺铁刃的分析》，《考古学报》1976 年第 2 期。

为铝。

由于炼铝是 19 世纪发明电解法后才被人们掌握的一种新技术，这项发现迅速引起国内外的广泛注意。但是，后来有人分析这一块碎片，却是银制的。为了澄清事实的真相，先生请人采取几种不同的方法，对现存的全部带饰重新鉴定，检验结果都是银而不是铝。他注意到周处墓曾被盗扰，小块铝片有系后世混入物的重大嫌疑，因而建议大家不再引用它作为晋代已知冶炼金属铝的证据。[①] 夏先生又根据考古所有关人员在湖北大冶铜绿山古铜矿遗址进行发掘的资料，讨论这处铜矿由竖井→横巷→盲井掘取矿石的过程，以及为采掘矿石而在提升、排水、通风等方面采取的相应措施，推想当年矿工利用发掘中见到的那些采矿工具进行采掘工作的情况，并且亲自设计了提升用木辘轳的复原方案。他还指出：田野考古学的引入，使中国青铜器的研究提高到一个新的水平。今天，我们不仅研究青铜器本身的来源（出土地点），还要研究它们的原料来源。对古铜矿进行调查、发掘和研究，这是中国青铜器研究的一个新领域，也是中国考古学新开辟的一个重要领域。[②]

在中国陶瓷史方面，夏先生没有发表过专题论文，但一直是非常关心的。20 世纪 50 年代，他曾在《考古》杂志上特地评介陶瓷专家周仁等的专著《景德镇瓷器的研究》[③]，对国内采取现代科技方法进行瓷器研究的这一开端表示热情的欢迎。这篇书评说："作为一个社会科学工作者，我们所最感兴趣的，不是作为古董来玩赏的古瓷，而是制造这些古瓷的陶业工人。我们所以要分析和鉴定古代陶瓷的原料的成分、成品的物理性能和制造技术，只是因为它们是陶瓷工人的技术知识和手艺技巧的表现。此外，古代陶瓷工业还有另一方面，便是当时的审美观念。这便须要研究古瓷的器形和花纹。……如果忽视了这一方面，仍不能算

① 《晋周处墓出土的金属带饰的重新鉴定》，见本书第三册。
② 《湖北铜绿山古铜矿》，见本书第三册。
③ 见本书第四册。

是对于古瓷的全面研究。"后来，正是在夏先生的约请下，周仁和他的几位助手对古代陶瓷标本进行大量的分析鉴定工作。这便使中国陶瓷史研究走上了科学的道路。

此外，夏先生的研究还涉及科技史领域的其他许多方面。例如，《元安西王府址和阿拉伯数码幻方》一文[①]，讨论了中国引进阿拉伯幻方和数码字的经过，属数学史问题；《我国出土的蚀花的肉红石髓珠》一文[②]，讨论石串珠蚀花技术及其年代和地理分布，属化学史问题；《〈梦溪笔谈〉中的喻皓〈木经〉》一文[③]，对中国古代建筑史上的这部重要技术著作，进行整理和校释；《略谈番薯和薯蓣》一文[④]，所论则属农业作物史上的问题；等等。

五

利用考古学资料探讨中西交通史上的问题，是夏鼐先生学术研究的又一重要方面。他所进行的研究，既包括中国古代通过陆上的"丝绸之路"与波斯、拜占庭、阿拉伯等国家之间的交往情况，又包括海上交通和古外销瓷等问题。

夏先生对我国各地出土的波斯萨珊朝文物作过许多研究，例如对新疆、青海、西安、洛阳和定县等地出土的钱币，大同、西安和敖汉等地出土的金银器皿，新疆阿斯塔那墓地出土的织锦，都曾撰写专文进行考察。[⑤] 在逐项具体研究的基础上，他又先后发表《综述中国出土的波斯

---

① 见本书第三册。
② 见本书第三册。
③ 见本书第三册。
④ 见本书第五册。
⑤ 《中国最近发现的波斯萨珊朝银币》《青海西宁出土的波斯萨珊朝银币》《新疆吐鲁番最近出土的波斯萨珊朝银币》《河北定县塔基舍利函中的波斯萨珊朝银币》，见本书第三册。

萨珊朝银币》① 和《近年中国出土的萨珊朝文物》② 两篇综合性文章，进一步讨论中国和伊朗两国人民友好往来的历史，还对中西交通的路线提出创见。

我国各地发现波斯银币的地点，大多数分布在"丝绸之路"的沿线，或者在它东端长安、洛阳到其他城市的延长线上，共计 30 余批 1100 多枚。据夏先生鉴定，这些波斯银币分别铸造于萨珊王朝中期和后期的 12 个国王在位期间，从沙卜尔二世（公元 310～379 年）到最后的伊斯提泽德三世（公元 632～651 年），延续近 350 年。其中半数属库思老二世式的阿拉伯—萨珊银币。铸造地点明确的，几乎都在萨珊帝国的中部和东部。他认为，这些银币的发现反映了萨珊帝国的权力起落和经济兴衰，也反映了它作为中国和东罗马（拜占庭）之间的贸易中间站的历史地位与发展情况，并且恰好能同中国史书的有关记载相互印证。特别是根据青海西宁的发现，引证《法显传》、《宋云行记》和《高僧传》等书，提出从公元 4 世纪末到 6 世纪初，即东晋南北朝时期，中西交通路线除甘肃河西走廊一线外，西宁也在重要的孔道上。他说，当时由西宁进发，或经柴达木盆地北行过当金山口至敦煌，然后西行进入新疆，或经柴达木盆地南缘越阿尔金山至新疆的若羌，这条偏南的交通线之所以重要，应与吐谷浑的兴盛有关。在夏先生提出此说以前，中西交通史研究者对这条路线却不够重视。

夏先生根据一些地方发现的萨珊式金银器和织锦，深入讨论波斯文物在中国的流传及其深刻影响。他说：在唐朝初期输入更多，并有中国的金银匠人模仿制作，可能也有波斯匠人在中国制作的。萨珊帝国覆灭以后，直到"安史之乱"，仍有这种风格的金银器的输入或仿制。中国制造的仿制品，一般器形和波斯所制大致相同，但花纹常是唐代的中国

---

① 见本书第三册。
② 见本书第三册。

风格。而在瓷器、漆器和铜器中，也有模仿萨珊式金银器的情形。他又曾指出：古代丝绸的织造技术有两种不同的传统，中国汉锦是经线起花的重组织，西亚和中亚的织锦则采取纬线起花的方法织成；新疆发现的资料表明，中国丝绸的织造技术和花纹图案，经过魏晋南北朝到唐代，由于西方的影响发生很大的变化，6世纪时有一种可能为外销而生产的萨珊式花纹经锦，后来中国织锦的织法也改用纬线起花。这些都是古代中西文化交流互相取长补短的具体事例。

对某些北朝和隋唐墓葬中发现的东罗马和阿拉伯的金币，夏鼐先生也都进行过考释①。所出东罗马金币据鉴定：河北赞皇东魏李希宗墓3枚东罗马金币，属狄奥多西斯二世（公元480~450年）和查斯丁一世（公元565~578年）；西安土门唐墓1枚，则为公元635年阿拉伯人开始占领拜占庭部分地区后的仿希拉克略式。而西安窑头村唐墓出土的3枚阿拉伯金币，被判定为公元702年阿拉伯首都大马士革的铸品，是我国第一次发现的奥梅雅朝（白衣大食）时期的金币，也是我国发现的年代最早的伊斯兰铸币。夏先生在文章中根据这些金币，分别讨论了中国和拜占庭、阿拉伯之间的友好往来及相关问题。

对于东西交通的海上航路问题，夏先生同样十分注意。他除在自己的文章中提到南京东晋王氏墓出土印度所产的"金刚指环"、广东英德和曲江的南朝墓出土波斯银币等早期物证外，又专文讨论了泉州两种文字合璧的元代也里可温墓碑②，扬州拉丁文的元代天主教徒墓碑及广州明墓出土的威尼斯银币。③ 先生还较早地研讨中国古外销瓷问题，曾于1963年撰文介绍东非各地发现的中国宋元以至明清瓷片，特别提到他

---

① 《咸阳底张湾隋墓出土的东罗马金币》、《西安土门村唐墓出土的拜占庭式金币》和《赞皇李希宗墓出土的拜占庭金币》，见本书第三册。
《西安唐墓出土阿拉伯金币》，见本书第三册。
② 《两种文字合璧的泉州也里可温（景教）墓碑》，见本书第三册。
③ 《扬州拉丁文墓碑和广州威尼斯银币》，见本书第三册。

本人于 1938 年至 1939 年两度前往埃及福斯特遗址调查，亲手采集到当地仿制的青瓷和青花瓷残片，说明中国人民和非洲人民之间悠久的历史友谊。[①] 后来，他又根据在瑞典看到的一大批 18 世纪中国烧制的"洋瓷"，讨论中国瓷器在当时采用西方的珐琅彩和"泰西画法"的情况[②]。

　　夏鼐先生的《真腊风土记校注》一书[③]，对元代周达观这位温州同乡根据亲身经历记载柬埔寨吴哥时代真实情况的名著，进行全面校勘和缜密注释，是他对中外交通史研究的又一重大贡献。《真腊风土记》是同时代人对吴哥文化极盛时代柬埔寨的唯一记载，为国内外学术界所重视，法国汉学家伯希和等人即有多种译注问世。夏先生以数十年的积累，收集十多种刊本、抄本，以及中外学者的有关论著，博采众说，择善而从，使之成为目前最好的、可依赖的一种本子。这也充分反映他在文献考据方面令人叹服的功力。

---

① 《作为古代中非交通关系证据的瓷器》，见本书第三册。
② 《瑞典所藏的中国外销瓷》，见本书第三册。
③ 夏鼐：《真腊风土记校注》，中华书局，2000 年。《〈真腊风土记校注〉序言及版本考》，见本书第五册。

第一编
考古学通论

考古学方法论[*]

.在未谈本题之前，余欲先说明何为考古学，按考古学为西文
Archaeology 之意译，或译为古物学，鄙意译为古物学一名，似较妥帖。
Archaeology 仅为考证古代之学问之一部门。例如研究古代埃及之学问，
名曰"埃及学"（Egyptology），分门为三：一为埃及古文字学，研究对
象为古代语汇、文法、文体等；二为埃及古物学（Egyptian
Archaeology），研究对象为流传至今之古代器物及遗迹；三为狭义之埃
及古史，虽亦利用古物学者研究所得之结论，但其主要研究对象为记
载。此三者关系密切，专攻一种者，对其他二种，亦不能不知，但三者
之研究对象不同，范围各别，不能混为一谈。惟现下普遍皆用"考古
学"译名，故今暂仍旧贯，仅欲声明此下所提及之考古学皆指狭义的
考古学，即古物学是也。

吾人既知考古学之研究对象为古物，则考古学方法之第一步，即为
如何搜集古物。专攻古代刻辞拓本者为古文字学，即进一步由拓本以证
古史，亦为古史学，而非考古学；至于经史典籍以考证古史，则其为古

＊ 本文是作者留学英国之后于 1941 年 2 月回国途经昆明时，在北京大学文科研究所所作讲演
稿，发表于同年 6 月出版的《图书季刊》新第 3 卷第 1、2 期合刊。

史学而非考古学，更为显然。研究由古董商手中购得之古物，则因其出土情形不明，考古学之价值甚低，故欲搜集古物，最好亲自出马。

考古学方法之第一步，为考察调查（Exploration）。吾人如能参考书本上之记载，采求当地人士之传说，当可探得重要遗迹之所在，如果获睹当地公私收藏之古物，则当访求其来源。此种线索，虽未必均可依赖，但有时可因之以得新发现。如果毫无线索，则赖调查旅行时处处留意，以图发现古之墓葬（Cemeteries）及遗址（Dwelling Sites）。遗址之所在，满地当有陶片灰烬，有时且可见及残余之颓墙。埃及方面，古城发掘附近之沙漠地带，常为当时墓葬之所在，有时有土石所堆之坟；有时墓与地平，但土色不同，雨后痕迹显然；有时则为山侧之崖墓。调查旅行时，须携带测量器及照相机；有新发现时，即可测量及摄影，加以记载，以便将来重临其地容易觅得。散布地面之古物如陶片石器之类，亦不妨拾取若干，以作标本。英国今年提倡一探求古代遗迹之新方法，即空中摄影（Air Photography）。古代遗迹常有地面已无痕迹可见；但经人工筑坟造屋所扰过之处，其土壤较为疏松，涵水量不同，长于其上之蒿莱，高低色泽，亦稍不同。地面上虽不易发现其异点。但如由高空下试，尤其是平旦薄暮之际，阳光斜照，遗迹瞭然。英国史前遗址 Woodhedge 即由空中摄影发现，其后加以发掘，证明其为英国有名古迹 Stonehedge 之雏形。

调查考察后，考古学之第二步工作为发掘（Excavation）。吾国发掘工作，现方法萌始。但埃及方面之发掘工作，则发轫于百年以前。当拿破仑远征埃及之时，随军即有深邃学人，以从事研究埃及古史，调查埃及古迹。因之遂引起欧洲各国人士对于埃及古物之兴趣，其后遂有人专在埃及作发掘工作，挖取古物出售，如意大利人 Belzoni 即其一也。氏系当时之庸中佼佼者，但读其自述，其工作之粗莽，如以今日之标准绳之，可谓骇人听闻。十九世纪中叶，法国人 Mariette 来埃，助埃及政府创立古物博物院及古物保管委员会，同时从事于发掘工作，其目的已不在挖宝以取善价，但其方法仍欠细慎，其目标在掘得有文字铭刻或美术价值之古物而已。至一八八四年，英国人 Petrie 发掘 Tanis，始对发掘方法大加改进：谨慎周密，堪称为科学的发掘方法，其目标在搜取古代一切遗物或遗迹，以重造古代历史。五十年来之埃及考古学，即循此途而进也。

调查考察之所得，当然不仅一处，但以经济及人力关系，一时只能发掘一处。发掘地点之选择，须视所欲研究之问题为何，此种问题现下所缺乏之材料为何种，依调查时所得之印象，此地所涵之古物大约为何种，其涵量之多寡如何等等。决定发掘之地点后，即可组织发掘团，筹划经费，召集人员，购置工作用具，设立工作站。现今规模较大之发掘，常先将整个遗址，加以详细测量，绘成总图，然后将其分化为纵横十米或二十米之小区。实地上亦标立小桩，以便掘发时可以参照。开始实行发掘时，如地面上已有颓墙遗迹，即可循墙脚找去，以求整个建筑物之平面图。如地面上无任何建筑物之痕迹，则可先掘一探沟（Trial Trench）以观地下堆积情形、文化层之广延及层次。有时可以遗址边缘掘一探沟，确定此边缘以外之地上并无古物，其地可以堆积发掘时所移动之泥土，遗址中之探沟，普通为五米至十米阔；补遗过狭。如果探沟中掘及建筑物残遗，即当停止再向下掘，须先将探沟加阔，以便求得建筑物之整个情形，测量得其平面图后，必要时可将此建筑物残遗移开，再向下掘。

发掘时须有田野记载，记录发掘情形、地层状态及所得古物。平面图及剖面图，均不可缺。重要阶段，须要摄影。古物移至工作站洗刷修补后，加以编号，并有古物登记簿，依编号次序登记，并注明其出土情形。是以由科学的发掘所得之古物，吾人可由古物上所书之号码，查考古物登记簿，更由古物登记簿以查考当日之田野发掘记载；对于其出土情形，瞭若指掌。规模较大之发掘团，对于此种登载，皆印有表格，发掘人员，可依表格填写。但如有特别复杂之发现，则普通之表格，即不能适用。发掘记载，有时极为复杂。如美国哈佛大学教授 Reisner 在埃及大金字塔畔发现此塔建造者 Cheops（Khufu）王之母后陵墓。此陵中放置殉葬品之室，面积不大，各物堆叠，无一定次序，且以木质已腐，故极混乱，不易分别，氏与其助手以三百零五日之工作，记载簿用去一千七百零一张，摄有照片一千零五十七纸，始得竣事。然后再以数年之工夫，重行恢复各个古器之原形，以新木替换已腐去之木制部分，此项工作确为发掘史中之一杰作也。

发掘工作时除记载外，尚有一重要事务，即保存古物之工作。古物初出土时，以年代深久之故，有时甚脆，一触即行粉碎，须先施行保存之方法，然后始可移动。英人 Carter 发现埃及古代 Tutenkhamon 王之皇陵时，延请化学名家 Lucas 及 Scott 二人，襄助其保存古物。有时取古物之碎片，加以化验，以确定其质素，然后配合保存之方剂，一九二二年发现此皇陵，至一九三二年始将陵中古物完全清理，移运博物院中收藏。发掘者虽不能人人如此，但对于普通之保存古物方法，必须熟悉。在发掘时，常发生新问题，发掘者须随机应变，设法对付，稍一不慎，即有毁坏古物之虞。

发掘之时，由于观察之不精，记录之忽略，及保存方法之欠佳，其结果常致毁灭宝贵之史迹。鲁莽疏忽之发掘工作，其所毁之史迹，常超过其所得者。故从事发掘者，不可不慎，务须设法多获经验，庶几减少错误。余意吾国今日宜多作调查考察之工作，同时在比较不重要之遗址上作小规模之发掘；俟发掘之技术及经验相当成熟之后，再行从事于大规模之发掘。

发掘之时，有时可以就地保存，供人游览；例如英国之 Verulamium 罗马时代戏院遗址，及意大利著名遗址 Pompeii 及 Herculaneum 如果不就地保存，则将古物装箱，运往博物院保存。但考古学之发掘，必须编纂发掘报告。盖经过发掘之后，遗址之地层次序，出土古物之原来位置等等，皆已不复存在。如无发掘报告以遗后人，则结果等于毁灭史迹。

欧洲之考古学家，常能于发掘完竣后一年以内草就报告。此点可为吾人取法。

考古学方法之第三步，为整理研究（Research Work）。在起草发掘报告时，自当稍作整理研究之工作。但自己不作发掘工作者，亦得依据他人之发掘报告及公私所藏之古物，以作研究工作。研究之主要目的，在审定古物遗迹之时代前后程序，及文化之交流影响；其所用之方法，有下列各种：

（甲）记载上之证据（Documentary Evidence），又可分为内证与旁证。内证即由发掘所得之文字记载足以证明时代及文化者，例如殷墟出土有先公先王名号之甲骨片，六朝以来墓葬中常见之墓志铭，印度出土之汉字碑碣，此为最佳之证据，所惜者发掘家如无佳运，不易获得此种内证。至于旁证，则为书本上所记载者；未登简册之传说，亦可归入此项。旁证有时极不可靠，须运用甄别史料之方法，以驾驭之。

（乙）层位学（Stratigraphy）。此为由地质学方面借来之方法，但亦为考古学中之重要方法，尤其是史前考古学，几乎完全依赖此方法以建立各文化之前后次序，以史前时期，无文字记载为助也。层位学之基本原则，即为文化层之堆积，后来居上就其层次之上下，足以定时代之后先，例如吾国史前之分期，殷商以前为龙山文化，龙山以前为仰韶文化，即根据梁思永先生在安阳后岗发掘时所得之层位学上证据。但吾人应注意者，层位学之证据，依其堆积情形，有时极为复杂，须根据剖面图及平面图，细加分析，始能明了各层次之先后关系。但所谓层次者，非指地面之深浅；同一文化层，依地形而高低个同，堆积之厚薄亦不均。吾人须加以确定者，为各古物出于何层，至于各古物离地面之绝对深度，实比较不重要。再者由一小小区域所得之层位学上证据，未必即能应用于大区域。例如前文所举之中国史前期中仰韶文化，早于龙山文化，亦仅适用于河南北部；至于在其文化发源地，两者或许同时发展，惟到达河南北部时，有所先后而已。现下尚无充分材料，以解决此问题。

（丙）标型学（Typology，或译为体质学）。如果吾人未能获得文字记载之证据，又无层位学上之证据，则不得已只能依赖古物本身之形制，及花纹，以推测其时代先后。根据演化之原则，同一性质之物，逐渐演化，或进化由简而繁，或退化由繁而简，可以排成一连贯之次序，每一阶级各有其标准之典型。例如李济之先生将安阳出土之爵形器，排成一演化图。又如英人 Petrie 将埃及史前陶器，应用统计方法，排成一次序，称之为 Sequence Dates（简称为 S. D.），然后依每一墓所含之陶器以定其墓之时代，更进一层而确定同墓所出土之各古物之时代。吾人应注意者，演化过程中，有进化亦有退化，其次序或为 DCBA，而非 ABCD。同一时代所出之物，勉强依其简繁而定先后，或致错误。Petrie 之结论所以能确立者，由于其所依据之材料为 Naqada 一埋有数千墓葬之丛塚。原始时代，生产力幼稚；村落人稀；数千墓葬必为几百年或千余年所累积而成；且墓中出土之物，亦显然有逐渐演化之痕迹，故知其必非同时，且其 S. D. 77～80 时代，证明即为埃及第一朝之时代。第一朝以下之陶器，已为众所共知，故能确定其次序为 ABCD，而非 DCBA。最近在埃及中部之 Badari 发现层次明显之史前遗址，更证明 Petrie 之结论，确当不误。

排定古物之先后，仅能知其相对年代，而不能知其绝对年代。后者有时有赖于他一"时代已明之遗址"中所出土之物，例如前文提及 Petrie 之审定 Naqada 出土古物之相对年代，其后氏又于 Abydos 发现古代皇陵，出土之陶片与骨片上有文字以证明其为埃及第一朝之物。其出土之陶器等，形制花纹，与 Naqada 出土之 S. D. 77～8 时代相同；因之 Naqada 之物其绝对年代亦得考订矣。但此种比较方法之应用，亦有其限度。所用以比较之古物，必须几乎完全相同，不仅稍有形似而已，尤其是出土古物之两地，相隔并不辽远，交通甚难。否则，远隔山岳之两地所出之形似之物，或出于偶合，并无关系，不足以确定其为同一时代也，又关于两文化之交流影响，亦得用此种比较方法。如果相邻两地文化不同，但其中有数物相同，则可见两者有交通关系。如果两地文化大部分相同，则或同出于一源，或由于相互借用，或由于从此地传播至彼地，但此方法之应用，亦当视两地相距之远近，交通之难易，及所比较之古物相同或相似之程度。瑞典地质学家 Anderson 于河南仰韶发现彩陶；后于甘肃亦发现彩陶，即认为同属于一系统，时代亦相近，但吾人如取河南所出之彩陶与甘肃所出者相比较，两者虽同为带彩，然其陶器形制及花纹，并不相同。吾人须知彩陶一物，始自新石器时代，而今日仍有人制作之（例如印度之 Karachi），彩陶文化一名词，实属不妥，甘肃彩陶可分为数系统，河南之仰韶文化，虽亦有彩陶，然另成一系统，似与甘肃之各系统皆无关系，这个问题将来须多搜集材料，始能完全解决。

（丁）分布图（Distribution Map）。研究不同文化之相互影响，尚有一法，即分布图是也。某一文化，涵有古物某数种；每种得依其分布，填入空白地图。此种分布图，不但可以窥见某一文化之分布区域，且有时亦有获知其内涵之各文化元素，孰为土著，孰为外来。但应注意者，文化之传播，未必皆有一地理上之中心地区，向四周播散，最好能获得证据，知一古物在某处有其发展过程各阶级之标型（Types），而在另一处则仅有其最发展一阶级之标型。则此古物之制作，乃由前处传播至后处，显然可见。有时关于史前之民族迁徙及贸易路线，亦可由古物分布图中，得获端倪。

整理研究得相当结果后，除发表田野工作报告，及研究论文或专著外，尚有一重要工作，为编辑"图谱"（Corpus），在考古学方面，此亦为 Petrie 之所创。氏将埃及史前的陶器，汇集成一图谱。其排列方法，先依陶质分为八类，然后每类陶器，依其形状排列，由侈口之碗碟，逐渐至合口之瓶壶。每器皆有一号码：图谱依号码排列，各器有图以示其形状及花纹，各图下端，注明年代、出土地及参考书目。自

Petrie 此书出后（书名 *Corpus of Prehistoric Pottery*），埃及田野考古者如发现史前陶器，即取此书一查，若以前已有同式陶器出土，载在图谱中，则翻阅后即可知其年代。此种图谱，更有一用处：田野记载，须简单而明确，有此图谱，则记载出土物时，仅须填入图谱中之编号，省去其他一切描写。而其精确之程度，仍不稍损。

考古学之最后一步，为综合工作。考古学家亦犹史学家，各人得依其性之所近而有不同之方向。史学家有专写有新得之论文或专著者，亦有喜写广博之通史者。普通考古学家，认为撰述田野工作报告及专门论文，已为尽责。但亦有进一步而作综合工作者。根据现所已知关于某一时代之遗迹古物，重造当时文化之概况，叙述当时生产技术及工具、衣食住行之状况、与外族交通情形等等。惟考古学之对象为流传至今日古物及遗迹，故其所知者多为关于物质文化方面；至于精神生活，除有具体表现者外（例如庙宇、神像、神器、葬具等），殊为少见，故由古物学之材料，以研究古代之精神生活，颇为不易。有人根据人类学家所描绘之现代野蛮人之生活，及史籍上所载之古人生活，综合起来，以重造古代整个文明，包括物质精神各方面之情形，此种工作，与历史学家根据现今残留之记载，以重造古代生活情形，其方法相同，故不多赘。惟须注意者，此项综合工作，虽极有兴趣，最易引人。但材料若不充足，稍一不慎，即易成为荒谬之谈。今日吾国考古学之材料，仍极贫乏，作此项综合工作者，更须谨慎。将来材料累积至相当程度后，则此项工作，亦不可少，以考古学及历史学之最终目的，即在重行恢复古人之生活概况，使吾人皆能明了人类过去生活也。

田野考古序论[*]

在谈田野考古以前，先谈谈什么是考古学。

一　考古学的语源

"考古学"这名词的来源。我们查《辞源》，"考"字下没有"考古学"。中华书局出版的《辞海》中有"考古学"一条，下面注上英文Archaeology。这个英文所称为 Archaeology 的，在《辞源》续编中（1950 年改编本又删掉），译做"古物学"。考古学在资本主义社会以前已萌芽了，但要在资本主义社会中才能发展；至于注重田野考古的考古学是资本主义社会的产物，自然要在资本主义发达的国家中先产生。这门学问俄文叫作 археология，在最近出版的俄华辞典中，这字便有两个译名："考古学"或"古物学"。俄文和英文的字源，是由两个希腊字合成的，便是"古代"和"学术"的意思。我们的"考古学"一词的字源，也是相似。虽然有人觉得既称为"学"，何必又加上"考"

＊　本文是 1952 年秋作者在第一届考古工作人员训练班讲演稿的摘录，原载《文物参考资料》1952 年第 4 期。

字，不若像动物学、植物学一样，直称为"古物学"。因为"考古学"一名较为普遍流行，所以也便不再更改了。

二　考古学的定义

《辞海》中以为"考古学"是"研考古物之学也"，实在觉得太简单。新版的《苏联大百科全书》的"考古学"一条所给予的定义，是"根据实物的史料来研究人类的历史的过去"的科学。就这一个定义来讲：

（1）历史的"过去"，是指一定时间以前。在理论上说起来，时间是不静止的，我们刚做一件事，这件事便成为过去。考古学所研究的古物，时常以一定时代为限。譬如清代金石家著录，常限于明代及以前，或限于元代以前。换言之，1368 年或 1644 年以前。近东如巴勒斯坦及伊拉克的古物保管法令，断限自 1700 年，塞浦路斯以 1570 年为断限。在这以后的东西，要看其历史价值，普通的不视为古物。我国也许可以明末为断限。不过在现阶段因为人才不够，或许只好集中精力于宋以前的古物，因为宋代起印刷术盛行，文献记载留下来较多。

（2）"人类的"。实物如果没有人类加过工的，不是考古学的对象。周口店猿人洞旁的石灰石，河床上的鹅蛋石，年代比北京人更古，但是人类没有加过工，所以也便不是考古学的对象了。

（3）"实物的史料"。因为史料有两种：一是文献记载，属于狭义的历史；一是实物的史料，才是考古学所根据的材料。实物是物质的东西，如史前的石器与陶器，殷周的许多铜器，这些是古代传留下来的经过人类加过工的东西，便是考古学的对象。专考古代金石拓本者，考据古文字的字形字义，是古文字学；虽然与考古学的关系很深，但并非考古学。我们要以现在仍存留的实物为对象，包括古物及遗迹。

（4）科学是有组织的学问。考古学是由根据实物的史料，来恢复古代社会的全貌。我们的目的是想知道古代的社会经济情况，并不是"玩物丧志"地玩弄古董。

三　考古学的正确观点与方法

考古学研究的对象既然是实物的史料，我国因为文化发达较早，所以这类材料地面及地下保留得很多。但是，考古学仍然不算发达，这是由于缺乏正确的考古学观点和方法。所谓正确的观点，就是人民大众的观点，也就是说我们所要研究的是人民大众的古代生活。斯大林说："历史科学要想成为真正的科学……首先应当研究物质资料生产者的历史，劳动群众的历史，各国人民的历史。"（《列宁主义问题》1950 年莫斯科中译本，第 724 页）我们要研究一切有历史性的古物，不限于美术品。有些弄古董的人，将不是艺术品的古物，排斥到考古学之外去。美术史和考古学虽互相关系，但是两件事。从前弄金石学，将考古限于有文字铭刻的，这也是不对的。我们要知道古代社会经济制度，非将研究的对象扩充到包括古代一切劳动的工具、武器、装饰品、用具等不可。此外并且还要包括居住的房子，聚居的城堡，生产的作坊，采掘的矿山等。这些要到野外调查及发掘时，才能看到。这些都不容易搬回来，只能采取绘图、照相及做模型的办法。自然，有些比较小一点的，也可以费很大的力拆开来搬回，再拼凑起来，像河南白沙水库的有壁画的宋墓，便是拆散后搬运回的，最大的一块重1500 斤。这样，由于多多研究古物和遗迹，才能使我们恢复古代社会。

所谓正确的方法，可以分两方面来讲：一方面是技术性的，便是田野考古；一方面是思想方法，或可以说研究方法，这便是马列主义的辩证唯物主义原理。所谓"辩证法"，第一特征，不是孤立地看问题，要把各个现象看成有内在联系。我们在发掘中或研究中，不能将各个对象孤立起来看。譬如盗墓式的发掘，打一个小洞下去，拿了几件东西上来；或者由古董贩处买来一件铜器，出土情形及一同出土的东西都不知道，便丧失了它的大部分的科学价值。又譬如欧洲有些考古学家，将考古学认成为史前学，或将史前学孤立起来，与历史考古学切断了，那也是不对的。自然，为了分工，各人可以专业化，但是我们要把史前与史后联系起来看问题。辩证法第二个特征，是将自然界看作动的发展过程。历史不是走马灯，循环而不前进。至于将历史看成退化的过程，所谓"人心不古"、"世风日下"，更是不合历史事实。考古学便是由实物的史料来看这动的发展的过程。

唯物主义是了解及解释各种现象的理论。在考古学方面，第一点，是承认社会的物质生活是第一性的现象，不依赖人们意志而存在。我们应当从具体的社会物质生活条件出发，换言之，我们不要唯心地首先有一主观的成见，然后拿考古学的材料来凑合。从前的老先生将考古学的材料作为仅是证明儒家经典的工具。我们应当以物质的遗留为主体作为研究的对象，以恢复古代经济社会生活的真相为主要目标。第二点，我们承认客观真理的存在，并且可以由科学来认识它的规律。马克思在《资本论》里的名言："劳动资料的遗骸对于研究已经消亡的诸社会经济形态，也如动物骨骼的遗骸结构对于研究已消亡的诸种动物的躯体组织一样，有极重要的意义。"（马克思：《资本论》第 1 卷，第 121 页，1935 年版）自然，我们也不要陷于机械的唯物论；或像某君以耕犁的变化，决定了田制的变化及社会的变化，人家笑他是"唯犁史观"。人类社会发展史，便是这一类的规律中最重要的一个。

正像郭沫若院长所说的："今天要研究中国的历史，或从事地下的发掘，不掌握马列主义的方法是得不到正确的结论的。"（《奴隶制时代》，第 77 页）

四　田野考古

方法是要配合目的，所以前面多讲一些考古学的目标。现在谈谈田野考古。田野考古是技术性的方法。正确的田野考古的方法应该是科学的、实践的。有些人没有做过田野考古，将田野考古浪漫化了，以为田野工作一定很好弄的。第一是生活方面，野地支起了帐篷，在露天进膳，好像春假中到郊外野餐一样。至于发掘工作，也有人以为锄头一下去，古物便露出来，好像博物馆陈列柜中的古物，每件都整整齐齐、干干净净地摆在那儿，我们只动手拿便好了；或者自己连手也不必动，叫工人拿起交来就成。这太理想化了。马克思在《资本论》的法文译本的序文上说："在科学上面是没有平坦的大路可走，只有那在攀登上不畏劳苦，不畏险阻的人，有希望攀到光辉的顶点上去。"田野考古是一种科学的训练，受过初步的训练后，还要长期的继续学习，辛苦努力工作，才会有所收获的。自然，我们也不必泄气，怕学不会，不敢来干这一行。

所谓"科学的方法"，第一是说方法本身便要合于科学，要忠实、精确、系统化。我们对于所观察到的现象，要忠实地记录下来，不要混进主观的成见，扭曲了客观的事实。譬如挖了一个古代住宅台基，它的大小形状，应依实测记录下来，不要因为想使它好看一点，故意画得整整齐齐，或者更改它的尺寸，以求符合自己的主观见解。精确是科学进步的条件，就可能的范围内，力求精确，不要马马虎虎。可以使用仪器量的，我们就使用仪器。譬如用指南钊定方向可以看到半度或一度，不能看看太阳随意说这是朝东或朝西。系统化是组织的意思，不仅工作中一切要有系统，一切工作也要有一定的程序，多利用表格，并且工作站的组织要健全，使其发挥更高的效率。

我们在工作中要尽量利用科学方法，譬如测量、照相、绘图、记录等，都力求精确和忠实。照相比绘画的优点便是客观地照下事物，不羼入主观成见。此外又要利用他种科目的科学，如化学、生物学等的知识，来帮助我们的田野考古工作及以后的整理研究工作。

田野考古是"实践的"，不是空论。毛主席的《实践论》里说："只有人们的社会实践，才是人们对于外界认识的真理性的标准。"（《毛泽东选集》第1卷，第283页）我们在课堂里听过一些东西，自以为懂得了，学会了，是否真如此，便需要在实践中考验一下。否则，自以为懂得了，没有实际的经验，仅凭想象，便陷入唯心论派。譬如掘土坑的古墓，重要点是识别生土和熟土。生土是未曾经人工动过的地质史上天然堆积，熟土是人工动过重填进去的。这个道理，听起来很简单，但是，真正知道生熟土的区别与否，只有田野实习时亲自一试才能确定。你去找好了古墓的范围，掘下去找边儿，你以为这底下是墓吗？你说得对吗？挖下去一看就可证实你的观察是否正确。实践中重要的是亲自动手，仅仅站在旁边看他人工作自然也可以，但收效不会太好。这些实践的经验，盗墓的"土夫子"比我们还要丰富。不过我们是要根据片面的、外表的、感性的认识，经过思考，提高到理性的认识。毛主席说："只有感觉的材料十分丰富（不是零碎不全）和合于实际（不是错觉），才能根据这样的材料造成正确的概念和理论来。"（《毛泽东选集》第1卷，第289页）在上一段，我们要求田野工作记录的忠实和精确，便是使之"合于实际"。譬如我们要对于其他某一时代的墓葬方向做一综合的结论，一定要有正确的记录，用统计的方法求出结论才可信，若当时没有记录，只仿佛记得好像大多数是朝某一方向的，这样结论的可靠性就差得远了。材料越丰富，结论越正确。总之，一切的理论，都要再经过实践来考验，不完全的或错误的理论，便可纠正过来。理论和实践应当统一起来。

五　中国考古的过去与将来

我在上面说过，考古学在资本主义社会前就已发生。我国在宋时已经萌芽，关于铜器及玉器，许多器名都是宋人考据出来的。他们对于古器物的图录，如吕大临的《考古图》，不但书名采用了"考古"二字，并且编纂的内容，每器都摹画出器形，注明收藏家，出土地，尺寸大小，并加考证。如有铭文，便摹出原文并加释文。现今的一般金石家所印的铜器图谱（包括外国博物院所印的中国铜器图谱），除了器形用照相制版以外，其余仍逃不出它的范例。但是宋代的考古，是由于帝王像宋徽宗及士大夫的喜玩古董而产生。这种学问，元明中衰，到了清代乾隆、嘉庆时又大盛行，也是由于乾隆皇帝及一般士大夫喜玩古董，并且进一步用古器物来考证经史，注释《说文》。但是，社会不向前发展，考古学也不能向前发展。清末外国的资本主义已发展成了帝国主义，他们派了特务到中国来，以考古调查为名来做侵略，并掠夺我国的珍贵文物。在资本主义社会中所发展的考古学，也随着到中国来。中国人自己做田野考古也于 1928 年在安阳正式开始了。

这时期，即自清末至解放前，我国是半殖民地半封建的社会，考古学逐渐发展起来，但发展得并不健全，并不迅速，推究它的原因，可分述于下。

（1）因为是半封建的，所以尚有许多遗老及地主阶级的士大夫，承袭从前的风气，继续弄金石学。

（2）因为是半殖民地的，所以有新兴的买办及民族资产阶级，其中也有附庸风雅的人士收藏古器。帝国主义的公私收藏家收买中国古物，与不法古董商或所谓"收藏家"勾结，促成盗掘风气。

（3）又因为资本主义的侵入，修筑铁路及公路，也时常发现古物，尤其是陇海路所经过的正是古代文化中心的关洛地区，发现古物更多。

（4）探测矿山及调查地质，也时常发现古代遗址，如周口店及仰韶村的发现，都是地质调查所发现的。

（5）同时受了资产阶级教育的科学家中，也有人干考古学的，很有些贡献。就团体而论，如地质调查所、中央研究院、北平研究院等，也都做了些发掘的工作。我国的田野考古在 30 年前才算是开始。

解放以后，我国进入了新民主主义社会，我国的考古学也走上了新的发展的道路。这些新的条件是：

（1）国内建设工程的发展，到处发现古迹和古物，需要抢救。

（2）人民政府是重视考古学的，政府成立后不久便设立了中央文化部文物局（现在改名为"社会文化事业管理局"），又在中国科学院中成立了考古研究所，去年在北京大学史学系中成立了考古学组，今年又决定在史学系成立考古专业，又办了考古训练班。

（3）博物馆事业的逐渐发展，尤其是历史博物馆方面，需要很多的考古学标本做陈列之用。同时，博物馆的陈列是使考古工作的结果与人民大众见面，使考古工作为人民大众服务，灌输历史知识，起了爱国主义教育的作用。使考古事业在人民大众中打下根基，一定受他们的支持。

（4）关于考古学的理论研究，因为有马克思列宁主义的学理作指标，在不久的将来，必有很好的成绩表现出来。

六　欧洲（包括苏联）田野考古发掘的经过，可以供给我们参考

资本主义发达后，欧洲的考古学也便产生了。18 世纪时，欧洲已经开始考古发掘，重要的如意大利的庞培是 1748 年开始发掘的；前年是 200 周年纪念。此后，一直到 19 世纪中叶 100 年间，在希腊、意大利，近东的埃及、巴比伦各国都有发掘，但其方法极坏，不过猎取古代艺术品，为博物院添陈列标本而已。俄国考古是注意希腊时代的古物及斯拉夫古物，但据《苏联大百科全书》说：那时代发掘方法也是很糟。例如：1851～1854 年，乌瓦罗夫（YBapoB）掘了 7727 座古坟，将第 7 至第 14 世纪的东西，都混在一起。19 世纪中叶以后，才逐渐走上科学

的发掘这条路上去。德国人孔泽（Conze）在希腊首先采用比较科学的方法，在1873年发掘希腊萨莫色雷斯岛（Samothrace）的发掘报告中第一次照相插图（1875年出版），当时还不会制版，印相片贴上去。后来谢里曼（Schliemann）在1871年发掘特洛埃（Troy），1879年第二次发掘特洛埃，开始注意地层，从"乱掘"变成解剖学式工作，逐层细做，并且注意小东西。但他本人是外行的，得到德普费尔德（Dörpfeld）的帮助，始有此结果。1880～1900年，英国人皮特–里弗斯（Pitt-Rivers）在他自己29000英亩的田地中发掘古迹，注意居住遗址较墓葬为尤甚，并且常将整个遗址掘开，注意小事件。在这一时期中，俄国的考古学也逐渐发达，知道用科学的方法来发掘，由欧洲俄国领土，扩展到中亚细亚各处的发掘。在这时期中资本主义发展成帝国主义，法、德、英、美等国派发掘团侵入近东各国，后来也侵略到中国来，如斯坦因、伯希和、勒科克等，连帝俄也派科兹洛夫等来考古。俄国十月革命前的考古学家多数是资产阶级的科学家，因之也带有资产阶级考古学的缺点。十月革命后，他们有了很大的进步，田野工作要配合历史上所要解决的问题。据吉谢列夫说："苏联考古学者把发掘方法本身也改良了。在苏联，对于发掘物极小细节的深入研究，与发掘广大面积相结合，务必发现先民的各式各样的居所，其设计样式，以至每个目的物所以存在的条件。"（《吉谢列夫讲演集》，新华版，第57页）马克思列宁主义对于苏联考古学的发展有很大的帮助。

1900～1950年这50年，欧洲一般田野考古方法方面的贡献可分三点：

（1）将田野考古方法作为一种方法来看待，根据以往的发掘经验，加以系统化，加以改进。1904年彼特利（Petrie）根据他在埃及20多年的发掘经验写了一本考古学的目的与方法，这位老头儿活到1942年才死在帕拉蒂克（Palatic）。以后陆续有人写这一类的书，今年春天，英国还出版一本《考古发掘初步》。换言之，田野考古方法是被看作研究的对象来讨论，来研究，来改进。

（2）田野考古的研究，变成对于古代各种现象综合的研究，田野工作不是仅仅挖出几件有兴趣的或好看的古物。也不仅仅是发掘几个遗址。对于每一次发掘工作，田野工作者要抽出一切可能的证据，几片破陶片或几块兽骨都是很好的证据，不能忽视。发掘所得的东西，要巨细不遗，并且发掘遗址多将整个发掘开，不只打几条探沟，因之可以知道整个遗址的全貌。这是对于一个发掘而论的。此外，又将广大区域内的遗址或古物出土地点，做成分布图，使我们有一个全面的印象。

（3）对于发掘所得的古物的资料，以及同出土的其他东西，如兽骨、木材等，田野工作者更多地依赖其他自然科学的专家的帮助，使田野工作者可以抽出更多的证据来，可以更好地恢复古代社会的全貌。实际上不仅是考古学依靠其他自然科学，反过来考古工作对于其他自然科学也有很大的帮助。

七　中国考古学的目前工作

根据前面所说的，考古学，尤其是田野考古的意义，及中外过去的经验教训，我以为中国考古学的目前工作有三点可以注意：

（1）训练田野考古的青年人才。在解放前，考古学是冷门，干这行的很少，寥寥的几个考古工作者，不足以应付广大的需要。这次训练班我们领导上是相当重视的，举行开学典礼时，几位首长都亲自前来致辞指导。我说青年干部，并不是说老的便不要做田野工作。田野工作是相当辛苦的，应养成吃苦耐劳的精神，并遵守集体生活纪律。此外，对地方群众的关系，要多加联系，向他们解释及教育，态度要和气。尽可能给群众以爱国主义教育。还有田野考古工作者私人方面，决不收藏或买卖古物。

（2）保存古迹古物，这虽是政府的责任，尤其像多设博物馆以收藏古物，设立保管处以保护古迹，但是群众也应积极协助。例如田野工作时或发掘古物举办展览会中，我们如能向群众进行宣传教育，使知道保存古迹古物的重要，收效可以很大。反过来说，政府应该禁止非法的发掘。所谓"非法"，不一定指盗坟掘墓的人，便是各地文物机构，如未曾依照发掘法令报请中央批准的，都算是非法。因为中央的批准是要看申请机构及主持发掘人的条件的，可以掌握住原则，不准非科学的乱掘。

（3）和其他部门科学家合作，并吸收苏联先进考古学经验，互相学习，互相交流，把田野考古工作的成果公开研究讨论。

八　结论

以上只是田野考古工作的序论。必须指出的是：发掘工作便是破坏工作，我们一般水准既然仍不够高，至于连这一般性水准的技术还没有掌握好时，更容易造成破坏。这些破坏是可以避免的，而破坏后便无法补救了。所以除非遇到必要时，不要轻易发掘，宁可多做调查，如遇必要时，也应该报请中央文化部批准后，选派有训练的人，认真仔细工作。这些东西都是我们祖先的文化遗产，我们要对人民负责的。

1952 年 9 月 5 日

《实践论》与考古工作[*]

——学习《实践论》的笔记

毛主席的《实践论》，是马列主义宝库中的一个很重要的文件，无论我们做什么工作，都要认真研究这文件，以便从其中得到启发和指导。从事考古工作的人，自然也不能例外。并且要把它和自己这一部门的工作相联系。

我现在把我自己学习后的初步体会写出来。

先说基本观点，即认识依靠于实践的观点。我们要认识古代社会的客观情况，绝不能依靠主观地闭着眼睛乱想，也不能仅靠文字记载，专在故纸堆中查究文献；更重要的是依靠实践，要和古代的物质遗存相接触。我国古代文字的记载，差不多都是出于统治阶级的手笔，无不打上色彩浓厚的阶级的烙印。至于由古代遗留下来的实物，却是未被写史的人的主观所拗曲的。

人们对于古代社会的认识是否正确，只有实践可以做它的标准。大而关于社会发展史的认识，小而关于一座遗迹或一个古物的认识，都是须要实践。由实践来证实或修正我们的假设。1944 年我们在敦煌的月

---

　　* 本文原载《光明日报》1953 年 7 月日第 3 版。

牙泉和佛爷庙之间的戈壁滩上，看到了好几个土墩子。有人以为这些是烽火台的遗留，因为它们和汉代玉门关一带沿着长城的烽燧很相似。我们因为它们排列的情形，认定是墓前的土阙。后来一发掘，果然证实它们是唐墓的前面的土阙。这便是一个例子。

掌握田野考古技术，也要依靠实践。有些人仅读过书本子或听过几次讲演，便自以为懂得了，学会了。这样的人，在实践中考验一下，便容易露出马脚。譬如掘土坑的古墓，重要点是识别熟土和生土。生土是未曾经人工动过的地质史上天然堆积，熟土是人工动过重新填进去的。这个道理，听起来很简单；但是，真正辨别生熟土的本领，只有在田野工作时经过相当期间亲身体验才能学会。对于一个田野工作者能否区别生土和熟土，并不是听他夸夸而谈的理论，而是看他在田野工作时的实践的考验。你根据土色和土质来找好古墓的范围，掘下去找边儿。你以为这底下是古墓，你的观察是否正确，挖下去一看，便马上可以确定。

认识的发展过程，是由感觉开始的。我们在考古工作中，先要取得丰富的感性认识的材料，先要从事调查，亲自跑到遗迹的所在地，看到了各种暴露于地面的遗迹或遗物。然后才能进一步从事发掘，把文化层揭开。回来做室内研究工作，整理古物，也是要从摩挲古物，和实物相接触开始，把各个古物的现象都观察到了，然后才能在脑子中产生了许多明确的印象。这是周口店猿人洞出土的石器，我们细看它的质料、形状和打击痕。这是安阳殷墟出土的铜鼎，我们细究它的形状和花纹等。这是认识的第一阶段。

我们在实践中，持续不断地引起感觉与印象，于是发生认识过程的突变，产生了概念。由事物的现象而进到事物的本质，由它们外部联系而进到内部联系；使用判断和推理的方法，便可产生合理的结论。我们研究古物时，由于各个古物的观察，然后抽出它们的共性来，成为一个概念。由于细看了周口店猿人洞出土的各个石制的削刮器以后，自然会产生一个概念，知道这全部的石制的削刮器的特征是些什么。观察了许多的个别的殷墟的铜鼎以后。也便会产生"殷代铜鼎"的一个概念，这样便抓到了周口店猿人石制削刮器的本质或殷墟铜鼎的本质。然后进一步研究周口店猿人所制的一般石器的特征，或殷墟一般铜器的特征。使用判断与推理的方法，可以得出更广泛的结论，例如这些石器或铜器与使用者的社会生活的关系，它们的前启年代及发展过程，等等。又如我们发掘了各个不同的史前遗址，观察了所揭露的现象，然后得出结论，哪几个遗址是属于仰韶文化，哪几个遗址是属于龙山文化的。各个不同的遗址有哪一些相同点，这些相同点是否是本质的，这样便可以得出一个文化的真相来。这是理性认识的阶段，是认识过程中由低级向高级推移。我们的考古调查发掘和摩挲古物，都只能解决现象问题。进一步的深入研究，才能解决本质问题。但是不论是现象问题或本质问题，它们的解决，都是一点也不能离开实践。"无论何人要认识什么事物，除了同那一个事物接触，即生活于（实践于）那个事物的环境中，是没有法子解决的。"考古学家要获得正确的理论，是要亲身参加了田野发掘的实践，亲手摩挲了古物的实践。一切真知都是从直接经验发源的，但是我们不能每一个发掘工作都参加，每一件古物都摩挲过。事实上有许多考古知识是根据别人的发掘报告或古器物图录，换句话说，便是由间接经验得来的。但是这些在别人仍是直接经验的东西。如果别人是科学地反映客观的事物，那么他们所记录下来发表的东西是可靠的，否则就不可靠。所以说：一切的知识，都不能离开直接经验，离开实践。考古学的知识也是如此。

做田野考古工作的人，如果他们是一些没有发掘工作经验的人，对于一个具体的考古发掘的指导规律，在最初是不了解的。只是在身历了许多次发掘的经验，贯串了许多经验后，才能知道发掘工作中的规律性，才能有把握地指导发掘工作。考古发掘队的负责人，非选择有多次经验的人不可。便是有了许多次经验的人，也不一定便能胜任。每一次的工作都有它的特殊性。除了经验之外，还要虚心体察情形。如果对于他所从事的这一次工作的内容和环境，没有规律性的了解，又不设法去了解，便乱挖起来，那只能破坏古迹，不会有良好的收获的。

认识的过程，第一步是感觉的阶段，第二步是概念判断和推理的阶段。感觉的阶段，我们要搜集十分丰富并且合于实际的感觉的材料。我们要多做田野调查发掘工作，要多接触实物，要多参考文献，使我们的材料更加丰富，克服零碎不全的弊端。我们的田野工作记录及室内研究工作，力求忠实和精确，使之合于实际。田野工作中，我们使用测量和照相的仪器，便是为了要求精确。仅靠主观的观察，容易发生不正确的错觉。材料越丰富，越精确，所得出的结论也越可靠。理性认识一定要从感性认识得来，可靠的理论认识一定要从丰富的和精确的感性认识得来。

但是认识也不可停顿在低级的感性阶段，一定要深化到理性阶段。否则，便陷入"经验主义"的错误。譬如前面所举，考古田野工作要从实践中取得辨别生熟土的经验的例子。如果仅就经验而论，许多盗墓的惯贼，有非常丰富的经验。他们用"洛阳铲"打探眼，取出小块泥土便能辨别底下是否有古墓，有时连这古墓属于哪个时代也可以推测到。但是他们的经验仅是片面的，当然不能造成概念及理论的系统。换了一个地方去发掘，土质变了，他们便不知道如何措手了。又如从前发掘城子崖遗址及小屯殷墟，知道了古代的城墙及屋基是用夯土筑成的，后来发掘范围扩展到安阳殷代的墓葬区，发现了大片的夯土，凭着过去的片面的经验，以为是建筑的残遗，便留下夯土不掘，后来才发现这些夯土是殷墓的填土，不掘开便无法挖到墓室。这便是犯了"经验主义"的错误。由感性到理性之辩证唯物论的认识运动，对于认识一个遗物、一件遗迹是如此，对于认识整个古代社会也是如此。

认识运动至此仅是一半，还没有完结。考古学是历史科学的一部门，它研究古代社会发展的规律，并根据这规律来指出历史的发展。就技术过程而论，田野工作的理论，指导考古发掘的实践。应用理论于实践，看他是否能够达到预想的目的。做考古调查的时候，根据文献的材料及地理的环境，某一区域可能有些什么古代遗址。这理论是否正确，回到实践中去，亲自到那一区域勘查一下，便可解决。根据地面所暴露的痕迹，可以推测地下埋着某一时代的某些古物。这理论是否正确，用发掘的实践挖下去便可解决。根据室内研究的结论，某一地区中某一时代的文化，有哪一些特点：例如它的铜器是哪一种形式，有哪一种花纹，陶器又是哪一种形式，有哪一种花纹。这理论是否正确，也只能在实践中解决。再接触些实物，多摩挲古物，看它们是否合于理论；选择有关的居住遗址或墓葬来发掘，看它们共同出土的东西是否合于这理论。"许多理论的真理性是不完全的，经过实践的检验而纠正了它们的不完全性。许多理论是错误的，经过实践的检验而纠正其错误。"这便叫作"实践是真理的标准"。

但是认识过程是向前推移的。我们的认识由感性的转变到理性的，造成了大体相应于客观过程的室内研究计划或田野工作计划。然后将这些计划在实践中变为事实。如果计划顺利地实现了，那么，对于具体过程的认识运动算是完成了。但是由于实践中发现前所未料的情况，因而部分地改变了计划的事是常有的，全部地改变的事也是有的。例如，1950年考古研究所制订了赴辉县琉璃阁发掘战国墓葬的计划，原来是根据抗战前所得的消息，知道这里还埋藏有许多战国大墓。但是一到工作地，便发现客观过程已有变化。在抗日战争期中，当地的盗墓贼已在这里大掘古墓。埋藏丰富的大墓都已被盗一空，我们在知道了原定的计划不合实际以后，便加以改变，将重点放在固围村的大墓上。这便是在实践中发现了错误，纠正了错误，改变计划，然后将这改变过的计划，使之实现，得到了预想的结果。对于一个发掘工作队而言，认识运动算是完成了。但是对于过程的推移而言，人们的认识运动仍是没有完成的。我们制订考古工作计划后，不但在于计划有错误时须得善于改正，而且在于当新的客观情况的出现，我们便应该在主观认识上也跟着推移转变，另定新计划。我们所订制的考古工作计划，要配合国家的经济建设，同时又要解决历史上一些问题。另一方面，我们要考虑主观的力量，尤其是干部的问题。这些因素都是变化的，向前推移的。我们的计划，不能凝固成为死板的硬性规定，离开实际，不随着客观情况而前进，同时又不能超过客观过程的一定发展阶段，空谈在目前没有现实可能性的理想计划。这样才能将计划变为事实，使我们考古方面知识确能增添，使我们对于古代社会发展规律增加了解。

但是我们对于古代社会发展规律的认识，也只是相对的。每一次的有价值的野外发掘工作，每一个有意义的室内专题研究，都可使我们对于古代社会有多一些的了解，都使我们更进一步接近于当时社会的真相。根据于一定的计划以从事于变革客观现实的实践中，一次又一次地向前；人们对于客观现实的认识，也就一次又一次地深化，但是永远没有完结。

我们想要认识古代的社会的发展规律，除了在实践中改造客观世界，即与古代实物相接触，将古积古物发掘出来，恢复起来这一种过程以外，还要改造主观世界，便是改造自己的认识能力。我国的历史科学有很长久的历史，考古学的前身是宋代的金石学，已有千年左右的历史，便是近代式的田野考古学也有三十多年的历史，1921 年发掘仰韶遗址，1927 年开始发掘周口店猿人洞，1928 年开始发掘安阳殷墟遗址。但是中国的考古学仍不能迅速地向前进步。这一方面由于客观环境的恶劣，在反动的政权下，考古学是不被重视的；另一方面也由于主观的认识能力不够；从事考古工作的人，只受过半封建半殖民地的教育，至多不过受些资本主义的教育。解放后，社会环境变化了，人民政府重视考古工作，而大规模的经济建设，到处发现古迹和古物，需要考古清理工作。但是要配合这改变后的客观环境，考古工作者，也应该改造自己的认识能力，才能使中国考古学有空前的发展。改造自己最重要的是改造思想，掌握马列主义的真理。郭沫若院长说："今天要研究中国的历史，或从事地下的发掘，不掌握马列主义的方法是得不到正确的结论的。"（《奴隶制时代》第77页）要掌握马列主义，除了学习经典著作以外，更重要的是从实践中来创造性的应用马列主义。直接的实践经验有限，便可以尽量学习苏联先进经验，将间接经验来补充直接经验，可以使考古学很快地有很好的成绩表现出来。

《实践论》对于我们改造思想运动，起了很大的作用。但是更重要的是要在实践中来掌握《实践论》的精神。

考古学通论讲义（之一）*

第一单元　总论

第一讲　序论

考古学的语源

查《辞源》，考字下面没有"考古学"这个名词，中华书局出版的《辞海》中有"考古学"，下注英文 Archaeology。《辞源·续编》中（1950 年改编本又删掉）译 Archaeology 为"古物学"，考古学在资本主义社会以前已萌芽，但要在资本主义社会中才能发展。至于注重田野考古的考古学是资本主义社会的产物。自然要在资本主义发达的国家中先产生。这门学问，俄文叫 Археопогия，在最近出版的《俄华字典》中，有两个译名："考古学"或"古物学"。俄文和英文的字源，是由两个希腊字合成的。即"古代"和"学术"的意思。Αρχαιολογια（古物

　＊　本文是作者 1953 年 1~6 月在北京大学历史系考古专业授课的讲义。当时由青年教师刘慧达记录整理，经作者审阅后，曾油印发给同学。现据该油印本编入文集。

ápxdɩos 与学问 λoros），法、意、德等国，虽使用甚广，不过字母上的大同小异而已。德文亦为 Altertuniskunde。我们称之为"考古学"而不叫"古物学"就是因为考古学的名称较为普遍流行，所以不再更改，而且考古学并不仅限于"物"的范畴以内。

考古学的定义

《辞海》中"考古学"是"研究古物之学也"，新版的《苏联百科全书》所给予的定义是"根据实物的史料来研究人类的历史的过去"的科学。

（1）历史的"过去"是指一定时间以前。考古学所研究的古物，时常以一定时代为限。譬如清代金石家著录，常限于明代及以前，或限于元代以前。（1368 年或 1644 年）近东如巴勒斯坦（Palestine）及伊拉克（Irag）的文物保管法令断限为 1700 年，塞浦路斯（Cyprus）以 1570 年为断限。断限以后的东西要看其历史价值，普通不视为"古物"。我国也许可以明末为断限，现阶段因人才不够或许只好集中精力于宋以前的古物，因宋代印刷术已盛行，文献记载留下较多。

（2）"人类的"没有经过人类加工的实物，不是考古学的对象，如周口店猿人洞旁的石灰岩，河床上的鹅卵石，年代比北京人更古，但是并没有人类的加工，所以便不是考古学的对象。

（3）"实物的史料"，史料有两种：a. 文献记载，属于狭义的历史；b. 实物的史料，即考古学所根据的材料。实物是物质的东西，如史前的石器、陶器，殷周的铜器等都是。古代传留下来的经过人类加工的东西，便是考古学的对象。专考古代金石拓本，考据古文字的字形、字义，是古文字学，虽然与考古学的关系很深，但并非考古学。我们要以现在仍存留的实物为对象，包括古物及遗迹。

（4）科学是有组织的学问，考古学是根据实物的史料来恢复古代社会的全貌。目的是想知道古代的社会经济情况，而不是玩物丧志地玩弄古董。

考古学的方法（总论）辩证唯物主义

（1）辩证的（不孤立地看问题，着重发展进化）不孤立地看问题，把各个现象看成有内在联系。例如盗墓式的发掘，或由古董商处买来一件铜器。出土情形及一同出土的东西都不知道，便丧失了它的大部分的科学价值。又譬如欧洲有些考古学家将考古学认成为史前学，或将史前学孤立起来，与历史考古学切断，那也是不对的。当然为了分工，各人可以专业化，但是我们必须把史前与史后联系起来看问题。历史是一个发展的动的过程，不能把它看成循环和退化。考古学便是由实物的史料来看这动的发展过程。

（2）唯物的（存在决定意识，认识开始于经验，寻求客观规律，社会发展的原则）唯物主义是了解及解释各种现象的理论，在考古学方面，第一点是承认社会的物质生活是第一性的现象，不依赖人们意志而存在，应当从具体的社会物质生活条件出发，换言之，不要唯心地首先有一主观的成见，然后拿考古学的材料来凑合。从前的老先生将考古学的材料作为仅是证明儒家经典的工具。我们应以物质的遗留为主体，作为研究的对象，以恢复古代经济社会生活的真相为主要目标。第二点是承认客观真理的存在，并且可以由科学来认识它的规律。马克思在《资本论》里的名言："劳动资料的遗骸对于研究已经消亡的诸社会经济形态，也如动物骨骼的遗骸结构，对于研究已消亡的诸种动物的躯体组织一样，有极重要的意义。"（马克思《资本论》第一卷，1935 年版第 121 页）自然也不要机械的唯物论，人类社会发展史，便是这一类规律中最重要的一个，正如郭沫若先生所论："今天要研究中国的历史，或从事地下的发掘，不掌握马列主义的方法，是得不到正确的结论的。"（《奴隶制时代》第 77 页）

（3）实践的（通过实践发现真理，材料要忠实正确合于实际，并且要十分丰富，通过实践证实并发现真理。将感性认识的材料，加以系统化，形成理论来指导实践）田野考古要掌握技术性的方法。正确的方法，应该是科学的实践的。不论田野发掘，或室内研究工作，都应该是客观的真实的记录，不能歪曲或加入主观想象。整理工作中实际材料也许不符合自己的见解，但也不能抛开。尽量利用科学仪器。总之考古工作应做到科学化，系统化，是实践的不是空论。毛主席在《实践论》里说："只有人们的社会实践，才是人们对外界认识的真理性的标准"（《毛泽东选集》第 1 卷第 283 页）"只有感觉的材料十分丰富（不是零碎不全）和合于实际（不是错觉），才能根据这样的材料造成正确的概念和理论来"。（《毛泽东选集》第 1 卷第 289 页）总之，一切的理论都要再经过实践来考验。材料越丰富，结论越正确。

考古学的重要性

在历史科学中考古学所占的重要性。在中国目前建设工作中考古学的重要性，决定了目前我们应该做的工作——训练及组织干部，吸取苏联先进经验，与其他部门科学的合作。目前我们应该做的工作是：

（1）训练及组织年轻的田野考古人才　解放前，考古学是冷门。寥寥的几个考古工作者，不足以应付广大的需求。所以举办考古人员训练班、考古专业等。考古工作者应该养成吃苦耐劳的精神，遵守集体生活的纪律，联系群众，并进行爱国主义教育。田野考古工作者私人方面，决不收藏或买卖古物。

（2）保存古迹古物　这虽是政府的责任，尤其像多设博物馆，以收藏和陈列古物。设立保管机关，以保护古迹。但也必须有群众的积极协助，一方面应该向群众进行热爱祖国文化遗产的思想教育。同时政府应该禁止非法的乱掘。（包括盗墓贼，以及未按照文物法令进行发掘的机关）

（3）和其他科学家合作　吸收苏联先进考古学经验，互相学习，互相交流。把田野考古工作的成果，公开研究讨论。

考古工作在历史科学上的重要性　考古学是历史科学中的一部分，过去只注意文献，不重视实物，是片面的史学。古代的史学家，就有主观的成见，如司马迁的《史记》、司马光的《资治通鉴》都是为统治阶级服务的，而不是为劳动群众服务的。所以我们要用考古发掘来纠正和补充。"实物"在历史研究中占很重要的地位。以前历史教科书的开始，都是盘古、三皇、五帝，而现在则极力应用发掘材料。

目前建设工作中，中国考古学的重要性：

（1）全国建设工程的发展，到处发现古迹和古物，需要清理保护。如 1953 年全国经济建设、铁路公路、治淮工程等都有很重要的发现。

（2）人民政府是重视考古学的，政府成立不久，便设立了中央文化部文物局（现在改名为"社会文化事业管理局"）又在科学院中成立了考古研究所。1952 年在北京大学历史系中设立了考古专业，又举办了考古工作人员训练班。

（3）博物馆事业的逐渐发展，尤其是历史博物馆方面，需要很多的考古学标本作陈列之用。同时博物馆的陈列是使考古工作的结果与人民大众见面，使考古工作为人民大众服务，灌输历史知识，起爱国主义教育的作用，使考古事业在人民大众中打下根基。

（4）与其他部门科学的合作，互相影响发展。譬如应用人类学、地理学、化学等方面的研究结果来解决考古学上的问题。同时考古学要协助这些科学解决它们的发现和发展史。当然最重要的还是与狭义史学的合作。

本课程的目标和内容

目标：

（1）史学工作者所需要的考古学基本知识，以便于应用考古材料到历史研究上去。

（2）田野考古工作的初步知识和技能，使初学的人们得到比较全面的概念。

内容：

（1）总论，包括序论，考古学的门类，资料范围，与其他学科的关系，及考古学各学科中所占的位置，以及简单的考古学史。（另有考古学史课）

（2）考古学的田野工作，及室内整理研究方法。考古工作一半是田野工作，一半是室内研究，所以技术方面，也是学考古学的一个重点。考古专业的同学在实习工作中必须掌握这些技术（如测量、绘图、照相、记录等）。而一般学历史的人，也可以得到阅读发掘报告的知识，从而吸收历史学中所需要的部分。

（3）由考古学的材料所恢复的古代社会发展情况，通论中是讲古代社会发展的初步轮廓，由旧石器时代开始，继之以新石器时代。近东、埃及两河流域文化之发展，铜器时代之不同的铜器文化，（如埃及、巴比伦、印度等），再讲战国到汉代铁器时代生产力的进步。运用考古学知识，使中国历史在世界上的地位更明确。

基本参考书：

斯大林：《辩证唯物主义与历史唯物主义》，见《列宁主义问题》中译本第 703～736 页，或《联共党史》中译本第 133～165 页。

毛泽东：《实践论》，见《毛泽东选集》第一卷第 281～296 页。

辅助参考书：

滨田耕作：《考古学通论》，俞剑华译，第一篇第一章，商务印书馆，1931 年。

参考问题：

1. 考古学的定义，各人自己从前对于考古学和考古工作的认识。

2. 考古学在历史科学中的重要性。

3. 考古学的基本方法。

4. 本课程的目标，同学对本课程内容组织的意见。

第二讲　考古学的门类

考古学知识要广博，同时要对某一门类特别深入，从事专门研究。

依时代来区分

（1）史前考古学　各民族史前时期的长短不同，中国在殷代（距今 3000 余年）就开始了有史时期。而现在澳洲、非洲、美洲都还有原始社会的民族，没有历史，所以还是史前时期。

（2）历史考古学（包括原史考古学，原史是史前考古到有史考古的过渡）　历史过程是连续的，而不应切断。这样的划分，是为了研究上的方便，史前考古又叫史前学（或史前史）。史前考古学中的分期问题（生产工具的质料，社会生活、社会组织）。旧石器、中石器、新石器、铜器、铁器时代，根据生产资料来划分时代，是符合于马列主义的。但斯大林发表《马克思主义与语言学问题》以后，知道借用生产资料来划分时代是不够的。恩格斯用莫尔根材料，以社会经济生活来划分时代。旧石器时代为蒙昧时代的高级时代（发现弓箭和工具），采集经济。新石器时代为野蛮时期的低级和中级阶段，使用陶器，开始种植和畜牧。铜器铁器时代为野蛮时代的高级阶段，生产方面更进一步掌握了农业和畜牧业的方法。有史以后为文明时代。

苏联考古学家又按照社会组织来分类。史前时期称为原始社会，旧石器时代为原始氏族社会，新石器时代为母系氏族社会；金属时代为父系氏族社会（然中国殷代为金属时代；殷墟发掘已有文字记载，应该是有史时期）。

旧石器时代研究的专门化。旧石器时代是地质上的新生代或第四纪。所以专门研究旧石器时代，要有地质学的常识，又因为旧石器时堆集层中常有古生物（已灭种）化石伴出，也应该有古生物学的常识（例如西伯利亚所挖到了毛象）。旧石器时代的范围很广，包括亚、欧、非各洲，研究资料多为石器。

新石器时代已开始有陶器，为断定年代很重要的材料。发明畜牧和种植，开始定居生活。各部族有其特殊文化，所以研究范围不宜太广，应以中国材料为主。

金属时代为中国的有史时代，欧洲使用文字较晚，金属时代还没有文字。

历史考古学应先依地理或民族而区分，然后分时代段落。以中国历史考古为例：

（1）殷周考古学：殷周是中国青铜文化的成熟期。从殷到周，有铜器、陶器、玉器等可供研究，各阶段都有不同的特征。可以根据甲骨文、钟鼎文字来认识它的时代。

（2）汉代考古学：铜器已降至次要地位，铁器较多，而汉代的漆器特别发达，开始了石刻造像及漆雕。汉代的版图扩大，文化分布广阔，字体为隶。

（3）六朝考古学：六朝皇陵在南京附近发现较多，是承袭了汉代的文化传统，由于佛教的东渐，六朝佛教盛行，大规模开凿石窟寺，并开始有瓷器。六朝有很多历史上的问题有待于考古的解决。

（4）隋唐考古学：一方面继承前代的文化传统，同时吸收印度的文化（印度文化经阿拉伯商人由海道传来）。另一方面还接受了希腊、罗马的影响。唐代糅合了这些文化精华，创造出高度的文化和艺术。例如瓷器的进步，建筑、雕刻艺术的发展等（包括五代）。中国考古学暂时限于宋以前，理由是：

①印刷术发达，宋版书很多，文献丰富，考古补充不急需。

②实物流传尚多，如字画。唐代留传下来的真迹很少，而宋代流传下来的还有缂丝、书画、瓷器等很多。地面上的资料，可以供现在的研究。

③宋代对考古学已有专门的比较系统的研究，即宋代的金石学。

又依地理或民族来区分，地区依时代不同而范围伸缩有所不同。一地区或民族仍可再划分为小区域。

（1）中国考古学（再分小区域如少数民族）。

①东北方面。有时属中国范围，有时属外族范围，如辽、金，文字

应用有契丹文、女真文、满文等。

②西北方面。有少数民族地区，文字有西夏文、维吾尔文、藏文等。

③西南方面。云南、贵州一带，昆明、大理等地文化各有与中原不同的特点。

（2）东亚考古学（中国、朝鲜、日本、中南半岛）。欧洲人称为远东考古学，以中国为中心。

（3）印度考古学。曾经发现很多旧石器。远在公元前 2000 年前已有高度文化（青铜文化）。有文字但不认识，故仍称史前。佛教方面有梵文。中世纪后中印关系很密切。唐玄奘去印度求佛经（共 19 年），菩提加耶有中国字的宋碑。阿富汗、大月氏等都与印度有关。

（4）西南亚考古学（亚历山大以前，阿拉伯考古学）。欧人称为近东考古学（亚历山大以后属古典考古学），包括埃及。埃及的象形文字，19 世纪初年才认识。巴比伦有楔形文字，巴勒斯坦及叙利亚为埃及与巴比伦中间的文化。波斯有波斯文化，阿拉伯回教考古学。

（5）苏联考古学。苏联是个多民族的国家，考古学范围有旧石器时代尼安德特人的发现，有新石器时代的乌克兰彩陶文化。希腊时代，曾受希腊文化的影响，以基辅为中心，有斯基泰文化及希腊殖民地。苏联在中亚、西伯利亚一带做了很多工作。中亚和南西伯利亚与中国很有关系。苏联十月革命后很多考古方法是值得我们学习的。

（6）古典考古学（希腊、罗马考古学）。为欧洲最早的历史。罗马也有旧石器时代的文化，而新石器时代是受希腊影响的。研究古典考古学材料很丰富，需要学习希腊拉丁文字。

（7）西北欧考古学（旧中石器时代，旧石器以后史前期，罗马时代，中世纪考古学），包括英、德、法、西班牙等国。考古学方法发达很早，考古学的分期都是按法国方法。旧石器、新石器、铜器、铁器。西北欧曾经为罗马殖民地，故受罗马文化的影响，在文艺复兴以前为黑暗时代，也依赖考古发掘。

（8）其他区域（非洲、南洋群岛、美洲）。

基督教考古学与佛教考古学。

除了自己要深入研究的区域以外，对于其他区域的考古学，希望有一般知识，可以作为我们研究考古学的背景。对于毗邻区域的考古学更需要多知道一些。

依资料种类来区分

（1）古代陶瓷学　数量多而且多样化，花纹、形状、质料可以用来辨别年代。陶器包括陶罐、砖瓦、陶范等。瓷器在汉以后才发展起来。

（2）古钱学　是断定年代很重要的材料。中西都很重视这门学问。中国发现最早的钱是春秋战国时代的明刀、布泉、圜钱等。秦时普遍用半两，战国时代各国都有自己的钱币。根据钱的发掘出土范围，可以推知当时的政治范围和经济关系。同时由半两、五铢，可以知道当时的重量单位和通货情况。

（3）美术考古学（古代美术史）　包括建筑、雕刻、绘画，是研究古代美术的重要材料。

（4）铭刻学及古文字学（包括甲骨学）　研究金石上所刻的文字的科学叫作铭刻学。铭刻学是按文字的形态和文体结构及内容来断定时代。内容上又可以正确地提供历史材料，是很重要的学问。研究甲骨文的又叫甲骨学。

（5）印章学　以前有官印（上面附有官职名及地名）和私印，由字体和印钮的形式（龙、鱼、狮、虎）可推断时代。另外在汉代遗址中（如山东临淄及长城一带），有很多印有印章的封泥。

（6）金石学（或古器物学）　只是萌芽期中的考古学，宋代已有人研究，清末又加以发展。初时的金石学就是铭刻学，只限于研究有文字的，后来包括无字的孤立的古物，是狭义的古器物学，和现在考古学的观点不同。

基本参考书：

恩格斯：《家庭、私有制和国家的起源》第一章

辅助参考书：

滨田耕作：《考古学通论》第一编第二章

第三讲　考古学资料的范围

为了获得全面性的了解，我们需要知道考古学资料的范围。前讲依资料种类而区分的各种专门学问，它们的对象，自然是属于考古学资料的范围。考古学资料可分两大类，每类的下边再加区分。这两类的区分，并没有绝对的界限。

（1）狭义的遗物　形态不大，可以搬运。前讲已提及的各种遗物：陶瓷（可包括砖瓦、陶范及明器）、古钱币、美术品（雕刻、绘画及装饰品）、铭刻（碑刻、墓志等石刻及铜器的铭文）、印玺（附封泥），此外尚未成为一个单独学问的有下列各种遗物。

①石器及玉器　石质、形状、制法及用途，工具、武器、乐器及美术品，为石器时代研究的主要对象。

②骨角器（附蚌器）　质料，形状、制法及用途，骨锥、骨镞、鹿角锄、牛肩骨锄等。如周口店旧石器时代，殷墟，都有骨角器的应用和制造。

③金属品（铜器、铁器、贵金属）　铜器是铜器时代研究的主要对象，包括彝器、乐器、兵器、权衡度量诸器、符牌、服御诸器（镜、鉴、带钩、行镫、车器、马饰）。铁器包括工具及武器。贵金属即金器与银器，大部为装饰品。

彝器即礼器、容器，如鼎、鬲、壶、匜，乐器即钟、铎等，常铸刻有铭文，即所谓钟鼎文；武器矛、戈等铭文较少；权、量、衡如秦权、王莽权有诏文，量有铜制、玉制，依时代而有不同。符牌有虎符、鱼

符。服御诸器，镜、鉴，战国时即用盘（鉴）承水照面，战国晚期用铜加锡磨平为镜，光亮可照人，直到清朝，仍有沿用。带钩，长沙发现上面还有丝带子，即《汉书》所谓"师比"，有的花纹很好。车马器，行镫，有的上面也有铭文。铁器易锈，复原困难，但有很多生产工具是很重要的。

④漆器及木器　漆器，战国即已制造，用木胎；汉代又用麻布（夹纻）制造，更为轻巧。可以看出工艺技术及美术造诣，漆器常有铭文。

⑤编织物　注意质料、编织方法及花纹，有丝绢、麻布、绳索、芦席等。

⑥其他　如料器及玻璃，人类使用或食用的动植物残遗。

（2）考古学的研究与旧日金石学的研究不同。①单独发现的孤件没有多大价值。我们要发现古物群，了解它们出土的情况。②不限于有文字或有美术价值的范围，不仅要包括遗迹，并且在狭义的遗物中，取材也应广泛。

遗迹，铭刻中摩崖、雕刻及石窟造像也包括在内。

①坟墓　结构：常为住宅的反映，如四川崖墓（蛮子洞）、敦煌唐墓、白沙宋墓（斗拱）、巨石墓（石棚）。巨石墓为欧洲新石器时代的遗迹，中国山东、东北也有这种遗迹，与古代历史的关系，现在还没有很好的研究。葬式：屈肢葬（洛阳、安阳、斗鸡台的战国墓都有，甘肃临洮史前墓亦有之）俯身葬（辉县、殷墟都有），火葬、洗骨葬（南洋群岛的一部）等。殉葬品的陈列方式。

②居住遗址　洞穴、湖居及贝丘，地面遗迹（竖穴、墙基）村落与城市。六国都城赵邯郸、齐临淄，燕下都等。城塞，汉长城，甘肃一带保存尚好，有烽墩及举火用之苇；热河赤峰一带的土龙，上有寨堡，据说是秦代的长城遗迹。寺院，希腊、罗马、雅典都用石作庙。中国受印度佛教之影响建石窟寺（塔）及宫殿。矿山与工场（冶金、陶窑）。石器时代的石器材料，铜的来源，工作地点，及陶瓷窑等。

辅助参考书：

滨田耕作：《考古学通论》第二编第一、三、四章。

参考问题：（第二、三讲）

1. 考古学的分门别类，依时代地区，或民族和资料各类的区分。

2. 考古学资料的范围。

3. 自己对考古学中哪一方面特别感到有兴趣，并试作如何对这一部门作进一步学习的计划。

第四讲　考古学和其他科学的关系

本讲是指出考古学和其他有关的学科特别是历史科学的关系，以明确考古学在这些科学体系中的地位，以及为什么历史专业要和考古专业一样也学习考古学通论。

（一）考古学与狭义史学的关系。考古学对史学的帮助。

（1）补文献之不足（史前资料、史后资料）。把历史推到有文字记载以前。

（2）证实文献上的史实，或订正文献的错误。用实物说明文献。例如用陶俑、汉画来说明当时人民的服饰，驾御文献材料。"始作俑者其无后乎"，由发掘知道殷人殉葬。《吕氏春秋》记载"殷人服象"，由殷墟发掘得以证实。欧洲希腊雅典斯巴达文化很高，以前以为斯巴达人尚武，吃苦耐劳，而经过发掘后知道它最初也是很提倡艺术的，只是到公元前 7 世纪以后才尚武。

（3）增添新的历史资料（甲骨、金文、汉简、墓志、写本）。殷代甲骨文发现十余万片，充实了殷代史料。西周铜器铭文有长到 400 余字的如毛公鼎、300 余字的散氏盘。汉代的竹简、木简，居延出土一万多片。

狭义史学对考古学的帮助：

（1）文献可以供给寻找遗迹的线索。

（2）可以提供确定遗迹、遗物绝对年代的知识（北京西郊明代后妃墓的墓志）。

（3）可以确定制作者的人名和族名。

（4）可以帮助遗物、遗迹的制法与用途的说明。

（二）考古学与人类学的关系。人类学包括文化及体质两个方面。文化人类学使考古学能够研究原始社会的宗教和社会制度。

（1）了解文化各部分的联系关系，由部分以复原整体。

（2）了解遗物的制法及用途，如通过澳、非土人制陶方法去了解古代陶器的制法（文化人类学又叫人种学）。

考古学对遗物的研究：

（1）证实社会发展史的正确性。如用地层断定年代的先后是很科学的。

（2）恢复没有文字记载的少数民族过去的历史。

（3）供给民族调查工作者以就地考古的基本知识和方法。体质人类学对骨骼及血型的研究，使考古工作者对创造遗物的人种增加了解，如北京猿人和现在中国人的关系，由指纹学来研究陶器制造者等可以知道男女分工。批判种族优劣论的谬误（人类皆属真人种，智力和体质无必定的关系）。由考古学断定年代使我们知道居住同一地区不同人种的时代先后迁徙历史。

（三）考古学和地质学的关系。

考古学对地质学的帮助。以遗物来推定第四纪的沉积或河畔台地年代，如甘肃兰州附近黄河两岸台地。

地质学对考古学的帮助：

（1）以地层构造及古生物来断定时代（旧石器时代）。

（2）岩石学与矿物学对遗物的审定，如石质及其产地，可以了解当时的技术和交通贸易。

（3）地形学及土壤学的知识，可以供给寻求遗址时的线索及了解古代社会的地理环境和生产的物质基础。

（4）地质年代学，以湖沼逐年沉积来研究年代，瑞典冰河时代的河底堆积。可按其中所含古代花粉来推断年代。北欧挪威也有。

（四）其他自然科学。各种自然科学的历史，多由考古学供给材料，同时也给考古学很多帮助。

（1）化学　研究古物及保存古物的方法，研究古物所含化学成份，如青铜。埃及于公元前三千年前墓中曾发现铁，是利用陨石打制成的，由其含镍量即可证明。

（2）动物学　家畜及野生动物的研究，足以阐明古代的地理环境、生产和生活，了解古代社会中的家畜种类和饲养家畜的方法。

（3）植物学　五谷及野生植物的研究，湖沼沉积中古代花粉的分析，树木年轮断代学（美国有年轮学，有一千多年的树）。

（4）近代物理学　用放射性碳素推断年代。

（5）应用科学　如简单机械学、测量学及照相学等。

考古学和其他科学有密切的关系，尤其是和狭义史学及文化人类学更为密切，因此各门科学间研究工作的合作是非常必要的。

辅助参考书：

尼科尔斯基：《原始社会史》（中译本）第15至第16页。

滨田耕作：《考古学通论》第一编第三章。

参考问题：

1. 考古学和狭义史学的关系。

2. 考古学和文化人类学的关系。

第五讲　考古学简史——中国部分

本讲的目的，要指出考古学过去的成就及将来发展的方向，使我们能吸取前人及外国人在考古学方面的精华，引导中国考古学进展到一个新的阶段。

中国考古学的前身金石学，在北宋已成为一种专门学问。宋代金石学的贡献。

（1）搜集实物　宋徽宗时代大规模地搜集古物，大观年间有 500 余件。政和年间 6000 余件。宣和年间 10000 件。私人收藏始于刘敞，藏有十余件，曾编成书，现已失传。

（2）传布材料　汉代有石经置于国子监，作为读书人抄经的蓝本。六朝陵墓前之华表，字有反刻的，据说是为了印成正面的。唐代已有拓本。宋代金石书有三种：①目录书，欧阳修《集古录》（1063 年成书），赵明诚《金石录》。②摹刻铭文，薛尚功的《历代钟鼎彝器款识法帖》（1144 年）。③摹刻铭文图像，吕大临的《考古图》（1092 年）以及《宣和博古图》、《续考古图》等。

（3）考证研究（文字、形制和史实）　薛尚功、吕大临考订古文字及审定器物名称，都做了很多工作。

宋代考古学发达的原因：①升平日久有经济基础，手工业发达。②士大夫阶级从事学术研究，除理学外，史学发达（《资治通鉴》、《通鉴纪事本末》、《通志》）。③印刷术发达，印书附图（唐咸通九年《金刚经》为最早的雕版印刷，成都唐墓出土印刷咒本），元明时中衰，原因是学风丕变，学者趋重玄谈哲学。

乾隆中叶以后金石学复兴：

（1）搜集实物。《西清古鉴》（1749 年编）。《宣和博古图》有 839 件，现仅存夰甲盘，至于楚公鼎、穆公鼎皆可疑。

（2）传布材料。金石书，宋到乾隆 67 种，内宋人书仅占 22 种。清代及以后则有 960 种（可参看容媛《金石书录目》）

（3）研究考订（文字、形制、史实）。清代汉学发达（小学），乾隆开始考释长篇金文，清代晚年吴大澂《说文古籀补》。孙诒让最先考证甲骨文《古籀余论》（其后集大成的有罗振玉、王国维）。程瑶田《通艺录》，根据实物来考订《考工记》中的器物。吴大澂《古玉图考》《权衡度量实验考》。陈介祺（簠斋）辨别古物最精。史实考证有钱大昕、武亿。

近五十年来的进步：

（1）范围扩大　金石以外包括甲骨文、简牍、陶器等，故有拟改金石学为古器物学之说。

（2）方法上的进步　传布实物用照相、影印。搜集实物开始用科学发掘（1921年仰韶发掘，1928年安阳发掘）。

近五十年考古学发展的背景：

（1）半封建社会旧学者继续攻金石学　罗（振玉）、王（国维）之学及其贡献：编撰《殷墟书契》、《三代吉金文存》、《鸣沙石室佚书》、《流沙坠简》、《古明器图录》、《鸣沙石室古籍丛残》、《历代符牌图录》等书，以及内阁大库档案的保存等。

（2）半殖民地的背景　新兴的买办及民族资产阶级，其中也有附庸风雅的，收藏古器。帝国主义公私收藏家收买中国古物，促进了盗掘风气。英人斯坦因、法人伯希和、日人大谷光瑞等，以所谓"探险家"的名义，掠夺古物。

（3）资本主义的侵入，修筑铁路及公路，时常发现古物，尤其陇海路所经过的正是古代文化中心的关洛地区，发现古物更多。

（4）探测矿山及调查地质，也时常发现古代遗址，如地质调查所发现周口店和仰韶村。

（5）受资产阶级教育的科学家中，也有干考古工作的，有些贡献。就团体而论，如地质调查所、中央研究院、北平研究院等，也都作了些发掘工作。我国田野考古工作在三十年前才开始，进步很慢。

解放以后中国考古学的发展具备了有利的条件：

（1）大规模建设工程中的新发现，需要配合清理。

（2）人民和政府的重视。政府成立不久便在中央文化部设立了文物局（现改名为"社会文化事业管理局"），又在中国科学院成立了考古研究所，1951 年北大史学系成立了考古组；1952 年北大历史系成立了考古专业，又举办了考古工作人员训练班。

（3）博物馆事业的逐渐发展，需要新的内容的补充，以教育群众。

（4）马列主义历史唯物论的指导。

（5）苏联的先进经验，欧洲田野考古发掘的经验，可以供给我们参考。

辅助参考书：

刘节：《中国金石学绪言》，《图书季刊》第一卷第二期（1934 年）。

卫聚贤：《中国考古小史》5 ～ 33 页，又 41 ～ 97 页（1933 年商务出版）。

夏鼐：《三年来我国考古学方面的成就》《历史教学》第 22 期（1952 年 10 月）。

参考问题：

1. 宋元金石学的概况。

2. 乾嘉以后至清末的金石学概况。

3. 近五十年来中国考古学发展的情况。

第六讲　考古学简史——外国部分

欧洲考古学的萌芽——15 ～ 16 世纪文艺复兴时代，古典语言学和美术史的研究，希腊、罗马雕刻的发掘和搜集。

资本主义社会初期有利于考古学发展的条件：

（1）新兴的民族国家注重本国古物的研究。

（2）资产阶级的古物收藏家及国立博物院的增多。

（3）自然科学（尤其是地质学）的发达。

18 世纪末法国资产阶级革命促成考古学的发展：

（1）拿破仑埃及远征队的考古工作（1798~1799） 拿破仑的军事远征兼学术远征，有许多学者参加，如德舍、朵能等，使埃及美术在其国土上得到了观赏和理解的机会。

（2）拿破仑博物院之设立（1801年） 大政变后的第二年鲁渥尔的中央博物院陈列着117件物品开馆。古代遗品全然表现着罗马的特征，因为多是从罗马取来的。

（3）庞培的发掘（1799~1814年） 1748年发现，可以说第一次使我们得见了古代都市全部市街的原状。

19世纪前半期的考古学：

（1）1836年丹麦汤姆逊（C. J. Thomsen）三期说的建立（石器时代、青铜器时代、铁器时代）为考古学上重要贡献。

（2）旧石器时代文化的研究，洞穴堆积的发掘，柏尔特（Boucher de Perthes）在Somme河岸沙砾的发掘，发现早期旧石器，达尔文进化论（1859年）的影响而得到更进一步的证实。1857年发现尼安德特人的化石。

（3）埃及考古调查发掘及文字考释，1820年根据三体字石碑认识了象形文字，1840年有调查团前往调查，并发掘。

（4）巴比伦考古调查发掘及文字考释，巴比伦灭亡后，文字也随之而灭亡，后至是时始被考释。19世纪中叶英法学者大量挖掘。

19世纪后半期及20世纪初期的考古学（1870~1918）：

（1）考古工作发展的条件更为有利。巴黎公社，资本主义又进了一步。①资本主义的大规模工作。②交通工具改进，旅行方便。③照相术的发明。④帝国主义侵入经济落后地区工作。

（2）这时期内方法的改进。①室内的研究。将史前学加以系统化，利用语言学、民族学及体质人类学的研究。②发掘方法的改进，注意发掘过程，由偏重墓葬进到注意居住遗址，由猎取古物进到注意地层。

（3）这时期的成绩。①希腊史前文化的发现，谢里曼（Schliemann）的发掘，特洛伊城（Troy）及迈西尼（Mycnae）古墓。谢里曼，德人，发掘特洛伊城凡七层（自下向上数），第二层发现很多金银饰品，比荷马文化还早。又发掘迈西尼古墓（公元前 1300～1310 年），发掘出很多东西，称为迈西尼文化（荷马史诗中，有特洛伊城战争十年的故事）。伊文思（A. Erans）发掘克诺逊斯（Knossos）。②埃及原史及史前文化的发现，彼得利发掘阿拜多斯（Abydos），以后又在那加达（Nagada）发现了史前文化。③两河流域的苏美尔（Sumer）文化，1874 年发掘出石刻、铜器及楔形文字。

1918 年以来的西欧各国考古学。

（1）仅限于材料的搜集。①两河流域的考古，史前文化的发现，吾尔（Ur）遗址的发掘。②埃及十八朝吐塔哈门（Tutamkhamen）王陵（金棺镶宝石）的发掘。③印度河流域史前文化的发现。

（2）反进化论的趋势。

十月革命以后的苏联考古学：

（1）有利的条件：①组织性、研究机构、博物院、保护及保管。②培养干部。1922 年仅有两个考古专业，现在发展到十几个。③历史唯物论的武器，例如批判马尔学说。

（2）方法的改进：①田野工作的细密。②综合研究。③与其他自然科学合作。④工作规模大，有很多田野工作队。

（3）重要的成就。①原始社会史，新石器时代的里波里彩陶文化，西伯利亚南部青铜文化。②奴隶社会。黑海沿岸的希腊殖民都市。③从奴隶制到封建制各期文化花剌子模（中亚细亚）。④封建时代的都市及手工业斯拉夫俄罗斯（苏联中世纪文化相当发达，后受蒙古摧残）。

要发展中国的考古学，必须批判地吸取前人的成果，同时学习苏联的先进经验。

基本参考书：

吉谢列夫：《苏联的考古研究》，见《吉谢列夫讲演集》，第 55～

113 页（1950 年新华书店）。

辅助参考书：

郭沫若译、米海里斯著《美术考古一世纪》（1931 年出版）。

郑振铎：《近百年古城古墓发掘史》（1930 年商务出版）。

参考问题：

1. 19 世纪前半的欧洲考古学概况。

2. 1870 年以后的欧洲考古学概况。

3. 十月革命以后的苏联考古学概况。

第二单元　考古方法

（本课的方法部分，偏重田野考古方法，但纯粹技术性的

方法，如测量、照相等另行开课）

第七讲　序论及考古调查

序论

我们在第一单元的总论中，指出考古学的目标，但是仅提出目标而不谈方法，则通论将成为空论。为了用方法来实现目标，下面接着讲述考古学的方法。

田野考古方法是技术性的方法，应该是科学的、实践的。正像毛主席在《实践论》里所说："只有人们的社会实践，才是人们对于外界认识的真理性的标准。"（《毛泽东选集》第一卷第 283 页），田野考古方法，只有在不断的实践中才会掌握和加以发展。换句话说，就是我们要在实践的过程中，亲自体验考古工作的全部过程，综合许多现象的、片面的、外表的、感性的认识，归纳起来，经过思考和分析，得出正确的、合乎社会发展规律的结论来。有些人因为以前没有做过发掘工作，

而把田野考古理想化、浪漫化了，以为在野外生活住帐篷、野餐，像春假中的旅行一样，一定很富有风趣，还以为锄头一下去，便可以得到很多完整精美的古物。这些想法都是很不合乎实际的。马克思在《资本论》法文译本的序文中说："在科学上面是没有平坦的大路可走，只有那些在攀登上不畏劳苦，不畏险阻的人，才有希望攀到光辉的顶点上去"。田野考古工作实际上很艰苦的，但是我们可以从工作中培养出兴趣。

我们在工作中要老老实实，力求工作的精确，系统化，科学化，尽量采用科学方法，使用科学仪器，并且要应用物理学、化学、生物学等的知识，来帮助我们进行田野考古的整理研究工作。

考古调查

考古调查的目标：调查是发掘前的准备工作，但也可以成为独立的工作，目标是为了了解下列情况：①有无遗迹。②遗迹的性质，是遗址或墓葬，如敦煌月牙泉东北的戈壁上竖立着好几个土墩，有人误认为烽火台，事实是唐墓的土阙。③遗物的年代，由调查中所发现的陶片或古代遗物的年代，以了解遗址的时代。

调查的用处：①经过调查，凡有古代遗迹的地方都登记下来，并在地图上画出，作为登记保护的根据。②发现前所未知的文化遗迹，或已知的文化的分布情况，如调查河南、陕西、甘肃等地的彩陶分布情况，或调查汉代文化在边疆所传播的范围。③为正式发掘做准备工作。

调查前的准备：①文献记载，查看有关调查地区的文献，包括地方志（府志、县志）中的沿革、金石、古迹各门，古迹志（长安、洛阳、南京等地都有专书）、笔记、游记等。另外还有金石图录及前人已作过调查的报告等。②研究地图，准备地图，最好是五万分之一至一万分之一，至少也要设法弄到十万分之一，地图上的地名或地形，有时也给我们以寻找遗址的线索。③口头传说，如某处有谎粮堆，某处有名人墓等，可以提供一些调查的暗示和线索。④了解并研究已出土的古物，包括当地公私的收藏。

调查工作的准备：调查团的装备与发掘团用具相同，但前者因行动较多，用具应稍简，以便于携带。①地图（又皮尺及指南针）。②照相机和照相器材。③标本袋及标签（标本袋用牛皮纸或布缝成，另外还要准备大、小不同的纸匣，以备放置较贵重而且容易损坏的遗物）。④记录簿（照相记录簿，调查记录簿）。⑤小鸭嘴锄及小铲（必要时可作局部的发掘）。

调查时应注意的几点：①何种地理环境可能发现何种遗迹：甲，平原地区。在华北一带，可注意黄土台地及河畔冲积地，如仰韶文化多在马兰期台地上，而近代的居住址多在靠河的冲积地上（图1）。乙，山陵地区，南方多山的地区如四川嘉陵江一带常有崖墓，石灰岩山洞如北京西南周口店的猿人洞，石窟寺如云岗、伊阙等。古代的山寨，石作工场和矿山。丙，沙漠地区的沙丘居住地，防御工程及沙埋的古城，如甘肃一带的汉代长城及烽台。丁，海滨及湖滨的贝丘（贝冢），如山东龙口一带的贝丘。②地势方面的观察，辨别地面微小的高低，于太阳初升或夕阳西下时可看出阴影，并注意土色草色的不同，细心勘查地面上的痕迹追求其意义。凡地下埋有砖石建筑的地表，雨后雨水渗透度不同，雪后融化的速度不同，其上生长的稼禾不及附近地区茂盛。③利用开矿、修渠、筑路、掘井等的翻土工程所提供的线索。④走群众路线，注意与

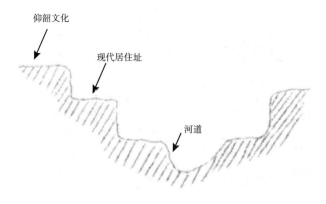

图1

群众的联系，事前应向当地群众宣传文物法令及保护文物的爱国主义意义，工作时态度和气，不要践踏农民的庄稼。

　　调查工作的过程：①寻找遗迹及遗物（灰层及灰坑，建筑遗存，石器、陶片、古钱等）。②利用地图，标出遗址所在地及其范围，并测绘五百分一至二千分一的草图，注意记录地理环境。③采集标本，可稍拾地面遗物，不必太多，不要在灰层中乱挖，以免扰乱地层。④必须当时即作记录，以免遗忘。记录簿所列各项有：调查地点、日期、位置、地理环境（包括气候），显露于地面上的遗迹、遗物（二者的关系及保存情况，是否曾经扰乱过），采拾标本种类及数量，照相号，绘图号，年代，参考文献，备注（包括建议），记录者姓名。

　　空中摄影术（air photography）和考古调查，空中摄影术利用阴影、草色和土色，可以更全面的鸟瞰及发现有所未知的遗迹（如北非希腊古城的照片），但所得结果需要地面的复查。

　　调查工作做得好，本身便是一种科学工作。

辅助参考书

夏鼐：《田野考古序论》《文物参考资料》1952 年第 4 期。

第八讲及第九讲　考古的发掘工作

　　经过调查以后，有时为了进一步了解遗址的情况，便需要做发掘工作。但除非必要时，不要发掘。因为发掘工作就是破坏工作。

　　发掘工作可分为两部分：①揭露遗迹及遗物，是发掘过程中最重要的部分，埋藏在地下历时很久的文化遗产，经过这一步工作，才能重见天日，稍不注意就可能造成极大损失，所以必须人工细作。②移置掘出来的泥土，可以设法机械化，如大规模的发掘可用轻便铁路与滑车。

　　发掘工作以前必须经过周密调查，根据初步材料，作成发掘计划。

在发掘工作中又要不断地修正这些计划，以求符合客观情况。

工作地的选择：①考古学上亟待解决问题相关的地方，如中国新石器时代初期文化、新石器时代到铜器时代的文化等；②古代名城的遗址，如燕下都，赵邯郸，齐临淄，西安汉城，洛阳城等；③遗迹的保存情况及遗物的质量特别丰富；④有被毁去危险的遗址，应提前进行发掘；⑤工作方便与否，工作地的气候，工人的来源，工作站的房屋，饮水及伙食问题等。

发掘前的准备工作：工作地点决定后，即应开始发掘。①取得主管机关的许可，呈请文化部社会文化事业管理局的批准，取得发掘执照，与地方政府取得联系，征得发掘地土地所有人的同意；②筹划经费；③选择工作人员，注意思想觉悟和工作经验；④设备方面，准备发掘工具（大的锹、镐可以由工人自备，小钩、小铲等应由发掘队携带），照相、测量、修补器材，生活用具和医药等；⑤测绘地图，测绘二千或一千分之一的地图，先定基点，用木楔钉入（基点可以埋在地下，作为再次工作的标志），可与发掘工作同时进行。

发掘的种类：居住遗址、墓葬、天然洞穴。

居住遗址的发掘：要解决历史问题，尤其是未有文字的原始社会，必须到废墟残余中去寻找。考古学上须依地层决定年代，并可分辨种族迁徙的情况，所以层次的辨别很重要［图2（A）］（考古学的地层与地质学的地层不同，考古学的地层是指文化堆积，地质学上的地层是指自然层）。地层形成的原因：①自然的堆积：如由草木腐朽所成的腐殖土；风沙尘土；河水泛滥的洪积土（宋钜鹿城的淹没）或沙漠地区的流沙；②人为的堆积，火烧或更换住者。发掘时一定要依层次来挖，有时一个灰坑可能穿过底下的一层或数层［图2（B）］。要把测量平面及剖面图记录下来，如只记录第一层厚多少米第二层多少米，或只记出土物离地面的深度，是不够科学的。灰层在水湿的时候容易分辨（干后不易看清，所以可以适当喷水），在发掘过程中，随时应注意土质软硬的变化和出土物的变化。

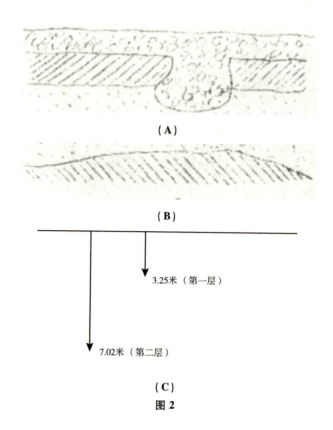

（A）

（B）

3.25米（第一层）

7.02米（第二层）

（C）

图 2

一般的发掘方法：

（一）发掘探沟的方法：根据发掘时间的长短，经费的多少，需要解决什么问题，来决定探沟的大小和范围，进行重点的或全面的发掘。有方格法［图 3（A）］、方点法［图 3（B）］、方块法［图 3（C）］等，以前有顺掘法［图 3（D）］先掘 a 然后掘 b，将 b 中土顺抛在 a 内，然后掘 c，将 c 中土顺抛在 b 内……因有时要翻工，故现在已不采用。洛阳又有洛阳铲，易破坏遗址，最好不采用。探沟宽度至少在 1 米以上，至 2 米，长 10 米到 20 米，太长时要留隔梁，待最后检查地层划分的正确与否。探沟开掘前先用水准仪，标杆、指南针测定水平和方向，用木楔（2×3cm）钉好，拉好标线，然后开始挖掘，每掘 20cm，取平一次，寻找痕迹，各层出土的东西，要分别清楚，分不清楚的东西应放在上层（因下层时代早），直掘到生土（原生黄土）。发现细小的东西出土时，用小刀清理，或用竹签拨露，探沟的沟壁要有斜度，以免危险。斜度一般 1：8，但土质不佳易崩圮者，斜度须增加。堆土问题，小范围内可以堆在探沟旁边，较大范围的发掘，最好把土送远一点，以免发掘中间的翻工。大规模的发掘，如古城遗址，要铺轻便铁路运土。

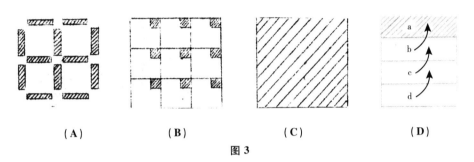

图 3

（二）发掘一整块区域的方法：全面的揭露遗址层，苏联的利波里彩陶文化遗址的发掘，就是采用这种方法。不过最先也是由探沟开始。在遗址丰富的地方，往往在较晚的遗址下边压有早期的遗址或墓葬，所以都要依层次挖至生土为止。但如上层文化遗存极为重要，需要整个保存，加以复原，则可以不必再向下发掘，如意大利的庞沛依古城。

依遗存结构的性质不同，而发掘的方法也不同：

（1）石砌或砖砌的遗存，根据露头找出范围（留出一部分作最后检查之用）。了解建筑本身与土层的关系，记录砖的大小、厚薄、砌法、绘制平面及剖面图。

（2）板筑的房屋遗存：中国殷代已有板筑术（即夯土墙），发掘时要注意夯土的硬度，及每段的高、厚、长度、结构。

（3）土城墙及壕沟：注意层次之形成［图 4（A）］。

（4）柱穴及藏窖：根据柱穴痕迹之排列，以复原古代的房屋［图 4（B）］。灰坑为古代人类的藏窖，废弃后改作垃圾坑，形式不一，多为圆袋形，口小底大［图 4（C）］，有的似为废井，深至 11 米，发掘时

93

先掘一半，画好平剖面图后，再挖另一半 ［图 4 （D）］。如果灰坑很深，可分数层清理 ［图 4 （E）］。

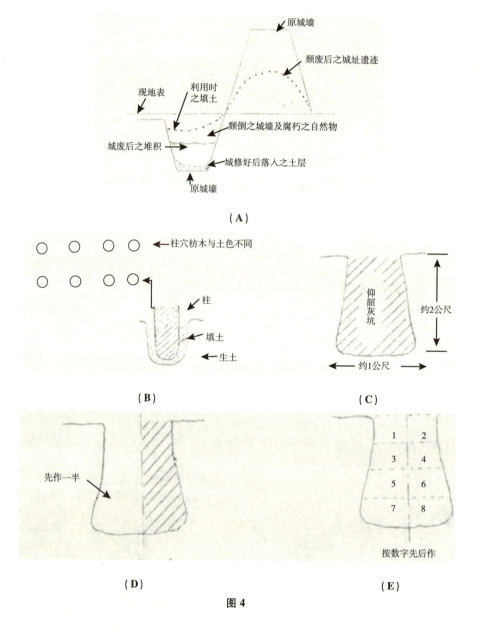

（A）

（B）   （C）

（D）   （E）

图 4

墓葬的发掘。

发掘墓葬的目标：

（1）了解种族的体质特征。于发掘工作结束时，要把人架取回，必要时可请体质人类学家帮助研究。

（2）埋葬的风俗和墓葬形制。殷代有仰身葬、俯身葬之不同，战国有屈肢葬。各时代各地方埋葬的风俗各有不同，如南洋群岛一带行洗骨葬，日本等国火葬等。

（3）物质文化的遗留。由殉葬品可以了解当时制作的技术及艺术的造诣，并了解其文化情况，及与其他文化的关系。

由以上几点所得到的材料，可以作为恢复古代社会发展的根据的一部分。

发掘墓葬的原则：

（1）墓葬发掘在地层方面较遗址为次要，但如有层次仍应加以注意区分。最近洛阳出有很多砖砌汉墓，为夫妇合葬，须注意两次埋葬的痕迹。应注意遗物之排列及已朽木质物之痕迹，是否有盗坑，或被其他遗址所打破。

（2）史前和殷周的墓葬地面上没有土堆，发掘之始要先打探沟，找到边缘，再开始正式发掘。发掘土堆墓时，墓坑不一定都在土堆的下面〔图5（A）〕，可以在墓道处打探沟〔图5（B）〕，对于墓室上土堆，可用长条法或四分法的探沟寻找墓室〔图5（C）〕。

（3）由于墓葬中积水的浮力，殉葬品如陶罐等，有时也可出现在墓的淤土中的高处，所以在发掘填土和淤土时，也应给以足够的注意。

（4）一般的工作可以由工人作，器物将露出时，须记录者自己动手。出土各物先留在原位置，以便与人骨同时拍照（长沙土壤是酸性的，人骨多已不存，黄土层中，人骨大都保存完好）。

（5）清理人骨时，先作大而牢的部分，后作细碎部分。全部清理好以后，待稍干燥，即可绘图照相。

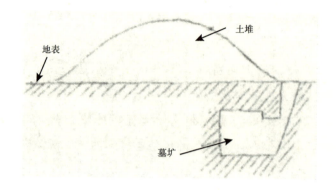

（A）

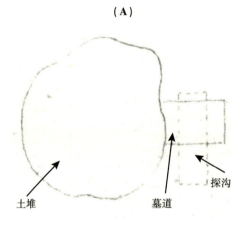

（B）

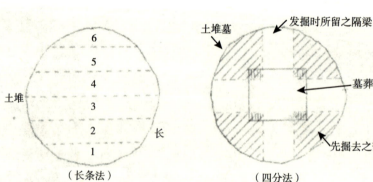

（C）

图 5

（6）因为殷墓中有腰坑（内有犬骨及殉葬品），晚期墓葬下面有时还可能压有早期墓葬（长沙发掘就有这种情形），故发掘工作必须清至生土为止。

天然洞穴内文化堆积的发掘：山洞多为石灰岩，如果流过的地下水带有酸性，石灰岩易被侵蚀成为山洞。这些天然洞穴常被古代人利用为居住址或墓葬。有时也可能因住者的迁移，堆积有好几层文化，发掘时应留一部分，以备绘制剖面图且供后来的考古学家复查之用（图6）。

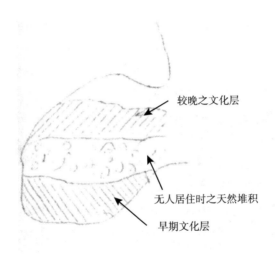

较晚之文化层

无人居住时之天然堆积

早期文化层

图 6

依土质不同而分类的各种发掘方法：

（1）黄土土质比较结实，工作方便，地层容易分辨，遗物痕迹也易辨认。但应仔细体察，不可疏忽。

（2）砾岩地区。如敦煌佛爷庙，墓道填土亦为小的石子积成，于地表半米左右因有雨水的关系，其中碱质凝结很坚，发掘较难，半米以下则较松，与周围的生土（即砾岩）容易分别。

（3）黏土，在华南一带较多，因为土质很细，经水干后很硬，挖出的土必须弄碎，以免遗落古物。

（4）白垩及石灰岩，未经动过时非常坚硬，但容易分辨地层。

（5）沙土容易倒塌，郑州、唐山及北京一带发掘时要特别小心，以免崩圮危险。

辅助参考书

滨田耕作：《考古学通论》第三编第一章至第二章。

第十讲　发掘的记录方法

记录的重要性。科学的考古发掘所以区别于非科学的发掘，不是所找到的东西不同，而是找寻东西所用的方法不同。后者是用打洞子的方法取东西，不了解周围的一切现象；而前者是要用正确详细的记录，把发掘时所观察到的一切与过去的物质文化有关的现象都记录下来，作为研究时的根据，所以记录是发掘工作中很重要的部分。

怎样作记录。记录共分三种，文字记录、绘图记录、照相记录，这三种是不可缺一的。

文字的记录。尽量用表格记录：①居住遗址的记录包括探沟（或遗址）号、层次、遗迹及遗物（各种痕迹及现象、器物出土情况）。遗物的记录，又可分为普通的与特别的。前者系指陶片、乱骨等数量很多，只能记层位、片数、出土时间，即可归入一包。后者为价值较大数量稀少的遗物或陶片，可供断定年代者，要详细记录它的位置，给以坐标［A（长）B（宽）C（深）］。此外建筑遗存，用火的痕迹等都要详细记下，以备写报告时参考。②墓葬记录：科学院印有墓葬发掘记录表格，内容包括墓号、记录者姓名，年月日，墓的位置，方向，绘图号、照相号、是否被盗、长、宽、深度，构造（土圹、木椁或砖室墓）、填土、葬式、葬具、殉葬品、墓道、时代等。

绘图的记录（比用文字更容易明了）。①用地图表示遗址的位置及周围的地形。②遗址平面图或地形图显示遗址内一切遗迹（必要时一部分另放大作为详细平面图），一般用千分之一或二千分之一的比例。③剖面地层图表示遗址的历史，这种地层图，考古工作者必须亲自动手。先定基线，分层，用五十分之一或二十五分之一缩在图纸（米厘纸）上，墓葬剖面图画法同。量器物时，量器物与基线的垂直距离。④记方向及出土器物编号。

照相记录。①所照的对象：发掘前后工作地的记录，工作情形，地层及平面墓葬的结构，古物出土的情况。②考古照相的原则：以清楚为主，注意选择适宜的光线和方向，拍照前对遗址加以修整，以免含混所要表现的东西，每次照相，都要有详细的记录，内容包括：胶卷号码、卷号/片数、对象（人架或器物，即所摄对象的名称）、光圈、速度、摄影方向（例如由东向西，或由南向北）、年、月、日、时、天气、摄影者、所用镜箱、胶片种类等。

辅助参考书

滨田耕作：《考古学通论》第三编第三章及第四章。

第十一讲　考古发掘后的研究——年代学

年代学研究的重要性：考古学者的研究年代，不是为了满足一般人的好奇心，而是要知道在不同的时间中历史的变化。因此就要用遗址中的年代来证实和解决。年代又有相对年代和绝对年代之分，确实知道距离现在多少年（如：墓葬中有墓志铭记可以知道确实年代者）这个年代是绝对年代。至于由于地层的先后或出土器物形态之发展，只能知道"甲"文化早于或晚于"乙"文化，这样的年代就称为"相对年代"。

"时代"与"文化"在考古学中的意义。通常我们讲"石器时代"、

"铜器时代"，这个时代是指某一地区的社会发展的阶段，并不代表绝对年代。中原的殷商时代已进入铜器时代，而在长江以南的江苏一带还是新石器时代，现在在澳洲及非洲一些民族中还在使用石器。"文化"是指在同一时代同一区域所发现的不同种类的所有的东西，常以最初发现的地点名之，如"仰韶文化"、"周口店文化"。欧洲最初称某某文化为某某文明，后推到原始社会的文化也叫某某文明，似乎不恰当，遂均改为文化。英国有用铁器时代 A 文化或 B 文化，或 AB 混合文化，但这种用字母来代表不及以最初发现地为文化名更恰当，有人称为仰韶时代是不对的，因为同一文化分布地方不同，而时代先后是有所差异的。

断定年代的方法

（一）文献方面的材料。内证：发现物中有纪年铭刻者，如墓志、碑刻、器物铭文及甲骨、木简等，但应注意后来放入的东西（洛阳发现明代墓葬砌有汉代的空心砖），收买的古物须注意伪刻。外证：据书籍记载和口头传说，可以确定其年代者。如果发掘所得与书本记载吻合，当然是使文献材料得到更进一步的证实，否则发掘所得与文献印证不符，应当细加研究，或修正发掘者所订定的年代，或用发掘材料修正文献的错误。

历法和纪年。过去中国每朝皇帝都有自己的年号（也有换几个年号的如汉武帝有元封、太初、天汉、太始等，唐玄宗的开元、天宝），汉武帝以前只记载某个皇帝的第多少年，如殷代甲骨文上的"唯王八祀"等，铜器上亦有此类例子。有时不记第几年，仅标举那年发生的大事如"国差立事岁"（国差𬭰）。中国的绝对年代自 841B. C.（共和元年）时起。历法起源是日夜的变化，月的盈亏，以后由于农业的发展而分四季。但太阳年的一年比十二次月圆的日子要多了好几天，所以四季的节候，逐年变动。为了补救这缺点，便需要插入一个闰月。中国在殷代已经知道置闰，已有了闰年为十三个月的历法，回历是每年十二个太阴月，没有置闰的办法和我们不同。近东的埃及、巴比伦的年代学，可以推到公元前 3100 年左右。埃及历史学家将波斯灭掉埃及以前的朝代分为三十朝，由历法的研究，可以确定第十二朝是公元前 2000 年至公元前 1788 年（它的正确性不会差到十年以上，）根据其他证据可知埃及第一朝是在公元前 3100 年左右。埃及历法的开始是因为尼罗河的定期泛滥，每年阳历七月十九号天狼星初现于地平线上来，一年十二个月各三十天，余五天过年（实际一年有 365 1/4 天），埃及历法有两种，一是天文历，根据天狼星的推测即 365 1/4 天，另一种是官历，一年仅 365 天（两者并用，和中国同时用阴历和阳历相似）。但这样一来，每四年相差一天，这两种历法的新年元旦，要过了 1400 年才再相合。巴比伦有皇帝年表，但年数靠不住，比较可靠的由各种文献综合研究，知道他们的最早的朝代的开始，也是公元前 3100 年左右。

（二）地层学的研究。首先决定各器物所处之地层，然后以各层遗物中年代确定者断定各层之年代，最后依层位推断各层中未能确定年代的遗物，但不能仅依孤证即作出定论。依地层学来推定年代，有下列几点原则：①同一地层中出土有不同时代之遗物时，须按年代最晚的那种遗物作为这一地层的年代。②上层为明代遗址，下层为汉代遗址，中间层中，则必为汉、明之间的文化层。③根据记有年代的铭刻、古钱或器物来定时代比较明确（五铢钱流传时间很久）。如果一大批不同时代的古钱一块儿出土，要按最晚的古钱来定这遗物群的年代，可能它的年代比这最晚的古钱的年代更晚，但不会更早。④陶片，同层出土的陶片大致为同一时代。⑤单个的铜器、铁器流转较久，不要以孤证做年代学上定论，因为明清的庙宇中，也可能有比较早期的铜、铁器。

（三）标型学的研究。标型学有人译为型式学（Typelogy），先依型式归类为标型（标准型），相近似的标型依制造技术或功效排列成一系列，推断一系列中最早或最晚的一端而加以排列。类型分类，同种类的东西，如铜斧的递进。

图7

铜戈的变化，由无胡无穿到长胡三穿，但是我们也不能完全根据进化的推测，器物有时也会退化的。辉县汉墓中出有鸮形的陶器，最初是很像鸮形，有翅有尾，后来演化为陶瓶上加一鸮头形的器盖。而同出的陶仓，也是初期很像仓囷的形式，后来演化成为陶罐式的陶仓了。我们排出很多不同物品的平行系列，这样的平行系列愈多，所得出的结论愈可靠。

（四）地质年代学。①北欧利用湖沼淤土层推定年代。de Geer 在1885～1910 年开始从事这种研究，因为每年春天水大、多粗沙及砾石，冬季水小、多细泥，所以形成层次。现在已推到 12000 年以前，湖沼淤沙中有古代植物的花粉。从花粉的分析，知道在什么时代那一种植物多。因而划分最近一万几千年为几个气候时期，并定了每一气候时期的年代。再发现一处包含遗物的湖沼堆积时，进行花粉分析，与此比较，相当于气候时期表中的哪一期，便可得出这文化堆积的年代来。②年轮断代学，按最近砍伐的千年以上的巨树生长年轮的厚薄（气候的变化，雨量的多少）画成曲线表，与附近地区的发现的古木对照，便可知道古木离现在多少年。③放射性碳素推断绝对年代。放射性碳素为 C-14，植物丧失生命后，这种放射性碳素逐渐变为普通碳素，据研究是经过 5730 年（±47 年）丧失一半，时间太长就太少了，所以只能推断较近约 25000 年以内的年代。埃及用此法推算已知年代遗物相差极少。④由地质及古生物来推定年代；北京猿人、爪哇猿人都在第四纪地层中发现，研究时须请地质学家及古生物学家来协助。⑤由天文学上太阳辐射热周期推定第四纪各冰河时期的年代，第一冰河期距今 60 万至 55 万年，这种天文学方法的推算，尚未被公认为确实可靠。

年代学是考古学研究所必要做的工作，但并不是考古学的最终目的，研究工作不能永远停留在年代学的阶段，而需要更进一步的整理研究。

辅助参考书

滨田耕作：《考古学通论》第四编第二章及第三章。

第十二讲　考古发掘后的研究工作

考古发掘后的整理研究，除了分类及断定年代之外，还要作进一步的研究工作。学历史的人也可以搞考古，原因就是考古研究与历史分不开。研究工作是考古的最后一步，譬如研究一个石器，我们不仅仅是为了解它的外形，而且要研究它的制造方法和过程，以及在当时生活中所占的地位、用途和生产效能，以至和它有关的附属品（如石斧的木柄）。综合这些情况以确定当时技术发展的程度。这一讲便是要指出考古研究的最终目标和达到这一目标的方法。

这种研究工作的困难点。①材料不够。②可能的解释不止一种。如古代的石坠可以用作渔网坠，也可以作原始织布机的坠子。铜器有锤打的，也有范铸的。

研究方法。①文献记载，《考工记》中就记有器物的制法，如制各种铜器所用的铜、锡不同的比例；②现今民间手工艺，同一地区内师徒相袭流传下来的方法仍保存很多；③现存的原始社会中器物的制造方法及用途可以给我们研究古代社会一些线索和暗示，如澳洲土人打制石镞的方法即可能是第四纪旧石器时代打制石器的方法，以前人们把石斧称为"雷公斧"，看到澳、非、美各洲土人使用石斧，给我们启发，才知道石斧是原始社会中的生产工具。

考古学的目标：考古学的最后目标是复原古代社会情况及社会发展。根据历史唯物论来综合考古材料，以求得结论。明确了目标以后，可以有重点地选择发掘地点，但因目前有很多清理工作，而不能按计划进行。①文化和种族的系属（人口密度和地理环境），如仰韶文化、龙山文化。发掘一个遗址，首先应注意它在整个文化中的地位，新疆发现的遗址是汉代的城堡，土著人受汉人影响？还是受中亚细亚文化的影响？旧石器时代的人口密度较难统计，须根据遗址中住处的多少间接推知，如按英国人类学家 Keith 估计，当时全世界有 420 万人。根据人类化石的研究，旧石器时代尼人的死亡率很高，大部不能活到 40 岁，很少有活到 60 岁的，到后来死亡率逐渐降低，也可以说明人类的进化和社会的发展。②生产工具、经济组织和社会制度，工具的质料，石器、铜器、铁器；使用的工具的名称，斧、镞、镰、戈等。如殷墟发掘，石制生产工具很多，而铜制的并不多，因为铜器是统治者的用品，而大多数的劳动人民却只能使用落后的笨重的石器。由当时人类对自然的控制程度（即农业与畜牧业的发达与否），了解当时的经济组织。中国新石器时代在河南、陕西一带家畜有猪、牛、羊等，以前发掘只取几块骨头回来请专家鉴定是什么动物，现在要全部取回来，统计数字，算出各种动物所占比例。另外由居住址的大小，房子的结构情形，墓葬制度（夫妇合葬或聚族葬）、壁画和石刻上的作品等，可以推知过去各时代的人类的生活状况。从前认为旧石器时代是穴居，现在发掘工作做得多些，因而了解比较全面，知道当时冬天住洞穴，夏天在露天的地方住帐篷，甚至在没有自然洞穴的平原地方，冬天也住在地面上。因为社会的发展，生产工具的进步，生产品有了剩余，而开始了财产的私有，由工具上面所刻的记号或名字，可以知道是属于私人的。新石器时代以后，殉葬品上有的也刻了名字。③上层建筑（艺术与宗教），音乐在考古学上只能知道乐器，乐曲内容非有文字记载的遗留，否则很难知道（希腊罗马的发掘，有剧场及道具等）。雕刻艺术常因地域不同而有不同的民族形式，如雕骨、陶器、铜器上的花纹，石窟造像等；还有木质的雕刻品，但容易腐朽，不易保存。宗教的外壳如庙宇及佛像，容易保存下来，但是比较深一层的宗教思想，除非有文字记载，我们不易知道。原始社会的巫术和生产有关系。西欧旧石器洞穴中壁画的内容，可能是他希望能猎取到的野兽。因而在这只兽的身上画上许多箭头，有些画也可能是为了希望作为猎物的野兽的繁殖。史后有佛寺、庙宇、石窟寺等，可以了解僧人的宗教生活。宗教思想表现在另一面的还有葬俗，如奴隶社会中的殉葬（印度、埃及、巴比伦、中亚细亚、中国都有）、俯身葬、屈肢葬等。

一种文化与同时其他文化的关系。①同源。同一来源的文化可能有不同的发展。如中国的山顶洞人与克鲁马努人是属同源，但到后来各有其不同的文化系统。距离较近地区的文化，有时可能有相互的影响和交流。②借用（贸易物品受影响的仿制品）。河南曾发现战国时的玻璃器，可能是仿制品。③征服。元朝和满清入关，在文化上都是有影响的。④移民。迁移过去而自成一区域，如南洋群岛，夏威夷等地的中国侨民。

遗物、遗迹的分布地图在研究工作中的用途。①一种文化的分布范围，如仰韶文化的分布情况。②两种文化的关系，两个文化圈的连接地带常有两种文化的混合。③移民或贸易的路线。④文化和地理环境的关系，沙漠地带的细石器文化，海岸和巨石文化，欧洲冰河时期冰川的范围与人类活动的区域等。

个别的古物或遗迹只有综合起来复原古代的社会情况及社会发展，才有它的意义。

复习题

第二单元

（1）考古调查的目标是什么？

（2）考古调查工作的用处？

（3）文化堆积的层次的形成原因？及辨别层次的重要性何在？

（4）发掘探沟的方法如何？

（5）发掘古代墓葬的目标是什么？

（6）"相对年代"与"绝对年代"的意义？

（7）如何根据文献材料来推断年代？

（8）考古学上所谓"标型"是什么意义？如何利用标型的研究来推断年代？

（9）考古学最后用综合的研究来写历史有些什么困难？如何克服这些困难？

（10）一种文化与同时的其他文化可能发生那些关系？

第三单元　由考古学的材料所复原的古代社会发展情况

由于考古学的不断实践，人们对于人类过去的社会情况和发展过程，逐步增加了认识。

第十三讲　旧石器时代原始公社氏族制的发生和发展

地质学上第四纪也叫作冰川时期。这时期中有几段时间气候特别冷，欧洲的南部平原上也有冰川现象。依照阿尔卑斯山区域的研究，至少经过四次冰河时期，在寒冷的时候有毛象、带毛犀牛等动物生长，到热的"间冰期"时候，南方有古象、虎、河马等动物，气候的悬殊，可以想见。这种情况的形成据某些学者的意见，是因为地球绕太阳的倾斜度的不同等等的关系，以致发生周期性的太阳辐射热的骤减。从世界上开始有人类，到现在已经有五十多万年，而有文字记载的历史时期，才五千年，仅占人类历史的百分之一。

从猿到人的主要体质变化，首先是直立行走，由于两足完全负担了行路的机能而引起体质上的重要变化，是两手的解放和脑的发展，从头骨的比较来看，猿额扁平，眉骨突出，人额向前及向上发展，眉脊退缩，猿的后脑扁平成颇包形，人的后脑上下发展成弧形，猿上颚斜出，人上颚缩退向下，猿脑洞在颅底后部，开口向后；人脑洞在进化中移向颅底中央开口，猿的下颚牙齿的排列为 V 字形，人的下牙齿的排列呈马蹄形 U；猿的下颚无颏部，而人的下颚有颏部。

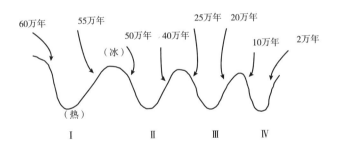

图8　四次冰河期

从考古学上来看，从猿到人的特征就是制造工具和使用工具。恩格斯在《劳动在从猿到人过程中的作用》一书中，就详细地说明了这一问题，分析了什么是从猿到人过程中变化的因素，那就是"劳动创造了人"。人造的工具，便是人类的特殊的表征。北京西南周口店的猿人洞中的猿人，就已经知道制造和使用石器；因为洞中有男女老少的遗骨，有石器，有野兽的残骨，还有用火的痕迹。因此我们可以说，猿人是过着原始的群居生活。

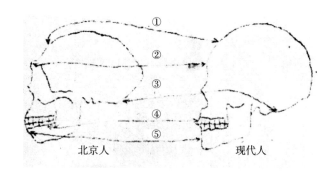

图9　猿人与现代人头骨比较

①猿人前额扁平　②猿人眉脊显著　③猿人脑孔在后边
④猿人牙齿前突　⑤猿人吻部突出。

　　旧石器时代早期的猿人体质上的特征。猿人比猿进步，而较真人原始，是介于猿和人中间的动物。北京猿人手足的分工已和现代人相似，股骨证明他能直立行走，肱骨和腕骨显示着他已经可以自由劳动。由其左脑较发达，知道他是比较习惯于使用右手，从石器制作上看他已有相当高的技巧。

　　猿人时代的物质文化：

　　（一）石器。人工制造的石器与天然破碎的石块不同，石器上有台面，打击点呈半锥体，台面与刃面约在90°，天然破碎的石块不会有这些特征，偶然有相似的石块出现，也可以根据地层、位置、是否群出等加以分析，判定是否为人工制作的石器。石器一般可以分为两类，一为石核文化，一为石片文化。欧洲旧石器时代的分期法，1907年以前为①舍利；②阿舍利；③莫斯特；④奥瑞纳；⑤梭鲁特五种，1912年又加⑥马格德林，共为六种。舍利与阿舍利为石核文化（所作石器叫手斧）。莫斯特为石片文化，最近这种分期又有所改变：①舍利改为阿布维利；②石片文化早期也有；③在莫斯特文化以前已有石片文化，即克拉克当、勒瓦娄哇。勒瓦娄哇石器较进步。旧石器时代的文化，应分为①阿布维利：旧石器时代初期的石核文化；②阿舍利：旧石器时代初期的石核文化；③克拉克当：旧石器时代初期的石片文化（打击面呈120°）；④勒瓦娄哇：旧石器时代初期草原民族的石片文化；⑤莫斯特：旧石器时代中期石核、石片混合文化；⑥奥瑞纳：旧石器时代晚期，已有骨器及艺术；⑦梭鲁特：旧石器时代晚期，为石器制造技巧的高峰；⑧马格德林：旧石器时代末期，石器较衰，而骨器特别发达，艺术也有进展。

北京猿人所用石器原料有绿砂岩、石英脉岩、水晶、燧石等。石器用途还没有清楚地分化，按制法与样式可分为砾石工业与石片工业两种。

（二）木器及骨器。依推测木器应该相当多，但木器易朽，不易保存，英国克拉克雷曾发现木枪，后在德国也曾经发现。骨器早期较少，晚期渐多，且多雕刻成艺术品。

（三）用火。取火是很困难的，要用火石打或钻木取火。恩格斯说："人类由蒙昧时代初期进入中期，首先是由于火的使用"。这是承袭莫尔根《古代社会》中的见解。周口店的洞穴中，有经火烧过的土、砾石、骨及木炭。可以说明，当时人类已经可以控制火了。

（四）住所。北京猿人已经知道利用天然洞穴。欧洲旧石器时代早期人类多住在河的旁边，现在澳洲土人，会用遮风篱做住所。我们推测猿人也可能会修造简单的住所。

生产过程及共同的劳动。周口店猿人洞中有四十余架人的骨骼（均非完整。是长久积下来的，并不是同时存在），当时的生活还很原始，生产工作就是猎取野兽和找寻食物，为了抵御猛兽的侵袭，他们共同生活，共同劳动，由遗存的动物遗骨中可以知道，他们最易猎取的动物是鹿（因梅花鹿角多为砍下的，扁角鹿角为自落的，可知梅花鹿多在夏秋猎得，扁角鹿多在冬季猎得）。同时他们也吃植物。

语言与群众生活（生理上的基础，社会的需要）。猿的口腔呈V形，猿人口腔已成U形，适于舌的运动和发音。人的群居生活，共同劳动，例如打猎时的信号等，都需要用语言来表达，我们由头骨中脑纹的研究，知道猿人是会说话的。

旧石器时代中期，原始氏族公社的发生。尼安德特人，发现于德国，这种人比猿人进步，脑的容量与现代人相同，但头形不同，有眉突，是猿人与现代人之间的人（猿人平均脑量约 1000cc，现代人平均脑量约为 1350cc），尼人距今约十五万年，生产工具进步。

（1）制造技术进化（勒瓦娄哇式的方法），首先把石器打成石片，第二步再加工修整为合格的石器。

（2）工具的专用化，有尖钻器与刮削器之分。中国河套文化比尼人的文化稍晚。这一时代还是过着集体的狩猎生活，用陷阱捕捉巨大的野兽，如毛象之类。男女分工，采集是女子的专门职业，狩猎是男人的工作。他们有了原始的宗教信仰，开始用食物和工具殉葬。从群居生活的扩大，男女的分工，我们可以说尼人已经转入原始的氏族社会了。

旧石器时代晚期（第四冰河期）。这时期的人已属真人（Homs Sopiens），欧洲发现有克鲁马努人，中国发现有山顶洞人。山顶洞人共发现三个头骨，和现代人没有什么区别。现代人都属真人，黄、白、黑人是种族的不同，资产阶级学者们的种族优劣论是极端荒谬的。

旧石器时代晚期，这时期欧洲的各种文化，以石叶（Blude）为主。这是狭长的石片，但也偶用石核及石片，并有骨器。骨器用得比较多，这是晚期的特征。梭鲁特制造石器，是用间接的压制法，做成桂叶形石器，非常精美，是打制石器技术的最高峰。法国的马格德林文化中石器衰落，骨器、角器、象牙器特别发达，有骨制的鱼叉和标枪。在骨角牙器上，还有很好的雕刻（法国又依骨器把马格德林文化分为六期）。中国的山顶洞文化，也有人工做过的骨器。马格德林和山顶洞，都曾经发现过带孔的骨针。再加上人的体质形态的比较，可以证明，他们的时间是相近的。这时人类主要还是靠集体的狩猎生活，常见的动物遗骨有野牛、驯鹿、四不像鹿、毛象、野马及鱼类。

克鲁马努人的住所，多住在天然的洞穴中，也有住露天的平原上的。我们曾经在旧石器时代晚期居住洞穴的壁画中，发现有像帐篷似的东西，苏联在乌克兰平原上，发现有长方形的居住遗址。

社会组织：旧石器时代晚期已进入母系氏族社会，欧洲奥瑞纳文化中发现有精刻的女子裸体像，可能就是母系氏族社会的反映，或是繁殖巫术的产品。在婚姻制度方面，从"尼人"到"真人"的迅速发展，主要是受了族外婚的影响。山顶洞中发现有海蚶壳，这种动物生存于中国东部沿海；还发现有赤铁矿，应产于宣化一带。这些都说明，山顶洞人在各公社间的交通贸易的范围，已经很广泛了。

艺术与宗教。有带孔骨针的发现，我们知道山顶洞人已能缝制衣服了。还发现有穿孔的兽骨和兽牙，是可以穿挂起来的装饰品。欧洲在洞窟中，有用彩色画成或刻画成的动物画，并在动物的身上画很多箭头。有在兽骨上雕刻成的动物像。法国有用泥土塑成的野牛，身上插着石制刃器。有女神像（象征繁殖）。瑞士有一个洞中还摆着一个穴态的头骨，似有宗教祭祀的意义。德国汉堡附近的 Meiendorf，有将每年猎驯鹿的季节中初次猎到的驯鹿不用，用石头缚捆上沉在湖中。山顶洞人及欧洲化石真人又在尸骨旁边撒赤铁矿砂或红土。这些艺术，都是与宗教有着密切的关系的。法国 Limeuil 有经过修改的画稿的痕迹，可以知道当时已经有了专业画家，这些专业画家也就是巫师。

中石器时代。中石器时代是新旧石器时代二者之间的文化。据最近二三十年的发现，推测当时欧洲是在生产比较困难的环境中，冰河渐退，森林向北移动。森林中不适人居，为了与自然界的猛兽做生存斗争，为了取得生活资料，于是有弓箭的发明（西班牙东部发现的岩壁上的画有弓箭）。这一发明标示着生产的新的发展，为了砍伐森林，又有石斧的发明。这较以前进步，刃部稍加磨制，并且还装上木制的柄。在这以前的石斧叫作手斧，只能做挖土和挖草之用，现在已经可以斩断小树了。在这中石器时代，欧洲有好几种文化中，细石器特别发达。中国在新疆、内蒙古和东北一带，也有许多细石器发现，其中早期的也可能属于中石器时代。细石器多为石镞，是打猎的武器（札赉诺尔的细石器与毛象化石同出）。广西武鸣一带也曾挖到一些石器，是旧石器时代过渡的遗物。还有山东、辽东半岛和日本的贝丘，有些可能也是在这一时期形成的。

到了新石器时代由于驯养动物及种植谷物，形成相对的定居生活，婚姻关系在中石器时代已有不稳固的一夫一妻制的对偶婚，到了新石器时代由于生活相对的定居，所以对偶制也比较稳固。这些都是由旧石器时代进化到新石器时代的关键。

基本参考书

恩格斯：《从猿到人》中译本，解放社版（1949 年）。

恩格斯：《家庭、私有制和国家的起源》第一章。

斯大林：《辩证唯物主义与历史唯物主义》《联共党史》第 156 页中译本莫斯科版（1949 年）。

辅助参考书

裴文中：《中国史前时期之研究》第二章旧石器时代（1950 年第二版）。

尼科尔斯基：《原始社会史》第三节至第五节（中译本 1952 年版）。

第十四及第十五讲　　新石器时代母系氏族的繁荣

旧石器时代和中石器时代的人类，大部是靠自然供给生活资料。新石器时代的一般特点，就是有了经常的食物的储备，旧石器时代原始氏族公社社会，虽然也是群居生活，但人数还少。新石器时代，人类聚集的更多，对于生产方面，也就有了更加有利的条件。

新石器时代的特点。生产力的增加，由采集狩猎的经济，进步到农业牧畜（还有狩猎），已经有了经常储存食物的可能，生活安定。磨制石器有石斧、石刀、石镰。又因为定居生活，制陶工业逐渐发达，农业生产是定居生活的主要原因。在这时期，手制陶器，及原始农业都由妇女担任，狩猎已成为次要的工作，由男子担负。苏联考古学者，根据陶器上的指纹断定这时代手制的陶器为女人所作。新石器时代妇女在社会中占着相当重要的地位，因而形成母系氏族社会。

由于历史发展的不平衡性，新石器时代的社会直到现在仍在地球上的一部分地区存在着。

古代新石器文化举例。（1）西亚巴勒斯坦的那图非文化（Natufian），有细小的石器，嵌在骨器上，作为骨器之刃。此种细小石器之刃，因割收谷草，故摩擦有特殊之光亮。有野生谷物，并发现有磨和臼，还有陶器。最近在伊拉克的查摩底层文化（Jarmo 1948 年发现，1950 年发掘）发现有原始农业。牧畜方面有牛羊等家畜，占出土的兽骨的 95%，野生动物占 5%。用细石器，但无陶器（到了晚期即上层始有陶器）。由所发现的木炭分析放射性碳素，推知距今约 6707 ± 320 年。伊朗的西阿尔克文化（Tell Sialk）为法国人所发掘，在有 3000B. C. 左右的有文字记载的地层下面，共有 17 层，每层以形成年代为 75 年计，最下层距今约 6300 余年，那时即已进入新石器时代，有麦谷等植物痕迹。

（2）埃及的新石器时代（法雍甲种文化 Faiyûn 及美林地文化 Merimde）时代尚有问题。法雍在中埃及及尼罗河的西面，有打制的细石器及箭头，但无铜器，窖穴中有大小麦残存。当时主要生产似为狩猎。由木质东西的推算，距今约 5996 ± 205 年，知道比伊拉克的查摩文化及伊朗的西阿尔克为晚。

（3）欧洲的新石器文化。瑞士湖居村落，发现牛羊骨及大小麦。当地并无此种牛羊及谷物的野生祖先，可能是由近东经多瑙河流域迁过来的。多瑙文化是欧洲最早的新石器文化。德国科隆林顿塔尔（kölo - Lindenthal）遗址发现有大小麦，碾磨、牛羊等。由居住遗址推测早期农村有 27 家，二期农村有 35 家，大概新石器时代人口聚居不会太多，这里是很好的例证。苏联乌克兰的的里波里文化，这种文化的分布不只一个地方，有彩陶（有自己的特征，彩陶红胎，上施以彩）、牛羊遗骨等。在苏联有根据发掘所作之复原模型，由之可以看到当时村落的一般生活——原始共产主义社会。

（4）中国的新石器文化（细石器文化、仰韶文化、龙山文化）：中国新石器文化在史前考古中是很重要的。我们研究中国文化，要以全世界的材料作背景：①细石器文化分布区域东自东北，西至新疆，中部在长城以北一带，为游牧人民及狩猎人民之所遗。游牧民族因牧畜发达，居所不定，使用之石器遗落地面，故可于地面拾得。农业不发达，但距长城较近的南部也有小麦、石镰、陶器，但很少。陶器有刻纹陶，篦文陶。②仰韶文化（河南渑池仰韶村），它的特征是有彩陶，陶胎本身为红色，有红花、黑花，也有先加白衣后涂色者。③龙山文化、（山东济南龙山镇城子崖），在山东、安徽北部发现较多，由河南的发掘，知道仰韶文化在河南比龙山文化早，龙山文化的特征是有一种质坚而薄，色纯黑发亮的陶器。

新石器时代经济制度下的社会情况：

仰韶文化

（1）陶器。有彩陶（只是一小部分）、红色无彩陶、灰褐色陶（与后来的灰陶不同）。陶器有鼎（鼎是中国文化的特征），无鬲，陶器上的花纹有篮纹。彩陶有很简单的钵形器，花纹在有些遗址出土的很简单，可能是晚期退化了。埃及、巴比伦的彩陶也是早期工细（有人和动物的图案），晚期简单。

（2）石器。打制石器已退化，主要是磨制石器，有石斧，石刀、石镰，都与当时的农业有关。还有石镞、石环（或陶环），石环多已破碎，前年在河南广武点军台墓葬中掘到一件完整的，位置在腰侧，可能是衣服上的装饰品。

（3）骨器。在黄土地带容易保存，有带孔骨针、骨锥、骨镞等。

（4）农业及畜牧。安特生翻印陶片上的痕迹，已知有稻。发掘的袋形窖穴中发现有绿色有机物，可能是植物腐朽后的痕迹。灰层厚达一米多，可知当时的定居生活。在居住遗址中有铺一层白灰面的，而且有柱的痕迹。在动物遗骨中，最多是猪骨（家字下为豕字，可见家里养猪是很早很普遍的）。青海贵德罗汉堂遗址有很多牛羊遗骨。

（5）墓葬。河南所掘到的这时期的墓葬，殉葬品中一般没有彩陶，但根据随葬品中陶器形制，可知这些墓葬是属于仰韶文化，葬式为仰身直肢。墓葬常即在村中，埋葬幼儿即用陶罐。甘肃的仰韶文化的葬地不在村中，而在侵蚀平原所成之山顶上，如半山的葬地遗址，出了很多的随葬彩陶罐，葬式为屈肢葬。似乎葬俗与河南仰韶文化不同。

龙山文化

开始的时间可能较早，但到河南安阳一带时间已晚（由安阳发掘中知道当地的彩陶在黑陶的下层）

（1）陶器。黑陶（包括蛋壳陶），多为平底器，器上有清楚的轮制痕迹（轮制时所用的平卧的轮，古书上谓之"钧"。中国在新石器时代晚期即发现）。灰褐陶，有鬲，纹饰有绳纹、方格纹。山东日照发现陶鬹，色黄白，在《西清古鉴》中著录有和这种陶器形制相似的铜器。

（2）石器。石刀及石斧，其形式与仰韶文化很难区别。

（3）骨器、蚌器。有骨剑、骨锥、蚌锯、蚌刀等。

（4）经济生活。以农业为主，过定居生活。家畜有牛、羊、犬、猪，以猪骨最多，牛羊骨较少。也有猎得的兔和鱼。

（5）宗教信仰。

墓葬：在山东日照曾掘到龙山文化的墓葬，有陶罐等随葬。龙山文化已有占卜习俗（用牛、羊肩胛骨在背面削薄后用火烧，薄质骨裂，看裂开的纹理，据之以判断吉凶）。但还没有文字发现（城子崖的有字陶片，是上层所出，为春秋战国时物）。

龙山文化与殷墟之间，现在还是空白，需要以后发掘来补充。

新石器时代人类活动范围还少，到铜器时代逐渐扩大。

辅助参考书：

尼科尔斯基：《原始社会史》第六章（中译本 1952 年版）。

裴文中：《中国史前时期之研究》第三章新石器时代第十、十一、十三及十四节（1950 年第二版）。

复习题

第三单元

（1）北京猿人的物质文化。

（2）旧石器中期的文化。

（3）旧石器时代晚期的文化。

（4）新石器时代的特点。

（5）仰韶文化的概况。

（6）龙山文化的概况

第十六讲　新石器时代末期和铜器时代

这是原始氏族公社由母系向父系的过渡时代，最后更进入父系氏族公社的解体的阶段。在物质遗存方面，这是由新石器文化进展到青铜文化的过渡期，有人称金石并用时代（Chalcolithic Age）或红铜时代（Copper Age），区别于青铜时代。

铜器的发明和使用，在人类进化史上的意义是很重大的。用铜制器的技术在方法上有四个阶段。

（1）打锤：掌握铜的延展性，改变它制成器物。

（2）熔铸（翻砂）：利用其可熔性加高温度，使铜变为液体，倒入模型中，再凝固。

（3）由矿炼铜（冶金术）：用赤铜矿、蓝铜矿、孔雀石等矿石，把其中的铜质提炼出来。因为自然铜的产地是很少的（匈牙利及北美洲湖区有之）。

（4）合金（青铜）：是一种铜与锡的化合物，颜色稍青，质较纯铜坚硬。合金是青铜时代的发明和特征。有人说人类最初使用的铜是自然铜，只会打锤制器，以后逐渐学熔铸、提炼、合金。这种说法是合理的。打锤是比较原始的技术。熔铸与冶金，有许多专门的技术，需要有专门的技工，他们脱离了生产食品的工作，来从事这项工作。那便是从事于农业、牧畜或狩猎的人要增加产量。换言之，社会要生产足够的剩余食物，以维持这种专业技工的生活，这就是社会的更进一步的分工。又因为铜的产地和产量有限制，无铜或少铜的地方需要由外输入，因而铜的使用也是促进晚期部落公社间的交易原因之一。

新石器时代末期和铜器时代的文明举例。

西亚细亚时代文化的代表。

（1）伊朗的西阿尔克第二期文化（Sialk Ⅱ）西阿尔克第三期文化（Sialk Ⅲ）及早期苏萨文化（Susai）：西阿尔克第二期文化有锤制的小铜器如小铜刀等（显微镜下可以看出结晶体的排列是长的），当时重要的工具还是石器。家畜，除牛、羊、豕之外还有马。有烧陶的窑。装饰品中还有海贝，是由波斯湾过来的。西阿尔克第三期文化有铸制的铜器和金银饰物。轮制陶器、石印章、青金石（含有金色的赤铁矿细粒的一种深蓝色宝石，很美丽，可作装饰品，产于阿富汗斯坦）。早期苏萨文化（Susa Ⅰ）1891 年发现，约在公元前 4000 年。有彩陶，农产品有小麦、大麦、麻。铸制的铜器有斧、凿和针。打制的和磨制的石器，其中打制的石器有叶状的箭头等。早期苏萨文化的彩陶与中国的彩陶不同，表面粗糙，陶质灰白色，花样也不同。

（2）伊拉克的乌巴伊文化（Ubaid）：可能是由波斯高原迁徙去的，因为两河流域的下游，在这时代以前是沼泽，没有居民。公元前4000年左右开始有居民，即有相当高的文化。用铸制的小件的铜器（并非青铜）。当地不产铜，铜的来源因交通关系有时断绝，所以有用泥烧制的模仿铜斧铜镰的陶斧及陶镰。烧陶的火候高，所以坚硬可用。有手制的彩陶，有石器，石印章上刻有花纹。宗教方面已有神庙的建立。

埃及这时代的文化：①那加达第一期文化（Nagada Ⅰ）。在那加达所发现的两千多个墓葬中，石器和陶罐等并不一样，可以分为两期，我们推想可能是别处移来的民族所形成的文化。从事这一发掘工作的人定名为"朝代以前"的文化（埃及第一朝创立于纪元前3100顷），最大的金字塔即为第四王朝的建筑。那加达文化中已有用红铜打制的小件铜器（还不会熔铸制器），有孔雀石（铜矿的一种）作颜料涂在眼眶上（后来发现孔雀石可以用来熔铜，于是大量采掘，这是第一朝以后的事）。农业和畜牧并重，渔猎也占相当重要地位。有黑口缘红陶器，也有彩陶，为红色陶器上绘以白色花纹，与其他地方的彩陶不同。由所发现之陶器可知当时已能控制烧陶的火候。石器，因为是石灰岩地带燧石颇多，故石器仍盛行。当时是使用石核制成的石器。②那加达第二期文化。时间较第一期晚，而且可能受了外来文化的影响。会铸制较大的铜器（但仍为红铜），陶器——彩陶也与第一期不同，陶质为橙黄色，绘有红彩；还有模仿石器的陶器，及黑口缘红陶。石器很进步，与梭鲁特的石器相近，先把石片修理得很薄，然后用间接打法，打制成石器。也有用斑岩、石灰岩等制成的容器。外来物品有银及青金石，银的最近产地在小亚细亚，青金石产于阿富汗，可借以了解当时对外交通的情况。还有含镍的铁珠（陨石中含镍，并不是由铁矿炼得的。）

中亚细亚的早期文化：亚诺文化第一期（Anou Ⅰ）及第二期（Anou Ⅱ）。1904年美国中央亚细亚调查团发现亚诺文化遗址。根据所发现的东西，把亚诺文化分为四期，现在只讲第一、二期，第一期有用红铜制成的器物，有彩陶及石器。牲畜方面有牛、羊、豕等。还有用泥砖砌成的房子的痕迹。第二期铜制器较一期多，有青金石，距亚诺文化最近的青金石产地是阿富汗，说明当时交通的发展。在农业方面，因气候渐变干燥，故农业渐衰，而畜牧业发达。家畜方面除牛、羊、豕外，又增加了骆驼及山羊。当时的发现者，由地层堆积的厚度推算（以每100年1.6米来估计），亚诺文化开始于公元前8000余年。但是现在一般的考古学家根据比较考古学的研究，认为不过公元前4000年左右。

总结起来，新石器时代农业较前更发展，村落定居更久，因为：①水利灌溉工程，使村落久居成为可能，由伊拉克、埃及、巴比伦的农业可以证明。②开始有园艺，种植果树，为着果树的收获也有久居的必要。

工具方面：铜器的发明，增加了生产。但因为铜的来源有限制（铜矿产地有限制，不像石头或陶土，到处都可找得），需要从别处运来，促进交通工具的发展，和各处产品的交换，故发明有轮的车子（近东的彩陶上绘有马拉的车子），又驯养驴马以负重及拉车，并开始有船只的使用。

这时代的末期，农业方面有用牛拖犁和陶轮的发明。犁耕为农业和牲畜的结合，犁耕使农业由妇女职业转变为男子职业，陶轮的发明使陶业也发生同样变化。母亲氏族转变为父系氏族，家畜私有。财产渐集中于世袭的酋长手中，印章是财产的标记，也是文字的先河。这时候有了国家的萌芽。

第十七及十八讲　古代东方在青铜时代进入文明社会

古代东方包括两河流域、埃及、印度和中国等。

古代东方在青铜时代，原始公社的父系氏族公社解体，阶级社会产生，出现了都市和国家，发明了文字。人类从野蛮进入文明时代，有农业灌溉（红铜时代已有水利灌溉），同时还发明了农业与畜牧结合的犁耕。在生产中土地为公有，牲畜为私有，也影响了阶级社会的形成。

青铜的特征与青铜文化

青铜的特征：青铜是铜与锡的化合物，色微青，故名青铜。青铜的优点：①铸器较易，不致产生气孔（纯铜易生气孔）。②质地较硬，用 Brinell 计量得：红铜 35 度；含锡 5% 的青铜 65 度，含锡 5% 的青铜如再经锤打硬度可到 178～186 度；含锡 10% 的青铜 186 度，再经锤打可至 228 度；软铁仅 70 度，含 1.25% 的钢铁可至 300 度。③熔点低：红铜熔点 1085 度，加锡 13% 熔点 980 度，加锡 25% 熔点可降到 800 度。缺点：①锡矿的产区不多（埃及、巴比伦都不产锡，中国的锡矿产于广西、云南一带），有些地方铸制青铜器，锡要由别处运来，因此交通发达的地区才有条件发展。埃及在公元前 3000 年即为铜器时代，已有文字，但到公元前 2000 年才有真正的青铜，就是这个缘故。②青铜质坚硬，但易碎裂（青铜以含锡 10% 为最理想，过多则质脆易碎），如发掘所得的铜镜（据《考工记》记载，镜含锡数量为 30%），常因保存不当而碎裂。

青铜文化：一个遗址是否属于青铜文化，并不是仅视这遗址中有否青铜器而定。一个文化是许多要素的综合体，它包括青铜，也包括其他同出的东西。所以有时虽然没有掘得青铜器，但由其他条件推断，也可以知道它是属于青铜时代的文化。

古代东方——这个时代重要地点举例：

两河流域：

（1）原始期的文化（约在公元前 3500～前 3000 年）：青铜器的使用在两河流域的下游约开始于公元前 3000 年。根据出土地点，称为乌鲁克（Uruk）文化。陶器单色不带彩。后来又有彩陶的制造，文化也发生变化，称为笈摩提那西尔文化（Jemdet Nasr），开始有城市出现，城市中心建立神庙，也就是政治的中心，庙里有塔（与中国塔不同），形似高台，是为了迎接神自天下降而设。两河流域各都市都是神庙，政权掌握在庙里的僧侣手中，僧侣就是神的代言人。有一定的政治组织，最初有市民大会和长老会管理政治，后来大权逐渐掌握在一个人的手中，这样就形成了许多城邦的邦君。再进一步就是早期的各朝代。神庙中的僧侣为了登记庙产的租税情况而发明了文字，用以记载租税的数字、物品的名字，后来又加上人名。这种文字逐渐发展为象形字和形声字，再进而成为楔形文字。

（2）早期各朝代（约在公元前 3000～前 2500 年）：城市人口更为集中，前面所讲伊拉克的查摩文化（Jarmo）人口集中的村落，不过 2 英亩半，现在如吾珥城（Ur）便有 110 英亩的面积。神庙建筑规模更大，最初面积不过几平方米到十几平方米，后来发展到 32×76 米，这也说明了人口集中和组织力量的渐强。这时青铜器的使用更加普遍，有铜针、铜斧等，逐渐脱离了仿石器和仿骨器的原始型，开始制造较大的铜器。城邦的代表人物为邦君，城市的财产通过神庙而归到邦君之手。有些神庙曾经发现了两三万楔形文字的泥版，记载着庙里的经济情况，庙产的土地 3/4 交给属于自己的奴隶或农奴去耕种，庙里收租，1/4 雇用雇工耕种，发放实物的工资。还有专业制铜的工人，有他们的伙食账、发衣服的账等。楔形文字中也有邦君乌鲁卡吉纳（Urukagina）禁止统治者欺侮人的记载，文字更发达了。1926 年吾珥的"皇陵"发掘，发现有许多殉葬的人、殉葬的牛车、铜制的盔甲等，可以根据这些材料复原起来。这样的殉葬风气，在青铜时代的后期便没有了。由殉葬品中的金器、印章、青金石镶嵌、骨和象牙的镶嵌等，也可以看出贫富的分别。当时阶级分化是很明显的。

埃及。

（1）原始期的文化（约公元前 3500～前 3000 年）。虽然没有这时期的城市遗址保存下来，但由墓葬中的出土物，也可以知道当时的物质文化。石器仍盛行，农具如镰刀等都用石制。铜器因锡不易得（尼罗河一带及其邻近都不产锡）尚未用青铜，仍使用红铜。到公元前 1500 年青铜才逐渐普遍使用起来。陶器仍多为手制，似已开始使用轮制，但陶器艺术的绘画部分，已较史前退化。开始使用文字，文字的使用与朝代的开始时间差不多，第一朝开始使用文字，也就是开始了政治的历史。墓葬形制逐渐增大，金石并用时代的"那加达"墓群，有 2000 多座墓，但是并没有特别大的，这也表示了阶级并未十分分化。朝代开始已有较大的墓葬，后来又有分为几间的墓葬，阶级的分化已经很明显了。从一些东西的发现我们可以知道，埃及与两河流域的巴比伦有些关系，有圆柱形的石印章（是用在酒瓶或油瓶封口处的信物，用途和中国古代的封泥印章相似）。这种东西在巴比伦前后一直使用了很久，在埃及只在这一时期曾使用过。交通工具有两头翘起的挂帆的海船，是波斯湾及红海的海船，不是埃及原有的形制，因为尼罗河风浪不大。艺术的母题，用狮子作装饰。建筑样式多采取弯曲的垛墙结构，与埃及早期、晚期不一样，这可能都是受了巴比伦的影响。

（2）第一期及第二期的文化（约公元前 3000～前 2700 年）。美尼斯（Menes）统一南北埃及，开始了埃及第一期。从考古学上我们也可以得到南北埃及统一的证据，南北埃及的皇冠的样式不同，但第一期刻在石板上的王像同时存在，是为了表示他统一南北的威力。虽然这时遗址仍很少，而墓葬的规模扩大，殉葬品也更丰富，一个墓有掘出百件陶器的，陶器普遍采用轮制法。历法用太阳历，一年为 365 天，分成 12 月，与天文历的日数（天文历每年应该是 365 1/4 天）每年相差很少，经 1460 年则元旦又重合。有人认为太阳历使用始于公元前 4236 年。又有人认为始于公元前 2776 年（4236 减 1460 即为 2776）约当第三朝初年，以后者较可信。政治组织，有皇帝后政权集中于法老之手，（《圣经》中的埃及国王 Pharoah，我们称为法老）法老是代表天神来统治人民的，到后来就直接把法老当作神（原先壁画中只有神画辫式胡须，后来壁画中神和皇帝都画胡须）。财产也集中于法老，第三期以后又出现了金字塔，法老将集中到他手中的财富消耗于建筑金字塔的工程上。

印度的青铜文化（约公元前 2500 ~ 前 2000 年）。1922 年印度河流域发现印度的青铜文化：①有发达的青铜器。②灌溉农业有大麦、小麦、棉花（棉花的种植以印度为最早，巴比伦有羊毛和麻，埃及有麻，中国有麻和丝）及水稻。畜牧有牛、水牛、羊、鸡、象（器物上有雕刻的象）。③城市及商业。城市相当大，如哈拉巴（Harrapa）、摩亨佐达罗（Mohenjo - Daro），城内有下水道，有烧过的砖盖成的房子，有市场、仓库，证明商业发达。但没有神庙的遗迹（也许是神庙与民居相同而区别不出），可以知道它不是宗教的城市。出土物约相当于公元前 2500 年至公元前 2000 年，也有圆柱形的石印章，印章上的字与苏美尔人的文字相似，但并不相同，现尚不能考释出来。④陶器有轮制的彩陶，用泥制作经火烧过的有轮的车子。⑤文字，现在还不认识。⑥虽然没有找到神庙的遗址，印章上的动物的图样（其中有印度后来信仰的东西）及类似祭坛的东西，都是宗教的表征。这时期印度的文化是相当高的，公元前 1800 年雅利安人毁灭了很多城市（曾发掘到过死在街道上的妇女和小孩，还有砍掉头的人），到佛教兴起时又复兴。

中国的殷代文化。中国有文字记载的历史是所谓夏、商、周，但材料知道的很少，《史记》的《殷本记》也很简单，了解得不够清楚。1928 年开始发掘殷墟至抗战停止，得到一大批材料，殷代考古最重要的地方是河南的安阳（京汉线经过）。《项羽本纪》也提到 "洹水南殷墟上"，已知该地为殷故都。后来不太注意，至宋徽宗时发现铜器，收藏古器成为风气，记载中有安阳河亶甲城出土之铜器。1899 年由乡人在棉花地中发现甲骨（龟腹甲、牛骨），药铺收买为龙骨，后被北京古董商收买，国子监祭酒王懿荣开始收藏起来。1900 年八国联军入京，王懿荣自杀，甲骨归刘鹗（铁云），影印为《铁云藏龟》，孙诒让据之考证出数百字，著《契文举例》，继之的有罗振玉、王国维，到 1928

年中央研究院历史语言研究所正式发掘，直至抗战开始停止。发掘方法是用探沟法，一条条地打，可能有被漏掉的，将来可再继续发掘。由于这些材料的发现，使殷文化得到比西周还更深刻的了解。

（1）经济基础。殷代的经济是以农业为主，否则不能有那样安定的生活，农产品有小米、麦、稻，有麻、丝（棉花到唐始有）等衣服原料。农具我们知道的不多，有石镰刀，其他的木制工具已经腐朽。殷墟的"犁"字，还不是工具的名字，称骏色的牛为"犁"。兽骨很多，由杨钟健先生鉴定，家畜方面有犬、马、山羊、绵羊、黄牛、水牛、豕、鸡、象、猴等，其中以犬、牛、豕为最多（新疆、西藏的游牧民族则以羊为主要家畜），曾发掘到一罐鸡卵，已化为土。殷墟中还掘到狩猎物，有熊、虎、豹、鹿、兔、鼠、獾、獏，其中以鹿为最多，这些都可能是北边太行山一带的产物。

（2）手工业与农业的分工。青铜器制作精美，花纹细而清楚，有1700余斤的大鼎（陈列于南京博物院），有铜范、大小铜器，可知青铜工艺已相当发达。

（3）制陶业。A. 灰陶，可以控制空气温度和火候，"饮窑"使红色陶质变为灰色，技术较高，有专门制陶业的工人，一般东西可以大规模生产。B. 白陶，用高岭土做原料，是贵重的东西，遍器刻花纹，花纹与铜器花纹一样。C. 带釉陶器，可以说是极原始的瓷器，器身灰白色还不是纯粹的高岭土作胎，釉质极薄，后来到汉代才有较厚的色釉，六朝逐渐进步成为瓷器。D. 其他有骨器（有镶嵌绿松石的）及木器痕迹等。

（4）政治及社会组织。因生产力增加到相当程度，有了剩余也就有了剥削。殷代已有被统治者的奴隶和统治阶级的奴隶主，因为管理奴隶及政治而有了国家，殷代仍有氏族社会的残余（母系氏族）如"先妣特祭""兄终弟及"。不过阶级社会已发展得相当高，如"侯""伯"等，有国王和官吏（甲骨文有王、卜人、小臣等）。当时已有国家的轮廓（详细的地域情况还无法确定），小屯西南至辉县，有殷的遗迹（无字骨等）；郑州有殷的灰坑，最近出过一片带字的骨头；河南洛阳和山东济南大辛庄也有殷代的遗址。安阳已不是一个农村，都市人口已集中，城市有手工业、政治、宗教的分区。小屯北边出甲骨，沟（可能是城沟壕）西边就没有甲骨。房子有基址，较大的有 30 米长、8 米宽的夯土基址，上面有很多础石，已是后世中国式宫殿的雏形。

（5）交通工具及对外交通。海贝（子母贝）本非安阳附近产物，必须在热带气候的海滨取得。鲸鱼亦须于海滨始能捕得。铜、锡、玉等，都要由外地运来，于是有车。安阳挖到过车，有车箱、辕、衡、轭、车轴和 16 根辐条的轮。

（6）文字的发明。殷代文字为中国最早的文字，还有它相当的原始性，A. 象形更近实物，B. 偏旁未统一，C. 笔画未统一。说明它还是在发展的时期，但已有了许多规则，还有了谐声字。有甲骨文，铜器铭文，石、陶上面用笔写的字。另外木片上面及布帛上面也许有写字的，可惜木片及布帛不能保存流传下来。因为在经济上的交易、政治上、宗教上都需要文字。

（7）宗教信仰（占卜及墓葬）。自己不能决定的事，迷信鬼神可以帮忙。在甲骨背面钻孔处用火烧即裂出卜纹，依纹的形状来断定吉凶，他们相信神，通过灵龟指出吉凶。陈梦家先生统计出土有文字者约七八万片，胡厚宣先生说已出 16 万余片。祭祀很多，因为祖先崇拜，几乎每天都祭祀祖先。墓葬方面，也因为祖先崇拜，视死如生，常用很多人来殉葬。殉葬人有的很多都佩带刀斧及磨石，可能是死者的卫队。还有俯身葬。住宅方面，在房子筑基时也要杀死人、兽埋在附近，作为守卫。

（8）艺术。殷代艺术奠定了汉以前中国艺术的基础，已经是高度发达了。由铜器的花纹及雕刻的花骨，白陶及石刻上，都可以看出来。

古代东方远在铁器时代以前，就出现了阶级和国家，但其他的原始社会按照着旧世界的典型道路发达的地方，仅只从铁器时代起，阶级社会方在原始公社制度的废墟上出现，所以它们的铁器时代还属于史前时代。

古代的东方早有了文字记载，所以对于这一阶段的发展认识，更为完备和明确，其后文字记载更多，历史科学逐渐依靠文献的证据比较依靠实物证据的地方更多，但是历史考古学仍是历史科学中重要的一部门。

辅助参考书：

尼科尔斯基：《原始社会史》第十一章，中译本1952年版。

复习题

（7）铜器的发明在人类社会进化史上的意义是什么？

（8）由新石器时代到青铜时代过渡期中有些什么重要的发现？

（9）两河流域的原史期文化及早期各朝代的文化。

（10）埃及的第一期及第二期文化。

（11）印度河流域的青铜文化。

（12）中国殷商文化。

考古学通论讲义（之二）[*]

第一讲　绪论

一　考古学的语源和定义

考古学这个名词的语源，《辞源》正编和改编本，都没有"考古学"一条，《辞海》上有"考古学"一条，下面注有英文 Archaeology，这个英文字在《辞源·续编》里，又译为"古物学"，《俄华辞典》Археология 下注为"考古学"与"古物学"，英文和俄文的来源都是由希腊 apxaios（意为古代）和 λoγos（意为科学）组成。

考古学在资本主义社会以前，虽已有萌芽，但是只有资本主义时代，随各种科学而发展起来，才成为一门科学。

有人觉得既称"学"，为什么又在头上加一"考"字，何不像"动物学"、"生物学"那样，就称为"古物学"呢？因为"考古学"一

---

* 本文是作者于 1955 年 2~4 月在北京大学历史系为考古专业学生授课的讲义，由东北人民大学进修教师单庆麟记录整理，经作者修改后，曾铅印发给同学。1990 年北大考古学系为纪念夏鼐先生诞辰 80 周年，曾在该系编辑出版的《考古学研究》第 1 期发表。编入本书时，编者有个别校正。

名，业已在国内普遍流行，一般人也能体会它的意义，所以也就不必再加更改了。

考古学的定义，在我国过去学术界，未曾明确肯定，有也是太简单或不恰当。《苏联大百科全书》（第2版卷3，167页）所下定义是："根据实物的历史材料，研究人类的历史过去。"历史的所谓"过去"，是指一定时期以前，当然时间是动的，不是静止的——考古学的"过去"，是指时间以前，苏联断自蒙古入侵时期，即中世纪的终结。过去我国金石学著作家，对于收录的金石，也曾作断限，有的限于元代以前，也有的限于明代以前，我们今日仍以元代为止。当然，断限以后的古物，也看它的史料价值如何，并不是一律不加注意。所谓"人类的过去"——人类的本身，属于古生物学，系另外一种科学，不属我们研究的范围，我们考古学所要研究的对象，是指过去人类活动的痕迹，人类加过工的东西，也就是说为人类所创造的，凭以恢复过去人类社会面貌，或者更正确一点说：考古学的对象是实物史料，与文献史料相对的，如原始社会的石器与陶器、殷周时代的铜器等，这些都是古代传留下来的，经过人类加过工的东西，便是考古学的对象。

二 考古学的重要

学历史一定要了解考古学，文献与实物二者对历史科学就如车之两轮，缺一不可。历史是对资产阶级思想斗争的科学，也可以说是对资产阶级斗争的武器，考古既为历史组成部分，所以它对这个斗争，也具有现实意义。

我国目前大规模经济建设，考古学的作用更大，今日考古研究所的工作，非常具体地说明了这一问题。旧中国的考古，是装饰品，今天经济建设，基本建设工程大规模展开，需要考古与之配合。苏联的建设工程，考古工作者，可说是先锋队，这样，一方面能保护古物，另一方面，也能了解地下的情形，替基本建设解决问题。但建设工程人员，初期往往不能体会，认考古工作为多事，替他们添麻烦。后来有的因为地下古坟墓未加清理，房子不久塌了，始了解真相，要求与文化部门订立合同，先从事挖掘，再行建筑，考古所等机关，因为过去考古人员有限，不足以应付目前需要，所以文化部和科学院、北京大学合办考古训练班。西安在建设中，发现有万余座古墓，需要清理人员之多，可以想象。

考古学对于爱国主义教育，也有其重要意义。自鸦片战争后，我国渐渐沦为半殖民地半封建社会，造成了一部分人的自卑感，觉得祖国文化异常渺小，处处不如外国。由于地下发掘的实物，生动地说明祖国劳动人民的高度智慧及其伟大的创造，全国基建出土文物展览，吸引了广大的观众，并不是偶然的。

三　马克思列宁主义对考古学的意义

考古学应当运用辩证唯物主义与历史唯物主义，也必须运用辩证唯物主义和历史唯物主义。辩证法第一特征，不孤立看问题，把各个现象，看成有内在联系。我们在考古学中，例如发掘墓葬，须注意各墓之间的联系，各出土物之间的联系。第二特征，注意事物之发展过程，有人认为古的便好，这是不对的，应当注意出土物的前后发展情形，特别注意由量变到质变。

资产阶级的"种族优劣论"及"文化外来说"都是唯心的、反动的。唯物主义相信实物，承认"客观存在决定意识"。过去考古学者，用考古来证明儒家经典，本末倒置，是不正确的。我们是唯物主义者，要通过实物寻求客观规律。

历史唯物主义，是把辩证唯物主义应用于研究社会。马克思在《资本论》中的名言："要认识已经灭亡的动物的身体组织，必须研究遗骨的构造，要判别已经灭亡的社会经济形态，研究劳动手段的遗物，有相同的重要性。"当然生产关系与生产力的发展，不一定完全一致，如今日苏联生产工具与美国的生产工具，大体一样，而生产关系，是代表两个阶段；又如旧中国的生产工具，大部分是犁，解放后的人民中国，生产工具与前基本相同，而其生产关系二者不同，如果专以耕犁这生产工具去看问题，便流入机械论了。但对生产工具，须特别注意，否则又陷入"唯心主义"的泥沼，所以斯大林在《辩证唯物主义与历史唯物主义》一文中所阐明的社会发展规律，我们干考古工作的应该好好地学习和掌握。有些学历史的，不注意考古，往往弄错了考古材料。如拿城子崖文字陶片证明甲骨文以前已有文字，实际那是城子崖上层（战国文化层）所出；又如把唐代的天马葡萄镜认为汉镜，以之与张骞通西域联系起来，这些便是忽视了考古学知识，以致发生错误。

《实践论》在考古学上的作用，也是大的，"实践"的意义，就是要透过实践，来反映真理，考古学就是根据实际材料，说明问题，但根据的材料，务必真实、丰富，如凭很少的几件实物，或挖几个墓，就作研究，是不够的。如果勉强得出结论，也是靠不住的。譬如南方人到北方，住了三天，正值刮风，便说北方成年刮风，除表示其冒失武断外，还能说明什么？考古工作者，必须根据多量材料，由一般的感性认识，提高到理性认识，做出结论，再反过来指导实践，并检验其理论正确与否，把它向前发展一步，如此往复不断提高，其理论与结论，自可合于客观的事实。

四 对资产阶级考古学的批判

用马克思列宁主义观点来批判资产阶级的考古学，即与反动的考古学做斗争，也是我们应有的任务之一。资产阶级的考古学是与历史科学脱了节，文献与实物本为历史科学的两方面，前面已经说过了，资产阶级考古学者"为考古而考古"，故意把二者对立起来，只能说他们是破坏考古，实际就是破坏历史。资产阶级的考古学只重精美的实物，如铜器、玉器；或虽也注意到普通实物，如石器、瓦片，但对于社会经济，仍是忽视的。这样钻研越深越陷入繁琐境地，越与实际历史学脱了节。在考古学上的所谓"种族优劣论"也是十足的资产阶级反动的学说。他们说白色人是统治者，有色人是野蛮的，应该被统治。又有所谓"种族迁移论"，从而说中国文化由西方传来。这些反动理论的目的只有一个，为帝国主义者作侵略之根据而已。他们也不承认社会是发展的，只承认"社会循环"，如走马灯之往复，如三国演义的开卷语"天下大势，分久必合，合久必分"，其意在使人们安于现状，供其鱼肉，其遮面布虽精，也不能蒙住人们的肉眼。

五 考古学资料

也可以说是考古学的对象。历史科学材料，分为文献的和实物的，考古便是以实物材料为对象，所以苏联科学院考古所，就名之曰物质文化史研究所，尤其是以生产工具为主要对象，具体可分为二大类：①狭义的遗物形态不大，可以搬运的，可依质料分为陶器、石器、金属器、骨角器等，也可以依用途分为器皿、武器、生产工具、装饰品等。②不能搬运的东西，遗迹如坟墓、住室、城堡、作坊等，但也是相对而言，如吉林西团山的石椁、河南宋代砖墓，虽重好几吨，也运回北京，我们特别注意的是不易搬运的遗物，如安阳出土的柱础（初发现者认为是河水冲来的大石），殷代贵族宫殿的夯土遗址，郑州的平民居住的土墙；西安半坡新石器时代的住址，地下挖出的圆形或长方形的房屋遗址，其中有灶、陶器、粮食等，郑州的铸铜和制骨器的工场，洛阳古代城墙遗址等。这些材料对历史的重大意义，使我们进一步认识考古学的重要。时代愈近，文献史料颇多，而古代史料例如殷代，从前只有传世的《史记·殷本纪》、《尚书》的《商书》数篇而已，而甲骨文的出土，使殷代的史料丰富起来，在大规模从事基本建设的今天，这样的发现，是随时随地可以见到的。

六　考古学的门类

①依时代分，北大考古专业，有石器时代考古（包括欧洲石器时代）、殷周考古、秦汉隋唐考古等，和历史学一样。也要断代分段来学习，但并不是分割历史，前后还是有联系的。资产阶级学者有所谓"史前学"，是指文字以前的历史。这样把历史分割，是不对的。苏联的文字历史较晚，有史以前有石器时代、铜器时代、铁器时代，而中国文字历史较早，是由铜器时代开始的。②按地区分，例如东亚考古学，包括中国、日本、朝鲜、越南等。中国又可以分为新疆考古、东北考古等，欧洲考古包括苏联考古。欲做专门研究，要对某一地域某一时代作比较深入的研究。③依资料种类分，例如古钱学、铭刻学、甲骨学、希腊的古代艺术等，都可成为一种专门学问。当然我们可以在考古学的某一部门，做专门研究。但对考古学须先有全面了解，以免钻牛角尖，只"见树木而不见森林"。

七　考古学和其他科学的关系

首先谈谈它和狭义的历史，即"文献的历史"的关系，因为考古学能补文献之不足。过去的历史，是为统治阶级服务的。连篇累牍，都记载着统治阶级的事迹，一般劳动人民的活动不被注意，多付阙如，我们可以根据实物，来作补充。没有文字以前的原始社会历史，过去多不记载，有些后世的断乱传说，也多为后人的曲解和伪造，错误百出。考古学可以根据实物资料——当然还须结合先民传说等，给它复原，还其庐山真面。又历史时代，较为远一些的，如殷代历史，仅有《史记·殷本纪》、《尚书·盘庚》等，由晚清迄今，先后在安阳出土的甲骨文10万余片，可以用它补充殷史。周代的铜器铭文，也比《诗经》、《史记·周本纪》多出若干倍，毛公鼎铭文达400余字，等于《尚书》一篇，其他如盂鼎、散盘等，铭文数字也是很多的，以之来丰富周代历史，是多么具体？汉简出土万余根，六朝隋唐的墓志，及敦煌的写本卷子，也给各朝代增加了许多珍贵的史料。

反之，考古学也依赖于文献资料，如在某地发掘，事先要翻阅有关地方志，以了解其线索，如古墓、古庙等，由志书，可以提供我们以绝对年代及其他。古器物的制法及其用途，也可由文献上去了解。

考古学与民族志的关系：民族志要利用考古学，大多数的少数民族，或无历史记载，或记载寥寥，我们可以利用考古发掘方法，来恢复他们的早期历史。反过来说，考古学也依靠民族志：过去社会所遗下的，仅有物质资料，即此也不完备，我们可以利用现有的民族志材料与考古材料相印证，恢复古代社会经济状态。考古学的发现，许多是原始社会遗留的残物，从现在来看，早已废弃不使用了。如器物的制法与用途，多不可知，考察少数民族社会，是能帮助我们了解的，如"雷公斧"，过去不知其何物何用，以雷雨之后发现，误以为雷公所用的斧子，便予此名。但今日在少数民族中仍有，得知它是原始社会的生产工具；又旧石器时代的石器制法，今在澳大利亚落后地区，仍可以得其梗概。

我们全国五十几个少数兄弟民族中，绝大多数没有文字，从而也没有历史记载，这可借考古发现，来恢复其过去历史，我们的伟大友邦苏联业已这样做了。

考古的发掘，根据实物的先后地层，更能给予原始社会研究者以时代的顺序，即供给社会发展史以时间架子的真凭实据，而民族志供给社会发展史以更丰富的资料。

考古学与地质学的关系，最重要的为第四纪，因为第四纪才出现了人，此期地质学有赖于考古学（中国科学院主办苏联专家参与的第四纪地质研究座谈会，应该有考古工作者参加）。第四纪堆积层不厚，可以发现石器，断定它的早晚。在中国西北的台地，常发现新石器时代文化，根据不同层的文化遗物，可推知每层台地形成时间的先后。矿层的发现，固由于普查钻探等，而考古学的发掘，也往往提供线索。地质学帮助考古学是大的，如中国猿人的发现，知其为 50 万年以前，是由地质和古生物推知的。又如去年采集古生物标本，发现了山西"丁村人"，丁村文化的年代，也是由地质和古生物学来推断的。石器的石质与金属的成分，可以供给我们以它们来源的线索，都可由其附近地质和矿山的研究来帮助了解。地形和土壤，哪种适于种植谷物，哪种适于建立城市，都可以供考古勘察调查时以线索，也与地质学不可分。必须靠古生物学、地质学、考古学的合作，才能解决旧石器时代的问题。

其他各种自然科学的过去历史，多由考古学供给材料，如考古发现金属物及古代动物及植物等，有助于有关科门之历史的研究。同时，考古学也要尽量利用其他自然科学。①化学。研究古物保管方法，如长沙的木器、漆器以及其他铜器的保管方法，必须化学帮助解决。古物成分，铜器何者为纯铜，何者为铜锡合金及其比例，如铜镜的含锡成分等，也须由化学化验，方能知其究竟。埃及在公元前 3000 年前古墓中发现的铁质串珠，经化验因含镍过多，知系由陨石制成，非由炼铁铸成，才免除误解。②动物学。鉴定兽类骨骼，得知畜牧动物的种类，求其百分比，即可知其社会的生活面貌，因为游牧社会多畜牛羊，农业社会多养家猪。渔猎在经济上所占的地位，也可由此推知。③植物学。因为植物易腐，保存不易，所以发现的很少，但也有所发现，如新石器时代遗址，发现小米，汉代陶仓中储有谷、豆等（都已腐化仅存外壳子），但经过鉴定，仍可知道它的种类，由这可推知当时人主要食品是什么。又从仰韶陶器片上有稻粒印痕，也可推知稻在当时已成为人类的食品。再以某地古代落到土中的花粉的化验结果可以知道当时该地附近有何种植物及与气候的关系。④物理学。苏联考古学已利用近代物理学，即放射性碳素，如普通炭为 C－12，放射炭为 C－14，二者为同位素，C－14 可以因放射而转化成为 C－12，植物死去，经 5730 年后，其所含 C－14 的一半，成为 C－12，再经 5730 年，又减一半。由此，可知其未死时的年代（但不能超过 3.5 万年）。骨头埋在地下，氟的成分，逐年增多，由其含氟的多寡，可以断定其年代，"河套人"文化层中的牙齿，与地面上所得肢骨，有人认为同时物，经化验两者含氟不同，相差很大，知非同时。英国发现的"皮尔当人"上颚头骨与下颚骨不调和。起初认为人类发展不平衡所致，今经化验，氟量各不相同，证明下颚骨为近代猿类，经伪造羼入。⑤应用科学。考古工作者，简单的机械学的知识，也是必要的。如用木头打撑，以防发掘坑的倒塌。测量和照相都是帮助记录的最好工具，都要加以学习，掌握简单的技术。

这些科学，都和考古学有关系，但程度各有不同。考古工作者，不一定门门都搞通，事实上也是做不到的，但须知其相互关系，并要与之密切联系与合作，才能把考古工作搞好。

第二讲　考古学简史

一　欧洲考古学的萌芽

欧洲在十五六世纪，封建社会走向灭亡，资本主义社会开始产生。它的初期是进步的、上升的，各种科学，如动物学、物理学、地质学、化学等，应运而生，考古学也伴随各种科学而出现。十五六世纪欧洲的文艺复兴，促进了对于古典语言学和美术史的研究，开始了对于希腊罗马雕刻的发掘和搜集。在另一方面，欧洲各民族也因各地经济发生联系，统一市场的形成，而形成国家，如法兰西、英吉利、瑞典、丹麦等国，这些年轻的国家，没有像希腊、罗马那样，有她们古老的历史记载。相反的，新兴的国家多没有它单独的文字历史，或者有也是很短促的。为了追述他们先民的历史，文献给他们的帮助是不够的，因而不得不去考古，企图藉实物来恢复他们的历史，这是考古学产生的原因之一。地质学的发展，更为考古学开辟了道路。至于资产阶级为了排遣岁月，收藏古物以为玩好，各地博物馆的建立以及工业的建立等，也给考古学以发展的机会。

二 18 世纪末法国资产阶级革命促成考古学的发展

18 世纪末叶，法国资产阶级革命，对于考古学的发展，有其重要意义。拿破仑在扩张势力时代，英国是他的死对头，为了置英国于死地，便出兵埃及，以切断英国与东方殖民地间的联络。在拿破仑行军时，便携研究埃及的学者同往，从事古物挖掘工作；他又把从西班牙、意大利等各地劫夺来的许多古物，成立博物馆，以夸示其丰功伟绩。拿破仑所派去统治意大利的亲族，出资大规模发掘意大利境内的庞培城——纪元 79 年火山爆发时被埋入地下。

19 世纪前半期考古学的研究，首先要谈到北欧丹麦皇家博物馆馆长汤姆逊（Thomsen，C. J.），他根据地下出土实物，依照其发展过程，分为石器（指新石器，因丹麦在远古为冰河所掩，无旧石器）、铜器、铁器三时期。他说丹麦在无文字时代，是经过这三时期的。他的结论植基于真凭实据之上，并且由实践中得来，因此是正确的。他除了很正确地说明其祖国历史发展过程外，这种分法，也为后人所采用，直延至今天。

旧石器时代文化的研究，滥觞于法国，法人柏泰（Boucher de Perthes）在萨姆河畔发现旧石器，说它是原始人类的工具，产生于远古时代，因与"上帝造人"说相矛盾，被当时宗教家所反对，说如果那样早就有人，置"上帝造人"的神圣事迹于何地？但英国的达尔文也于公元 1859 年，发表其《物种原始》一书，承认高级生物是由低级生物演化来的。这样一来，人类自然也是由动物演化来的。这种说法，同样破坏了宗教的基础，自然也不例外地为宗教界所反对。但真理道上的绊脚石，是挡不住行人的。尽管反动者嘲笑和无理控诉，并不能影响人们对进化论的研究。考古学更依据进化论的理论，向前发展一步，1857

年（一说1856年），在德国发现了尼安得特人，一部分似人，一部分似猿，这意味着猿向人类过渡。有人认为是人的病态的骸骨，后来类似这种型人骨的发现，渐渐多起来了。尼安得特人为原始人类之说遂成为颠扑不破的事实。

由于拿破仑在各地发掘的启发，并资产阶级学者为资本主义国家政治服务，引起英法等国学者对于埃及、巴比伦等作进一步调查和研究，埃及的象形文字已经失传，初无人能读，渐渐得其线索，1822年法人商博良（Champollion，J. F.）考释成功，遂能通读，并作出字典，学者能阅读公元前2000余年前的埃及文书。巴比伦的楔形字初亦无人能识，由于学者努力的结果，1837年英人罗林逊（Rawlinson，H. C.）考释成功，能悉其语义，也由此上溯其历史至公元前3000年。19世纪中叶，欧洲各国在埃及、巴比伦二地的发掘工作也开始了。

三　19世纪后半期及20世纪初期的考古学（1870~1918年）

1870年以后，资本主义国家向帝国主义过渡，在其本土及殖民地，从事建设，开工动土，也因为商业竞争，交通工具得到改进，旅行方便，并随着科学的发展，照相术发明了，这些都给考古学创造了条件。帝国主义侵入经济落后地区，过去仅踏入近东如埃及、巴比伦等处，这时，它们的魔掌也伸向东亚，如中国、印度、越南等地，配合其政治军事的"考古队"，一方面做特务工作，一方面从事发掘。

这时期，对于考古方法，也有所改进，首先谈室内的研究。所谓"史前学"，根据许多实物，加以系统化排列，把旧石器按其制法先后分为六期，新石器和铜器、铁器时代也按同样方法办理。同时将语言学、民族学、体质人类学等和考古学相结合，以研究人类过去的历史。

其次再谈谈发掘方法，从前考古学重"挖宝"，注意珍贵的物品，往往把对历史有价值的东西忽视；这时，发掘注意地层，虽属小物，也不放弃，考古学发掘方法，又向前迈进了一步。

这时期的考古成绩，也值得提一提的：首先是希腊考古的发现，古希腊奴隶社会全盛时代，文学等方面的材料是存在的，实物材料是不够的，荷马史诗曾记载希腊进攻小亚细亚特洛伊城的故事，希腊军队猛攻，特洛伊人顽强抵抗，攻之10年不下，希腊军队想以智取胜，伪作败退，遗下一大型木马，内中埋伏许多士兵，特洛伊人以为胜利，抬木马入城，作为战利品，夜间，希腊军队复来，木马中的兵士出来，里外夹攻，特洛伊城陷落，该城被投入火海中。尽管记载内容是这样的，但事在远古，人们都认为出自传说，不足为信。德国人谢里曼（Schliemann，H.）素爱荷马诗，并为希腊英雄故事所诱惑，1871年他前往小亚细亚，试掘地下以探其究竟。共发现七层文化层，由下向上，分别编号，在第二层中，发现城垣和大量黄金首饰，并有火烧痕迹，谢里曼以为即荷马诗中的特洛伊城。后来得德国考古学者协助，再前往发掘几次，始知这城，更较荷马诗中的记载为早，可上溯至公元前2500～前2200年之间。第七层所发现的城，约为公元前12世纪，大概便是荷马史诗中所述及的。后又到迈西尼发掘传说中的古代皇陵，发现公元前12世纪的金面具、错金银的铜剑等。他们的发掘，把希腊的确实历史，由公元前8世纪，上推至前12世纪，即将希腊史推前四五百年。英国贵族伊文思（Evans，A.，其父亦为考古家）1900年开始在克里特岛古城遗址发现九层文化层，最晚者约为公元前12世纪物，最下一层，早到公元前3000年前左右，因为与埃及发掘品彼此有相同的，二者可以比较研究，断其年代。

次谈埃及远古文化的发现，英人彼特利（Petrie，F.）由公元1881年开始在尼罗河岸从事发掘。1900年在阿拜多斯发掘古墓，得有古代文字（在石刻上）、象牙雕刻、陶器、骨片等，时间在公元前3000年前，即埃及第一王朝时代。他又在那加达发掘古墓，其中有石器、陶器等，断定为新石器时代遗物，时间较阿拜多斯古墓为早。

再谈两河流域远古文化的发掘，1874 年，在泰洛遗址掘出古代石刻及古代文字，苦不能识，字形亦为楔形，但并非塞姆语。后经反复研究，知为苏美尔文字，较巴比仑文字为更早。

四　1918 年以来的西欧各国考古学

在这时代，在西欧各资本主义国度里，对于考古，仅作了些材料搜集工作，如美国煤油大王，捐给芝加哥大学一笔款，组织考古队到近东去考古。他的真实目的，是为近东的石油矿藏。第一次世界大战时期，1918 年，英国博物馆工作人员，随军队到近东，在两河流域发现新石器时代遗址，1926 年又在两河下游吾珥地方，发现苏美尔皇陵，内有成排的人殉，并出土许多金宝；同时在埃及地方，1923 年也发现十八王朝皇帝吐塔哈门的陵墓（过去未被盗掘）。出有嵌宝石金棺，棺外有椁，在埃及开罗博物馆几乎占满陈列室。1921 年，在印度印度河畔，发现许多文化遗址，出土有砖房、城墙、下水道、铜器等物，由其遗物，还知道与巴比伦在古代有交通。从前印度考古，只注意佛教文化，而不注重其他，由这次发现，证明在公元前 2500～前 2000 年间，印度已有很高的文化。

以上都是这世纪的成绩，哪怕是不多，但在另一方面，随着帝国主义的发展，反映在考古学方面，也出现反动理论。1918 年以后，反进化论学说流行。主张文化"传人"、"借用"、"移民"、"种族优劣"等谬论，为帝国主义侵略制造了根据。

五　十月革命后的苏联考古学

在帝俄时代，曾有斯基泰等文化遗址的发现，十月革命后，不但政治经济等方面改变了面貌，在学术上面，也起了新的变化。考古学方面，首先是组织加强，有物质文化史研究所，各地成立博物馆，颁布保护古物法令，并且大量培养干部，革命后到现在，大学中设立考古专门化者，由两个大学，增加到 14 个大学，考古队由 3 个（1913 年）增加到 200 多个（现在），考古工作者不仅掌握了历史唯物主义与辩证唯物主义的武器，在 1949 年，又批判了马尔学说，肃清它在考古中的流毒，使考古学又向前推进一步。

在考古方法方面，也起了飞跃的变革，田野发掘特别细致，把整个遗址打开，作全面清理，与从前仅打探沟者不同，对出土物，作综合比较研究，与往者仅作材料搜集，也是有别的，实物与文献相印证，是能说明具体问题的。吉谢列夫的《南西伯利亚古代史》就是这样做的。其他如与各自然科学合作等，更予考古学以新生命。

由于苏联考古学的种种革新，其以后的辉煌成绩，是可以估计的，下面举几个简单的例：在原始社会史方面，十月革命前，发掘的旧石器时代遗址，仅 12 处，今增至 400 多处。新石器时代的的黎波里彩陶文化的发现与研究，和南西伯利亚的古代社会史，都获致很大的成绩。在奴隶社会方面。由于黑海沿岸发掘希腊时代都市，知道这地方曾受古希腊文化影响，进入奴隶社会。花剌子模原在中亚，靠近伊朗，其过去历史，多不了解。俄国考古学者托尔斯托夫，在其地工作十几年。它由奴隶社会到封建社会的发展过程和面貌，被予以说明。其他在封建时代的都市和手工业的遗址，也作了发掘，如基辅罗斯在蒙古入侵以前，有好几个繁荣的封建都市，手工业极发达，由于蒙古入侵，遭受破坏，这段真实历史，由地下发掘材料，恢复起来了。这样便给过去说"俄国文化落后"的西欧人一个嘴巴。

现在苏联每年 4 月间，考古界开田野考古会议一次，把过去一年的考古材料，作出简报，并加讨论，这不但有补于历史，对于考古学本身，也是一种推动力量。

六 我国考古学简史

考古学在我国，是有光荣历史的，远在北宋时代，就出现了考古学前身的金石学。当时虽处于学术附庸地位，但它的贡献和对后来考古学的启发，仍是不可磨灭的。略说如下：①搜集资料。这工作以具体实物为主，初为偶然发现，继之为有意识的。搜集材料，宋徽宗可为当时代表，大量搜集古物，陈列于宣和殿中，大观时有 500 多件，政和时有 6000 多件，到宣和时，多至万件。"上有好之者，下必有甚焉"。当时士大夫间，也有喜好这些玩意的。彝器、古泉、玉器、碑碣拓本等，都是他们搜集的对象，为后来考古学奠定了基础。②传布材料。目录类有欧阳修著的《集古录》（大部为石刻，小部为金文）；摹刻器物铭文的有薛尚功的《历代钟鼎彝器款识》（附有释文）；兼摹刻图像的，有吕大临的《考古图》（1092 年刊出），记载出土地、收藏者及尺寸等。这些工作，今天看来是很不够的，但当时已走上研究之途。宋代考古学（金石学）发达的原因，是因为宋太祖结束了五代之纷争割据，经济略呈繁荣景象，手工业发展，地主子弟脱离生产，从事学术研究，对考古学起了促进作用。宋代史学发达，如《资治通鉴》、《通鉴纪事本末》、《通志》俱成书于宋代，金石学是在史学的田地里发芽成长的。印刷术的发达（印刷品有纪年者，现存材料以唐咸通九年刻的《金刚经》为最早）也推动了考古学。

蒙古奴主统治阶级统治中原，摧残文化，虐待汉族士人，绞杀了考古学的幼芽。明代学术延宋元理学之余风，重义理而不重考据，尚空谈而不尚实物。金石学也因之不振。

乾隆中叶以后，金石学复兴，清初鉴于明末农民起义促使明代覆亡，对农民放松一步，农村经济得到相对稳定，清朝初叶，为稳定其统治基础，前后屡兴文字狱，汉族士人，多从事所谓"朴学"研究以避祸。乾隆帝时，经济繁荣。皇帝复有天水之癖，亦喜搜集古物，刊《西清古鉴》等书。其中《西清古鉴》一书所著录的古物 1529 件，较《宣和博古图》所录，多 690 件。金石著作书籍，据容媛《金石书录目》，乾隆以前仅 67 种（其中宋人所著的达 22 种），乾隆以后的有

960 种之多，可见其蓬勃发展。关于考订方面，清代小学及考订，均据实物与载籍相印证，出现卓异成就。如程瑶田之《考工创物小记》、吴大澂之《权衡度量实验考》、叶昌炽之《语石》等，都是有价值的著作。

解放以前，近 50 年来考古学的发展：这时期考古学的范围扩大了，不局限于金石二类，自 1899 年，安阳出现甲骨，继之在西北出现汉简。陶器等也为金石学者所注意，渐渐入于科学考古边缘。在方法方面，传布照相制版，并开始科学发掘工作，继之成立地质调查所及中央研究院历史语言研究所考古组。究其发达背景，罗振玉、王国维继清末金石学之绪，深入钻研，解决了若干历史上文字上的问题；帝国主义国家，公私收藏盗买古物。又有以特务为目的以考古为掩护的所谓探险队的劫夺古物，予国人以刺激；近代的筑路及调查矿产，发现古物及文化遗址，也触动了考古的契机；资本主义的教育，虽在我国留下了毒素，但由于自然科学的启发，正给考古学创造了条件，科学的考古学的出现，为其发展必然的结果，毕竟也出现了。重要的发现，有 1921 年周口店遗址的发现和 1927 年起周口店北京猿人洞的发掘；1921 年河南渑池仰韶村新石器时代遗址的发现；1928 年起，安阳小屯殷墟的发掘。1930 年发掘山东龙山镇城子崖，发现了另一种新石器时代文化。

解放后考古学的发展与成就：①党和政府的重视并与群众合作。②大规模建设工程中的新发现，需要考古学配合。③博物馆事业的逐渐发达。④马克思列宁主义的指导。⑤学习苏联的先进经验（1950 年吉谢列夫到中国讲学，介绍苏联考古学的对象与方法）。这些优越的前提与教育，给中国考古学开辟了坦途，所以在解放后短短的五年内，成绩超过了过去的数十年。

解放后的考古成绩，也是辉煌的，先由旧石器时代发掘谈起：北京猿人第一个头盖骨于 1929 年为裴文中先生所发现，后来陆续发现北京猿人所用的石器和用火的痕迹，因抗日战争而停止。解放后，继续发掘，续得牙齿化石及石器等物。1953 年又在山西丁村发现旧石器时代文化遗址，经初步发掘，即得化石及石器 2000 多件。新石器时代遗址：解放后，发现新石器时代遗址 200 多处，1954 年，在西安半坡地方，破土 680 多平方米，发现新石器时代建筑遗存及其他遗物，可以更全面地恢复原始社会面貌。殷周考古：在安阳武官村发现大墓，又在郑州二里岗等地发现殷代炼铜场、制骨器工场。在西安斗门镇又发现西周铜器，其中一件有穆王等 50 多字的铭文，又有玉器、陶器等物，可为西周考古的标尺。又在辉县、洛阳、白沙、宝鸡、唐山、长沙等处，发现战国时期墓葬。长沙墓出有竹简、毛笔等物，为研究战国时楚国的最好资料，更知"蒙恬作笔"之说为臆造。汉代的考古：在解放前是比较少的。解放后，也是有很大成绩的，由汉墓出土的遗物看，铁的应用，更较战国时代为普遍，铁不但用于生产工具，并用于武器如铁剑、铁箭头等，洛阳发现汉城，汉墓有千余座，由武帝时起可延续至三国时代；长沙汉墓出土汉代木车、木船模型等；广州汉墓也出现船的模型，知当时船的交通工具普遍流行于南方各地。六朝隋唐考古：佛教遗迹，有甘肃永靖炳灵寺、天水麦积山的调查等。唐代陶瓷和窑址的发现和调查已有数处。西安隋唐墓葬出陶俑甚多，可以比较研究，排出系统。至于宋辽金元的遗迹，河南禹县白沙宋墓中保存有精美壁画。东北辽墓石棺盛火葬骨灰，与中原制度不同。宋元窑址，有的也进行了调查。泉州元代石碑，用阿拉伯文及蒙文，知大食人、色目人在泉州经商之众多。明代末期万历和天启的妃嫔墓，在北京西郊建设工程中发现，获得许多精美珠宝首饰及木俑等。由此可以了解明代手工业的发展情形。

在短短的五年里，我国的考古学，为什么能超过以前数十年的成绩呢？这是与中国的获得解放分不开的。

由于中国共产党和中国人民政府对科学文化的正确领导，正在大规模工业建设，也需要考古与之配合，更有苏联先进的考古经验作指导，这些都给考古事业提供了优越条件。我国考古学今天虽处在婴孩的时期，但它的前途是光明的、远大的。不久的将来，它会成为一个健全的巨人，我们应为它的发育和成长而努力！

第三、四讲　旧石器时代①

第五讲　中石器时代和新石器时代

一　中石器时代是介于旧石器时代与新石器时代之间的过渡时期

1. 年代

相对年代，晚于旧石器时代，早于新石器时代。绝对年代约为公元前1万～前6000年，由于各地历史发展不平衡，所以中石器时代在时间上，也各不相同。如英国约克郡有一个中石器时代遗址，用放射性炭素鉴定，知约在公元前7000年～前6000年（即距今9488±350年）；西亚地区，此期遗址约在公元前1万～前6000年左右；北欧则继续到公元前2500年左右，才进入新石器时代。

2. 发现经过

过去丹麦汤姆生所分的石器，是指新石器而言。19世纪中叶法国发现旧石器，后来又在德、比、英等国度内，也发现旧石器。这时把石器时代按先后排列，分为新旧两期。1879年在法国发现细石器的中石器文化，细石器即比较小的石器，但当时还未敢遽定为中石器文化，后法人裴亚特（Piette）在阿齐利（Azil）发现一层层的文化堆积，上层为罗马文化，次为铜器文化，次为新石器文化，下一层为早于新石器的一种文化，再次一层是无人居住层，最后一层为旧石器马格德林文化。

---

① 第三、四讲：旧石器时代，由裴文中讲授，此处从略。

后来同样文化发现益多，因其初次发现地为阿齐利所以叫阿齐利文化。有时这些阿齐利文化遗址也包括有细石器。同时在欧洲其他地区，也发现了一些时代相同而文化面貌不同的各种文化，便总称为中石器时代的文化。

3. 地理环境

欧洲在旧石器时代除间冰期外，长时期多为冰川所掩，旧石器时代以后冰川退缩，习于寒冷地区生活的猛犸象、披毛犀渐向北迁，气候渐渐暖和了，动植物日繁，同时人类也由旧石器时代走向中石器时代。

4. 文化特征

这时期的文化特征主要是弓箭。在旧石器晚期马格德林文化已有投矛器，殆为弓矢的前身。今日澳洲土人，尚仍使用。旧石器晚期有小型叶形器，约为石镞，这种石镞，中石器时代已普遍发现。丹麦湖沼中出现安装木柄的尖形器，又发现有长约1.5米的弓，其状中粗两端较细。西班牙岩上壁画，也描绘着许多人引弓射杀野兽的姿态，其弓为⌒形。有了弓箭，捕捉野兽就比较有保障了，这便大大地推动了生产前进，人类才可能开始定居，自然是相对的定居。这时也开始养狗了，中石器时代遗址中，发现许多狗骨，由其骨推知已家畜化，而不是野生的。细石器形小，人手不易握执，必须安装于其他器物之上，方能使用，有的附于木上，有的嵌在骨上，当作刀用，较之从前的刮削器方便多了，适用于剥削兽皮和树皮。巴勒斯坦发现一件骨上附有细石器，此细石器系火石制，其刃特别光亮，这种光亮据科学家研究是割切谷物而产生的，因为谷物茎中含有矽质。这时磨制石器也开始了（这一特征是新旧石器的分界点），但一般的仍为打制，北欧丹麦人在打制石器如石斧之刃处略事琢磨。在丹麦也发现了少许的尖底的陶器。

5. 欧洲中石器时代文化

首先来谈上述的阿齐利文化，发现于法国阿齐利地方，因以得名。这是第一次发现的中石器文化，它上继马格德林文化的系统，石器较小，另外有鱼铦（或译为鱼叉、鱼镖）。马格德林期也发现这东西，这期的鱼铦是比较马格德林期的为短粗，系于木棒之一端连以绳子，击中水中目的物，棒浮水面，引绳便可获取击中之物。还有涂红色的砾石，或是宗教纪念的象征。

另有一种中石器文化叫作达尔顿莱西亚文化，以几何形细石器为特征，在欧洲普遍发现，一直散布到东欧各地。

北欧瑞典南端，丹麦境内，以及德国北部中石器的文化有单面鱼叉、鱼钩，又有平刃的打制石斧，又有骨制石斧柄。丹麦中石器晚期也出现陶器，有弓箭，有贝壳废堆，是以蛤蚌为食物之证明。此种废堆，日人名之曰"贝冢"，不如中国所称的"贝丘"为恰当，因为贝丘是可以和用贝壳掩盖棺椁的贝坟有别。

6. 中国的中石器文化

中国北部因黄土层堆积，旧石器时代遗物往往深埋其下，不易发现，中石器时代文化，一方面因其本身时间比较短，另一方面遗物也同样受黄土层的影响，所以发现也是很少的。现在可以提出来叙述的，有东北的札赉文化和广西的武鸣文化。前者有哈尔滨的顾乡屯、满洲里的札赉诺尔两处，都有石器、骨器、化石等，按其石器的特征，应属于细石器文化的范畴，但所出化石，有些是第四纪的动物。

札赉诺尔，于1927年发现一些石器，"九·一八"日人侵占东北，日本文化劫夺者曾在此进行发掘，于1934年发现人类头骨及动物化石等。人类化石的石化程度很轻。动物化石主要的有猛犸象、披毛犀。石器是很少的，许多是制石器时打下的石片，而非真正石器。其中有一件石器，是经过磨制的。有一件骨器，穿孔技术很好。有一鹿骨似为经过人工刻过，细审之，也非事实，乃啮齿类动物所咬的痕迹。文化层中据云又有编篾，知为后人掺入，地层已乱，不能说明时代。由以上的种种特征，并经裴文中先生研究，断为中石器时代遗存，是比较符合客观事实的。

日本的冒牌考古家们，实际是文化侵略者，为了为"皇军"作侵略的辩护，硬说札赉诺尔文化为旧石器遗存，并在各种遗物上夸大其原始性，这是资产阶级学者为他们的主子服务而必须这样说的。这已成了他们的属性，但这属性只能歪曲事实，使学术走向混乱，不能带来别的。

顾乡屯，在 1921 年发现，拾有化石和石器等。日人强占东北后，于 1933、1934 年中，曾进行数次挖掘，出有化石、石器、骨器等。所谓"石器"大部为未经加工的石片，还有较大的石核，其中只有一小部分系为人类所制造。所谓骨器，有 253 件之多，经裴文中鉴定，仅有一件为骨器，因为石器较重，在黑土地带的沼泽地区可以沉入底部。

总之，在文化遗物上，较旧石器进步。同样，也可断定它的时代，不可能早于中石器时代，日人称之为旧石器文化，那是别有用心的。

此外，还有广西武鸣中石器时代文化。广西桂林一带为石灰岩所构成，故多山洞，曾在这里发现好几处人类文化遗存。有许多砾石所制的刮削器和敲砸器等，形状较大，有砾石经人工穿孔。动物化石多为现在生存的动物，没有已经灭种的动物。石器又有石砚，上面有磨过东西的痕迹，有一个背面刻划纹饰。而一般遗物也较为进步。惟因无陶器，暂把它列为中石器时代文化中。

它如内蒙古自治区，也发现许多细石器，多在地面采集，早期可能属于中石器时代，因未经过正式发掘，没有人类化石及其他伴生动物，所以年代无法确定。

中石器时代的文化，当然不会只限于东北和广西，在祖国辽阔的大地上，将来随时都有发现的可能，我们也应为中石器文化的探求而努力！

二　新石器时代

1. 年代

由于各地历史发展不平衡，新石器文化各地开始早晚不同。1950 ~ 1955 年，在伊拉克发掘的最早的新石器时代查摩（Jarmo）遗址又译耶莫遗址，为公元前 5000 年（4857±32B. C.）。

2. 特征

过去有人以磨制石器为新石器时代的标志，但打制石器也大量存在，直至铜器时代，打制石器仍有残存。在丹麦，中石器时代也有磨制石器出现。有人以陶器出现为中、新石器时代的分界，而在伊拉克新石器时代遗址，仍无陶器，丹麦的中石器时代已有陶器，因此是不正确的。新石器时代特征，还应当从生产经济上去了解：①生产力的增加，由于农业、牧畜的发明，生活资料丰富，从而人口也繁殖起来，因为人口增加，更推进生产，生产有了剩余，进而实行储蓄，妇女和儿童都可以参加生产，人类便开始定居，这便是陶器出现的条件。因为生产水平的提高，磨制石器也在这时出现，用以伐树，斫倒烧光之后，剩余木灰，这便是垦地最好的肥料。当然在农耕方面，也需要磨制工具。②人类走入新石器时代，由于生产增加，人类便过着比较安定的生活，于是社会组织扩大，母系氏族形成于旧石器中、晚期，即"组成一个确定的女系血族集团了"。新石器初期，正走入了母系氏族繁荣时代，中国相传古代人随母姓，如《史记》索隐："舜随母姓姚氏。"《吴越春秋》："后稷随母姓骀氏。"正是中国母系氏族繁荣阶段的证明。今据民族志，地球上有的角落，仍有母系社会残存。新石器时代，打猎之事委之男子。至于采集果实等事，则属之女子。因而初期的原始农业，多由妇女经营，故当时为"女权"时代。后来牧畜业盛，并且农业中也因犁的出现，男子在生产中居首要地位，才发生飞跃变革，转为父系社会。初期的手制陶器亦属女子之事，后来生产进步，陶器轮制，变为男子专业。苏联境内发现新石器时代陶器，初期有女子指纹，晚期比较精致，有男子指纹。这也是女子在新石器时代初期生产中占主导地位的有力证明。

3. 新石器时代的社会生活概况

经济生活，对人类影响是最大的，也可以说是起着决定的作用。人类社会的发展，永远为经济条件所支配。19 世纪后半叶的社会进化论者的说法，渔猎最早，牧业次之，农业又次之，工业再次之，这个发展的次序是差不多的。但牧业和农业孰早，尚有提出研究的必要。一般人认为农业较早，也有认为农牧二者同时发生的，据中亚安诺（Anan）文化（在苏联境内）先为游牧民族，但向下发掘，发现以农业为主的文化。知先为有牧畜为副业的农村，后因气候变化，不适农业，才改为纯粹畜牧的。在伊朗发掘，也得出农业为早而牧业不盛的结果。在理论上讲，应当有了初级农业，畜牧才能发展，因为饲料是牧业的前提，尤其在北方冬天，畜牧不能依靠自然的刍草，必须藉农业的收获物，所以我们初步肯定农业居先。最先与人类接近成为畜养对象的动物是狗，因为它愿食人类的剩余物，首先与人接近，然后逐渐养及其他动物。狗在中石器遗址中发现了，但是其他家畜并没有这样早。

谷物种类主要有小麦、大麦、稻、粟，欧洲今日仍以小麦为主食。中国主食南方为稻，北方为小麦和粟。世界上以小麦为主食的区域是很广的，根据植物学的研究，小麦有三种：一种染色体为 14、一种为 28、一种为 42。染色体 14 的小麦比较耐寒，其野生的，在巴尔干半岛、小亚细亚、克里米亚、叙利亚北部、美索不达米亚北部和波斯西部等处都找到了，可能开始于西亚。染色体 28 的小麦（爱默麦），是适于较温地带，在波斯、阿美尼亚、叙利亚、巴勒斯坦、美索不达米亚等处找到了，都与新石器共生。染色体 42 的小麦，品种最优（面包麦），在新石器晚期遗址中始多，但迄今尚未获见野生种，可能为前二种小麦的混合种。

种植方法，在新石器初期，先用人工下种，再用木棒等删去野草，进一步选种。当时还不会施肥，只能用"火耕"，就是将树砍倒烧光，以余灰作为肥料，也能生长很好的谷物。因为初期不会施肥，地力易竭，就决定了他们常常迁徙的命运。种植还需要水分，初期依靠天然雨水、泉水或河水，但这是靠不住的，渐渐发展人工灌溉。

农业工具，初为木制，因木易腐，今日没有留下遗迹，只能依据石器来做研究。最先为木制或石制的锄。镰刀出现也是比较早的，初期是石制，一般为长方形或半圆形。用以磨谷的石磨盘和石杵，也相应而生。

驯养动物起源，说法不一。有人说因为人爱惜小动物，进而也驯养与人类接近的动物。不从人生需要观点出发，这显然是唯心论的说法，是站不住脚的。又有人说，中石器以后，气候温和，非洲北部天气干燥，人类靠近绿洲生活，动物也是一样在这生活，人为了保护动物，人畜逐渐接近因而发生畜牧。这又走入地理环境论的泥沼，未从生产力的增长看问题，也是错误的。我们知道中石器时代已开始驯狗。因为狗喜食人类食剩的残骸，自动随人而居，这是一方面。另一方面，还是人在打猎中需要它，但这只能说明狗本身是这样开始被人豢养。后来因生产力的发展，人类有能力又有豢养其他动物的需要，便将养犬的牧畜方法推广到其他动物。就考古发掘的事实而言，新石器时代，人类已开始养育山羊和绵羊。在伊拉克查摩地方发现公元前5000年左右的遗址中已有大小麦和羊骨共生，在伊朗公元前5000年的洞穴堆积中也发现了羊骨，新石器时代也已有牛和猪，知已是农牧混合。

驯养动物，还是有过程的：第一步畜类经人豢养后，性格变化了，完全驯服，为人支配。第二步在家生育繁殖，并且由于驯养的结果，体质上也起一些变化，所以动物学家能由兽骨上辨别出是野生的抑或是家畜的。第三步是人工选种，如绵羊的长毛，奶牛的多乳，都是经过人工选择的。牛、猪等物或因多力，或因多肉，才被选中的。经过以上三种步骤，畜牧事业才算完成。

新石器初期，因为生产性质的需要，男女已经开始进一步的分工（因为在旧石器末期已发生性别的自然分工。为了适应生产力的增长，此时分工更明确，所以这样提法），男子身体壮些，从事打猎和牧畜，女子身体弱些，便从事采集植物和原始农业。

农牧二者孰先孰后，抑同时发生，至今还没有定论，在新石器时代，或者是同时发生的，后来因生产力的进步，慢慢专门化起来。

手工业。当时的手工业，主要的是陶器和纺织二种。陶器是在定居的基础之上，才能发生，当然和当时的生产力的提高，也是分不开的。一般黏土，皆可制陶，因泥软有可塑性，在旧石器末期洞穴中，就发现了用土塑的野牛，但未经烧过还不能成为陶器。黏土因化学成分的关系，一经烧硬，便永远保留定型。伊拉克查摩下层发现泥的小人、小兽，经火烧过，但无陶器，用具仍为石罐。在最下层之上，就是时间稍晚一点，才有陶器。到了新石器时代的盛期，陶器普遍发生，为此时期最重要的考古材料。古代陶器的制法，参之今日落后角落的少数民族，还可知其梗概，其过程大概是这样的：首先将泥土加以淘洗，因黏土性粘，不易制作，掺以细沙或其他颗粒的东西，也就是掺和料，小器用手捏制，大的用泥条制。泥条制法有二种：一种将泥条做成泥圈，然后一圈一圈擦上去；一种是将泥条螺旋盘上去。泥条做好陶器后，用手捏抹接缝处，或再用陶拍拍打加工，这是初期的。晚期为轮制，用轮的旋转力量，制作快，器物上留有很匀的细条纹。龙山文化即有轮制陶器。到了铜器时代，生产力更提高了，陶器更能大量制作，已成为专门化的技术了。陶器初为仿篮子、木桶、皮囊等物，进一步因为陶器的用途能代替它们，而陶器本身的形式并不像它们受质料的限制，所以初期陶器往往还带着篮子的纹饰和皮囊缝线的文饰。陶器可煮食物，较之旧石器时代在石上"炮生为熟"是不可同日而语了。它更可作为储物之用。

纺织也起于此时，旧石器的初中期，只能披裘为衣，旧石器时代晚期，发现骨针，或为缝皮之用，西伯利亚 Малъга 旧石器晚期，发现象牙雕的人像，曾着衣服，或系皮制。中石器时代，纺织已经有了。芬兰中石器遗址中，发现渔网，是用纤维质的东西织成的。降至新石器时代，纺织已经普遍，所以此时遗址，到处发现陶纺轮。据今之民族志，织机最初系水平式，后来为垂直式，后者或用双杠，或用单杠。用单杠的须用陶坠，在小亚细亚的特洛伊遗址第二层（约在公元前 2700 年）

曾发现大批陶坠，为纺织用具。当时纺织原料，与各地的条件有关，欧洲、西亚多用当地产的亚麻，中国则用土产的苎麻，印度用棉。棉入中国，约在唐代，明代才广泛种植。蚕丝的应用，在我国发现最早，殷代的文字及铜器上因铜锈而保存的丝绢遗痕充分证明了这一点，新石器时代有蚕，也是可能的。不过山西西阴村所发现的蚕茧，是家养的蚕茧抑野生的蚕茧，还不能肯定。但可肯定地说，不是当时物，而是后来混进去的。用羊毛纺织，西亚甚早，中国似较晚，开始于西北甘新一带。

木器作也应流行于新石器时代，当时的石斧、石锛，主要是用以伐木和治木的，瑞士湖上居民坠落湖中的遗物里木器很多，房屋也是木构的，西安半坡房屋使用了木柱。

最后还须指出，新石器时代，无论陶业或纺织，均为女子之事。

原始氏族公社。旧石器时代，人多居山洞，平地上也应有简单的木搭房子。至少在旧石器时代末期，应有房子，这在苏联和捷克的发现都可证实。到了新石器时代，房屋遗址是更多了，但有的还住在洞窟。如阿齐利、沙锅屯等就是这样，这与环境是有关的。新石器时代，房子下部，仍挖在地面下，上搭向背式的顶篷。渐发展至完全脱离洞穴在平地打墙，上建房盖。在西安半坡发现氏族社会的早期房子，是圆形的，周围尚有木柱痕迹，直径约为 5 米；又有长方形房子，是比较晚期的，中央为一大木柱，大木柱至长距离的边缘约为 10 米，距短距离的边缘约为 5 米，其大可想而知。就其形式及容量，当为原始氏族公社集体共居的长房。瑞士湖居遗址，在水上架木构屋，有桥接岸，可吊起以防野兽及敌人。苏联境内，曾发现几十栋房子遗址，系一圆形村落，栉比相连，可断定也是氏族公社遗址。根据民族志调查，氏族社会初期已经有了两性分工。到了新石器中期，有的地方也进入农牧分工。恩格斯的《家庭、私有制及国家的起源》指出农牧分工是在这个阶段，由于发现此时人的随葬品有武器、陶罐等，证明恩格斯"私有起于氏族社会末期"的说法，是完全正确的。苏联新石器晚期遗址中，发现有一二处比较好的房子，可能为部落酋长（或氏族末期的氏族贵族）所居，又发现了指挥棒，更证明了这一点。

新石器时代，各公社间的关系，藉交换作为联系。在欧洲，法国火石最好，适于制作工具，南边西班牙、北边德国的新石器文化层中，也发现这种火石，这自然是各公社间以彼此交换手段获致。又如贝——日人称为子母贝，是南海所产，北方没有，但在甘肃新石器遗址中，曾发现了它。又埃及新石器时代的贝，系红海产物。这一系列的事实都说明，在当时公社间不是"老死不相往来"，彼此孤立的；而正相反，彼此已发生相当关系了。

彼此间的贸易，是与交通分不开的。当时交通，水上用独木舟，瑞士境内新石器时代就发现此物；地上初为人驮物，后为牛驴所替代，但也看地理环境如何，如在北欧丹麦、芬兰，冬季较长，地为雪掩，便出现了木橇，由狗任运输之劳。

新石器时代，对土地使用，尚不会施肥，所以耕种数年之后，势须易地耕种。畜牧也因为需要寻觅水草丰美的地方。这样往往发生原始掠夺性的战争，这自然与阶级社会有政治目的的战争是不同的。新石器时代晚期遗址中发现的战斧很坚固，弓箭此时当然也可充作杀人的武器。在新石器晚期村落遗址中，发现壕沟、低墙，是防畜外出的；后壕渐深，壕内墙也渐高，只可当作防御工事去了解，而不是其他。

原始宗教信仰的产生，是由于人类生产力低。对自然的屈服，按恩格斯的说法，应在旧石器中期发生，这可在墓葬上去求证明。莫斯特期出现墓葬，或有一石斧，这就象征宗教信仰的发生。新石器时代，生产力高一些，因而出现厚葬，甘肃仰韶墓地，有些墓竟发现十几件瓦罐随葬品。欧洲此期有巨石文化——石棚，或为酋长墓葬。我国山东半岛及辽东亦有此物。地母神像，旧石器时代已有，是石制的，新石器时代随着陶器的普及也用陶作，多为女像，当为母系社会遗物。图腾崇拜，萌芽于旧石器末期，普及于新石器时代。最初由于某一氏族以某种生物为其食物的主要来源，并且以这种生物作为氏族的称谓，这在新石器时代中，也得到证明。

第六讲　远古新石器文化

由于历史发展的不平衡，新石器时代经济制度，在各地区不仅开始早晚不同，就是它们经过时期的久暂和繁荣程度也不一致。

一　外国实例

1. 西亚和北非

伊拉克查摩（Jarmo）遗址于 1950 年发现。前面已经讲过，文化层共有八层，用放射性碳素测知时间约在公元前 5000 年。其中农作物，出现大麦、小麦。与农作物相适应的工具，也出现石镰和石磨盘。畜牧也相当发展，兽骨的 95% 为家畜，如狗、羊、牛、猪都有，其余的 5% 为野生，当是由狩猎获得的。也有纺织业的痕迹。房子出现了，用土堆墙。其他石制器有石斧、石锛、石碗，八层中最低一层没有发现陶器，后来才出现陶器，这是新石器比较早期的代表。

埃及的法伊雍（Faiyûm）遗址，用碳素测知其时代为公元前 4000 年，在农业方面有大麦、小麦，工具有石镰、石磨盘。出现麻布，知道已有了纺织。畜牧方面，家畜有狗、羊、牛、猪。弓箭很多，知道此地狩猎还相对存在。陶器有各种不同的形式，有些是模仿编篮的形式与花纹。有海贝做的装饰品，法伊雍地处尼罗河中游左岸，系属内陆，海贝非本地所产，可以肯定它与红海和地中海沿岸居民发生交换关系。

2. 欧洲

瑞士湖居文化，于公元 1853 年发现（从前新石器遗址发现较少，均以此为代表）。因为那年雨少，湖水干涸，湖面露出木头桩子，中间发现新石器时代遗物，约为公元前 2500 年物，有大麦、小麦，不是野生的，品种是已经经过长期人工培养的，或由西亚辗转传来。羊、牛、猪等，应也来自西亚。湖底因黏土不透空气，所以把这些东西保存了。还有豆子、苹果、梨等植物。石器有石斧、石刀，原料为火石，当系由法国运来。也用骨角制器。石斧上端的槽及把子，前者为鹿角制作，后者为骨料制作。陶器也发生了，后来到青铜时代，这湖上村落还继续存在。

苏联乌克兰境内的特黎波里（Tripolye）文化也是这时期的重要发现，时代约为公元前 2000 ~ 前 1500 年，据苏联女考古家帕塞克（Пассек）的研究，将它的文化分为五期，一、二期为新石器时代，有红铜针，为人工打制。第三期起，有青铜器，且曾发现过铸器的单范。这时，才可能真正自己制作铜器，已为金石并用时代。农牧均有，大麦、小麦，狗、羊、牛、猪等，都出现了，这些都在早期。马在第五期才出现，这也是合于一般现象的。有一村落，全部掘开，有房子 39 座，聚为一圆形村落，有的房子，宽达 8 米，长达 17 米，有的宽 5 米，长达 22 米，在当时应为较大的住屋。当为集族而居、无阶级无剥削的村庄。有陶制的房屋模型，可据以复原；有磨制的石斧、石锛；陶器以彩陶罐为其特征，白衣外多绘黑花。有陶制女俑，或为地母神，当为其膜拜物，应为母系社会的象征。

二 中国新石器文化

中国新石器研究的历史，是很短的，至多不过 30 余年。从前的金石学，以实物为对象，视线不能及此。帝国主义学者，别有存心，谓中国无石器文化，乃由西方传入。30 年来，地下发现不仅有了许多新石器文化，且有惊人的旧石器文化出现，事实揭穿了他们的谎言。

中国新石器虽曾发现，但研究工作未能展开。开始阻于国内军阀混战，后又值日寇进攻，所以成绩不大。解放以来，配合基本建设工程，新石器发掘便展开了，但这只是开始。

中国新石器文化，据初步研究，可分为四种。

1. 细石器文化

分布地区，东起东北，经内蒙古西至新疆。这个文化实际发掘不多，将来发掘多了，还可细分。西北科学考察团，就地面拾得此石器的地方，约有 300 多处，多为草原地带。原始人民，当以狩猎游牧为主。在长城一带，细石器与石犁、石磨盘共生，梁思永先生曾在昂昂溪发现鱼钴、刻花陶器。东北、内蒙古一带，有篦纹陶器与细石器一起发现。朝鲜也出有篦纹陶器，所以它的分布甚广。细石器是石片打成的。靠长城一带，也有磨制石器。

细石器上继中石器，其晚期已出有彩陶（细石器和彩陶同出于锦西沙锅屯及赤峰红山后），盖已到了新石器晚期了。

2. 仰韶文化

以彩陶为其突出的特征，因此就有人主张用"彩陶"命名，但彩陶一项，不能尽括仰韶文化的内容，并且陶片彩绘意义也不明确，所以称它为"彩陶文化"已产生混淆，应仍按考古学发掘的惯例，以首先发现的地点作为它的名称，便叫"仰韶文化"。

仰韶文化分布地区为河南、陕西、甘肃、青海东部和山西；其他地方，也有零星发现。这些地方的仰韶文化，大体是一致的，但细研究，仍可分为几个区域，各有其特点。近年山东、河北、江苏、湖北、福建以及台湾各地，亦曾有彩陶发现，但是否为仰韶文化系统，因多未正式发掘，不敢肯定。

仰韶文化第一个发现者为瑞典人安特生（Andersson，J. G.）。公元1921 年其助手中国人刘长山在河南渑池仰韶村发现，有石斧和彩陶等物，但他不信彩陶与石器共生。后来他自己亲赴渑池调查，对此仍持怀疑态度，待他看到美国人所著的书，记载安诺（中亚）地方彩陶与新石器共生，于是他又主观武断地认为仰韶文化为安诺文化之流裔，由西东来。当时我国考古学者，不加详辨，遂误为定论。其实，仰韶文化中有许多特点为中国所固有，如鼎、稻、割粟石刀，这都与后来的中国生活有密切关系，并且都是安诺所没有的。后来安特生曾往甘青一带，又发现彩陶，更加巩固了他的"西来说"的谬见，他便将其在甘青所得的文化遗址粗暴地、歪曲地分为齐家、仰韶、马厂、辛店、寺洼、沙井六期，但这和实际是不合的。马厂仰韶与河南仰韶二者有相互关系，但细考之，也不尽同，如甘肃的两耳壶，河南即无。又齐家、寺洼两地没有彩陶，辛店发现铜器，沙井又出现铁器。所出彩陶，也与河南彩陶有别。由它各方面的形迹看，齐家等处时间实较仰韶为晚。因此，六期之说，殊无根据。甘青所出又晚于河南，这样，仰韶文化"西来"之说，不攻自破。甘肃彩陶，或为中国历史上的落后少数民族所遗留，勉强将西北和中原古代文化硬拉为一个，结果不惟徒费力气，且造成历史上的混乱。

仰韶期的经济生活，也应当提出谈一谈的。甘肃至中原一带，为黄土层地带，有黄河及其支流的水分流其间，黄土含蓄水分，且土质肥沃，这便是农业发生发展的前提。小米在仰韶系统的半坡发现，仰韶村亦发现一陶片，上有谷粒的痕迹，用石膏翻下，细审知为稻粒。有石镰作长方形或半圆形，与今日河北的铁制者无殊，亦有打制作椭圆形的。又发现猪骨，由其牙齿，可断为家畜。在青海罗汉堂，也发现许多牛羊骨骼。这些都可说明，畜牧在仰韶文化中也相当发达了。

石器有石镰、石锛、石斧等，石斧的刃为两面对称，石锛的刃是单面。骨器有针、钻、凿等。陶器特征为彩色，前面业已说过了，其绘彩过程是在做成陶器未烧前，涂以彩色，战国、汉代，陶上也施彩绘，系烧成后画花，与此大不相同。日本考古家所称貔子窝彩陶，也是烧后施彩，同为战国系统物无疑，不能与此并为一谈。仰韶遗址陶器，80% 无彩，多为红陶，与彩陶胎同，但无花纹，并有褐红陶、灰陶，器形有碗、罐、鼎等。有陶纺轮，也有石制的，当有纺织手工业发生。有陶环，未知何用。

房屋遗址，仰韶多上窄下宽之地窖式的灰坑，高宽各仅 1 米许，不能容人，当非居处，或为储藏粮食之处；上面小口，便于覆盖，真正人类住址，规模当较大。从前考古，多打探沟，或有遗漏，故未发现。去年西安半坡遗址作得比较好，表面略有扰乱，下有四层，均为新石器时代堆积。下层为圆形房子，外有土墙，内四大柱，房子直径约为 5 米。上层有长方形房子，已有一面被破坏，原来约为 20×12 米，或为原始氏族的共同住屋。半坡遗址，去年发掘 600 多平方米，后以天冷停工，将来续作，或有良好的成绩出现。

此期墓葬安特生也试图挖掘，但他所掘多非当时的墓葬，因为第四纪黄土堆成后，未动的土为生土，安特生不识生熟土的区别，所以他所掘的十多个墓，都是后来的墓，而非当时所埋。其中有一墓有瓦鬲，肯定为后期之物，因仰韶陶器无鬲有鼎。甘肃葬式为屈肢，河南葬式为直肢，随葬品多为陶罐。半坡发现瓮棺葬，内盛小孩尸骨。

安特生发现瓦罐之地为甘肃瓦罐村，墓极多，随葬品也大体一致，略示当时无阶级无贫富不均之社会背景。

3. 龙山文化

1928 年在山东省历城县龙山镇发现，有石器、骨器、陶器。陶器特征为有光泽而薄的黑陶，我们仍以仰韶之例，不以这个特征（黑陶）命名，而以最早发现地命名，所以叫作"龙山文化"。

它的分布地区，大体在仰韶文化以东，主要地在山东、安徽、河南。远至浙江、台湾、辽东半岛，均有此文化的分布。它的年代，至少在河南地方较仰韶文化为晚，如在安阳后冈发现的为例，它叠在仰韶文化层的上面、小屯文化层的下面。黄河中下游一带，普遍都是这种情形。在浙江良渚，它是被压在几何印纹硬陶下面的。

龙山的经济生活，以农业为主，食物谷类未发现，但石刀、石磨的出现，尤其石刀都是割谷穗用的，这便给我们一个初期农业的暗示。城子崖发现有狗、羊、牛、猪、马等。又有兔及鹿骨。鹿骨较少，马或为上层混入，尚不能肯定为同时代物，这就证明了牧畜也发展了。牲畜可能居于次要地位，因为农牧二者并用，农业较为进步，故农多为主。在这里我们也依此推断。

用具，在石器方面，大体与仰韶相同。但扁平有孔石斧为仰韶所无。骨器有骨针、骨钻、骨镞（当然也有石镞）。有很多蚌器：蚌刀、蚌锯、蚌钻及蚌镞。陶器为光亮很薄的黑陶，甚至有薄如卵壳的。制法与仰韶也不同，仰韶多用泥条手制，龙山是轮制的，较为进步。

关于住址，房子为圆形，屋下部伸入地下，内有白灰面，房子直径约为4米，灶置中间，房子四周应有柱孔，可惜过去考古不够全面，思想上尚未注意及此。又在城子崖打探沟时，发现有城墙，是否为同时物，应特别慎重处理这个问题。

在山东日照两城镇遗址发现俯身葬，随葬品有石器、陶器，为当时所葬无疑。又龙山遗址出有卜骨，多为牛、鹿的肩胛骨。仅有凿孔无字，当为殷墟贞卜甲骨的前驱。

4. 印纹硬陶文化

此期文化遗址发掘少，内容与性质还搞不清楚，它的分布地，约在长江以南各省如浙江、江西、湖北、湖南、广东、安徽南部，最南至香港，时代也不敢断定，仅知其晚于以上的三种文化，如在浙江良渚，印纹硬陶就居于黑陶之上层。西汉时代的印纹陶，或与此有渊源关系。此期文化可能晚至周代，究竟如何，还有待于将来的发掘。

其经济大致以农为主，受到环境的局限，牲畜似乎除豕、牛以外，少有发展。渔业应当是重要的。

石器有磨制的扁而有孔石斧，也山东龙山相同。又有有肩的打制石斧，北方殷代铜器有有肩的斧戚之类，可能影响了它，当然假定它是周代的华南文化。又有有段石斧，便于安把，这种有段石斧为北方所无，但南方直至越南，皆会发现。陶器特征为质硬有几何印纹，也可能受了北方铜器的影响。

中国新石器文化发展是和它的环境分不开的，所以形成了它们初期所各有的特征，后来因为种族间的斗争与融合，经济的联系，便起了促进作用，于是它们渐趋统一了。

人类流血流汗，不辞劳苦，又走完了一段艰难的道路，但这血汗并没有白流，文明时代的塔尖，已朦胧出现在他们的面前！

第七讲　新石器末期和铜器时代初期

这是原始氏族公社由母系向父系家庭公社转变的时期，最后更进入父系氏族公社的解体阶段。在工具和武器的制作材料方面，是由新石器文化进到青铜文化的过渡，或称金石并用时代，这时期所使用的铜是红铜，所以又有人谓之红铜时代——时间在公元前4000～前3000年。

红铜与青铜二者，总称之为铜器时代，或称旧金属时代，后来的铁器称为新金属时代，这些将来都需要专题讲解，暂不详及。这阶段的特征，可分为技术和经济，社会生活、精神生活各方面，兹顺序讲述。

一　技术和经济

新石器时代，由于人类的不断努力，已冲破了旧石器的局限性，开始农业和牧业的经济生活，社会方面起了飞跃的变革。由于生产力的不断提高，到这时候（红铜时代），农业和牧业更较前发达，在食品方面：谷物如大麦、小麦等因选种关系而改良了品种。果树如椰、枣、葡萄、橄榄等，由人工培植的也多起来了。因为果树的培植、结果，需要一定时间才有收成，对于定居，更起了促进作用。新石器时代的遗址中，在瑞士曾发现苹果、梨等的核仁，这时则更加增多。

工具方面：在新石器时代初期，已经出现石镰、木锄。犁的应用，是比较晚的，一般的，大概不曾早于新石器时代末期。先由木犁开始，金属犁是继木犁之后被人所应用。巴比伦象形字便有耕犁形，当为犁之本字，时间约在公元前 3200 年左右。

水利灌溉：因为埃及和巴比伦以滨河之故，开始较早。滨河地方灌溉也不一定都早，因为还需要有水利工程，用以调节。埃及和巴比伦在当时，都初步地控制水了。

这时，家畜增加了，中亚开始出现骆驼；在伊朗，马也成为牧畜的对象。

铜器的发明：金属的使用，使人对自然的控制提高一步，其过程大致是这样的：第一步为锤打（又名冷炼），用锤击打自然铜块以制器。第二步为熔铸，人类生产力提高到一定阶段，又见铜熔变成液体，与水无殊，随物成形，冷后即凝固不再变形，经过无数次之实践过程，人便开始熔铸。第三步为提炼，将铜矿石（如孔雀石、绿松石）加以提锻。第四步为合金。有人说二三步的发展过程，时间是差不多的，也许是可能的。这不属于本期范围，以后再谈。

铜器的优越性：红铜打制可以展薄，且千锤百炼，绝不破碎，刀刃并较耐久，钝时又可加磨。制器的形状和大小都并无限制，可随意造型，小大由之。又可销毁再铸别器，也是它的优点。

铜器的发明，无疑是进步的，为什么不能排斥石器取而代之呢？在当时的生产水平条件下，仍受到地理环境和技术条件的限制，如石料到处都有，铜的产地是比较少的，自然铜更特别少。同时，铜器制法也需要专门技术，所以北欧丹麦、瑞典一带新石器时代末期实际是没有铜器的铜器时代，其石器仿自铜器，如石斧形式刃部多两侧展开，这是因其地无铜仿模锤打成的铜斧而造成这种现象的。

陶业的发展，陶器初期都是手制的。例如我国仰韶文化的陶器是手制的。龙山无铜，但已为新石器时代末期，已有陶轮。一般都在新石器末期，或红铜时期，开始轮制。最初的慢轮制造，一人可单独干活，用一手转轮，一手执泥造形。后来二人分工。制法有二，一为轮盘置于圆形柱头；一为上下二轮，上以置泥，下以旋转，一人转轮，另一人用两手制陶器。但亦可以一人先将陶轮旋转数周，使能自动继续旋转相当时间，遂以两手制器。亦有一个人以脚推动转轮，以手制器。中国古时谓陶轮为"钧"，《汉书·董仲舒传》说："犹泥之在钧，唯甄者之所为"。埃及传说神之造人，犹陶人以轮造陶罐，壁画中有神于陶轮上造人的图画。巴比伦在公元前 3200 年顷遗址中发现陶轮。周围上有一孔，可插木棒，使人旋转。埃及较晚，阶级社会出现后，在王朝开始时才有陶轮。这说明陶轮被人应用，大体为新石器时代晚期，或因环境及其他客观条件，而有早晚的不同。

织布机的发明，也是新石器晚期的事。纤维编织以前，先用纺轮纺成纱线。器物上曾留布纹，是当时已有织布之证，其织法或如今日农村编席，当时还没有织布机，仅将经线绑缚于木杆或树上，用手引入纬线，以织成布。到了新石器时代末期，已发明简单的织布机，是水平式的。埃及在公元前 3200 年陶器上画有织布机图，与今日的落后民族织布方法对比，始知它是原始的织布机。希腊织布机的发明或较晚，为垂直式的，最初为单杆式下垂的经线悬以陶坠子。荷马史诗有关的特洛伊城（Troy），发掘中在第二层即曾发现一列陶制的织垂（约在公元前 2700 年）。又荷马《奥德赛》诗篇中有贞妇曾以织布未完，推却她的单恋者的故事。希腊古瓶上绘这故事，织机也是这种垂直单杆机。另有较此进步之形式，即埃及壁画上的双杆式，但其时代属新王国时代，知道它们开始是比较迟的。

二 社会生活

私有制的发生，这是恩格斯特别重视的，并且把这问题标作他的经典著作《家庭、私有制和国家的起源》的重点之一。私有制的发生，其基本原因，是生产力的提高，首先入于私有领域之内的是日用品，再次为工具，更次为奴隶，最后是土地。最先实行私有者为部落酋长，逐渐及于部落成员。

在社会关系方面：游牧部落首先与农业分离。继之而来的，是手工业和农业的分离。两性关系也发生变革，已由母系制过渡到父系制。这是由于犁耕代替初期种植，陶器轮制代替手制；男子在生产上，起了主导作用所致。私有制的发生与扩大，促使战争扩大与频繁，艰苦的作战任务，更非男子不可，母权制从此颠覆。恩格斯曾认为是："女性的全世界历史的失败"。由于生产的需要和战俘的加多，奴隶制应运产生了。由于部落酋长和贵族掌握了交换的出入，以及占有大量战俘，于是自由人之间，也呈现贫富不均的状态。原始社会，已走向"末日"，但它已完成了历史给它的任务。

交换的产生，是在新石器时代初期，但其范围是极其有限的。到了新石器末期，因为社会生产分工的扩大，从而交换也随着扩充其领域，尤其是铜器出现，处处需要铜，而铜并不是处处皆产，于是交换更成为必须。交换物品，需要载运，于是交通工具也应运而生，首先是车船的出现，巴比伦象形字中便有车字。北欧发现新石器时代的木橇。埃及尼罗河船的出现也是很早的，由其陶器的绘画和石印章的刻纹，都可以找到证据。

三 精神生活

精神生活也是社会生活的组成部分。图腾是原始社会的部落符号，也是宗教纪念物，发生于中石器及新石器初期，新石器末期仍流行着。埃及古图腾，有鹰、象等，彩陶罐上所绘的船桅杆上的象等动物图形，即是图腾。当时的上埃及各州，即有以图腾为名的。适应宗教的发展，神庙也出现了。巴比伦神庙初为3米长和宽的遗址，后渐发展为70米长和30米宽的遗址，前后是不可同日而语了。

因为记录财产的数目和交换上的需要，文字也萌芽了。巴比伦于公元前3200年左右，即在泥版上刻有符号文字，系记账之用。伊朗继之也开始出现文字，埃及文字的发明，或较前二者稍晚。

造型艺术方面，彩陶是很发达的，彩绘图案前后不同，初期多几何画，后期写生题材动物较多，并且有活生生的姿态，从而看出施绘者的熟练程度。雕刻艺术萌芽于旧石器时代晚期。在新石器时代，更较前进步，有用石雕的，有用陶塑的，也有用象牙雕刻的，并且各地各有其不同的风格。

四　金石并用时代举例

前讲谈到的特黎波里文化及瑞士湖居文化，都是由新石器时代延续到金石并用时代，不再重复。再举几项新的例子谈一谈。

中亚细亚的安诺北丘

此地就人所知者，向为各游牧民族所居，由发掘结果知道，古时农业也是发达的。1904 年起，美国人曾在此发掘。其北丘遗址有二层，为金石并用时代。第一期，曾有红铜制的小东西出现。陶器为彩陶，安特生即据此造成"中国仰韶文化来自西方"之谬论。第一期农业重要的为大麦、小麦，畜牧则牛、羊、猪等都有。住房为长方形，用晒制的泥砖砌成。第二期因中亚气候发生变化，农业受到限制，渐渐衰退，畜牧才上升为首要地位。在畜类方面又增加了山羊和骆驼，彩陶仍继续存在。仍有红铜制器。有青金石，不是本地所有，系现在伊朗和阿富汗交界处所产，知与南亚已有交通。

西亚细亚的伊朗苏萨（Susa）早期文化

法国人于 1897 年开始发掘，堆积很厚，有好几期文化，年代不清。早期约在公元前 3000 多年，农业有大麦、小麦和纺织用的亚麻。有彩陶，但与安诺不同。为黄白色，并微带青，有黑色彩绘，器形如今之玻璃杯状。安特生以沙井陶器与苏萨相比，实际沙井彩陶为战国至西汉时代物，其错误是必然的。有石斧，有打制的石镞。已用红铜，初为打制，后为范铸，形式由石器演化而来。有带孔的红铜针，也有青金石制的小装饰品。陶器初为手制，后为轮制，可以安柄，较为进步。这是晚于巴比伦的，并在此时有了象形文字。

伊拉克的埃利都·欧贝德（Eridu Ubelde）文化

此处古时为波斯湾所淹，由于两河流域淤泥，渐堆积为陆地。古人曾居此，建立了埃利都·欧贝德文化。英国人 1922 年开始挖掘，有红铜小件器，可为红铜文化代表。但石器还很多，并没有被铜器所排斥。因此地为淤积土所成，铜与石的来源都是困难的，于是往往把陶器烧硬来代替石器。有陶斧、陶镰。陶器是手制彩陶。在这时期，有很多石印章，刻花纹而不刻字，这或是私有的标志。有神庙遗址，庙因荒废而重建者不知凡几，从而形成重叠堆积。庙下有台基，初为 3×3 米，最后为 12.5×23.5 米，知道随着经济的发展，庙宇的规模也相应扩大起来。

乌鲁克（Uruk）文化

本遗址在 1924 年为德国人发掘，继续 10 余年。第二次世界大战停顿后，1952 年，西德考古家又从事发掘。最初这里的文化与埃利都·欧贝德文化相同。后来的与埃利都·欧贝德不同，因而形成乌鲁克文化。有农业，已从事犁耕，有象形字的犁字可证。铜为红铜，亦有含铅的，但不能谓之青铜。陶器是素面的，有轮制的，曾发现陶轮。有石印章，为圆柱形，柱面刻有花纹，是图案式的，也是私有制的表征。交通工具，已经有了船、车，印章上刻有当时的帆船的图形。象形字中有车字，即象车形。刻在印章上还有绑着的俘虏，随着战车和武士，证明已经有奴隶。乌鲁克晚期神庙，较前更有发展，庙址有 70×30 米的，想见它的宏大，中有神龛、楼梯、住屋、仓库。屋墙为土坯与木版筑成，后来也有石灰岩筑成的。最早的文字也属于象形范畴，是刻在泥版上的，此较苏萨为早，在神庙废址中掘得，上记物件和数目等，总之记载私有财产。这字于象形之外，还有指事、会意、形声——音符，虽然是原始文字，但却比初期进了一步。古巴比伦都以庙为中心，因而形成城市。为了保护私有财产和防御外族的进攻，还设有防御用的城墙。

埃及的那加达（Naqâda）第一期文化

埃及地滨尼罗河，地理条件是比较好的。在公元前 3000 多年前，即有红铜。那加达于 1895 年为英国人所发掘，已开始有铜，但石器仍占重要数量。这又称为"王朝前"文化。那加达文化可分为一期与二期（又依地名称为阿姆拉提文化和吉尔齐文化），此外还有比第一期更早的，叫作巴达里（Badarian）文化，可并入第一期来处理。第一期仅有红铜打制的铜器，有铜针等，是很小的；有孔雀石（氧化铜），系来自邻近巴勒斯坦的西奈半岛；有绿松石（或译为蓝宝石，误）；又发现有些细粒的、包好的孔雀石置于死人之旁，大概是热带人民涂在眼眶上以防止目疾之用。农牧业都很发展，这当然可以说是新石器时代末期。谷类有大麦、小麦，畜类有牛、羊、猪，有鱼锸，有箭头，这是渔猎残余的说明。陶器上有织布机花纹。陶器红色，上画白花，多为编篮文，也有绘图动物和船的。船是用纸草编的。石器多为打制。

那加达二期（Naqâda II）文化

因为生产力的提高，已用红铜铸器，农业更较前期发达。陶器花纹不同，多为黄地红花。在船的图案上，桅杆顶部画有图腾符号。陶器还是手制的，其花纹有仿自斑岩石的，也有几何纹或写生的。容器有许多是石制的，如瓶、罐等物。石器多为石片制，也有压制非常精美的。墓内尸体多为屈肢葬，殉葬物已有贫富之分。所绘的船有舱有桨，偶亦有帆船，可能为航海之用，与海外已有交通。青金石产自阿富汗东北部，银产于小亚细亚，必赖船为之运输无疑。埃及车子之发明，是很晚的事，公元前 180 年时始有，因水行有舟，陆行有轿，所以车子就姗姗来迟了。

由于生产力的不断增长，新石器时代已渐成为过时，而让位与金石并用和铜器时代。社会组织也起了飞跃的变革，部落公社被破坏了，奴隶制度产生了，阶级、国家将形成，人类已投入文明的怀抱。历史上首先走上这阶段的，便是早在红铜和青铜时代的古代东方国家。

第八讲及第九讲　古代东方阶级社会的产生
——青铜时代（上）

一　古代东方青铜时代的一般特征

1. 青铜的出现及其对红铜的优越性

青铜为红铜加锡所制成，色泽为青灰色，因以得名。今日出土之铜器，有绿色的，有蓝色的，是因表面受水土浸蚀变成氧化铜所致，不是本来面目。青铜是有其优越性的。一者因其熔点低。一般红铜熔点为1083 摄氏度，加锡 15%，其熔点为 960 摄氏度，加锡 25%，则减至800 摄氏度。在燃料不丰富的地区，这优越性是很重要的。再者因其硬度高。青铜凝固后，硬度较红铜为大。一般红铜为 35 度（Brinell 硬度计），加锡 5%，其硬度增至 65 度，加锡 10%，硬度增至 165 度，但加锡不能过多，过多其器具较脆，例如含锡 30% 的青铜，除了适于铜镜外，余均不适。三者因其翻铸较易。红铜易于吸收空气，合范翻砂时，制品往往有沙眼，青铜却无此缺点。青铜具备了以上的优越性，所以青铜代替红铜，是极容易的事。它的出现，在生产力上，大大地提高了一步。

青铜器制法，初不知以细沙来翻砂，均为范铸。以范的质料论，可分为陶范、石范、金属范三种。以范的形式论，可分为单范、合范、蜡模（近代或用锡作模）。合范和蜡模适于铸青铜器，如用于红铜，必多留气孔（沙眼）。

埃及在公元前 3000 年时已有铜器，到公元前 2000 年才有青铜器。因埃及地方缺锡，所以青铜出现较晚。锡矿分布的地方极有限，主要产锡地为中国云南、湖南；亚洲马来半岛、印尼；欧洲英国、西班牙、捷克等地；波斯、小亚细亚、高加索也产锡。其他各地缺锡的很多，青铜器的出现，便受到限制。如其地方交通便利，又有能力交易或侵略输入锡，也可弥补此缺憾。

2. 农业手工业和商业的发展

在新石器初期，虽然有了农业，但人还不能控制自然，往往为自然所奴役。由于人类不断斗争的结果，到了新石器末期，人类初步掌握了水的规律，用以灌溉，并能尽调节之能事，水多时排水，水少时输水。古代东方文明的发生与国家之形成，是与管理水利有极重要的关系的。因为管理水利，一方面促成了生产的发达，另一方面，也加强了社会组织。牛耕在金石并用时期已经开始，工具虽有铜器，而石器仍占很大的比例。殷墟遗址所出农具仍为石器，就是具体的例子。

在手工业方面，因为铜器是进步的工具，所以逐渐排斥了石器，但其制造过程是复杂的，需要有专门技术的工人。陶器初为手制，是家庭手工业，此时已发明轮制，成为专门职业，可以大量制造。手工业此时逐渐脱离农业，形成了社会第二次大分工。

商业的发生和发展以及其脱离农业和手工业而独立，是生产力更进一步发展的标志。商人是不从事种田和手工业的中间剥削者，它的出现，是以生产达到某种程度，有了剩余生产物为前提的。铜和锡在此时，为各处所需要，但产地并不遍于各处，客观上也需要商人为之转运，并由于贫富分化，富人为坐食者，精神上需要艺术品，商人们也能异地致之。因此，一方面，因为生产剩余，商人从中剥削成为可能；另一方面，由于生产者与消费者需要有中介者，于是商人应运而生，更进而与农业、手工业脱离，从而发生社会第三次大分工。

3. 城市人口聚居和建筑物

新石器时代，人口不能聚居在一起，这一方面由于生产分散，没有形成都市的条件；另一方面，交换不发达，也不能形成都市，所以当时都是乡村，这是被经济关系所制约的。查摩遗址就是这样，其丛居地仅为十一二市亩的乡村。后来因为生产力的提高，农产品、手工业产品增多，交换频繁，需要市场，城市便应运而生了，乌尔一地遗址为600多市亩，这就是当时的城市人口聚居的地方。

4. 奴隶制的发展

因为生产力的提高，主要是青铜用于生产工具和武器。以青铜武器作战，可获得大量俘虏，作为生产奴隶，这是当时奴隶的主要来源。另一来源，因贫富分化．有因债务关系而沦为奴隶的。这样便产生了奴隶制度。

5. 国家的产生

由于贫富的分化从而发生阶级与阶级对立，国家便在阶级对立的火山口上出现了。列宁说："国家是阶级矛盾不可调和的产物。"（《国家与革命》第 11 页）这是国家产生的一般规律。在古代东方，国家产生是比较早的，如埃及、巴比伦、中国、印度等，因为地理环境优越，农业发展较早，特别在水利的利用方面，需要加强管理，国家便应运而生。这些国家是在公社的基础上形成起来，而被灌溉制度所巩固。

6. 文字的产生

文字是野蛮与文明的分界点。它的发生，也是与经济分不开的。因为生产力的增长，促进了交换的发展，在客观上便需要文字。文字首先在两河流域发生，发现于这个地区的神庙遗址中。因为新石器时代末期，一方面，由于人民基于宗教信仰，向神庙贡献礼物，庙中僧侣掌握财产，需要记账；另一方面，因为公社管理水利的人，为了公共的水利工程，便要抽税，因之渐渐掌握有财产。这样，便产生数字和象形文字。后来添用音符（便是符号所表示的不是象形的实物，是一种声音，因而可以表示出无法象形的抽象词）。但文字发展的初期，都是象形，巴比伦的楔形文字，刻于泥版上，当然也由象形转来；埃及的象形字，分正体与草体二种，写在纸草上；中国的古字为甲骨文，大多数刻于牛骨和龟板上；印度的古象形字，至今还没有考释出来。

7. 历法的发明

历法的出现，首先由于生产的需要，特别是农业上的需要，当然这也是和科学知识的提高分不开的。历法开始以昼夜定"日"，以月的盈亏定"月"，以气候的变化定"四时"，进而"定年"。定年是较晚的事。埃及历法发明最早，因为尼罗河在每年 6 月初开始上涨，由其定期泛滥以及如何按期利用水利，最初只知道一年为 365 日。规定一年为 12 月，每月为 30 天，年终另加年节 5 天，后来才发现四年相差一天。巴比伦是按月运行一周定为一月，每年 12 月。过了几年所差的一月，在 12 月末，再加一月，公元前 380 年左右才定为 19 年七闰。中国殷代有闰月的发明，闰年为 13 月，所谓"归余于终"。

8. 艺术的发展

新石器时代，陶器上已有彩陶花纹，埃及有泥塑的女神。但是初期只有一般化的人像，没有肖像式的人像。此时已发展为肖像式的人像，如绘画某一帝王（或为酋长）描写其面貌的特征，并且又发展了写实的故事画。

二 两河流域的文化——美索不达米亚南为苏美尔族，北为塞姆族

1. 原始期的文化

乌鲁克（Uruk）遗址，上层有詹姆德纳撒（Jemdet Nasr）文化，是属于原始社会性质的。铜器使用较多，可能有青铜，但未发现，有红铜制的钓钩、凿子、短剑和有孔斧（斧未发现实物，在陶器上有其造型）。农业灌溉虽没有记录，但一定有许多开渠工程。城市中有神庙和宫殿，为了防御外族入侵及保护财产的安全，建有城郭。建筑物已能利用石料、烧砖、泥砖（土坯）、夯土。神庙台基是很大的，横宽和纵长为 300×290 米，台基上神庙平面为 92×48 米。在庙中及附近发现手工艺品，有银质小物和手饰，当时已能提炼银。有陶器为轮制。有石器。还有石印章，是私有制的具体表现，早期为小圆形，后发展为圆柱形，图案单调。文字已趋定型化。

2. 早期各朝代（公元前 3000～前 2500 年）

青铜器普遍使用，农业比较发达，邦君曾为自己立碑，记载在某处开渠。城市如乌尔大至 600 多亩，英国考古学家发掘 13 年（1922～1934 年）尚未完成。文字中曾有记载奴隶数目之事，寺院多有奴隶供其驱使，僧侣们是以神的名义进行剥削的。由于财产不断地增加，为了安全，许多分散的城堡便联合起来，其中僧侣首领便成为邦君，自称是替神统治人民，于是剥削与奴役人民，成为"合法"的了。乌尔的神庙，平面为 72×48 米，台高为 26 米，规模相当宏大。地下帝王陵墓的建筑，有用石建的，也有用烧砖建的，墓室有叠涩式的，有发券式的。有殉葬的人和马，还有许多随葬的艺术品。初期有较大的国王石刻像，身上刻有文字，有青铜铸的牛和鹿，墓中随葬的木橇上并贴有狮头造型，和中国的饕餮纹相似，还有用沥青将青铜饰物粘在木器和墙壁上，并有金器和银器存在。

三　埃及的文化

1. 原史期的文化

这是由分散的小国向统一的国家过渡的阶段，石器仍多，但有了红铜器，约为公元前 3000 年顷（埃及青铜晚于此期约 1000 年，这只有从埃及地方缺锡去了解其原因）。陶器手制者多（轮制到王朝开始后才有）。文字在这时就有了，曾在帝王墓中发现，在石碑上书有人名和狗的名字，象牙片上也有刻字，但直延全罗马时代，象形文字仍是被使用着。在拿破仑时代，发现罗赛托刻石，一石上有三种文字，上层为象形字，中层为草体字，下层为希腊字。由希腊字的了解出发，循序将其余两种文字得到释读。由此文字记载了解，埃及当时统治范围有 40 多州，各州常有图腾符号。这时已与巴比伦有交通，文化上受巴比伦的一些影响。墓内有壁画，有航海帆船的形象，这种帆船与尼罗河船不同，与两河流域的印章上所刻的相同。建筑物的墙壁堆砌法，也是两河流域的形态。

2. 第一、第二王朝的文化（约公元前 3000 ~ 前 2800 年）

以前是许多部落散居和斗争着，此时尼罗河三角洲和中部，即所谓上下埃及已走向统一，王冠原有两种，代表上埃及和下埃及，此时二者合并，为一复式的王冠，是统一的间接说明。这是因共同管理水利所形成的。又曾发现一块石版，上刻一帝王（这王的名是"蝎子"）手执开沟渠时用的工具，又有一石碑残片上并刻有第一、二王朝的尼罗河水位高低的记录。此时红铜已普及，陶器也出现轮制。由于生产力的提高，奴隶制也相对发展，俘虏逐渐增加，陵园内殉葬人甚多。皇陵的地面有平台。陪葬有许多陶器和铜器等。

3. 古王国的第三和第四王朝（前 2800 ~ 前 2500 年）

此时已大量使用奴隶，国家组织强化。第三王朝的帝王"法老"（即"大房子"之意）左塞（Djoser），已开始建筑金字塔，塔旁的祠堂是石制的，仿自木构建筑。埃及尼罗河流域有石灰岩等，建筑用的大木料系来自叙利亚一带，柱头用纸草花，也是仿木建筑。公元前 2776 年历法的修订，应在第三王朝。大金字塔建在第四王朝（金字塔在埃及本土一直至第十二朝仍有建筑作为皇陵），系四面塔式，每面地面长 240 米，高 146.5 米，周围约 2 公里，系奴隶的劳动创造。据记载，用 20 万人，20 年才完成（7 月至 10 月为河泛期，利用农业空间工作）。墓在河西，石料取自河东，塔的四周尺寸相等，各面相差不过 0.5 英寸，工程浩大，质量较高。金字塔的周围有巨大坟墓，墓室内有画像石，祭堂后面有贵族造像，造型艺术达到相当高度。

四　印度河流域的青铜时代文化

古代印度包括巴基斯坦，现在所讲的印度河流域文化的分布区域，就是在今日巴基斯坦的境内。

1921 年，在印度河流域的哈拉帕（Harappan）地方，发现高度的青铜文化。事隔一年，即 1922 年，在哈拉帕南约 800 公里也滨印度河的另一个地方，名摩亨佐达罗（Mohenjo – Dara）者，又发现一都市遗址。这两处的房屋多为烧砖建成，堆积甚厚。由 1922 年至 1936 年间，英人曾陆续发掘，并将其结果写成报告发表。1946 年至 1950 年，又继续作了两次发掘，所获材料为历来记载所没有，可以根据其恢复印度原始古代文化。

1. 农业和畜牧业

环境的优越，给这两个部门提供了客观条件，喜马拉雅山横亘于北，印度河流贯其地，可引导印度河水灌溉土地，发展农业。在此地居住的古代人们毕竟也这样做了，所以那里发现有小麦、大麦，还有稻（稻在西亚、埃及等地同时代的遗址所未曾发现），这可能是地理条件的惠赐。铜器上保有棉、麻纤维，无疑已经种植和使用棉花和亚麻了。畜牧方面：一般的有牛、羊、猪，特殊的有水牛、有鸡，此为山林地所孕育。有象，在出土印章上所刻的动物形象上是肯定这一点了的。摩亨佐达罗城文化层最上一层，可能与中亚文化有关，有马和骆驼，可能由外地输入。附近为天然林，打猎在当时仍残存着，因而在出土的印章上还有虎和犀牛的形象。

2. 手工业

青铜制造技术相当高，有了单范、合范，就是较为进步的蜡模也出现了。武器有斧、剑，工具有锯、凿，有带把镜子，都是青铜铸造的。有棉布纺织。陶器为轮制，是彩陶，陶色是砖红的，花纹黑色，多为图案式的，但与两河流域彩陶有别。

3. 城市与商业

由于手工业的发展，商业也发达起来。由于商业的发达，城市的出现是必然的。在哈拉帕和摩亨佐达罗两大都市之外，还发现有 60 多个遗址，散布于喜马拉雅山南沿着印度河的 1600 多公里以内。所出文字，现在尚不可识。由其文化去考察，大体是一致的。更从而推测哈拉帕及摩亨佐达罗是这文化的两个大都市。两城相距约 800 公里，每城约为 1

公里长宽。城市布局是有计划的。房屋之外，有南北纵横大路。大路之间还有小路。道路铺砖，房屋也是用砖砌的，较之埃及和巴比伦住屋用土坯（但巴比伦坟墓用砖）建筑是进了一步。它的烧砖和以砖建屋，是和环境分不开的。其地多林，而丰于木，给烧砖以有利的条件。其地负山面海，印度洋的暖风遇山凝为霖雨，便经常光顾了它，这样如不用烧砖建屋，是不能耐久的。这与巴比伦、埃及地方干燥而乏木材，不能并为一谈。城内有地下水道，也是用砖砌成。房屋中有浴室，其脏水用管导至地下水道。大院一座可达 75×40 米（包括天井），有的地方也有小房，这暗示阶级已经分化了。街道宽度竟达 10 米左右，道路两旁有房屋遗址数层相叠，但仅最上一层侵占街道一部分。城东有高起的台城，其周围有城垣，约为统治者的巢穴。

向街的门面，有些是经营商业的店铺，住户在后面。已有度量衡，出有尺和石砝码。后者发现很多：轻重不同，似为十六进位（今日印度一卢比等于 16 安那）。有船有车，车轮无辐条。有软玉，非本地所产，或来自缅甸与中国新疆、云南。有青金石，来自阿富汗东北的巴达克山。此处特殊作风的正方形印章，曾远在两河流域发现。印度河流域文化年代不能断定，以两河流域的地层年代推之，知应在公元前2500～前 2000 年左右，下限或可能到公元前 1500 年。

4. 文字

文字多刻在方印上，以前虽有人加以考释，但都属主观推测，不足信。两河流域的好几处遗址中，亦发现此种印章，当由此传去无疑。有人统计其单字（或符号）共计 396 个，数量仅及巴比伦、埃及文字的一半，这种单字为音节符号，不是字母，其字是原始的，还未脱象形的范畴。

5. 宗教

城内尚无建筑物可以十分确定为神庙的发现，也未发现神像。但这并不能证明没有宗教信仰。石印章上有峰脊牛，可能即是后来的圣牛所自出。石印章上又有两角三面像，这和后来印度教中的湿婆或有渊源关系。

还有一个现象需要特别注意，该遗址的上层有许多尸首，弃置于街上或街侧的房子内，应是城废时，遭到惨杀的浩劫。这浩劫或为雅利安人入侵所造成的人间悲剧。这些废墟经过若干年之后，其中有些又慢慢恢复起来，但不仅人民不是当年的人民，城郭也非复旧日的城郭了。公元前第6世纪，佛教兴起，梵文石碑有传世的，已是公元前300年左右的事，上距此已有1000年。过去资产阶级冒牌学者，伪造"种族优劣论"，因而得出的结论，说印度文化为雅利安人所创造，考古学上证明不是雅利安人创造印度文化，恰恰相反，而是雅利安人破坏了印度青铜文化，可怜的说谎者，在科学的面前，又一次丢了脸。

五 中国的殷代文化

1. 农业和畜牧

中国铜器何时产生至今还没有搞清楚，但到了殷代，青铜器是发达了的。殷代以农业为基础，水利灌溉是被当时人民发明与利用了。当时灌溉工程有两种：一为挖渠，二为凿井，过去的文献约略谈到，甲骨文上的"井"字、"田"字，更证明了这种事实。盖殷人活动的地方，系黄土地带，挖渠较易施工，观乎安阳大墓的建筑，技术当更不成问题。在辉县发掘殷代遗址，有深及11米的灰坑，下及水层，并在底部发现树叶的痕迹，可能是当时露天的井。

农具大部为石器，有大量长形石镰，系用板页岩做的，又有割谷穗的长方小镰。甲骨文中有耒、耜等字。犁，实物未发现，甲骨文有"犁"字，从牛，从勿，但由其上下文读之，皆指犁牛（杂色的牛），而非工具。殷代即便有犁，殆亦不能超过木犁阶段。施肥问题也不能解决，有人根据甲骨文"屎"字，认为殷代已经有施肥之事，但用人粪肥田系汉代才有。杵已有了。关于食品，谷物无保存。根据甲骨文有"禾"、有

"黍"、有"麦"（大小麦未能肯定，可能为大麦）和"稻"等。

畜牧方面的比重是次于农业的，统计在小屯发掘出的兽骨，豕骨当在1000以上。猪为家畜，是依赖于农业的。羊在100以上。山羊不多，在10以下。牛在100以上。也有水牛，在1000以上，数量远较牛为多。有犬、马、象、猫，也有鸡（罐中有鸡蛋，壳尚完整）。

2. 渔猎

这已为农牧等生产事业所排斥，不占产业中的主导地位。鱼类有青鱼、鲤鱼、黄颡鱼、赤眼鳟、草鱼。又有鲻鱼、鲸鱼鱼骨，这两种皆非淡水产物，系来自海上。狩猎已成了统治阶级的消遣品，鹿骨多，四不像鹿据估计在1000以上，兔、熊、虎、豹、狼、狐狸等都有，还有南方热带动物的犀牛和獏。由上述情形，可以了解渔猎在殷代生产领域里，已不起大的作用。

3. 手工业

殷代为中国最早的青铜时代，这是肯定的事实，首先我们研究一下铜、锡来源问题。铜产地是比较多的，安阳本地即有，不必外求。锡产地是比较少的，中国境内，云南有锡；当时吴越（例如无锡）也可能有锡，但当时或不取之于这两个地方。据章鸿钊的《古矿录》，河南在当时即有好几处出锡，淇县、武安当时均有锡，且距安阳最近，便给殷代提供了制造青铜的最好条件。殷代铜器经化验，有的加锡，有的加铅。铜、铅合金性脆宜碎，不适于作武器，但可制容器。关于铜器铸法，单范、合范都有，蜡模也可能有了。曾发现孔雀石，肯定是用它炼铜。有将军盔，是当时的坩埚。在较小屯为早的郑州殷代遗址中，发现炼铜场，用喇叭口陶器炼铜，器内还有铜渣，并有范，系多块合成。南京博物院陈列的"司母戊"鼎，重1700多斤，且有精美的艺术花纹。这标志着殷代的高度制铜技术。青铜器的种类也是众多的，这也不足为奇。因为铜熔如水，随模成形，器物虽多，反比石器易为，首先应用铜的是武器。殷俗尚迷信，重祭祀，所以礼器也很早应用了铜。日常用具也用了铜，因为殷代贱视奴隶，所以铜器还未被用于生产工具。殷代铜器简分之有武器、烹饪器、饮食器、乐器四种。武器有刀、戈、矛等。烹饪器有鬲、甗、鼎等。饮食器有簋、觚、爵、斝、觯、卣、壶、尊等。乐器有铙。

陶器轮制，多灰色，有白陶，还出现了釉陶。除白陶外，一般陶器便有花纹也不及仰韶的繁复美观。灰陶有两种，一为细陶，一为粗陶。粗陶是加沙的，多系鬲、甗，用以耐火；细灰陶有豆，用置食物，有小口罐，用以贮物。灰陶火候低。白陶采用高岭土，有豆、有簋，花纹仿自铜器，精美无比。釉陶火候高，表面有黄灰色釉，为我国瓷器的前躯。

纺织业在殷代也有相当成绩，铜器上有绢纹，原料有丝，有苎麻，织法有平织、斜纹织两种，后者常织出图案花纹。

骨器在殷代数量还是很多的，原料为兽骨、人骨和兽角。骨角做的东西，有镞、笄、雕花骨。骨器上并镶嵌绿松石。郑州骨器工场附近有很多锯断的牛骨、人腿骨等半成品，还有磨制骨器的沙石等物。

石玉作，殷代曾以玉作武器，有戈、矛、镞等，或为当时仪仗上用的，不能用于疆场。装饰品有环、璜。还有石制容器簋、鬲、豆。乐器有虎纹石磬。雕刻的建筑物附件有人像形、虎形、鸮形等。

由这些材料分析，知道殷代的手工业已有高度的发展，而达到了各项的分工。

4. 城市人口聚居和建筑物

安阳小屯附近的殷代遗址，南北达 5 公里，东西 2 公里。郑州南北约 3 公里，东西约 5 公里（郑州殷人居住时间长）。二处人口均能达到 5 万 ~ 10 万之数。城市人口相当集中。城市四周是否有城墙，无材料发现，尚不能证明。在建筑方面，小屯有房基，面积为 28.4×8 米，四周有柱础，中间亦有柱。甲骨文有"亼"字，知顶为两面坡形式，这是统治者的住处。郑州有小房子，面积仅为 5×3 米，四周有墙，房基是夯土的，为版筑。

5. 社会经济组织和政治组织

这时已有阶级的对立，站在人们头上的殷王世世相继。有监狱和法律，有大官和小吏，有专门从事作战的军队。

6. 贸易和战争

小屯的鲸鱼骨来自东海，鲻鱼和贝取自南海，玉为新疆所产。苏联境内发现弓形铜器，与殷代铜器有渊源关系。殷代贸易是以河南为中心，而向四面八方发展的，远至 2000 公里或 3000 公里以外。交通工具，车在当时是被应用了。在发现的实物和文字中，都证明了这一点。船在当时北方可能不发达。车轮由辐条制成，车前有衡，有辕，有轭，还可进行复原。车大部分用马拉，在小屯出土有马衔。这些战车常和武器一起出土，是用于战争的。铜武器很多。奴隶社会已开始进行大规模掠夺战争了。

7. 文字

可能发生于殷代以前，最低限度也是发生于盘庚以前，有象形，有会意、有形声，有假借等，虽然还有原始的残迹，但已渐走入定型化了。

8. 历法

有了农业季节性的需要，殷代已完成重大的历算发明。他们已定 12 月为一年，一年分四季，为了调节太阳历与太阴历的参差，又置 13 月的闰年。

9. 宗教

殷为父系社会的残余，仍敬祖宗。与统治阶级社会的皇帝相适应，意识里也涌出了上帝，这都在卜辞里得到证明。用人殉葬，坟墓建筑规模宏大，都是宗教意识的表现。

10. 艺术

工业美术很发达，铜器、石器、玉器、骨器、陶器，器形和花纹都很精美。图案多兽面纹，其构意大抵为宗教的寄托。有的是为满足贵族的享用而创作的艺术品。

11. 音乐

有铜铙、铜铃、石磬、陶埙和鼓等乐器。贵族们使用大批奴隶歌舞祭神或享乐，其音乐可能为复音的合奏曲。而歌舞者已不像昔日在氏族广场集体为庆祝丰收和祭祀而欢乐，实际是悲哀与愤怒的交响。

古代东方，在旧金属（铜器）时代，就产生了阶级和国家。但其他地方的原始社会，仍按照旧世界典型的畜牧业道路发展，仅只从新金属（铁器）时代起，阶级社会才在原始公社制度的废墟上出现，这并不是人类历史有了两条道路，而是东方地理环境的优越，特别是灌溉农业的利用，对于阶级和国家的出现，起了催生作用。

第十讲　青铜时代（下）

一　古代东方各国在青铜时代的发展

1. 战国时代以前的周代文化

周族在公元前 11 世纪灭殷以后，生产力从原有的基础上提高了一步。周在陕西黄土高原地带，地滨渭水，只要讲求灌溉工程，农产便会丰富起来。古称"周原膴膴"就是因为这个缘故吧！农具方面，可能已有部分为金属制，《诗经·周颂·臣工》谈及农具，有钱、铚、镈，都是从金，可能都是铜制的。殷朝是否有犁耕，尚为一不能解决的问题。但春秋时代确已有了牛耕，如孔子弟子冉耕，字伯牛，便能说明这个问题。当时用牛拉的犁，大概是木制的。另外有所谓"耦耕"，大概是指两人合作耕田，一人翻土一人下种。另一说法是两人用二犁并耕。

周代的社会性质问题尚未解决，但周仍用大量奴隶是肯定的。奴隶的来源：一为战俘，一为债奴。殷代大墓中有许多人殉，比较小些的墓也有人殉存在（置在二层台上）。周代像殷代皇陵那样的大墓还未发掘过，小的周墓都没有人殉，中号的墓有时亦有人殉。但远不及殷代的普遍。这显然是社会进步的说明。

周代武器已普遍使用青铜，并用模铸，变化既多，也比较适用。例如周初的戈已有胡，后来胡部延长，又有在戈上加一小矛头，这样戈便成为戟了，至战国时代戟更普遍使用。铜制容器，周初继续殷代的传统，后来渐渐演变，花纹式样，又走向另一种风格。周初容器有爵有觚，后来渐渐消灭，有的新器为殷代所未有，如簠、盨等，花纹也有变化，如殷花纹较粗，并且主要的花纹多是凸出的，周代中叶则花纹简单，并且平坦，降至战国花纹又有变化，出现蟠螭纹，线条纤细，花纹繁缛。

交通工具方面。周初车子是继承殷代的。但车马器已有不同，铜銮出现，马镳用铜制；战国时镳改用骨制，也有铜衔。马车仍是单辕的，驾二马或四马，后者只有高级贵族才用得起，所谓"高车驷马"者是。河南浚县出土的车马数目，有一坑埋车 12 辆，马 72 匹，除每车四马外，余马可能是骖乘，完全证实了这一点。

陶器周初仍继承殷代作风，但殷代的白陶已绝迹了。周有釉陶，在洛阳、西安、镇江等地的西周墓中，发现釉陶豆，釉带淡绿色，仍为殷代的延续。一般陶器，多为灰色，多轮制，也有模制的。鬲多绳纹，模制的绳纹鬲很多，战国时逐渐衰落。鬲足初时是长的，后渐短，洛阳西周墓出土的鬲，有长足也有短足，所以不能完全以鬲足的长短断定时代的先后。战国晚期似已用灶，从而鬲就演变为釜（镤），釜置灶上，其足便废弃无用。新石器时代，陶器制作精美，如仰韶、龙山的陶器，都是很好的，殷周陶器反不及新石器时代的，这是因为殷周贵族大量使用铜器，陶器已经过时了。周初也继殷使用玉器作装饰品，花纹式样均与铜器上的相类似，并且也是随时代变化而变化。春秋战国时代玉饰品更多起来。

截至今天的考古工作中，战国以前还未发现铁器，也应在此提一下的。

2. 印度

早期印度河流域的青铜文化，可惜为侵入的蛮族所毁灭。这蛮族可能便是黎俱吠陀中所歌颂的雅利安人。

根据黎俱吠陀（公元前12世纪所作）所述，雅利安人的生活以畜牧为主，养牛、羊、马等，但也有农业，用牛耕。印度河流域原以农业为主。畜牧业的流行，大概是雅利安文化侵入所造成。雅利安人好武，有战车，略如中国殷代战车，车上立两人，一为战士，一为御者，战士使用弓箭和长矛。长距离用射，短距离用刺。

在雅利安人侵入以前，当地人民崇拜湿婆，前面业已说过了，这时候湿婆被雅利安人视为恶神。因为征服的关系，这时开始有种姓阶级，分僧侣、武士、农工商和佣仆（婆罗门、刹帝利、吠舍、首陀罗）四个阶级，界限森严，彼此不能逾越。公元前5世纪有迦毘罗国王子释迦牟尼创立佛教，鼓吹种姓平等，但宣传对恶的不抵抗，意在缓和阶级斗争，初为统治阶级所反对，终竟为统治阶级所利用。公元前326年，亚历山大东征到达印度河流域，劫掠当地居民。但是，在客观上对于东西经济和文化的交流也起了一定的作用。亚历山大死后，帝国分裂，在印度有孔雀王朝成立，第三帝阿育王（公元前372～前232年）统一印度，充分利用佛教，作为统治工具，有许多佛教建筑及石刻传至今日。这些石刻上的文字，是传世最古的梵文。

3. 两河流域

两河上游为亚卡得（Akade）所居，下游为苏美尔（Sumelér）人所居，下游多水灾，上游多椰枣树。亚卡德人南并下游土地，并向西侵略，建立了两河流域的统一国家，于是古来东方产原料之区，多并入其版图。由于楔形文字的记载，可知其交通和商业发达，这是公元前23世纪的事。

亚卡德王朝不久在内乱和北方游牧民族入侵中覆亡，公元前2132年乌尔（Ur）第三王朝统一苏美尔，又归并亚卡德土地重建一个强大的王国。此时已用桔槔取水，在印章上有其图形；并有成文法典出现，为法典的最早者，惜全文已佚亡，但有断片传世。

公元前 18 世纪初叶，巴比伦第一王朝的汉谟拉比是典型的古代东方专制主义者。这时以巴比伦为都城，汉谟拉比曾公布法典，刻于石碑上，现仍保存。又对水利工程特别重视，并有给臣下的信件，也谈到水利的问题。法典中规定保护私有财产，并曾明白规定高利贷的合法利润，可见当时已有高利贷。又巴比伦语流行两河上下游，苏美尔语此后仅用于宗教仪式中。巴比伦语后来又成为国际外交用语，流行于小亚细亚、波斯、埃及、叙利亚，这些地方都有巴比伦楔形文字遗物的发现。

4. 埃及

公元前 21 世纪，中王国（第十一朝至十二朝）兴起，青铜此时开始普及。贵族和大臣墓中随葬的木俑有成套农耕、纺织、牧人等。墓祠的壁画中有吹管熔铜的画面。

公元前 16 世纪至前 13 世纪的新王朝时期，有熔铸青铜用的风箱，系皮制的用脚蹬踏。农具方面，已用桔槔，犁为双把，用牛曳引。这时开始有了战车和马。使用战车和马，是亚洲的亚克索斯民族侵入时所传入。埃及曾以此有力武器，进攻巴勒斯丁及苏丹。新王朝并在此时与巴比伦等国发生外交关系，当时的外交文件在埃及曾发现过一批，还保留到现在。铁器开始使用，十八王朝皇陵中出有铁制匕首，其柄镶嵌黄金和宝石，但这并不应说就是铁器时代，因为这铁器来自东方。

二 欧洲的青铜文化

1. 米诺文化

这文化发生于爱琴海，也称爱琴文化，因为发生地方为克里特岛，也称克里特文化。所谓米诺（Minoan）文化，是取于希腊神话克里特岛上米诺王的故事。其地居希腊、西亚和埃及之间，水路交通方便，这便给文化提早发达制造了条件。米诺文化可分三期：米诺早期为金石并用期，现可略去不说。①米诺中期文化（约公元前 2000～前 1600 年）。到中期时代，由于人民的努力，生产力向前迈进一步，青铜已普及，有铜斧、铜刀等。铜的来源，为其附近塞浦路斯岛，锡产于西班牙、英国等地。载锡赴西亚或埃及的船只，须经过爱琴海，所以克里特岛便控制了锡的运输，有帆的海船也出现了，因而这里的青铜文化得到顺利发展。陶器本期多为轮制，胎薄，黑地绘上红、白等色花纹。经营农业，在废墟中发现约为 2 米高的陶罐，大概是用于储盛谷物、橄榄油和酒等。有宫殿遗址，包括浴室、剧场和有御座的房间。有刻在石印章上或泥版上的象形文字，与埃及文字不同，晚期有草体文字。它的商业是很发达的，在埃及同时代遗址，发现米诺中期的彩陶器。同样，在米诺也发现了埃及的东西，和巴比伦汉穆拉比时代所制的石印章，在叙利亚也曾发现米诺中期的陶器。货币也适应商业而产生，货币为长方形铜块，一说为代表牛皮，一说为代表双头斧。米诺的统治者为了寻求物质文化，疯狂地压榨奴隶，由于奴隶的暴动，华美的宫殿焚毁于人民的怒火中了（英国的发掘者，以为是毁于大地震）！②米诺晚期文化（约公元前 1600～前 1400 年）。在这 200 年中，又可分为三期。第一和第二分期的中心仍在克里特岛（公元前 1600～前 1400 年），城市与皇宫又重建起来，并且宫殿较前更为富丽宏大，或者便是希腊神话中公元前 1400 年的"迷宫"。此时正为埃及新王国时期，文化也是鼎盛时期。这时期的彩色陶器是红地黑花表面光亮，和中期的不同，花纹也很富丽活泼，常绘有水草、章鱼等海中生物，在埃及和叙利亚都有发现，知道他们之间有频繁的商业往来。宫殿遗址保存有壁画，描写宫廷生活和娱乐。文字方面较前简化。这时开始有马和战车，武士戴胄执盾和剑。埃及第十八王朝的贵族墓祠壁画上所绘的外国进贡人物，有些便是克里特岛上人物的服装和相貌，所捧的陶器和金属器也是米诺晚期的形式。这文化和它的首都于公元前 1400 年左右被敌人毁灭，这些人大概来自希腊半岛。

③迈锡尼的兴起（约公元前 1500～前 1100 年）。这便是米诺晚期文化的第三分期，文化中心已移至希腊半岛的迈锡尼（Mycenaean）。农业较前有更大发展，从锄耕农业转入犁耕农业（石刻上有犁）。畜牧也驯养牛和马。有坚固的城堡，用大石建成。大陆作战有战车（在石刻上有此图形），武器有长剑，剑上有错镶金银的狩猎图。他们便以这些优越的武器向外发展，向南曾被埃及王拉美西斯所打败，东向侵略小亚细亚西岸地区，这便是《荷马史诗》所描写的特洛伊城之战。文字较前期简略些。1953 年被考释出来，知道为希腊语。最后出现铁器，但这文化的幼芽，于公元前 1140 年被多利安人侵所绞杀。

2. 地中海区域以外的欧洲青铜时代

时间约当公元前 2000～前 1000 年。这 1000 年中，可分为早、中、晚三期，南欧在公元前 1000 年时过渡到铁器时代，北部过渡到铁器时代则较晚。所以青铜文化分布地区：早期（约在公元前 2000 年）分布于南欧多瑙河一带、中欧易北河上游和英国等。中期（约公元前 1600年）延伸至北欧德国北部、瑞典南部、丹麦以及东欧的顿河流域。晚期（约公元前 1000 年）更推广至北欧的瑞典北部、芬兰和北俄。铜器不同，各具特征，以武器为例：如铜矛：早期的装有长柄，后来在这长柄外面箍一铜箍；中期柄改为空头銎，以便安于木柄之上，又在柄部加一对小圈，以便绑缚得更牢固；晚期铜把上的小圈孔上升至刃柄交界处，最后便在刃部近末端处留小孔一对。铜斧：早期扁平体宽刃；中期刃部略窄，两侧起棱，后来这两棱延展并且卷成一圈以安柄，也有两棱并不发展而于斧身横起一脊；晚期盛行方孔斧。铜剑：早期刃部较短，成两等边三角形，柄部另制，用钉接合；中期刃加长；晚期刃为细长，刃部两边除末端外互相平行，柄部与刃部一起铸成。铜制别针：早期顶端简单作小球或小钮状；中期作镂空圆轮状；晚期顶端卷曲，与从前平直的不同，圆轮实心刻有花纹。总之，无论矛、斧、剑和别针的发展，都是时日越晚越复杂，越便于应用。欧洲当时有许多流动的冶铸匠，携着冶铸的工具和旧料，到各处制作铜器。当时欧洲没有统一的国家，旅途不安靖。这些流动的铜匠在路上为了避免遗失和被盗贼所劫，紧急时便将所携的青铜器窖藏起来。有的窖藏，已被发现。当时商业也是很发达的。最主要的商业路线，南面由意大利东北的亚得利亚海，向北通过中欧直达丹麦一带，因为波罗的海沿岸产琥珀，沿途匈牙利和捷克等地，出有铜矿，所以这条商路，为当时商人广泛利用。西部有一路线，由西班牙经过英国至波罗的海。英国和西班牙都有锡矿。爱尔兰出产金子，它的那种具有特征的金项圈，不仅分散到英伦三岛，连丹麦、德国、法国都曾发现过。这时，欧洲各处虽有高度青铜文化，但仍是部落组织，没有产生国家。

晚期的铜器时代文化，耕犁的使用已普遍，有牛耕图形刻在岩石上。铜矿采掘技术也有进步，所采掘的不仅限于露出地面的矿脉，有些矿坑深入山腰中达 100 米，并且已知开采硫化铜（黄铁矿等），由硫铜矿提炼铜，须先烤热以去硫质，手续较繁。有了新铜器如弯形铜镰刀（铜器时代中期已偶有之，但形较直）、铜钳、铜盾、铜锅等。这时期火葬习惯流行，在墓葬中发现陶罐，内置人骨，就是这种风俗的证明。

三 西伯利亚的青铜时代

这种文化是苏联考古学家吉谢列夫的伟大成就之一。他曾根据这种文化的考古材料著作了《南部西伯利亚古代史》，肯定这种文化的晚期受到中国殷代青铜文化的影响，这是接近事实的估计。这种文化可分为三个阶段。

1. 阿凡纳谢夫（Afanasyevo）期（公元前 2000～前 1700 年）

为金石并用时代，生产主要形态为畜牧业，这是和其地理条件有密切关系的。冶金业，此时是红铜，多系小件物品，铜小刀，箭头等。工具大部分是石制的。陶器是绳纹尖底的，如陶罐等，以适应游牧生活，随地可以放置的。社会为父系氏族社会范畴。

2. 安德洛诺夫（Andronovo）期（公元前 1700~前 1200 年）

农业发达，过着定居生活，陶器是平底的，和前类不同。青铜器有短箭头及匕首等，与东欧各民族的关系已趋于扩大。

3. 卡拉苏克（Karasuk）期（公元前 1200~前 700 年）

吉谢列夫根据 200 多个墓葬和少数住址研究，了解此时畜牧业已超过了农业。根据发掘材料统计，羊骨占 58%，牛骨占 33%，马骨占 6%，还有骆驼骨。纺织业用羊毛织布，也用羊皮做衣服，农业退居次要地位。陶器圜底，是手制的。青铜器发现很多，有些铜器与中国的殷代铜器相似。有铜镰、铜刀、铜戈、匕首、空心斧、"旗铃"等。发现的人骨，是中国北方人的种型，吉谢列夫断定为中国史书上的"丁零种"。

第十一讲　铁器时代的开始

一　铁器时代的意义

恩格斯在《家庭、私有制和国家的起源》中说："铁是在历史上起革命作用的一切种类原料中的最后和最重要的一种。"这充分地说明铁的出现，对于历史的作用是有其重大意义的。因为铜器出现以后，石器并未被其完全排斥，只有铁器出现，石器才不可避免地被其完全排斥，因而在生产方面，就必然大踏步地向前迈进一步，社会与之相适应而发生飞跃的变革。

铁之所以能起此作用，并不是偶然的，它本身是具备着很大优点的：①铁矿的分布，在世界上是比较广泛的，虽然各处的铁矿不一定都值得开采，但可使用的仍占绝大多数，不像铜、锡那样稀少，而初发现时，仅供贵族所享用。并且铁矿是比较容易开采的，有的暴露地面，已成矿砂，所以铁易普及而价格低廉。②铁质坚而韧，尤其是钢铁，用作武器，刃锋较利，且能保持长久。③铁富有弹性，不易折断。铁有这些优点，它的出现，在历史上是划时代的。

铁的优点和效果被历史所肯定，但它的出现是比较晚的，其原因何在呢？①铁矿砂熔炼出来时是海绵状的一块铁饼，不似金、铜等矿熔炼之后，便显呈金属光泽。铁的提炼，必须经过锤打，去掉了渣滓，始能成为金属状。②铁有生铁、熟铁、钢铁三种。生铁含碳素较多，为2%以上，熟铁含碳素很少，0.5%以下，钢铁含碳素适中，为0.5% ~ 1.5%，并且去掉硫、磷等杂质。生铁质脆易断，熟铁性柔，制器效用并不胜于青铜。只有钢铁，是确能超过青铜的，但制作过程复杂，熟铁经过渗碳后才能有此作用，这须炼钢术提高，并有淬锻法发明，才能充分发挥钢铁的优点。③铁的熔点较高。要使铁熔为液体，需要1535℃，铜须在1083℃，含锡15%的青铜在900℃，这显然是较铜及青铜熔点为高，在原始社会末期或阶级社会的初期，是困难的。但铁的熔化需要高温，并不是铁发明较迟的主要原因，其迟出现，自别有故，铁不像铜及青铜等，必须熔为液体，始能翻砂。铁矿砂一般在700 ~ 800℃，便可提炼出铁。生铁在1100℃以上，即可熔化，即锻铁只要烧到红热亦可炼成器，不必将锻铁化成液体。在原始科学知识幼稚的时代，由劳动经验中，体会出锤炼和淬锻的方法，并不是简单的过程。铁器的迟上历史舞台，其秘密就在这里。

铁虽然来迟了，但一被应用，便起了积极作用，从前的石器时代和铜器时代，石和铜都曾被应用于斧斤，但铁斧的出现，其效用当非石斧、铜斧可比，用它便能砍伐大量森林，将铁应用于农具，更有其重要意义。从前耕地为木犁、石犁。铜器时代，皇帝亲耕时，或许可能用有花纹、带铭文的铜犁，但绝不能普遍应用，在生产上是不起多大作用的。应用铁犁，便可深耕。至于水利工程，因为铁铲、铁镬的发明，也有了很大的发展。这些都能促进生产提高，而为人类谋取幸福。铁器应用于武器，或较用于生产事业为晚，但一被应用于武器，就不可避免地使战争扩大与加剧。

二 铁器时代

1. 公元前 1000 年以前铁的历史

铁的流行大约开始于公元前 1000 年。铁的使用，是有其发展过程的。公元前 1000 年以前铁的历史，初为陨石的使用，前面讲过埃及新石器时代墓里的铁质串珠，是用陨铁制成的。在巴比伦的乌尔地方墓葬中，也发现有用陨石制的小刀。哥伦布发现新大陆，曾看见印第安土人以陨石制器，印度安得曼群岛的土人常利用漂流的覆舟中的铁磨制工具。我国在公元前 664 年（鲁僖公十六年）时，《春秋》经上曾有"陨石于宋五"的记载。宋沈括《梦溪笔谈》第一次认陨石为铁，这是天才的、正确的判断。19 世纪开始时，法国科学家还不承认陨铁是天上掉下来的，法国科学院还通过议案，否认有这种事情。

用铁矿提炼出来的铁以制器物，似始于公元前 2000 年左右的巴比伦。该区曾发现过少量的铁器。到公元前 1400 年左右，才渐渐普遍起来。公元前 1400～前 1200 年，赫梯王国的阿尔明尼亚地区已有冶铁业，并且是相当发达的，除本地应用之外，甚至输出埃及和巴比伦（亚述）。赫梯出土的文书，有附庸的邦君给国王的信，信中论及铁器的供给。埃及的吐塔哈门（Tutankhamen）墓中有金柄铁刀，观其形制就是由亚洲传入的。希腊传说，铁器是公元前 1400 年左右米诺王时代发明于依旦山。克里特岛有依旦山，但小亚细亚亦有依旦山。希腊传说当为小亚细亚的依旦山的误传。所传说铁器发明的时代，与事实相去或不甚远。巴比伦的铁字是外来语，可能是小亚细亚地方的土语，这名词与实物大约是一起由小亚细亚传入巴比伦的。

埃及在公元前 1200 年以后，已知渗碳法以炼钢，公元前 900～前 700 年间，埃及更进一步应用淬炼法，此后埃及有好些地方自己能够炼铁，并且在其国度内出现冶铁中心。

两河流域是于公元前 900 年左右，进入铁器时代的。公元前 900 年巴勒斯坦菲力斯丁人也普遍地使用铁器，但铁非它们本地所有，系由别地输入。

2. 公元前 1000 年代的铁器文化

亚述也在公元前 900 年时开始使用铁器，铁器一被应用，社会便起了飞跃变革，国家盛极一时，萨尔贡二世（前 700 年）大量推广铁器，19 世纪在萨尔贡二世宫殿的废墟附近，发现仓库有 15 万公斤（150吨）铁条，应为当时制作武器的材料，这对亚述的统一和向外扩张势力是起了决定作用的。后来波斯（即今之伊朗）也因铁应用于武器而形成波斯帝国。

希腊迈锡尼文明衰灭后，北方的多利亚蛮族侵入希腊半岛，迈锡尼的许多城市为蛮族的马蹄所踏平，这是蛮族给予迈锡尼不幸的一面；在另一面，他们同时也带来了铁器，不久便在当地被广泛利用，但铜器并未被排斥，荷马《伊里亚特》诗里提到铁的仅有 7 处，提到铜的地方，竟超过铁 14 倍之多，这充分说明铜器还占支配地位。在发掘出土的瓶罐上彩绘有两种：一种是黑地红花，一种是红地黑花，内容均为描写现实生活。曾有以打铁的题材纳入图形。铁制武器则有长剑、枪（矛头）、镞等，但箭头及盔甲，仍是铜制的。一般用具逐渐走入铁的领域，如锯、凿、钻等。农具方面有铁镰、铁犁。希腊面临大海，地居东西交通要冲，便为商业创造了客观条件，从而出现了铸币和拼音字母，这两种东西，对后来的社会影响也是很大的。

在巴比伦、埃及、印度和中国，青铜时代已经发明文字，但都属于象形范畴，并且都是单字。巴比伦由象形文字而发展为楔形文字，埃及象形文字有正楷与草书之别。拼音字母起源于腓尼基，1928 年，法国人曾在腓尼基的乌加里特发掘出泥版文书，大部为巴比伦文字，但另有一种文字系用 28 个楔形的字母拼音。后来又在腓尼基的格巴尔地方，发现公元前 1200 年左右的文字，是用 20 个字母拼音的，字形已非楔形文字，而和后来的腓尼基字母大致相同。巴勒斯坦在公元前 900 年，用腓尼基文改制为希伯来文。阿拉伯字母也是由腓尼基字母变化而来的。腓尼基字母约在公元前 900 年左右传入希腊。希腊又把腓尼基字母向前发展一步，除子音外，又加入了母音（删除一些子音，并以一些子音变为母音）。后来希腊字母东播，为俄国所采用，形成俄罗斯文字；希腊字母西传，为罗马所采取，形成拉丁文，为今日西欧，包括美洲在内文字的来源。

货币的出现，为交换增长的表征，初用实物如贝或牛为交换尺度，后用金属。如米诺文化即曾用铜块。至公元前 800 年之际，小亚细亚地带，有金属货币出现，为了保证金银的成色，国王曾加以印记。公元前 700 年，传至吕底亚，演为铸币，国王的印记不仅保证金属的成色，并且保证每个货币的重量。这样对于商业，给予不少方便。是定质定量货币的开始。后又传入希腊，希腊各城邦以其本邦所信仰的神，铸于货币之上，出土的钱范及货币，皆可为证明。后来广泛传布于欧洲，欧洲各国货币大多数铸有人像，并且是无孔的，都是渊源于此。

三 战国时代中国已进入铁器时代

铁器在中国何时开始，截至现在，还不能作肯定的回答。因为古文献载夏禹铸九鼎，便有人认为铁始于"夏代"，这是靠不住的。《诗经·大雅·公刘》："取厉取锻"，也有人便说周族在未立国以前，已经用铁，这等于间接承认殷代已经用铁，但"段"与"厉"一样，也是石头，并不是铁。殷周出土物中，铜器为主，石器次之，丝毫也没有看到铁的踪影，说铁出现于殷代，未免过早。至于西周，因为发掘工作做得太少，实难确言。文献方面也没有确定的证据。根据文献，铁可能始于春秋时代，在近年考古发掘中，证明铁在战国时代已普遍应用。

铁制的生产工具，解放前考古尚不注意农具，是否有铁制农具及铁制农具的数量如何，不得而知。解放后在战国的遗址中，发现铁制农具很多，其种类有犁铧、铲、镢、锄、镰等。这些农具中，有的是锤打制成的，有的是铸成的，并曾发现铁制的范，所以熔铸在当时可能发生。

由于铁制工具的应用，水利工程也是很发达的。在考古发掘中，有关此时水利工程的确定的痕迹是很少的，但过去的记载还是很多的，大致是符合当时事实的。如魏国西门豹治邺，曾在那里开渠灌溉，所以魏国初期的富强并不是偶然的。又如四川的都江堰水利工程，也是战国末年秦国的李冰父子所修的，至今四川人民仍是受惠无穷的。秦国在关中开郑国渠，这与秦国之强不无关系。当时已用桔槔汲水，《庄子》曾有所记载。

随着生产的发展和人口的增殖，手工业也较前提高一步，见于地下发掘物质材料的，可分为铁器、铜器、陶器、漆器、玉器各方面。铁器除农具外，还有铁制武器如匕首等，宝剑仍多是铜制的，其他工具，如刀、削、凿、斧等，均有铁制的出现。但此类工具多不作随葬品，仅见于墓葬填土和遗址中，欲作比较研究，还有待于多量遗址的发掘。铜器此时仍盛，未被铁器排斥净尽，制法多用蜡模，铸印有繁缛的花纹。错金银的技术也于此时开始，铜器上有嵌红铜的，有和殷代相同嵌绿松石的花纹。有的不是铸成而是刻制的，如寿县铜器的铭文和辉县赵固的铜鉴就是刻文的。花纹细是本期的特征，花纹并出现写实的，有作战图及禽兽等，作风粲然一新。陶器有彩绘，是烧后绘的，又有压花黑陶。鬲此时仍有，因为灶的使用，它便由短腿而变为镆（釜）。带盖的豆也渐渐无足而变为盒。陶器上的文字是烧前刻上的，有的是印上的。此时并有封泥发现。漆器以前没有发现，此时期发现有漆盾、耳杯、盘等，花纹多为云纹。玉饰多为不同的玉器连缀而成，系用于佩带，又有玉玺、玉册等。由这些手工业品中，可以看出当时的高度分工，从而又出现了独立的手工业者，如《孟子·尽心下》："孟子之滕，馆于上宫，有业屦于牖上，馆人求之弗得。"又《韩非子·说林上》："鲁人身善织屦，妻善织缟，而欲徙于越，或谓之曰：子必穷矣，鲁人曰：何也？曰：屦为履之也，而越人跣行，缟为冠之也，而越人被发。"文献和地下材料是能彼此印证的。

和手工业的发展相并行的，便是商业的发展。当时的货币为铸币；有布（先为空首铲形，后为平首铲形），有刀币，有圜钱。因为国别的不同，出现不同的货币，如燕、齐多用刀币，韩、赵、魏多用布币，楚用金爰、蚁鼻钱（即鬼脸钱）等，周秦多用圜钱，秦后来用半两。秦国统一天下，圜钱半两代替了六国各色货币。各国度量衡也不相同，因秦始皇政治的统一而一致。

交通方面。照《国语》上篇说："贾人……旱则资车，水则资舟"，是有水陆两种的。这时车特别加多，并多用于战争。孟子所谓："万乘之国"，可以反映出当时的情形。船不但用于一般交通事业，照狩猎纹铜器所示，船也应用于战争。

因为商业的增长和战争的频繁，城市发达起来，各个封建王国为了防御战争都筑有城市，燕有下都，齐有临淄，赵有邯郸，楚有郢，以上的城墙遗址，都仍保存到现今。有些可以再上推到春秋时代。当时各国之间，筑有长城。房屋的建筑，较殷代为进步，辉县出土刻纹铜鉴上的四阿屋顶为主体二层房屋。战国时已有置镀（釜）于上的炉灶。

最后再谈谈日常生活和墓葬。在服饰方面，出现带钩。带钩直延至南北朝时期还常使用，汉代称为"师比"。带钩或学自匈奴，"师比"当为译语。镜子开始出现于这个时期，战国时代镜子的特征：纽小，体薄，花纹似由方正的绫绢剪下一圆片做花纹。与汉代的厚镜花纹专为圆形镜而设计者不同。

墓葬方面。墓室结构为由竖井向洞室发展的过渡时代。屈肢葬流行，殆受中央亚细亚风俗影响，北方流行最厉，南方或不如北方之甚，长沙等地墓葬仍为直肢葬，便是例子。随葬品小墓中最普遍的是陶器，多为鼎（盛肉）、豆（盛酱菜肉干）、壶（盛水、酒）三者。这三种器物也因地域关系而略有不同：如西安一带，多为鬲、豆、壶；长沙一带为鼎，敦、壶。中型墓除陶器外还发现铜剑、铜镜、漆器等。大型墓则发现有成套的铜钟（所谓编钟）；成套的鼎，有五鼎为一组的；有七鼎为一组的（所谓列鼎）；石磬也是成套的（所谓编磬）。这可以想见当时封建贵族统治阶级"钟鸣鼎食之家"的概况。战国时代生产力和经济已发展到相当程度，为秦汉的统一集权国家打下了基础。

考古调查的目标和方法 *

有些人听到"考古调查"四字也许便怦然心动，以为可以游山玩水、访古探胜。不错，考古调查当然是一件引人入胜的工作，但是，这仍是一个艰苦的科学工作。它的目标是搜集资料来解决问题。详细地说起来，它的目标，除了像这次考古训练班由班主任率领着大家到凤凰台遗址调查那样旨在训练学员之外，主要的是下列二者：①了解遗址的分布情况。考古调查纵使不进一步做发掘工作，仍可以解决像某一种文化的分布范围、某一时代的文化和它的地理环境的关系等问题。②为发掘工作做准备。考古发掘工作的目标，是为解决历史科学上或考古学上的某一问题；在现今的情况下，常为配合基本建设同时保护文物。在未发掘以前，一定要先做好考古调查工作。

这一次黄河水库考古工作队的调查工作，把上面所说的三个目标都包括进去了。训练班刚毕业的学员，需要参加一次比较长期的实习，以便掌握考古调查的方法。这次主要的目标，是为将来进行发掘做准备。但是发掘工作只能是重点的，而我们这次的调查，却要求全面的

　＊ 本文是作者根据 1955 年 10 月 18 日为黄河水库考古工作队人员所作报告加以修改而写成的，原载《考古通讯》1956 年第 1 期。

普查，要不分轻重，都加以记录。这些记录如果做得完善，纵使没有发掘，也可以提供对于某一区域古代文化发展和分布情况的研究以头等的资料。当然，这次工作中所发现的在科学方面特别有价值的遗迹，我们不仅要进行复查，加以详细的研究，并且要选择重点，加以发掘或保护。

目标既然明确，我们再谈一谈调查的对象，在调查的区域内可以发现的文物，基本种类有下列各种：①平地上的居住遗址。这些有的是比较永久性的村落遗址，地面上常有陶片、石器、残瓦、碎砖等，沟沿的断面上常有灰层、灰坑、白灰面、红烧土、木炭渣、兽骨等，以及上面所提到的遗物；有时还有建筑物的残存如土墙、柱穴、石础等。有的是暂时性的窝棚遗址，好像后世游牧人民的歇站或军队的扎营，遗物颇有一些，但是没有灰层。村落遗址有时经过后来侵蚀冲刷，也可以不留灰层而仅存遗物的。至于仅有一两件小件遗物的地方，这可能是附近扰过的墓葬或遗址中移来的，也可能是古人偶尔遗失的。寺庙、道观等的废墟也可暂归入这一项下。②洞穴中的居住遗址。石灰岩地区的天然洞穴，常是古人的住宅。周口店和沙锅屯便是例子。如果曾住过人类，这些洞穴堆积的暴露面常有遗物和炭末等。在山腰上如果有洞穴，应该注意由洞口掉到山脚下来的堆土中有没有遗物。③城寨的废址。这些是防御性的建筑物，有版筑的、土坯砌的、石块叠的或砖筑的墙垣。古长城也可以归入这一类。有些还有隆起的残垣，有些只能由沟沿或道旁的断面上看到痕迹。④古代墓葬。这些有时有大土堆，在地面上便可以看出来，其中有些还有附属文物如墓碑、石人和石兽等。四川有凿进山崖中去的崖墓，墓道便露在外边。更多的墓葬是地面上不留痕迹，较难发现。它们只偶尔在道旁或沟沿的断面上或断崖上露出一部分。主要的是向当地群众打听，附近曾否发现过古墓。完整的古物绝大多数是出于墓葬。用探铲钻探的办法，在范围广阔的调查区域是不适用的。但可以在已确定有墓群的区域，重点地加以采用。⑤山地矿穴或采石坑。这些常有废料堆和当时所用的工具。矿穴附近常有提炼金属的工场。烧制陶瓷的窑址也可以暂归入这一项下。窑址有烧坏了的废品，有时废窑仍有部分保存。瓷窑常有托钵杂在废品和碎片堆中。⑥摩崖造像和题刻。这是指刻在山岩上不能移动的。规模较大的石窟寺也可归入这项下。题刻有碑铭和游人题名等。⑦可以移动的造像、碑碣、经幢、墓志等。墓志应该追究它的出土地，往往因之而发现墓群。其他石刻如果已经搬移过，也应追究它们原来的地点。如果它们所隶属的建筑物仍保存无恙，或仍有遗址，这些便应该视为建筑物的附属文物，在古建或遗址的项目中附带叙述。⑧古代建筑。这是指现存的建筑物。如果是废址，可以归入上面第①项中。古建包括庙宇、塔、祠堂、书院、住宅、桥梁、牌坊等。这需要古建筑学的专门知识，但是我们可以作简单的纪录并加照相，以便请专家复查（可参考《勘查山西古建筑的工作方法》，《文物参考资料》1954年第11期）。⑨古生物化石。这也是需要专门的知识。我们如有碰到，可以将发现地点和大概情形记下来，以便请古生物学家来复查。⑩其他偶然发现的各种不同用途和不同来源的古物和古迹。

我们将目标和对象弄清楚后，便可以进一步谈谈工作的方法。出发以前，应该先参考一些书籍，把有关的文献摘抄下来。我国古书史部地理类中，如《水经注》、《元和郡县志》、《太平寰宇记》、《舆地广记》、《读史方舆纪要》、明代（天顺）和清代（乾隆、嘉庆）的《一统志》等，都有一些和我们调查有关的材料。正史的地理志，尤其是《汉书·地理志》（可用王先谦补注本），也是如此。至于各地的方志，尤其是县志，更是应该参考。一般而论，同一地方的方志，修撰的时期越晚，便越详细。方志体例不一，其中沿革、山川、古迹、陵墓、寺观、金石等门中和我们有关的材料最多。如果近人曾在我们调查区域内调查或发掘过，或当地曾发现过古物，这些报告或消息，更应该阅读后加以摘录。其他书籍中有关的资料，只要是不重复的，也都应加以摘抄。为着行动的方便，调查队不能多带书籍，实际勘查工作期中，也没有工夫博览群书，所以要先做好这准备工作。

其次是查阅地图。我国大部分区域有 1/100000 或 1/50000 的地形图。不得已时，也可以利用旧县志卷首的地图。除了依据文献材料在地图上找出地点以外，我们要观察地形，看哪些地方（例如近河流的台地上）可能有古人居住遗址。有些地图上还测绘出文献上没有提到的古城垣或大土冢（自然最好是能有空中摄影的 1/10000 左右的照相。苏联花剌子模考古调查队便曾利用空中摄影去寻找遗址）。再要注意那些如古城村、破城子、城角村等一类的小地名，它们往往确是古城的遗址。关于水库区的调查，可以设法先获知放水后水位的海拔高度，出发前将所携的地图上相当于这海拔高度的等高线画上红线，作为调查的范围。上面所提及的那些值得注意的各地点，也都在地图上用红铅笔做上记号。

出发到了当地后（出发时不要忘记了携带给当地的地方政府的介绍信和各人的粮票），便该就近打听，设法搜集我们在准备阶段未能由文献和地图上获得的资料。当地文化馆或私人手中如果收藏有古物，要先设法获得机会看过一遍，把它们记在笔记本上，有些器物可以描一草图或加照相；同时打听它们的出土地点，并记下来。向地方干部和群众打听附近有些什么古迹，出土过什么古物。可以根据我们已搜集到的文献资料，具体地提出一些地点或古迹，询问他们现下情况怎样？这些口头上供给的资料，也都记下来。如能通过当地县政府召集县政府中有关文教的负责同志、文化馆馆长、中小学历史教员、老年的民主人士等，举行一次座谈会，那更易获得许多宝贵的线索。如果我们携有古物标本或图片，可以给他们看，也能起一定的作用。

现在我们算是大体知道了这区域的过去的历史和可能遇到的古迹和古物。根据上面几节所述的资料，我们便可以具体计划我们一组的调查路线。这路线的决定，还要考虑到当地的道路情况、交通工具的性质、村落或人口的稀密等。调查路线，一般是沿着河流或大路为主干，划定每日的调查范围，估计住宿和进餐的地点。这些计划当然要依着具体客观情况，时常加以修改，以求切合实际。

最后，也是最重要的一步工作，是实地勘查。这时候，须要能够眼勤、手勤、腿勤和脑勤，而腿勤尤为重要。不要听信"秀才不出门，能知天下事"的谬说，以为不跑腿也可以做好考古调查工作。现今虽是有很便利的交通工具，但是到了现场勘查时，最后还是非用两条腿不可。勘查时要眼到手到，细心观察，应该发掘一下的便该动手发掘，应该记录下来的便该当场动手记下来。不要以为自己记忆力强，回家后补记仍可保证没有遗漏。当时多写几个字，可以避免第二天为了补记多跑十几里路。开动脑筋是一切工作成功的关键，可以不用多说了。

每天出发前，要将当天的工作任务对同组的同志们交代清楚，以便大家心中有数。然后大家拿起背包出发（各人背包中携带一些什么东西，留在下节再谈）。到乡间要携带自己的工作证和当地县政府的介绍信。如有当地干部陪我们一起调查更方便。实地勘查时，除了已有线索的常可获得证实以外，也往往有意外的新收获。这首先是要能够注意地形，留意地面的微小变化，依赖长期的经验和工作的细心。泉水的附近、两河交流处、渡河的津口，都应该特别注意，可能有居住遗址。海边常有夹杂遗物的贝丘。华北黄土地带要特别注意靠近河流的台地，这上面往往有新石器时代的遗址。农民取土、挖窖、修渠、掘井、造坟、筑屋，以及深耕的地方，都要细心观察，可能有翻上来的遗物。农民耕田时，常将田中石砾拣出来堆在田岸旁，这些砾堆中常夹杂有古代的遗物。沟沿或路边的断面上，要特别留意是否有遗迹暴露。地面下埋有夯土城墙的地方，庄稼常长得特别低矮；而有填塞过的壕沟的地方，常生长得特别茂盛。这些都是良好的线索。有了新发现便要停下来做较仔细的观察并且采集标本，然后作记录，包括测绘草图、摄取照相（照相要有照相记录）和写文字记录。这次为了统一调查记录的规格，我们印了一种表格，以便填写。这表格的样式和用法，下节再说。

实地勘查工作的另一个要点是依靠群众。调查时一有机会便虚心向当地群众请教。最好能随身带些陶片、石器等标本以便拿出来给农民看，使他们更容易明了我们所寻找的对象。有时候连小孩子也可以供给我们很重要的线索。同时也可以宣传保护文物的政策法令。千万不要踏践了农民辛勤种植的庄稼。在乡间的生活方式要吃苦耐劳，和群众一样或至少也很接近。

勘查时采集标本的标准，自然也有伸缩的余地。一般而论，小件的古物如骨器、铜钱、玉器等，可以全部收集。沉重的大件石器和石刻，只能加以记录，不便移运。最成问题的是陶片砖瓦。我的意见，调查时对于陶片，只能于各种不同陶质（包括胎质、颜色、制法、表面处理各方面）的陶片，每种选取一两片作为代表。优先选择那些器形上带有不同形式的口缘部或底部或耳部的和表面上带有花纹的。如果是有花纹的，可依装饰的纹样和加饰方法的不同，每种选择一两件作为代表。砖瓦类（包括瓦当）带有花纹或文字的，也可以依照有纹饰的陶片同样处理。素面或仅有绳纹或布纹的砖瓦，可以记录它们的尺寸和特点后，不加采回。不要乱挖未经扰乱过的文化层中的标本。如果地面的采集品已有同样的标本，而这文化层暂时并没有被破坏的危险，那么宁可将它留在原来的文化层中，留待将来正式发掘。我们只要于调查记录中暴露遗物项下加以说明便够了。将来正式发掘时，发掘面积一定较广，工作也一定较细。那时留在原来文化层中的遗物便可以更清楚地显示它和其他遗迹或遗物的关系；它的学术价值便比我们现在调查时仓促中挖取出来的要大得多。

实地勘查时，要掌握好时间。较远的地区，可以留到第二天再去调查。不要拖得时间太晚，回来时天黑，乡间旷野容易迷路，以致弄得狼狈不堪，筋疲力尽，不仅影响到当天晚上的工作，并且有时要连累到第二天的工作也做不好。每天的整理标本和记录的工作，要在当天晚上便搞好。不要搁置起来，以致越积越多，不仅使后来工作更为繁难，并且容易造成混淆，损及工作的正确性。调查期内，每星期要于某几天晚上排定时间学习政治，不要为了业务松懈了政治的学习。这可以于那几天早些结束归来。这样便可以留下星期天做休息的时间。

负责一定地区的调查组（或调查小队），可以由几个"二人小组"合成，每晚集中住宿在一起（这次我们每个调查组是由两个二人小组合成）。组长负责组务，代表调查组和当地的政府接洽，和向后方的总队部联系（可以规定每星期或两星期将调查记录副本和野外工作简报寄回总队部）。队中各人当然要分工，各负其责。组中可以时常开会商谈计划和检讨工作。至于每日的实地勘察工作，以二人小组为最适宜。这样一个二人小组在一般情况下，每天可以调查 5 ~ 10 平方公里的面积。

二人小组每天出去调查时所携带的应用物品，以两个人能自己背得起的作为限度。每人一个背包或挂包，许多东西都可以放在背包里。除非很有把握中午一顿可以在镇上或农村中买到吃的东西，最好还是把这一顿的干粮，盛在铝制的饭盒里随身带去。用过午餐后，空饭盒虽然减轻了重量，但这时一定会添上一些检拾得的古物标本。如果那天成绩特别好，满载而归；那时精神饱满，大概不会感觉到标本的沉重。

二人小组每天出来要携带的东西，除了背包和饭盒之外，还有下列各种应用物品：①望远镜一件。有时隔着山沟或河流，望远镜可以省得我们绕道多跑几里路或升降几十米；在一般情况下，也可以帮助我们增加所走路线两侧的视野。望远镜需要十倍左右的。倍数太低的，只适合于戏院中由后座瞭望戏台，并不适于野外工作。②照相机一架。调查工作以装120底片的反光镜箱为最适用，价钱也不过昂。③三脚架带自由头一件。如果没有古建或洞穴需要室内照相，这一件可以免带。④胶卷一两卷。如果相机是莱卡一类可拍32张的，而又新装上底片的，可以不再另带胶卷。⑤有测斜设备的罗盘一件。如果是没有测斜设备的罗盘针，最好能另带一测斜仪。⑥30米和15米的皮尺各一件。⑦2米的钢尺或木制折尺二件（每人一件）。⑧小三角铲2件。这是每个做田野考古工作的人都要随身携带的。它可以用以挖掘去土，它的边缘可以刮平暴露面来观察地层，它的尖端可用以剔取标本。⑨棕刷一件。可采用油漆匠使用的那种细把刷。遇到断崖上露头的标本或石刻造像和铭刻，常需要刷去尘土，才得看清楚。⑩盛标本的小布囊五六个。从前曾用纸张包裹标本。这在背包中遭受摩擦撞击，容易破裂，以致将不同地点的标本，混在一起。现在我们采用长宽18×14厘米的布囊，这是由面积大一倍的粗布对折缝成的，囊口用抽带，可以抽紧绑捆。⑪小纸盒一二个。利用旧的火柴盒也可以，是用以盛放易碎的小标本。⑫标本的标签一二本。可以利用发掘团所普通使用的标本签，上面印有号数（标本号）、名称（标本品名），地点、数量、记录者和日期。⑬抄写用的铅笔和红蓝铅笔各二支（每人一支）。最好有文具盒盛装，否则要有铅笔套，以防折断。⑭橡皮和小刀各二件，是配合铅笔使用的。⑮小米突尺和半圆规各一件，三角板一副，是绘画遗址草图用的。⑯有调查记录表格和附页的记录簿一本。又复写纸二张，即夹在簿中。⑰米厘纸簿一本。⑱袖珍日记簿二本（每人一本）。⑲地图。可用1/50000的地形图。如有1/25000或1/10000的更佳。最好有一圆筒形的纸筒以装地图，使之既难丢失，也不易磨损。这些地图是可作军用的，应该保密，更不能遗失。⑳三节手电筒一个。山洞和古墓中可用以照明。万一归来过晚，路中也可利用。㉑雨伞一把。雨天当然不必出来调查，但是阴天恐怕下雨而又舍不得空旷过一天，便可以携带雨伞出门。㉒哨子二个。以防万一走散，两人可用哨子互相呼应联系。同组的二人最好不用走开分散过远，致失联系。有的同志会吹口哨的，便可以不另带哨子。上面所说的应携带的物件，有些可放在背包里，有些便可放在衣服的口袋中。我们曾经试验过，将这些物件的全部由二人分别负担（可能还要加上一些采集的标本），通常健康的人都可胜任。此外每人可以携带一根长约 1 米的木棍，一头装上长约 12 厘米的小洋镐（一端尖头、一端平刃）。地质勘查队是使用有锤头的，但是我们所要对付的不会是坚硬的岩石，并不需要锤头。我们这件工具，爬山时可当手杖，工作时可当掘土用的小洋镐，又可当测量用的标杆。经过村庄时可用以防恶犬，荒凉山区可用以防野兽。虽然看起来似乎是一个累赘，休息时放下后，常要担心遗忘失落，但仍是值得一带的。

上面说到的考古调查记录表格，是我们这次拟制以供试用的。虽曾经过几位有过调查经验的同志讨论过，可能仍是有些缺点。希望大家根据试用的经验，提出意见，再加改进。这表格最适用于居住遗址和有大土堆的墓葬。我们的记录簿后面有几张空白页，是可以灵活使用的，既可以作为记录古建筑或古生物化石的发现地点之用，也可能作为前面调查记录表格的附页，补写原表格容纳不下的记录或附绘草图。调查记录表格簿的长宽是 26×19 厘米。表格纸的样式如图 1。每份是同样格式的二张；下面的一张是 70 磅的厚道林纸的，离外面边缘 17.5 厘米处打了一行列齿孔，以便撕下；上面的一张是薄的打字纸。可以将复写纸夹在二者之间，以便写成同样的二份记录。我们将这种表格纸 35 份即 70 张，再加上空白的附页 15 份即 30 张，合订成一本，加上硬纸封面。记录完毕后，薄纸的一张仍保留在底册中，道林纸的一张可以撕下寄回总队部汇报，并作为整理报告时使用。

底册號 7　黄河水庫區第 1 次調查記錄　第 1 頁

編號：55HD1

1.地點：五里舖　2.地圖號：9(东北部)　3.隸屬：陝西潼關縣 二 區吊橋鄉(鎮)

4.位置：在 五里舖 村 東 (方向) 500 米　5.海拔高度：△△△米

6.關係人姓名和住址：住在五里舖村中的田秉臣的地

7.地理形勢：遺址在渭河流入黄河處的黄河南岸的第一台地上，高出河灘△△米。遺址所在地平坦，東西兩边都為山溝，南边為更高的第二台地，高出△△米。

8.面積：東西長 200米、南北寬 50米

9.文化層深度：離地面△米至△米，厚△△米。10.土堆高度：✓

11.附近水流：北臨黄河的河灘

12.土質和農作物：地質為黄土，土壤為棕鈣土、現種植棉花和紅薯。

13.侵蝕情況：北部受河水侵蝕，一部分塌入河中。

14.近代建築物、道路等：遺址上有人行小路，址南約200米為公路，約500為隴海鐵路

15.暴露遺跡：有灰坑和灰土層

16.暴露遺物：彩陶片及紅陶片。地表面有漢代陶片和唐宋瓷片。

17.採集遺物：
彩陶片 △△片
劃紋紅陶 △△片
細泥紅陶 △△片
夾砂粗紅陶 △△片
（以上共△△片）
磨石斧 △件

18.文化性質和年代：仰韶文化居住遺址

19.建議：希望加以複查以決定其價值發掘与否。

20.備註：同行者有△△△、△△△。

21.參考文獻：✓

22.繪圖號 △△号　繪圖者 △△△　23.照相號 第△捲△張。

24.調查日期 1955 年 10 月 23 日　記錄者 △△△

中國科學院考古研究所製

图 1

填写表格的方法，可以对照着样张逐项说明一下。框栏上首的"底册号"的设置，是因为每一次调查所使用的记录簿不止一册。为了能够由已填写好撕下的活页再找到它在册中的老家，有知道底册号的必要。这号数是由总队部发出记录本时统一编号的。接着是什么地区第几次调查和第几页，也是为了同样的作用。框栏内第一行是编号，是发现地点的编号。普通是用数目字和拉丁字母。凡是这地点所出的标本如陶片、石器等，都该写上这编号。所以这编号要避免笔画过繁，要避免重复。例如样张中所填的，起首"55H"是指1955年黄河水库区的调查，出发调查的各组依拉丁字母顺序为A、B、C、D等。最后一个数目字是依照发现地点在这一组调查工作中发现的早迟顺序编排的。

其余的项目，现在依项目号数顺序逐项加以说明。有些意义易明不须解释的项目，这里便省略去不谈。①地点。要写村名或更小的地名，例如仰韶村、城子崖、大皇冢等。不要写大地名如县名或乡名，容易重复。如果同一小地名仍有两个以上的遗址可以加上"甲址"、"乙址"，或"东地"、"西地"等字，以示区别。有些遗址中的文化层的残留，不能连成一片，仅是断续地有露头，只能算是一个遗址，不能将每一个露头都算是一个遗址。②地图号是指所携带的地图的号数。每张地图，总队部发出时都编有号数。如果是大幅地图，地名太多，不易找到，可用纵横线隔成小方格，每方格给一号数。也可用四象限来表示，注明某图的东北部或西南部等。记录这项时，应该同时于地图上以红十字和编号数标出发现地点。⑤海拔高度。这项在调查水库区时，尤应注意。最好和水库工程的三角测量队联系，找到他们所设置的标桩，然后测定我们遗址的相对高度，便可算出海拔。如果没有这种方便，只好利用我们所携带的地图上的等高线，写明约在海拔几米至几米之间。不要光说"几米以上"，试问到底"上"到多少高度？⑥关系人是指发现地点的土地所有人，或知道这地点的当地人士，以便将来复查或发掘时容易联系。⑧面积长宽。要于"长度"之前注明测长的方向是南北或东西的。

宽度也是这样。如果无灰层可量，可以依照遗物分布范围来标明长宽，并且加以注明"灰层无留（或未暴露），仅依地面遗物分布范围"。⑨文化层深度。如果仅地表面有遗物，地表面以下并没有文化层，或虽有而并未暴露，或仅各文化层在地表下若干米开始而不知厚度，都应写明。⑩土堆高度。土堆指人工堆积的坟冢，或建筑物倾圮后的填起的废墟，或贝丘的堆积。⑪附近水流。如果为一年中仅数月有水的干河，应加注明。附近如泉水、池塘、湖泊、海洋，也应注明。⑫土质和农作物。土质包括地质和土壤两方面，尤以后者更为重要。如不能确定其性质，可以采集一小包土壤，拿回来请人鉴定。农作物不仅可借此以推测古代情况，并且可为将来决定要发掘时做设计的参考，可选择农作物收割后的时间来进行发掘。⑭近代建筑物和道路等。这些有的是压在遗址的上面，可以知道遗址破坏情况；有的在遗址附近，可以供给将来决定要发掘时做设计的参考，以便计划住宿所、休息站、运输交通等各方面。⑮暴露遗迹。这是指调查时已暴露的古代遗迹，如灰层、灰坑、夯土墙、白灰面、砖砌屋墙或墓室、石砌屋墙或墓室等；并不是指那些致令遗迹暴露的原因如现代农民的取土、挖水窖等。⑯暴露遗物。这包括采集的和不采集的遗物，而后者更为重要，必须加以记录，并且说明各种不同遗物的大致多寡或所占比例。已采集的遗物，于这项下可以不必详说，只要注明"余见下项17"。⑰采集遗物。采集的标准，前面已经谈过。这项下最好能写明件数，以便核对。⑲建议。可依照其学术价值的大小和被破坏的可能性，而建议是否发掘或保护，以及保护的方法等。⑳备注。不属于其他项目者都可归入。例如调查时除记录者以外尚有何人在场。又如果发现地点的小地名和上面第②项所写的村名，都为地图上所无者，应于备注中注明其和地图上已具有的地名的关系，以便检寻。㉒绘图号。如已将草图临摹于道林纸一张记录表格纸的背面，可以于这项的绘图号（指米厘纸或空白纸的原草图的号数）的后面，用括弧注明"（见背面）"。㉕记录者姓名。二人小组可于这项兼列二人姓名而执笔者在前。

表格中各项如果因字数过多以致容纳不下，可以接写于记录簿后部分的附页中。在表格中这一项的末尾注明"续附页第几页"。附页只印出长方形的框栏，内中空白；仅框栏上首印了一行"底册号×"、"××第×次调查记录"、"第×页"。填写这一行时，除页数依照装订页数顺序填写外，余和前面的表格相同。附页也是可以复写的。框栏内第一行先写发现地点的编号和地点名、记录者姓名和年月日。第二行起，先写所属的项目的号数和名目（如地理形势，即写"⑦地理形势"），然后接写文字记录。写完后附页也可将道林纸的一张撕下，和前面撕下的正页放在一起。如将附页作绘画地点草图之用，可以只用一张（厚薄均可），而临摹这草图于已填写好的道林纸的表格的背面。

最后，我们谈谈调查工作中应该遵守的几点原则。如果大家都同意的话，我们可以把它修订一下，定为这次考古工作队的队员守则：①遵守纪律，服从领导，严格保守国家机密。②调查工作必须积极负责，忠诚老实，吃苦耐劳，克服困难，完成任务。③依靠各级地方领导，搞好和地方干部及群众的关系。④同志之间要团结友爱，互相帮助，虚心学习，开展批评和自我批评。⑤注意安全问题和卫生问题，保持身体健康。⑥爱护公物，谨慎使用仪器，节约各种消耗物品。⑦私人不收买或收藏古物标本。（这调查守则10月19日黄河水库考古工作队分组讨论后通过采用）

这调查守则的各项，旁的用不着解释，仅最末一项，我想说几句。出土的古物，乃是属于国家的公物，既不容许个人占为私有，也不能当作商品用货币来交换的。我们从事考古工作的人终身为考古工作服务，应遵守不收买不收藏古物的纪律，不仅是在调查或发掘时间以内而已。在调查工作中，我们一切采集的标本，都要缴交队部。不仅个人不能保留，也不可以私自带给自己服务的单位；不仅个人不能收买古物，也不要为公家收买。我提出这几项调查守则，便作为这次讲话的结束语。

田野考古方法[*]

我们讲田野考古方法以前，有几点须要先说明一下。

我们如果想掌握田野考古方法，仅靠这讲义是不中用的。便是再加上课堂上的听讲和做笔记，仍是不中用的。田野考古的技能，只有在田野的实际工作中才可获得。最好能在有经验的田野考古者指导之下工作以求取得经验。这讲义并不能替代田野的实际工作，而只是作为工作时参考之用，以便在田野工作中能抓住重点，学习得更快和更好。

提起"方法"，我们便联想到"目标"。方法本身不能便算是目标，方法是为了达到一定的目标。评定方法的好坏，是看它能否达到所拟定的目标。考古学的目标是什么呢？《苏联大百科全书》中"考古学"一条有明确的定义，说它是"根据实物的史料来研究人类的历史的过去的科学"。田野考古方法便是如何去发现、观察和记录古代传下来的实物的史料，以便复原古代人类社会的情况。

为了达到这个目标而提出的田野考古方法，绝不会只是挖宝工作而

---

　* 本文是 1956 年冬作者在中国科学院考古研究所见习员训练班授课的讲稿，曾收入《考古学基础》一书（科学出版社，1959）。

已。田野考古工作水平的高低，并不是以出土物的美恶或好坏为标准的，而是以工作方法的合于科学与否为标准的。发掘到什么东西，有时候是由于科学的预见性，有时候是碰运气的，但是考古发掘的方法是有一定的规格的。检查田野工作的好坏，并不问出土些什么东西，而要问这些东西如何出土的。苏联管理颁发考古发掘执照的机构，规定发掘完毕后要向他报告发掘方法，以便检查发掘工作的质量合格与否，而决定此后是否继续给予该发掘队以执照或禁止不准再掘。

所谓"方法是合于科学"这一句话，并没有什么神秘的意义。这只是要求：①忠实；②精确；③系统化。这是几乎每一个人只要努力都可以达到的，并不需要天才或超人的能力。"忠实"是无论哪一门科学都要严格要求做到的。我们研究客观事物的真相，决不能故意把这真相先加以歪曲。至于精确方面，我们只要求为了我们的目标而做到适当的精确。我们并不要求为精确而精确。田野考古工作中的精确是有一定限度的。超过这限度只增加工作量，并不增添科学性；有时反而顾小失大，因为时间忙不过来，反而忽视了重点。系统化包括两方面：一方面，我们要把我们工作的经验时常加以总结，做出一个操作的程序。另一方面，我们要把所获得的考古资料加以整理，使中国考古学成为有一定体系的科学。

我们在下面所讲的各种方法，只是我们认为在现阶段较妥善可以采用的。这些只是一些建议，并不是定律。我们要吸收前人的经验，再加入创造性的新方法。我们决不要采取教条主义。我们要依照实际工作中的具体情况来采取适当的方法。希望大家能在这基础上更加改进，以便提高工作水平。

一 考古调查

考古调查是发掘的准备工作。只有先经过精细的调查以后，才能决定发掘的地点和如何进行发掘，所以我们现在先来谈一谈考古调查。

考古调查的目标，除了上面所说的为发掘工作做准备以外，调查本身便可以作为一种科学工作。调查工作如能做得深入而范围又广泛，那么纵使不进一步做发掘工作，也仍可以解决一些考古学上的问题，例如某一种文化的分布范围，某一种文化和它的地理环境的关系等。

现在我国社会主义的建设中，常要配合基本建设的同时保护文物。为了作好保护工作，文化部有文物普查的计划，要展开考古调查工作。这种全面的普查，要不分轻重，都加以记录。然后再加详细研究，选择重点作为保护或发掘的对象。

目标既然明确，我们再谈一谈调查对象。调查时可能遇到的对象有下列各种：①平地上的居住遗址；②洞穴中的居住遗址；③城寨的废址；④古代墓葬；⑤山地矿穴或采石坑；⑥摩崖造像和题刻；⑦可以移动的石刻，例如造像、碑碣、经幢等；⑧古代建筑物；⑨其他偶然发现的各种不同用途和不同来源的古物和古迹。

调查工作的方法，在出发以前，应该先参考一些书籍，把有关的文献摘抄下来。只要是不重复的，都应加以摘抄。为着行动的方便，调查队不能多带书籍，在勘查工作期间，也没有工夫博览群书，所以要先做好这准备工作。如果能于这准备工作中找出要解决的学术性问题，那是更好了。其次是查阅地图。可依据文献材料在地图上找出要勘查的地方，并且观察地形和地名，看哪些地方可能有古人居住遗址或古墓，在地图上用红铅笔做上记号。

出发到当地后，便该就近打听、搜集有关资料，当地文化馆（或博物馆）和私人如收藏有当地出土古物，应先看过一遍，并查问它的出土地点。向地方干部或群众打听附近有什么古迹和出土过什么古物。

根据上面所述的方法所获得的资料，我们便可以具体计划我们的调查路线。这路线的决定，还要考虑到当地的道路情况，交通工具的性质，村落或人口的稀密，食宿的地点等。调查路线，一般是沿着河流或大路为主干，划定每天的调查范围，估计住宿和进餐的处所。这些计划当然要依着具体客观情况，时常加以修正，以求切合实际。

最后，也是最重要的一步工作，便是实地勘查。这时候须要能够眼勤、手勤、腿勤和脑勤，而腿勤尤为重要。应该跑去勘查的地方都要跑到。勘察时细心观察，应该拨动一下的便该动手拨一下，应该记录的便应当动手记下来。开动脑筋，寻找问题，并加解决。

每天出发前，要将当天的工作任务交代清楚，以便大家心里有数。实地勘察时，除了已有线索的常可获得证实以外，也往往有意外的新收获，这首先是要能够注意地形，留意地面微小变化。泉水的附近，两河交汇处，渡河的津口，都应特别注意，可能有居住遗址。海边或湖滨常有夹杂遗物的贝丘，黄土地带的台地上常有居住遗址。农民取土、挖窖、修渠、掘井、造坟、筑屋以及深耕的地方，都要细心观察，可能有翻上来的遗物。沟沿和路边的断面上，也常有遗迹暴露。这些都是良好的线索。跟着这些线索追寻下去，时常能有新发现。

实地勘察工作的另一要点是依靠群众，一有机会便向群众请教。最好能随身带些陶片、石器等标本，使群众更容易明了我们所寻找的对象。同时也可以宣传保护文物的政策法令。千万不要践踏农民辛勤种植的庄稼。

有了新发现便要停下来作较仔细的观察，并且采集标本，然后作记录，包括测绘草图、摄取照相（要另有照相记录本）和写文字记录。

采集标本的标准，一般而论，小件的古物如骨器、铜钱、玉器等，可以全部收集，沉重的大件石器或石刻，不便移运，只能加以记录。至于陶片，如果数量多，其中特别一些的可全部收集，其余则每种陶质选取一两片作代表。不要乱挖未经扰乱过的文化层中的遗物，尽可能的留待将来正式发掘。

至于文字记录本，最好能包括下列各项：①遗址编号；②地名；③隶属；④遗址位置（可注明在哪一幅地图中）；⑤海拔高度；⑥关系人姓名和住址；⑦地理形势；⑧面积；⑨文化层深度；⑩土堆高度；⑪附近水流；⑫土质和农作物；⑬侵蚀情况；⑭近代建筑物、道路等；⑮暴露出的遗迹；⑯暴露遗物；⑰采集遗物；⑱文化性质和年代；⑲建议；⑳备注；㉑参考文献；㉒绘图号；㉓照相号；㉔调查日期及记录者姓名。这些项目依照具体情况可以有伸缩余地。经常从事考古调查的机构，可以将这表格排版印刷，以便调查者依表填写。下面是黄河水库考古调查的表格（表1）。

表1

底 册 号　**7**　　　　　　黄河水库区第**1**次调查记录　　　　　第　**1**　页

编号：55HD1
1. 地点：五里铺。　2. 地图号：9（东北部）。　3. 隶属：陕西潼关县二区吊桥乡（镇）。
4. 位置：在五里铺村东（方向）500 米。　　5. 海拔高度：△△△米。
6. 关系人姓名和住址：住在五里铺村中的田秉臣的地。
7. 地理形势：遗址在渭河流入黄河处的黄河南岸的第一台地上，高出河滩△△米。遗址所在地平坦，东西两边都为山沟，南边为更高的第二台地，高出△△米。
8. 面积：东西长 200 米、南北宽 50 米。
9. 文化层深度：离地面△米至△米，厚△△米。　　10. 土堆高度：✓
11. 附近水流：北临黄河的河滩。
12. 土质和农作物：地质为黄土，土壤为棕钙土，现种植棉花和红薯。
13. 侵蚀情况：北部受河水侵蚀，一部分塌入河中。
14. 近代建筑物、道路等：遗址上有人行小路，址南约 200 米为公路，约 500 米为陇海铁路。
15. 暴露遗迹：有灰坑和灰土层。
16. 暴露遗物：彩陶片及红陶片，地表面有汉代陶片和唐宋瓷片。
17. 采集遗物：　　彩陶片　　　△△片 　　　　　　　划纹红陶　　△△片 　　　　　　　细泥红陶　　△△片　}共△△片 　　　　　　　夹砂粗红陶　△△片 　　　　　　　残石斧　　　△件
18. 文化性质和年代：仰韶文化居位遗址。
19. 建议：希望加以复查以决定其价值发掘与否。
20. 备注：同行者有△△△、△△△。
21. 参考文献：✓
22. 绘图号：△△号　　　绘图者：△△△　　　23. 照相号：第△卷△张
24. 调查日期：1955 年 10 月 23 日　　　记录者：△△△

调查小组的组织，也要依照主观条件和客观情况而定。一般而论，负责一定地区的调查队可由几个"二人小组"合成，每晚集中住宿在一起。队长负责组务，是组内的领导，也是对外的代表。队中各人分工合作。队中可时常开会商讨计划和检查工作。至于每天的实际勘察工作，以"二人小组"为最适宜。这样一个"二人小组"在一般情况下每天可调查 5~10 平方公里的面积。

二人小组每天出来要携带的东西，依照黄河水库队的经验，有下列各物：①背包；②望远镜；③照相机、带自由头的三脚架、胶卷；④有测斜设备的罗盘；⑤30 米和 15 米的皮尺和 2 米的钢尺；⑥小三角铲；⑦棕刷；⑧盛标本的小布囊、小纸盒、小标签；⑨抄写的铅笔和红蓝铅笔、橡皮、小刀；⑩小米突尺、半圆规、三角板；⑪调查记录表格本、复写纸、袖珍日记簿；⑫地图；⑬三节手电筒；⑭雨伞；⑮哨子；⑯饭盒；⑰勘查手杖。

最后，我想介绍一下黄河水库调查队的队员守则：①遵守纪律，服从领导，严格保守国家机密；②积极负责，忠诚老实，吃苦耐劳，克服困难，完成任务；③依靠各级地方领导，搞好和地方干部及群众的关系；④同志之间要团结友爱，互相帮助，虚心学习，开展批评和自我批评；⑤注意安全问题和卫生问题，保持身体健康；⑥爱护公物，谨慎使用仪器，节约各种消耗物品；⑦私人不收买或收藏古物标本。

二　考古发掘工作

为了进一步了解遗址的情况，便须要作考古发掘工作。

发掘工作可分成两方面：一方面是揭露遗址和遗物，另一方面是移运掘出来的泥土。后者可用机械处理，如铺设轻便铁道等。前者现下仍只能依靠人工，因为这需要仔细的工作。

在发掘工作以前，要经过周密调查，根据初步材料，作出发掘计划。在发掘工作时期中，又要不断地修正和改进计划，以求符合于客观情况。工作的进程中，时常暴露出新的情况，所以计划不能株守不变。

（一）工地的选择和准备工作

调查工作的结果，常发现大批的居住遗址和古墓葬，例如黄河水库队仅三门峡水库区便发现了居住遗址 211 处，古墓葬 73 处，刘家峡水库的发现共达 176 处。我们自然不能全部都加以发掘，必须有所选择。

选择的标准，可以由下列各点来做考虑：

（1）基建工程是否紧急，尽先照顾工程紧迫的地方；

（2）与考古学上亟待解决的问题有关的地方；

（3）古代名城遗址；

（4）遗址中所包含的遗物的质和量；

（5）有被自然力毁去的危险与否（如河岸坍方地区等）；

（6）工作方便与否，例如工作站房子，工人来源，饮水和伙食。

决定了工作地以后，在发掘前还需要做些准备工作。

（1）取得发掘的许可（文化部文物事业管理局的发掘执照，地方政府和干部的联系，基建地区工作部门的联系，土地所有者的农业合作社或私人的许可）；

（2）编制预算和筹备经费；

（3）选择工作人员并加以组织（规模较大的发掘队，除队长之外，有行政人员、工地负责发掘和记录的人员、照相师、测量员、室内整埋的登记员，有时还加上器物修理员和绘图员）；

（4）准备发掘工具。掘土和运土的工具，最好便利用当地农民所习惯使用的；

（5）其他设备（如照相、测量、修补器材、文具和日用品等）；

（6）测绘地图（与发掘工作可同时进行）。

我们是假定在选定发掘工作地以前已经做过仔细的调查工作的。如果是突然为了配合基建而要进行发掘，我们仍须要补做调查工作中所提到的准备工作，如参考有关文献，打听这工作地点以前曾否出土过古物，并设法看到这些以前出土的古物。总之，我们要对这工作地的古代历史有一定的了解，同时要了解工作地的土地的性质，以便规定我们的发掘计划和预见到在发掘工作中可能遇到的问题。

（二）考古发掘中的地层研究

在没有谈具体发掘以前，我想先谈一谈考古学上的地层学。地层学是由地质学借来的名词，但它在考古学中的重要性，正是和在地质学中一样。在居住遗址的发掘中，地层学比在古墓发掘中更为重要，但是即便在古墓发掘中，只要是有地层重叠的现象，我们也是应该注意地层的。

地层学是什么意思呢？人类居住在一地，普通是会在原来的天然堆积或沉积的生土上面，堆积起一层熟土。这熟土中常夹杂着人类无意掉下来的或有意抛弃掉的器物等。这是经过人类移动过的土，包括建筑物的剩余，以及践踏所成的路土。后来的人在这文化层的上面生活着，又堆积了一层。如果有一时期没有人类住在上面，便会发生一层天然堆积物，如水冲的淤土，风吹来的沙尘，以及草木朽烂的腐殖土。像我们放置卡片一样，后来的一张放在早先的一张上面，这样叠成一堆。如果没有经过扰乱，上面的每一张都比它下面的一张为晚一些时候放上去的。这是地层学的基本意义。

事实上，考古学上地层的堆积，绝不像刚才所说的那么简单。如果是长期继续居住的遗址，各个房子不会是同时重新建过的，而是有些建得快，有些经过很久才重建。所以，同一时代的地层并不一定都在一个平面上，像卡片那样整齐。正像地质学上的河流活动有沉积也有侵蚀，人类的活动，不仅埋积了文化层，有时也移去了文化层。例如掘墓、挖井或平土起屋，常破坏了下面文化层。因为有这些复杂的因素，所以观察地层、记录地层和解释地层，便成了发掘居住遗址中的重要工作。只有正确地解释了地层现象，我们才可以复原这一遗址的过去历史。

因为层次关系的重要性，所以我们发掘必须辨别层次，并且依着层次来做发掘。地层未经扰乱的文化堆积，正像一本活页的书籍，虽没有写上页数，但是前后的页次井然。一个仔细的发掘工作，便可将原来的前后关系揭露出来。一个乱七八糟的发掘，便要搞乱了这本活页书籍。因为这并没有写明页数，并且原来又已有残缺的，这样搞乱以后，有许多便永远无法复原了。

辨别层次的方法，一般而言，不同地层的土要显示不同的颜色，或不同的土质（如土质的松硬、土中含砂的多少等）。仔细观察有时便可识别出它们的差别来。有些较难识别的地层，我们要用小铲或手指来探摸，有时要喷水使土润湿，使不同地层易于显现。在一天中不同时刻的不同光线下，地层的不同也有时显明而有时隐晦。要耐心地仔细观察，大致都可获得满意的结果。有时可请别人一起观察，商讨之后，再决定地层的划分。自然，这工作是须要田野工作的实地经验的，光是课堂中口讲，是没有用处的。

（三）居住遗址的发掘

发掘居住遗址，从前多是打探沟法，现在我们多采取探方法。前者是挖掘一条狭长的沟，后者是划成正方格，依"方"来挖掘。现在先说"探方"法的做法（图1）。先决定了在遗址中哪一片地方先做发掘，在这里划好了方格网，在每个十字线交叉点打下一个木橛。方格的大小，是与遗址堆积层的深度有关系的。至少是每边2米，因为还留隔梁，如果少于2米便不易工作了。

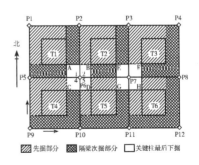

图1　方格网及开掘图

（这图系用石兴邦《略谈新石器时代晚期居住遗址的发掘》一文图六）

但是遗址堆积层厚度如果超过 2 米，可以依厚度的不同，采取每边 3
米、4 米、6 米，即每边的长度与估计的厚度大致相近。但每边超过 6
米时，每边过长，剖面少，最好能在大方格中再分小方格。一个方格网
当然要统一，并且每格要维持正方。不管方格的大小，相邻的两格间要
保留一道宽 0.5 ~ 1 米的隔梁，保留到发掘过程的末尾（或一阶段的结
束）再掘掉。每方要给一坑号，最好要写在四角的木橛上（木橛四方
形，每面与探方的边成 45 度角）。坑号最好是从左而右用拉丁字母，从
前而后用阿拉伯数字。这样编号，将来要扩大发掘面积增加探方时，仍
可保留原来的系统。

探方掘法的优点，是它最适合于发掘开一整片的遗址。我们要发掘
整片区域，我们的发掘方法，须要满足下列几点要求：

（1）对于监视、发掘和记录而论，都要方便而清楚不乱；

（2）要中途扩张发掘范围，仍可利用原有的控制点和控制线，系
统不乱；

（3）在发掘过程中要保留充分的剖面以供参考；

（4）移土方便，不致越过大面积的已发掘的露面，也不必经过掘
沟和堆土；

（5）面积比较宽裕，工作方便，掘深时光线也还足够，易于观察
地层。

探方法如果设计得适合，是可以满足这几点要求的。

探沟法因为不能满足这些方法，所以许多人不赞成而加以批判。但
是我以为它在某些场合是仍有它的用处的。如果我们所要掘的不是整片
的地区，而只是为了一个剖面而作的狭长地区，那仍是要采用探沟法。
例如对于一段城墙，我们想知道它的结构，它是否经过几度修补，它和
城内居住区堆积的关系，这便需要探沟而不是探方。有时为了想了解遗
址内的地层关系，或为了想探求表面上看不出来的埋在地下的建筑遗
存，也可以采用探沟法。

探沟的掘法，先划好了探沟的范围，普通是宽 2 米，太窄了工作不方便，但地面下堆积层如果较深，宽度也要适当放宽。长度依需要而定，普通至少 5 米，可以依需要伸长，但一般是每 10 米先留一隔梁。范围划定后，两侧以外隔相当的距离（例如 0.3 米或 0.5 米处），安置两排木橛，可以每隔 10 米（或 5 米）一个。上面也写上号数。一排可写数码字，由零号为起点，依次顺排；另一排的编号也相同，仅于数码字上加一撇以作区别。

无论是探方法或探沟法，掘土的方法还是一样的，便是依照划好的方格或长方沟，分层下掘。为了避免坍方，如果深度在 2 米以上，侧壁要保留一定的斜度，或采取阶梯式，普通是每深 1 米，斜度外移 0.1 米。自然这要依土质而作决定，不能死板规定。每次下掘的深度，如果已达文化层的底部，便依这底部为止。这一文化层掘毕，再向下掘。如果未到底部，可以每次掘下 0.1 米左右。为了避免整个打破底部，最好于一方中划出每边约 1 米的控制发掘坑，先行下掘一薄层，以求了解地下的地层情况。在未揭开之前，地下的地层变化如何，是难预料的。由侧壁的剖面上容易看出地层，由上而下的发掘是比较难以决定是否已到了一层的底部。有了这控制小坑先行向下发掘，如果错误地打破了底层，损坏的范围较小，不像整个探方或探沟都向下一起发掘那样损坏范围大，不易补救。这控制小坑要由熟练工人来掘，有时记录员要亲自动手，至少要在旁边仔细观察。将控制小坑了解清楚后，便从这小坑的侧壁向外扩张，将整个探坑都掘到一样深度或到同一文化层底部。然后又再向下挖一控制小坑。如此顺序下掘，一直达到原生土为止。最后打掉隔梁，整个发掘地区便都揭露了。

如果文化层有建筑遗存，发掘工作便先要弄清楚这些遗存在地层中关系和遗存本身的结构。在探方或探沟中要另留几条能显示这种关系的剖面的隔梁。又要依照这些遗存结构性质的不同而采用不同的发掘方法：

（1）石砌或砖砌的遗存或版筑的房屋遗存，都要用探方法。前者要弄清楚石块或砖的大小、质料和堆砌法，后者要注意版筑的每层的宽长和高度，夯窝的大小，夯筑的方法。有些土墙未经夯打，塌下来的黏土与土墙较难区分，须要仔细审察。更重要的是弄清楚这些建筑遗存和各文化层的关系，所以要保留一些隔梁，不要使各道墙孤立起来。又要注意平面的布置。各房间的范围如果能弄清楚，可以每一房间再另编号。每一房间所出土的器物，不管它们出于哪一探方，都属于同一单位。发掘时注意居住面，有些是用石灰铺面的。

（2）城墙和壕沟。这常用探沟加以横断，以显露剖面。关于城墙的结构，修补的痕迹，城墙与城内外的文化层的关系，都需要弄清楚。壕沟中的堆积，要弄清楚哪些是筑沟后不久便由侧壁坍下的，哪些是使用期的堆积，哪些是城壕废弃后人工或天然的填塞。只有弄清楚这些关系后，才能利用各层所出的器物，以断定城墙或壕沟的年代，不致发生错误。

（3）柱穴及藏窖。窖穴一定要弄清横断这穴的中间一线的剖面。如果穴深，可以先掘一半。这一半掘深1米，绘测剖面后，再掘去另一半，这样顺序下掘直达底部为止。如果有互相打破关系的二穴，这发掘的剖面应该连贯它们，以便建立它们间的先后关系。柱穴也是同样做法；如果过小，可以将穴中一半的填土连同穴外生土一同掘开，以显露剖面。注意柱穴中有否木痕、垫柱的砾石等。由柱穴的结构和布局，常可大致恢复原来的木柱建筑物的结构。有些是兽穴，不要误认为柱穴。

发掘时遇及文化遗物，要特别注意它的出土地层。如果发现在两层分界线附近，不能确定何层，宁可算是上层（晚期）的。除了陶片、石片、碎骨之外，遇到完整的陶器或其他较脆的器物，这些算是特殊品，都要用小铲仔细工作。陶片、碎骨等取出即放在坑边的筐内，每层所出的放在一筐，筐中有标签，另外放置。这些标签最好是复写重份。

（四）居住遗址的记录

考古发掘的科学性，一方面依靠发掘方法，另一方面依靠记录工作。我们须要有正确详细的记录，把发掘时所观察到的一切有关的现象，都记录下来。

记录可分为文字、绘画和照相三种。居住遗址发掘的文字记录，可利用记录表格。这些表格比墓葬记录表格形式较为简单，每页只于上端一横栏分三格，以便填写"发掘地点"、"记录者姓名"和"年、月、日"，其余都是空白。这是因为各个遗址间的差异较大，不能太一般化，须要灵活运用。记录的内容，主要项目是遗迹和遗物，前者包括地层的划分，每层所显露的现象及出土物，各层的时代与断定时代的证据或说明，遗迹的尺寸和结构。遗物中普通陶片及兽骨等常大量出土，作为普通品处理，只标举探方或探沟号和层位即可。特殊的重要陶片和骨器、铜器及完整陶器等，作为特殊品处理，一般用坐标记录法。但也有仅将特殊品中较重要的，才用坐标记录，其余只记层位。坐标或可不记，但层位一定要记录下来。探沟法中特殊品的坐标是利用预先打下的顺序前面最近一木橛作为基点，沿着连接每排各橛的基标线量出它距这基点多远，再量距这基标线多远，再其次量深度，由最近的基标线的地面算起。这可以用"坐标三角尺"加上铅垂来测定尺寸。记录坐标可如下列："Ⅰ、2.1×3.2～1.5"，即出土物距基点Ⅰ的纵横坐标为2.1米和3.2米，深度为1.5米。遗物记录本中除坐标以外，还记载器物编号、层位（第几层及何种土质）、器物名称及简单描述，最后为备注。备注中可附绘器物极简单的草图。探方法的坐标，因为基点的木橛并不另编号码，所以要写明探方的哪一角的基点，先向哪一方向量距离，然后再写纵横坐标和深度，例如"A1、东北、南3.5×1.6～2.8"，即以A1探方的东北角的木橛为基点，向南3.5米，与之垂直方向1.6米，深2.8米。遗物记录本中其他项目和探沟法中相同。

居住遗址的绘图工作，包括各探方或探沟的侧壁上的剖面图（即地层图，表示遗址的历史），和每一文化层的平面图（表示每层中的平面结构和遗物的平面分布）。记录员必须亲自动手，所以必须基本掌握它们的测绘法，平面图如果有建筑结构遗留，更须正确测绘，可以使用一种带有绳线方格网的木框，以求迅速而正确。绘制剖面图的绘测法，在坑壁上用绳子先拉一条水平线，绳上有尺寸的标识，或另以一皮尺紧靠着这绳子平放，亦可用皮尺或者钢尺（或木尺）测定地面水平线的高低。以次测定各层的底部的轮廓线以及各层中的特殊现象。最好于发掘过程中，于侧壁上划分层次后，即在每层上插上小标签。如果层位于分界线模糊，经审视认清楚后，可用小铲刻画出分界线。普通是到原生土后再绘测，但是过深的坑，可分段先绘上部的几层。水平线也可于低处另定一条，但必须与原有的一条以一定的距离互相平行。平面和剖面图的比例尺普通是 1/20，简单少变化的可用 1/50，复杂的可用 1/10。

照相记录也很重要。发掘的过程，地层的剖面，遗物的平面分布，遗迹的揭露和它的结构，重要遗物的出土情况等，都可以用照相记录下来，以便与文字绘图记录相对证。具体方法，将来在照相一课中会讲到的。

三　墓葬发掘工作

（一）墓葬的发掘

发掘古代墓葬的目标，主要的有三方面：

（1）研究种族的体质特征。我们反对帝国主义分子的种族优劣论，但是承认不同种族各有体质特征。创造某一种文化遗存的人属于哪一种族，可以由墓葬中的人骨来做鉴定。

（2）了解古代埋葬的风俗和墓葬的形制。古人埋葬的风俗，很是多样：对于尸体或土埋，或火葬，或肌肉腐后二次葬。葬具或为芦席，或为木棺，或为瓮棺，或为瓦棺。厚葬者棺外有椁，或木，或石。葬式或为屈肢，或为俯身，或为仰身直肢。墓室建筑材料或为土坑，或为砖室，或为石室，或为木椁室。形制或为竖穴，或为洞室。又如地下墓道的有无和形状，地面坟堆的有无和形状，随葬物和殉葬人的有无和多少等等，也都是只有发掘墓葬才可解决，仅发掘居住遗址是无法知道这些的。此外，我们应尽量寻找有关的证据，以求复原当时曾举行的丧葬仪式。

（3）通过墓中的随葬器物以了解古代的工艺制作和社会经济生活的情形。古人常以器物随葬，有些极为精美，可作当时的工艺代表。居住遗址中除了变乱时的窖藏以外，一般出土品都是破碎的、被抛弃掉的器物，但能代表各方面的活动，较为全面。这是墓葬和居住遗址的不同点。又随葬品（包括俑和明器）和墓中壁画、画像砖或石刻，常表现当时社会经济生活情况，也是非常珍贵的历史资料。

墓葬发掘的准备工作：由于大部分古墓，特别是殷周和其以前的墓，在地面上没有坟堆或其他标志，我们要发现墓葬，必须先进行探查，以明了地下的情况。探查的方法，常用的方法，有"沟探"和"钻探"二种。钻探利用洛阳铲，很是省工而迅速；但须要有能识别坑土的熟练工人，否则易生错误。如果是浅墓，探铲易损坏随葬器物。又如果墓地即在一居住遗址中，探铲不仅难决定二者的关系，且易扰乱地层。沟探法即与发掘居住遗址的方法相似，费工而缓慢。如果墓葬很浅而密，又没有居住堆积层，可以采用平行的探沟，顺序平翻，将次一道沟的土即翻入已去土清理完竣的前一道沟中，可省移土的人工。但是如果有居住堆积和墓葬在一起，那便应采用方格网的探方法。我们应该依照墓地的具体情况，选择适当的方法来使用。至于有坟堆的墓，也要经过探查，才能精确地求得墓坑的所在和它的范围。

发掘没有坟堆的墓葬，主要工作是掘去墓坑中的填土。在掘去填土的过程中，必须以极端负责的态度去注意下列几项：①墓坑的侧壁是否已到边；②是否经过盗掘及盗掘坑的范围，区别被扰部分和未扰部分的界线，以及古代盗掘的情况；③是否有晚期的墓打破早期墓的情况；④合葬的墓是否有分为二次葬入的迹象；⑤收拾并保存填土中所夹杂的陶片等零杂物件；⑥近底部时注意区分随葬物和弃置填土中物。以上各项，如果不予注意，或注意得不够，便往往会放过最重要的可作为证据的材料，有时甚至于会造成严重的错误。如果墓葬在居住遗址中，便应该注意地层，要断定二者的时间先后关系。如果很邻近便有居住遗址，可打一探沟来连贯二者，以便决定二者的关系。如果没有居住遗址的遗留，只要于发掘时注意墓口距地面多深，由地面自然土层中哪一层掘下墓坑的。至于填土的层次，除了第二次加葬或盗掘的痕迹以外，没有地层学上的意义，只是一次填满的，可以不必分层发掘或分层记录。

至于有坟堆的墓葬，如果像敦煌那种洞室墓，坟堆并不压住墓道，并不妨碍发掘工作，可以保留不动。如果坟堆压住竖井式的墓室，必须先挖开，最好先弄清楚坟堆的结构。有时坟堆近周沿处有木头或石块的结构，或者整个是夯土版筑的。在长沙压住竖井战国墓室的坟堆中，常有东汉的砖墓插入。我们要研究清楚它们地层的关系，以决定坟堆是属于哪一期的，后期埋墓时是否曾将堆土加添。发掘方法，于发掘以前测绘一有等高线的坟堆平面图后，或采用十字线四分法，或采用平行长条法。前者通过坟堆中心画一直交的十字线，其中一线是南北方向的。发掘时也留有约 1 米宽的隔梁，到最后阶段才掘掉。沿着十字线中的一条线打了一排互隔 0.5 米的木橛，像探沟法一样，每橛都加编号。十字线所分隔的四象限，先掘相对的两象限（图 2，Ⅰ），次掘其余的两象限（图 2，Ⅱ）。测绘剖面图后，再掘去隔梁。在坟堆中的出土物，

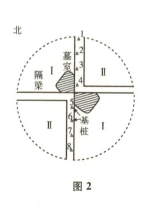

图 2

可仿照探沟法采用坐标记录法（图2）。平行长条发掘法，在坟堆的两侧安置了两排平行的木橛作为基桩，每排中各桩相隔0.5米，其中一排各桩顺序编号，记录出土物的坐标便是依距离这一排的顺序最近的一基桩的纵横坐标，再加上距离地面的尺寸（在地面以下为负号，地面以上为正号）。发掘沿着与基线成直角的一系列的平行线，即连接两排相对称的二木橛的线，顺序推进，在每段发掘后测绘剖面图（图3）。如果整个坟堆是单纯的泥土或夯土而成的，并没有什么结构，自然不必如此仔细工作，旷时费工。为了抢救工作，探查得墓室所在以后，可以掘一探沟通过墓室，在墓室范围内再扩大并掘深，以便从事清理。

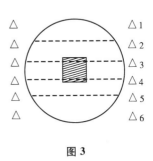

图3

发掘工作要随时注意安全问题，尤其是很深的墓，或已经部分被破坏的砖室。

清理墓室和墓底时还要特别注意下列各点：

（1）墓室的结构。竖井墓要注意有否二层台，二层台是生土或熟土。坑壁有否脚窝或插木梁的穴。坑底有否柱眼或安置枕木的沟槽。洞室墓要注意洞室的形状。砖室或石板墓，要注意堆砌的方式，包括券筑成叠涩的方式，有否使用石灰或黏土等黏着料。注意封门的方法，如为土坯或砖块，它们的堆砌法如何，有否二次葬入后重砌一部分的痕迹，有否盗掘洞的痕迹。如为木板封门，注意板灰的痕迹。

（2）葬具及其痕迹。苇席、木棺加木椁，除非在特别情况下，一般都已朽腐。但有时仍可根据它所留的痕迹，察知它们的大小和形状。

（3）人骨架的葬式。如仰身、俯身、直肢、屈肢等，以及头向和脸向等。有时候人骨已腐朽了，仅留骨粉痕迹，或仅留牙齿，可以根据这些痕迹和随葬品的排列，有时也可以推知大概。

（4）随葬器物的位置和它们的相互间的关系。有些器物还要注意

223

它的放置的方式，例如镜子的正反面。为了避免遗漏，清理墓底尽可能要达到原生土为止。殷代及周初墓葬常有腰坑。长沙战国墓下常压有早期的墓葬，所以要清理到原生土为止。

清理墓室时，要先将上面的填土或淤土都掘到接近墓底并露出部分随葬物，然后将随葬物和人骨逐渐仔细清理。人骨普通先露头骨，最好先揭露头骨、锁骨、肩胛骨、脊椎骨、骨盆和四肢长骨，而将肋骨、手指骨和足趾骨留在最后揭露，因为脆弱易碎，且易动乱位置。器物和人骨等都要暂留在原来位置不加移动，要等候照相、绘图，并作好文字记录后再逐件提取，随即逐件编号，并写小标签和每件东西放在一起。器物编号每墓自成一单位，平面图和记录簿上都使用同一编号数。

墓葬中出土的随葬物品，一般都要采取作为标本。至于人骨如果保存，也可以全部采集。如果已腐朽为粉末，仅牙齿还保存完好，也应采集牙齿，以便交专家鉴定年龄、性别。如果运输困难，可仅采集头骨、骨盆和四肢长骨，人骨或随葬品有时保存情况不好，须要加以巩固后才可提取。人骨可用漆皮溶化于酒精的溶液，陶器等可用融化了的洋烛或其他方法。

（二）墓葬发掘的记录

在发掘过程中和发掘终了时，要充分做好文字、绘图和照相的记录。发掘工作的原则，是要做到能够根据照相、绘图和文字记录，以及所采集的器物等，恢复墓葬未经发掘清理前的原状，并更进一步根据这些以推测当时的埋葬制度。

文字记录方面，除了情况复杂的大墓之外，尽量采用表格记录。下面是考古研究所所采用的墓葬表格（表2）。当然各地区各时代的墓葬情况不同，可以根据具体情况增减项目。普通的项目有墓号、记录者姓名、年月日、墓的位置、绘图和照相号、曾否被盗、墓道和墓室的方向、

表 2

底 册 号				第　　次发掘记录			第　　页	
墓　号				记录者			年　月　日	
位　置				绘图号		照相号		
发掘经过							扰乱否	
墓 室	墓 口	距地面深：		长：		宽：		
	墓 底	距地面深：		长：		宽：		
	形 状		填 土			方 向		
	结构							
墓 道	形 状				上口长	宽	深	
	位 置		底坡 长		下端宽	深		
人 架	数目		头向		面向		葬式	
	保存状况			采集否			性别	
葬　具								
随 葬 品								
时　代								
备 注								

形状、深度和长宽、葬式、葬具、随葬品、年代和备注。这些项目，大多不必加以解释便可明白的。墓号我们通常采用拉丁化地名的缩写，普

225

通是 2 ~ 3 字母，最多不超过 4 个字母。地名后接以 M 字，表示墓葬。如果同地不止一墓葬群，可以先取一个总号，以表示墓地。依照这墓地的墓数的大概数目，或取千数，或取百数，例如 101 ~ 199，都是 100 墓地的，501 ~ 599 都是 500 墓地的，1001 ~ 1999 都是 1000 墓地的，或将1500 以后算为另一墓地。部分地被盗掘过的墓地，常有地面捡拾得的古物，或附近居民家中有从这里出土的古物，可以用墓地总号来表示，因为我们不知道它是哪一墓出土的。墓室或墓道的底部深度，都是指距离现今的地面，因为它们的上口不一定是原来埋葬时的地面，可能已经过侵蚀，好在我们也记录上口距现今地面的深度，关系不大。墓道底部长度，竖井式的用水平距离，阶梯式的或斜坡式的用斜坡长度。随葬品要编号，接于墓号的后面，以括弧或双点来隔开这两群的数字。填土或扰土中的出土物器物号，于数字前加一零号，以便和未经扰乱的随葬物相区别。墓中如果仅有一副骨架，可不必再加编号，有了墓号便够了。如果不止一人，应于墓号后再编一号，例如甲、乙等，或 A、B 等。

至于情况复杂的大墓或车马坑之类，不能利用上述墓葬表格，可以利用空白较多的记录本，或利用居住遗址的记录表格，将发掘地点的坑位改为墓葬号。一般墓葬表格的项目，适用的仍应采入，不适用的可省删。所缺的项目可以增添进去，或仍利用墓葬表格，但另添些空白页，以便详细记录各种较复杂的情况。

文字记录的内容要详细，但是文字要简单明白，又要精确，必要时可加绘草图来表示。写的字不要太潦草，要旁人也可以认得出来。

绘图记录和文字记录同样重要，除了绘在记录簿上夹在文字中的草图以外，还有墓葬平面图、剖面图和细部详图，也是须要每个记录员自己动手的。至于墓地的地形图、墓葬分布图，可由发掘队中负责测量的人员来做。墓葬平面图最重要，每一墓葬都要测绘一张。至于剖面图，如果随葬物和人骨都在墓底上，同属一层，而墓室的结构又简单，便可省略去，如果墓室复杂，有时须要好几个剖面图。细部详图也是视需要而定。平面图的比例尺，我们通常采用1/20，但是细部详图（例如串珠的排列，也可以用玻璃板盖在上面临摹，然后用纸放在玻璃板上重摹），有时可以采用较大的比例，甚至于与原物一样大。测绘的方法，另在绘图课野外工作绘图中讲述，现在从略。一般的墓葬平面图，可利用我们印刷好的附有说明文字表格的米厘纸测画。

照相记录也是同样重要的，并且最好于清理完竣后便先照相，然后绘图；因为绘图时使用尺子来量，容易动乱器物或人骨的位置。每墓如果有未经扰乱的随葬品和人骨，最好都能拍照一张和平面图一样的照片，至于如何拍照，在考古照相课中讲述，这里不再重复了。

四 整理材料和编写报告

（一）发掘出土物的处理

不论是居住遗址或古墓的发掘中，所有出土物都要送交工地的室内整理登记员。一般是每天上下午下班时送交，有些重要出土物提取出来后便马上送进去。规模较大的发掘队，室内整理分两部分：一部分是管理陶片和陶器的，须要比较宽裕的屋子或棚子；另一部分是那些"特殊品"，一个有贮藏柜子的普通小房间便够了。陶片是用筐送来的，如果不立即洗刷，每筐可以倒在一堆，同坑同层出土的可以归并为一堆，将小标签用陶片压住。小件的特殊品用纸包，质脆的可放在纸盒子中。这些特殊品以及完整的陶器、铜器，在工地中一般只除去黏附着的泥土。送到整理室后，可以洗刷的加以洗刷，须要马上加以巩固剂的脆物，便要加以初步处理，使之稍为坚牢，干后将器物号依照标签写在器物上，然后填写器物登记簿。有些发掘队，配备室内整理人员较多，还做了卡片登记。每件特殊品写了重份的两张，以便分别依器物分类和出土坑位而作不同的排列。这样在发掘过程中和编写报告时，检查起来都很方便。如果仅做一组卡片，可以依分类排列，因为依出土坑位的分组，可以由记录簿中检查出来。如果人力和时间都不够，也可以留待将来整理时再做。这样便可以装箱了，也有留待工作结束后再全部装箱的。陶片的整理，也是先加洗刷。干后在陶片上写上器物的简单号数，便是写到层位为止，不加器物个别号。也有用橡皮戳子打上发掘地点缩写以省人力的，也有将每坑每层的陶片编"袋"号（一个或几个袋），这些陶片上也可写上袋号。也有只限于器口、器底和有纹饰的残片上写上号数，其余不写。自然，特别重要的陶片，也可作为特别品，给予特别的器物号。兽骨碎骨也可以这样处理。

如果在工地上便要修复器物并绘器物图，那便须要增添一些修补人员和绘图员。器物照相也可以在工地中室内进行。一般是留待收工后再做这些工作。关于器物修整、器物绘图和照相的技术，在考古技术课程中专门讲解，这里不再赘述。

（二）研究整理

研究整理器物的工作，第一步是将器物依性质分类和定名，然后设法断定各器物的年代。又根据记录（包括文字、绘图、照相三方面），将器物和地层关系及遗迹现象综合研究，以断定各地层及各遗迹的年代，以明了该地古代人类在不同时代的生活情况，复原古代社会经济的历史。

关于器物的分类，除了大类别之外，每大类还要分小类，最后分成类型。多样性的器物，还可再分为亚型。我们要选择定分类的标准，初步分大类别，或依器物的质料，或依器物用途。前一种办法较为通行。我们分小类时，要决定到底是根据一个因素呢？还是根据几个因素或各因素的综合？最后分成类型时，要使每一型有它独有的特征，不能包括进去太多，同时又要忽略掉一些偶然的毫无意义的细小差异，否则每一件古物都要自成一型了。这一方面要根据我们所要处理的具体资料，同时要照顾到前人一般已采用的分类。为了比较研究的方便，尽量采用一般已通行的分类法，不要毫无意义地故意标新立异。至于定名的原则，一般采用当时人的定名。如果当时的定名已不可考，或所考证的仍未可靠，可以用后世的或现今的形状相近的器物的名称。要尽量采用大家都通用的名称，不要专找意义不明的冷僻的奇字。

1. 推断年代

主要的断定年代的方法，有下列四种。

（1）文献方面的材料　这可以分做内证和外证二项。所谓的内证是指我们在发掘中所发现的出土物中有纪年铭刻的，例如古墓中的墓志，或修造建筑物的碑记。但后者须注意建筑物是否曾经重建而旧碑记仍保留下，或这碑记是否由他处古址中移来。出土器物上如有制造的年月，自可用以断定这器物的年代，但同层或同墓出土物并不一定都与它同时的，须要全面观察，不能利用个别出土物的孤证来断定一地层或一个墓的年代。所谓外证，是指我们由书本记载或口头传说，知道某种古物或某一建筑是属于哪一年代。外证的利用，常须要审慎处理，否则有时会上当的。

（2）地层学的研究　先决定地层中层次的前后（即相对年代），再以各层中所出土的遗物可确定绝对年代者，以推定各层的绝对年代。这里有两条原则可以一提：第一，除非有混入物，各墓或各层中年代最晚的一件出土物，是这一墓或这一地层的可能的最早的年代。第二，一墓或一地层的年代，间接的可由其所压的或被压的上下层的时代以定其上下限。最后依已定年代的层位或墓别来推各层或各墓中未能确定年代的遗物。这里也是一样，孤证不能作为定论。

由地层来推断年代，要依地层性质的不同而作不同的解释。例如（甲）城墙或屋墙的墙基下所压的地层内出土物要比墙早，而墙身内的出土物可能比墙早也可能是同时的。（乙）土堆（或坟堆）所压住的地面上遗物比土堆时代一般为较早，但周沿低处所压的，可能较晚，因为可能原来是掉落在土堆之外后来才被土堆上面崩土所压住的。（丙）壕沟中的初填土是同时的，但次填土可能为同时，也可能是晚一时期的。附近如有古代遗址，这些较古的遗物也可以混进填土中。（丁）房屋中的居住面内或稍下的遗物较建屋时代为早或同时。屋中居住面以上的居住堆积中遗物是同时的。屋毁后的堆积层中遗物是较晚的。

不同种类的遗物，它们作为断定地层或古墓年代的价值也有不同：例如（甲）古钱常流用时久，然后才入土的。有时窖藏出土重新使用。如果是一大群的不同时代的古钱，可能接近于最晚一种古钱的年代。石刻有后来重加利用。（乙）陶片，作为断定年代的价值较高，但是须要全面来考虑，不能以极少数的陶片为准。（丙）古钱以外的金属品，断定年代的价值仅次于陶片，因为各时代的金属品常有其特征，流用时间较陶器为长久，但一般也不会太长。（丁）石器和骨器，变化较少，但也仍有其价值。不论我们利用哪一种类遗物，孤证都不足为凭，须要包括比较全面的各方面证据，才可下结论。

（3）型式学的研究　每小类中的器物，先依它们的形式归类为标准型式（或称标型）。再将这些相近似的标型，依照制造技术或器物用途而成为一类的，可以照着形式的差异程度的不同而排列一"系列"。设法推断定这一"系列"中最早的或最晚的一环。我们要知道演化过程有进化也有退化。不同物品的平行"系列"越多，所得结论越可靠。

（4）地质年代学　由地质的结构或古生物学（包括动物化石和花粉孢子）的证据，也可以推求文化层的年代。北欧利用湖沼中冰川融水的淤土层来推定年代，北美洲利用树木的年轮来推定年代，也都获得一定的结果。最近利用放射性碳素来推断绝对年代，也是一个有前途的新方法。

2. 研究它们的用途和造法

推断年代是考古研究中所必须要做的工作，但并不是考古学的最终目标，我们还要做进一层的研究。我们要推测各种遗物或遗迹的用途和它们的造法。这便是探求它们在当时社会生活中占了什么地位，起了什么作用。又从它们所表现出来的制造技术，以确定当时技术发展的程度。这种研究工作的困难点是：材料常不够充分；可能的解释常不止一种。克服困难的方法，是尽量利用下列各种资料：文献记载；现今民间手工艺和风俗；现存的比较原始的社会中各种可供比较的情况。

3. 最后目标——恢复历史

考古学的最后目标，是要恢复古代社会情况和社会发展史。根据历史唯物主义来综合考古材料，以求出有关下列各方的结论：文化和种族的系属；生产工具、经济组织和社会制度；上层建筑，如艺术、宗教等。我们要知道各个社会自身的规律性的发展是主要的现象，而征服、移民、借用等现象只是次要的。虽然我们并不否认它们的存在。

个别的古物或古迹，只有综合起来复原古代社会情况和社会发展，才有它的意义。但是这只是考古学的最后目标。我们不能希望每一次发掘都可达到这个目标。我们发掘后的主要急迫工作，是将所获得的材料，整理后尽早发表出来，以供大家利用。至于进一步较高度的研究工作，可以在发掘报告发表后再做，切不要为了研究而耽误了发表报告的时日，迟久不能与读者见面。

（三）如何编写报告

发掘报告的编纂，是每一个发掘工作的最后一环节。只有发掘报告写成后，负责发掘的人才可算是完成了他的工作。主持发掘工作的团体，应该负担起推动编写报告和出版报告的任务。

发掘报告是报道已完成的发掘工作的经过和收获。它的目标，应该力求达到下列三点：

1. 精简扼要

毛主席在《反对党八股》一文中第一条便是反对"空话连篇、言之无物"，而介绍大家去读一读鲁迅写文章的规则中那一条："写完后至少看两遍，竭力将可有可无的字、句、段删去，毫不可惜。"发掘报告也应该这样做。图片和表格可以表现清楚的，文字说明便可省略或从简。

2. 明白易懂

这一方面是指内容的排列要合于逻辑，条理清楚，另一方面是鲁迅所说的"不生造除自己之外，谁也不懂的形容词之类"。文句和词汇都力求通俗。

3. 检查参考方便

很少读者是将发掘报告从头至尾整本读过的，所以须要照顾到检查方便。

发掘报告的内容，有些人批评我们太公式化，总是先是序论，中间正文，最后是结论或结束语。正文中排列也太公式化。但是我们以为我们的公式化还不够，很希望能像前一讲所说的墓葬表格，大家可以很快地便填写好，将报告写出来发表。我们应该大力改进的是内容方面质量的提高，而不是公式化不公式化问题。科学的工作要求是可以公式化的尽量公式化。又有人批评我们内容太枯燥和太单调，所叙述总不外乎瓶瓶罐罐或石刀、石斧等；而谈到陶器，又不外乎是替瓦罐排队。我们承认是枯燥和单调，但是发掘报告的内容因为材料性质关系，大都只能是这样。上面已提到的，考古学的研究是要复原古代社会经济情况和社会发展史，但并不是每个报告都能这样做。发掘报告的主要任务是报道我们发掘工作的经过和所发现的遗迹和遗物，重点地指出我们的收获。这主要的是为考古学研究提供新资料。

编写报告以前，应该将田野记录（文字、绘图、照片）和采集的标本都再看一遍。须要修补而没有修补好的器物，这时要加修补，但只要求修补到可供研究之用便够了。如果在工地时对于所谓"特殊品"没有做成卡片记录，这时要补做，因为用卡片排队比用实物排队较为方便。全部看过，便可着手做初步的分类工作，并在同类的器物中选出可作为标准型式的器物，这些"标型"器物，以及个别少见的器中所有从前未见发表过的，应该交技术组绘图和照相，以供报告中作为插图和图版之用。同时我们须要参考有关的文献和可比较的古物，但这主要是为说明我们报告中所涉及的材料，不要贪多务博，离题千里。有些专门性问题，要另请专家协助解决，请他们做鉴定报告。

至于报告的具体内容，下面所讲的也是供参考之用，并不是说都要非这样写不可。发掘报告一般分为四部分：①序论，包括遗址的地点，发掘的历史和前人的工作，发掘的经过，负责发掘的团体与工作人员。所采取的发掘的方法也可以简单地叙述一下。②正文，先描述工作地的地理环境（将这放在序论中也可以）；接着是叙述所发掘的遗迹，可依时代先后排列；后面是遗物的叙述，或先依种类，后依时代，或先依时代粗分后再分种类。墓葬可选择典型的或特殊的加以叙述。墓葬表和遗物表可以放在有关的各节段之后，也可以放在全书末尾作附录。③结论，结论是撮要指出发掘区域中所代表的各时代，遗留的建筑残存的性质，最常见或特别珍贵的遗物。如果断定时代的论证在正文中没有提到，也可以在结论中加以讨论。最后指出这次工作对于考古学上的贡献。④附录，包括专家的审查遗物质料等的鉴定书和参考书目等。如果遗物或墓葬登记表不放在正文有关各段之后，也可以放在附录中。

写作报告应注意之点：①发掘报告常以图片为主，文字为辅，至少两方面应互相配合。②文章本身最好能先作大纲。可先分为章、段，将各章、段的先后次序和各章、段中的重点都写出纲要，加以组织，再三考虑修订，最后起草写文章。③草稿写好后，多看几遍，认真删改，做到简洁明白的地步。④付印以前，最好将所引的参考书原文，都找出原书校对一遍。⑤文中前后要有照应，不要矛盾，避免重复。

图版和插图的分别，前者普通指全书末后的整幅图片，后者指插在正文中间的。它们是考古发掘报告中最重要的部分，可以说有时较文章更为重要，因为它们可以简要不繁而使读者明白易晓。

图版和插图的种类，一般是下列三种：①包括平面图和剖面图，普通多用锌版，较大幅的可用石印。②器物绘图，可用锌版或石印。③照相，可用铜版或珂罗版。

图的编排法：①有些报告，将全部的图都放在全书的后面，或另作一册装订。排列次序一般是地图最先，发掘照片次之，器物照片和器物图又次之。最重要或最美观的遗物，也可提前排列，放在内封面前或作第一幅图版。地图也可改放在最后。②一部分插入正文中，例如锌版或铜版可直接印于各页上，或另印单页插入，珂罗版必须另页印刷，可以印单页插入或另印小张贴上。

器物图要分类剪贴，同类的器物如果众多，可排成有序数的图录。照相剪贴时，也须加以剪裁。图版上要添注字母和数字（写上或贴上）。图片和插图还要另加文字说明。例如图版号或插图号，简单说明和比例尺（如图中已有比例尺者，说明中便可略去）。插图连同文字说明在内不能超出版心以外，否则便要另页单印插入，不能和普通文字一起依开数印刷装订。图版的版心可以较正文版心稍大，但也不能太大，否则须要折页。这给印刷和装订都要增添困难，使用时也易依折缝断裂，非不得已时尽量避免。插图号一般用小写数码，如一、二等；图版号用大写壹、贰等；各图中分号用阿拉伯数码1、2……。

除发掘正式报告以外，还可以写通俗报道，像报纸上所发表的有关考古发掘的通讯。这须要浅显通俗，竭力避免使用考古学术语。万一不得已使用考古学专门术语，便要用浅近文字加以注释。至于发掘简报，是可以使用考古学术语的，因为这是为考古界同行而写的初步报告。简报虽简短，但要重点地报道这次发掘中的重要发现，不要成为一本包罗万象的流水账。如果发掘工作完毕便马上着手写正式报告，一年以内便可付印的，或可不必发表简报。如果发掘工作要继续好几年才告一段落时才能着手写正式报告，或正式报告要几年以后才得完竣付印时，那便该于每季工作完了后即先发表简报。关于综合性的研究报告，这须要将前人已做过的工作连同自己的发掘结果，综合研究，以阐明一个地区上的某一时代的文化全貌，复原古代社会经济情况，例如吉谢列夫的《南西伯利亚古代史》之类。这须要较长的研究，要求标准也较高。发掘工作者所要负责的，还是上面所说的一般的正式发掘报告。

什么是考古学*

　　考古学的研究对象是古老的实物，但是作为一门科学的学科，它是一门很新的学科。它的起源相当早，因为一个社会发展到一定的阶段，社会成员的思想意识发展到一定的阶段，他们便会对自己的过去历史发生兴趣，对于古代传留下来的遗物和遗迹发生兴趣。出于各种不同的动机，他们搜集古物、调查古迹，有的更进一步把它们记录下来，甚至于探讨它们的意义，进行个别的研究。但是这些只是考古学的前身，还不是现代学术界所指的科学的、近代的考古学。

　　既然"考古学"的概念和研究范畴在各个时代中并不相同，便在同一时代中，各人的理解也不完全相同，那么，我们便有必要说明我们今天对于考古学这门学科的理解。

　　汉文中"考古学"一词，译自欧文，而欧文中考古学一词的字源，如英（Archaeology）、法（Archéologie）、德（Archäeologie）、俄（Археология）、意（Archeologia）、西（Arqueologia）等各国文字，都是源于希腊文 Αρχαιολογια。希腊文中这个字是由 αρχαιοs（意为古代

---

　　* 本文原载《考古》1984 年第 10 期。

或古代事物）和λόγος（意为科学）组成。这名词在古代希腊是泛指古代史的研究，公元前4世纪时柏拉图使用这字时便是这种含义。后来这字很少使用。但是，到17世纪时，这名词又重新使用，这时已用以指古物和古迹的研究。最初，即17、18世纪时，一般用以指古物和古迹中的美术品；到了19世纪时，这才泛指一切古物和古迹。

中国早在东汉时代（公元1～2世纪）已有"古学"一名称，如《后汉书》说郑兴长于古学，又说他好古学。书中又说：马融传古学，贾逵为古学，桓谭好古学。这都是泛指研究古代的学问。到了北宋中叶（11世纪）便已有考古学的前身金石学的诞生。最初是限于吉金（青铜彝器）和石刻；并且已有"考"、"古"二字连文，例如，1092年成书的北宋学者吕大临的《考古图》，其中著录了公私收藏的古代铜器和玉器，便是把"考古"一词作这样了解的。稍晚的南宋程大昌《考古编》、叶大庆《考古质疑》二书，虽也用"考古"一词，内容乃是考证文章，当又作别论。到了清代末叶，金石学的研究范围扩大了，便有人（如罗振玉）主张应改称"古器物学"。当然，清代至民国的这种古器物学，更接近于近代的考古学。所以也有人把西文的考古学一词译作"古物学"（如1931年商务版《百科名汇》第28页）。但是我国的这种"古器物学"经过系统化后虽然可以成为考古学的一部分，而本身并不便是考古学。而且考古学一词现已成为一般通用的学科名称，我们应加采用。日本由欧洲引进这学科，最初是考古学和古物学两个名称并行，但是1887年（明治二十年）以后便专用考古学这一名称了（1976年江上波夫监修《考古学ゼミナル》，第2页）。

考古学的定义，从前是有各种不同的说法，众说纷纭。现下虽然还不能完全一致，但是一般的理解还是相同的或近似的。我们可以说"考古学是根据古代人类活动遗留下来的实物来研究人类古代情况的一门科学"。

这个定义需要稍加解释。考古学是历史科学的一个部门。它的对象是属于一定时间以前的古代。所以近代史和现代史不属于考古学的范围。例如英国的考古学下限是诺曼人的入侵（1066 年），法国的是加洛林王朝的覆灭（987 年），美洲各国的是哥伦布发现新大陆（1492 年）。现下我国一般是以明朝的灭亡（1644 年）为下限。近年来，英国有了"中世纪考古学"（Medieval Archaeology）把下限移到资产阶级革命（1640 年），还有"工业考古学"（Industrial Archaeology），研究近代工业初期的遗物和遗迹。美洲各国有所谓"历史考古学"或"殖民地时代考古学"，是指 1492 年以后至美洲各国独立以前那一时期中的历史的考古学研究，那是到 18 世纪末和 19 世纪初的时代了。当然，随着时代的推移，所谓"古代"和"考古学"二者的下限都会自然地向下推移。但是研究近代史初期的工业遗物和遗迹的"工业考古学"和美洲近代史的"历史考古学"都只是利用考古学的方法来研究近代史的一侧面，似乎还不能算是考古学的一部门。另一方面，有些人以为考古学是专门研究史前时代的遗物和遗迹（《牛津英语大辞典》中"考古学"一词的第三种释义）。这不是以绝对年代的古老为标准，而以文化发展阶段的古老为标准。这样便把各个有古老文明的国家的历史时期考古学剔除出去，不算它是考古学。这是不妥当的。现下一般都采用较广泛的含义，将考古学包括先史的、原史的和历史的三个时期。当然，历史越古老，文字记载越稀少，考古学的研究也越重要。到了没有文字记载的史前时代，史前史的研究便几乎完全依赖考古学。因之，史前史也便等于史前考古学了。

考古学的研究对象是实物。有些人望文生义，偏重一个"古"字，以为只要是考证古代的事物，不管它是史事、制度或实物，都可算是考古学。实际上，考古学研究的对象只是物质的遗存，这包括遗物和遗迹。所以它和利用文献记载进行历史研究的狭义历史学（History Sensu Stricto）不同。虽然二者同是以恢复人类历史的本来面目为目标，是历史科学（广义历史学）的两个主要的组成部分，犹如车子的两轮，飞鸟的两翼，不可偏废，但是二者是历史科学中两个关系密切而各自独立的部门。二者都以研究人类古代的历史（广义）为目标，但是方法不同而利用的材料也不同。一个是研究反映古代人类活动的实物，一个是研究记载人类活动的文字记载（文献）。有人把专门利用文献记载作古代史研究也称为考古学，这是不符合现代考古学的含义。

作为考古学的研究对象的实物，即物质的遗存，应该是古代人类活动遗留下来的。考古学是历史科学的一部门。马克思和恩格斯在《神圣家族》中说过："历史不过是追求着自己目的的人的活动而已。"（《马克思恩格斯全集》第 2 卷，人民出版社 1957 年版，第 119 页）所以，考古学所研究的古物一般是古代人类有意识地加工过的。如果它们是未经人类加工过的自然物，那它们也一定是可确定与人类活动有关而能够反映古代人类的活动的。所以，在人类出现以前的地质时期中存在的岩石、矿物和动植物化石，都不能收入考古学研究范围中，虽然它们年代比人类本身的出现还要古老得多。即便在人类出现之后的时代中，如果遗留下来的实物和人类活动无关，它们也只能受到同样的对待。所以，考古学是属于人文科学中的历史科学，而不属于自然科学。但是，只要是反映古代人类活动的实物，它便是考古学研究的对象。它便不只限于古代器物（或古物，包括工具、武器、日用器具、装饰品等），还要包括人类居住及其他活动（如宗教活动、艺术活动等）的遗迹（包括一切建筑物或建筑遗址，如寺庙、皇宫、住宅、作坊、矿山、堡垒、城墙等等）和反映古代人类活动的自然物（如农作物、家畜和渔猎采集品的遗骸）。由于考古学的研究对象是物质的遗存，苏联在十月革命后曾一度把"考古学"改称为"物质文化史"。这虽然突出了考古学这一特点，考古学所利用的资料虽然是物质的遗存，但是它所要恢复的古代人类历史是要包括各个方面，不限于物质文化。考古学可以通过物质遗存的研究以了解古代社会的结构和演化，即所谓"社会考古学（Societal 或 Social Archaeology）"和美术观念和宗教信仰等精神文化的历史。所以在 1957 年苏联在使用了"物质文化史研究所"这名称将近 30 年后，仍改回去叫作"考古学研究所"。这也是因为考古学是全世界通用的一个名称。但是，我们仍应该以人类劳动手段的工具为重要的研究对象。马克思说过："要认识已经灭亡的动物的身体组织，必须研究遗骨的构造；要判别已经灭亡的社会经济形态，研究劳动手段的遗物，有相同的重要性"（《资本论》第 1 卷，人民出版社 1957 年版，第 194～195 页）。

古代人类活动的情况，包括人类的各种活动。然而这种活动的主体是作为社会的一个成员的人。人类的特点是社会的动物。人类所加工的器物（包括工具），和人类所创造的文化，都是反映他所在的社会的共同传统。个人的创造和发明，都是以他所在的社会中多年积累的文化传统为基础，而他的创造和发明也只有被他所在的社会中别的成员所接受和传播才成为他所在的社会的文化传统的一个组成部分。考古学研究的主要对象便是这些具有社会性的实物，是器物的整个一类型（type），而不是孤立的单独的一件实物。后者是古董，而不是考古学研究的科学标本。即便是有突出的美术价值的，那也是美术史研究的好标本，是代表某一个人的艺术天才，而考古学要研究的是一个社会或一个考古学文化的特征和传统，而不是某一个人的创作。这是美术考古学和美术史的区别，二者的着重点不同。考古学中似乎不应该有历史人物评价的问题。这不仅是因为所研究的实物绝大多数无法和历史人物相联系起来，而且更重要的是考古学的目的是研究人类的古代情况，研究的任务不同。横的方面，我们研究每一时期人类的各种活动情况和这些活动之间的互相关系。纵的方面，研究人类各种活动在时间上的演化。最后是进而阐明这些历史过程的规律。

作为一门历史科学，考古学不应限于古代遗物和遗迹的描述和系统化的分类，不应限于鉴定它们的年代和确定它们的用途（即功能）。历史科学应该是阐明历史过程（processes）的规律。当然，资产阶级的历史科学家，包括考古学家，有些人是不承认历史过程有客观的规律。因之，他们以为历史事实之外，只有史料鉴定学和历史编纂学，而没有阐明历

史过程规律的史学。有些人承认有客观的规律，但又把它同自然科学的
规律，混为一谈。像 60 年代美国的"新考古学派"（New Archaeology），
似乎便犯了这毛病，他们以为考古学的主要目标便是探求"文化动力
学的规律"。他们叫嚣了 20 多年，"新考古学"变老了，但是他们仍然
没有拿出一条大家公认的新规律来。马克思主义不仅承认有这种历史过
程的规律，并且承认马克思主义的历史唯物主义便是这些规律中最基本
的东西。历史现象和自然现象不同，是由于它有"社会的人"这一因
素在内。自然现象的变化过程的因果律多少是带有机械性的，而历史过
程的规律是辩证的，不是机械的。恩格斯曾说过："在社会历史领域内
起作用的则是人，而人是赋有意识的，经过深思熟虑而行动，或受因热
情驱使而行动，并且抱有预期的目的的。"当然，"它丝毫不能改变历
史进程服从内在的一般规律这事实"。但是它"对于历史的研究，尤其
是对于个别年代和个别事变的研究"，则是重要的（恩格斯：《费尔巴
哈与德国古典哲学的终结》，人民出版社 1960 年版，第 36~38 页）。我
们不能把中国历史（包括中国考古学）写成简单的社会发展史。我们
要探求历史进程的一般规律，但是也要探求各国家、各民族的历史进程
互相不同的异点和它们的客观原因。例如史前考古中对于各种考古学文
化的研究，便是这样的。尽管种种考古学文化形形色色千变万化，但是
它们的历史过程，由诞生、兴盛而最后消灭，即或归并（或混合）于
另一文化，或质变而成为另一种文化。这些都是有一些共同的一般规
律。同时，由于各种自然条件、社会历史背景和人们的活动等的差别，
依照另一些规律而产生了各种考古学文化的特点和不同的变化过程。这
样使得这种研究丰富多彩，引人入胜。各国历史时代的考古学也是这
样，有它们的共性，也有它们的具有民族特点的个性。如果只谈社会发
展的一般规律而不谈各国各民族的发展过程的特殊性，那是社会科学中
的社会学，而不是历史科学中的考古学。

　　总而言之，考古学是一门历史科学，它的研究的目标、对象和观

点，都和那基本上以文献为根据的狭义历史学一样。它们二者的区别，也就是考古学的特点，一是它所根据的史料是古代留下来的遗迹和遗物，它可以结合文献，但主要的不是依靠文献资料。二是它所涉及的时代是古代，不是现代。虽然各国、各民族的所谓"古代"并不相同，但是考古学所研究的，一定和当代有相当的时间距离。

我们只有正确地了解考古学是什么性质的学科，然后才能依据其性质来讨论我们应该采用什么方法来从事这门学科的研究工作。这方法论的问题，我打算留待以后另写一文来讨论。

附注一　古器物学、古物学和文物研究

罗振玉在《与友人论古器物学条目书》中说："古器物之名，亦创于宋人。赵明诚撰《金石录》，其门目分古器物铭及碑为二。金蔡珪撰《古器物谱》，尚沿此称。……今定之曰：'古器物学'，盖古器物能包括金石学，金石学固不能包括古器物也。"（1920 年成书的《永丰乡人甲藁：雪窗漫藁》，第 38 页）罗氏的《雪堂所藏古器物图录》（1923 年），便将自己的见解付诸实施。于省吾的《双剑誃古器物图录》（1940 年）也沿用这名称。后来刘节于《中国金石学绪言》中，特立"古器物学鳞爪"一节，便是沿袭罗氏的说法。但是刘氏将古器物学与彝器学（礼器）并列，因之把它限于乐器、兵器、权度量衡诸器、符牌和服御诸器，一共五项。最后一项，刘氏将车器、马饰、行镫、门铺、烛盘、铜洗、犁钼、铁锛以及带钩、镜鉴都包括进去。但是刘氏又将泉币学、玺印学（包括封泥）、古陶学（包括瓦当、画像砖、陶范、明器等）另行分叙，不算它们是古器物。至于殷墟书契、流沙坠简及石刻（他以为石刻中以碑刻、墓志、造像、题名、画像石五者为最重要）等，刘氏也是别立节目，不放在古器物项下叙述（刘文见《图书季刊》第 1 卷第 2 期，1934 年，第 59～73 页）。这似非罗氏创倡古器物学的原旨。罗氏原来那篇书信中，把这些项目中绝大部分都列为"古器物条目"。我以为我们应保持古器物学的原来的含义，但又要

把古器物学和后来西文"考古学"异译的"古物学"一名，加以区别。这是我所以主张放弃"古物学"这一译名而专用"考古学"一名的原因之一。至于"古器物学"一名，仍可保留，相当于英文中的 Relicology（这字在英文书籍中也很罕用，见英文杂志《古代》第 53 卷，1979 年，第 95页）。一般称为"studies of antiquities（古代文物研究）"。这是对于古代遗留下的器物作研究，一般不包括居住遗址等遗迹方面，并且有点像狭义历史学中的史料学。史料学主要是考订文献资料的真伪和年代等。我们不能说史料学便是历史学；同样地，我们也不能说古器物学便是考古学。至于解放后开始流行的"文物"一名，它和"古器物"不同，一方面"文物"不限于古代，它的范围包括近代和现代的字画、善本图书和革命文物；另一方面，它又似乎是有选择的，一般是指具有历史、艺术、科学的价值的，所以有时说：某件东西有文物价值。这样一来，"文物"虽可作为行政管理的对象，可以也应该设置文物局，便是文物事业管理局；一些以"文物"命名的刊物，也可以办，以刊登研究古器物、革命文物、字画、古建、善本图书等各科的文章，但是"文物"本身不能自成一门学科。自成一个体系的"文物学"是没有的。至于研究古代文物的古器物学，那只是考古学的一部分。至于把古代文物叫作"历史文物"，以区别于"革命文物"，这可能是为了区分历史博物馆和革命博物馆的藏品，但是这是不妥的。历史包括革命史，也包括近代史和现代史。为了避免不必要的错觉和混乱，为了加强科学性，我认为我们最好今后专用比较正确的"古代文物"一名。至于"历史文物"这一名词是最近 30 来年才有人使用的，现在似乎不应以"约定俗成"为借口而继续加以使用。

附注二　关于考古学的定义

考古学的定义，从前众说纷纭。现在把各种不同的定义，举出一部分，并稍加评论。

因为现代式的考古学这一名词的概念是国外输入的，所以它的定义也受到外国考古学著作的影响。1922 年日本出版的滨田耕作的《通论考古学》中所下的定义是"考古学者研究过去人类的物质的遗物之学也"（俞剑华译本，第 6 页），并且说它的目的是"研究人类的过去"（同上，第 10 页）。这定义是依据当时欧洲考古学者的意见而制定的，例如英国 D. G. 荷加斯（Hogarth）在他主编的《古籍证据和考古学》（1899 年再版）一书的序言中便有类似的定义。他说"考古学是研究人类过去的物质遗留"（Ⅶ页）。这在当时还是一个比较妥当的定义。滨田的书不久便译成汉文（1930 年张凤的《考古学》一书，其中大部分便是由滨田的书编译而成；滨田的书有俞剑华的全译本，1931 年商务版）。1947 年合订本的《辞海》中在"考古学"条所下的定义是"研考古物之学也"。这定义未免太狭隘，太简单。这是古器物学的定义，不是考古学的定义。所以，撰者接着便加以解释说："其范围包括古代生物及人类日用之遗物与一切有关文化之古物而言。近时尤注意发掘之工作，于人文过程之陈迹，以次发见，收获良多。"这又过于繁多，不像个定义。而研究古代生物的学科是古生物学，不是考古学。

　　解放后初期，我国掀起一股学习苏联的热潮，考古学也不例外。1953 年便译出《苏联大百科全书》的"考古学"条。这里对考古学所下的定义是"根据实物的历史材料，研究人类的历史过去"（第二版，1950 年，第 3 卷第 167～174 页，中译见《文物参考资料》1953 年第 12 期第 76 页）。苏联考古学家 A. B. 阿尔茨霍夫斯基的《考古学通论》中所下的定义："考古学是根据实物史料来研究人类历史的过去的科学。"（原书 1954 年出版，中译本的《绪言》部分最初发表于《考古通讯》1955 年第 5 期第 1～14 页，后来全部译成后，于 1956 年由科学出版社出版）二者完全相同。所谓"人类的历史的过去"，是指一定时期以前（苏联考古学以蒙古入侵时期为断限）的人类作为社会成员的一切历史的活动。尽管苏联考古学家的立场、观点和方法，可能是和资本主义国家的考古学家，有所不同。但是二者对于考古学是什么这个问题，他们的认识似乎还是一致的。

1979 年新版《辞海》中"考古学"条所下的定义是"根据实物史料研究人类社会历史的科学"（第 2831 页）。这虽然参考了前人各家的说法，加以酌定，但是似乎仍有未妥的地方。例如漏去"古代"这一形容词，似乎是怕犯了"厚古薄今"的错误。把研究对象限于"社会"，也嫌太狭。除非是专攻"社会考古学"，我们不能把考古学限于研究社会组织的结构和演化等，而是要广泛得多，包括人类各方面活动的历史。《现代汉语词典》（1978 年版）中的考古学定义："根据发掘出来的或古代留传下来的遗物和遗迹来研究古代历史的科学"（第 628 页），颇为简明扼要。但是其中"发掘出来的或古代留传下来的"这 13 字实际也可以省略，只要是"遗物和遗迹"，当然不是发掘出来的发掘品，便是古代留传下来的所谓"传世品"或"地面上遗留"。不过，我们或许可以说：这里强调一下"发掘工作"也是好的。卫聚贤说："前人研究古物，可说是一种'金石学'，或'古器物学'。现代的考古，即西人所谓'锄头考古学'，注重在发掘。"（1933 年版《中国考古小史》，第 4 页）"锄头考古学"是"田野考古学"的俗名，是考古学中的一部门，不能把它和考古学等同起来。就一般而论，丹尼尔教授最近所下的考古学的定义，说它是"研究人类过去的物质遗存的一支历史科学"（1981 年出版《考古学简史》第 13 页），仍是维持这一百来年的对于考古学的理解，还是比较妥当的。

此外，还有一些人对于考古学是什么这问题，有不同的理解。例如从前有人以为考古学主要是研究古典时代（希腊、罗马）的实物史料，尤其是美术品。现在很少有人这样想了。但是又有人走到另一极端，以为考古学是专研究史前时代，顶多可扩充到原史时代的（见《企鹅丛书》1972 年版《考古学的企鹅字典》第 21 页"考古学"条）。有人以为中国考古学便是研究中国境内各考古学文化所反映的各种文化内容。我们知道，"考古学文化"这一术语，是指史前时代的各种现下无法确定族名的人民的物质遗留所反映的文化，所以这里也是把考古学和史前学二者等同起来了。牛津《英语辞典》中"考古学"条第三种释义也说"史前时代的遗物和遗迹（纪念物）的科学研究"，也犯了这种"以偏概全"的毛病。像 G. 丹尼尔所指出的，史前学只能是考古学中的一个分支（丹尼尔，前引书，第 13 页）。

当然，考古学不能限于古物和古迹的分类和描述，以及初步的系统化的研究。那是初步的、必须做的工作。考古学还要利用对于古代文物的研究成果来阐明人类的古代历史。当然考古学的研究也可以在历史科学中已获得的关于历史发展过程的一般规律之外，探求一些新的规律或考古学所特有的规律。但是美国 60 年代所兴起的"新考古学"派，似乎走到了另一个极端。他们以为考古学是一种研究"文化过程（cultural process）"的一门科学，目的是获得"文化动力学（cultural dynamics）"的规律。他们以为 60 年代以前的考古学著作都是旧式的，都是值不得一读。他们撰造一些别人不容易懂得的术语用来阐述他们的"范例"（paradigms）和理论，提出一些"模式"（models）和规律。这是对于传统考古学流于繁琐的一种反抗，但是矫枉过正，流于片面性。怪不得当时有的老的考古学家说这种"新考古学"虽然很"新"，但并不是"考古学"，至少不是一般人所理解的"考古学"。现在经过了 20 多年，"新考古学"也有点变"老"了，锐气也有点降落了，但是他们仍没有获得什么得到公认的新规律（参阅丹尼尔，前引书，第 190～192 页）。像考古学这样一种科学，如果要取得发展，还是应该要从事实出发，详细占有材料，然后在正确的思想指导之下，采用正确的方法，进行具体分析，得出结论，包括一些规律或因果关系。但是这些是方法论的问题。在对某一学科下定义时，只应指出它是什么，而可以把方法论暂放在一边，留待讨论方法论时再谈。

考 古 学[*]

考古学属于人文科学的领域，是历史科学的重要组成部分。其任务在于根据古代人类通过各种活动遗留下来的实物，以研究人类古代社会的历史。实物资料包括各种遗迹和遗物，它们多埋没在地下，必须经过科学的调查发掘，才能被系统地、完整地揭示和收集。因此，考古学研究的基础在于田野调查发掘工作。

考古学的产生有长远的渊源，但到近代才发展成为一门科学。近代考古学发祥于欧洲，以后普及到世界各国。北宋以来的金石学是中国考古学的前身，但直到20世纪20年代，以田野调查发掘工作作为基础的近代考古学才在中国出现。作为一门近代的科学，考古学有一套完整、严密的方法论。它包含史前考古学、历史考古学和田野考古学等分支，并与自然科学、技术科学领域内的许多学科以及人文、社会科学领域内的其他学科有着密切的关系。

考古学的定义和特点

"考古学"名称的由来　中国汉文中"考古学"这一名词，是从欧

---

[*] 本文系作者与王仲殊合著，原载《中国大百科全书·考古学》卷首，中国大百科全书出版社，1986。

洲文字翻译过来的。欧洲文字中的"考古学"一词，如 Archaeology（英文）、Archéologie（法文）、Archäeologie（德文）、Археология（俄文）、Archeologia（意大利文）、Arqueologia（西班牙文）等，都是源于希腊文 Αρχαιολογια。希腊文的 Αρχαιολογια，由"αρχαιos"和"λογos"二字组成，前者意为古代或古代的事物，后者意为科学。所以在古代的希腊，Αρχαιολογια 一词是泛指古代史的研究，公元前 4 世纪柏拉图所使用的这个名词便属此种含义。17 世纪这一名词被重新使用时，其含义稍有改变，是指对古物和古迹的研究。在 17 世纪和 18 世纪，一般是指对含有美术价值的古物和古迹的研究。到了 19 世纪，才泛指对一切古物和古迹的研究。

在中国，东汉（1~2 世纪）时已有"古学"的名称。《后汉书》中说马融"传古学"，贾逵"为古学"，桓谭"好古学"，郑兴"长于古学"，这里所谓"古学"是专指研究古文经学，实际也包括古文字学。北宋中叶（11 世纪），"金石学"诞生，其研究对象限于古代的"吉金"（青铜彝器）和石刻。到清代末叶（19 世纪），金石学的研究对象从铜器、石刻扩大到其他各种古物，所以有人主张将金石学改称为"古器物学"。由于清末至中华民国时期的"古器物学"已接近于近代考古学，所以也有人把欧洲文字中的"考古学"一词译为"古物学"（如 1931 年商务版《百科名汇》）。其实，中国的这种"古器物学"并不等于考古学，要经过系统化以后才可成为考古学的一部分。

考古学的定义　从现今通常使用的情形来看，考古学这一名词主要有三种含义。第一种含义是指考古研究所得的历史知识，有时还可引申为记述这种知识的书籍；第二种含义是指借以获得这种知识的考古方法和技术，包括搜集和保存资料、审订和考证资料、编排和整理资料的方法和技术；第三种含义则是指理论性的研究和解释，用以阐明包含在各种考古资料中的因果关系，论证存在于古代社会历史发展过程中的规律。

　　现在，作为一门近代的科学，考古学已有它的充实的内容，周密的方法，系统的理论和明确的目标。虽然还没有一个被普遍确认的定义，但在全世界范围内，学术界对考古学一词的理解是大致相同的。因此，可以从共同的理解出发，考虑到上述的三种含义，给考古学下定义说：考古学是根据古代人类通过各种活动遗留下来的实物以研究人类古代社会历史的一门科学。对于这样的一个定义，需要作以下的解释和说明。

　　研究的年代范围　考古学是历史科学的一个组成部分。但其研究的范围是古代，所以它与近代史、现代史是无关的。各国考古学都有它们的年代下限。例如，英国考古学的年代下限为诺曼人的入侵（1066年），法国考古学的年代下限为加洛林王朝的覆灭（987年），美洲各国考古学的年代下限为 C. 哥伦布（约 1451～1506 年）发现新大陆（1492年）。一般说来，中国考古学的年代下限可以定在明朝的灭亡（1644年）。

　　近一时期以来，英国有"中世纪考古学"，其年代下限延伸到资产阶级革命的开始（1640年）；又有所谓"工业考古学"，其年代下限更延伸到 18 世纪和 19 世纪的工业革命时期。在美洲，则有所谓"历史考古学"或"殖民地时代考古学"，它们的年代范围在哥伦布发现美洲之后，直到 18 世纪末或 19 世纪初美洲各国在政治上获得独立。但是，英国的所谓"工业考古学"、美洲的所谓"历史考古学"或"殖民地时代考古学"，实际上是利用考古学的方法以研究近代史，所以不能算作真正的考古学。

　　相反，也有人把考古学的年代范围局限于史前时代，即没有文字记载的古代。这样，便把许多文明古国的历史时代也都排除在考古学研究的年代范围之外，这也是不妥当的。考古学不研究近代和现代，而是研究古代，这是必须肯定的。但是，考古学所研究的"古代"，除了史前时代以外，还应该包括原史时代和历史时代。就中国考古学而言，历史时代不仅指商代和周代，而且还包括秦汉及其以后各代；所谓"古不考'三代'

以下"是不对的。当然，历史越古老，文字记载越少，考古学研究的重要性也越显著。要究明人类没有文字记载的史前时代的社会历史，就必须在极大程度上依靠考古学，因而史前考古学与史前史就等同起来了。

作为实物资料的遗迹和遗物　考古学的研究对象是实物资料。有些人望文生义，只看重一个"古"字，以为只要是考证古代的事物，不管是根据文献资料，还是根据实物资料，都可算是考古学。其实，考古学研究的对象是物质的遗存，即古代的遗迹和遗物。这就是它与依靠文献记载以研究人类历史的狭义历史学的最重要的不同点。考古学和历史学，是历史科学（广义历史学）的两个主要的组成部分，犹如车的两轮，不可偏废。但是，两者的关系虽很密切，却是各自独立的。它们都属"时间"的科学，都以研究人类古代社会历史为目标，但所用的资料大不相同，因而所用的方法也不相同。有人把依靠文献资料以研究人类古代历史的狭义历史学也称为考古学，这是不符合近代考古学的基本含义的。

作为考古学研究对象的实物，应该是古代人类通过各种活动遗留下来的，是经过人类有意识地加工的。如果是未经人类加工的自然物，则必须是与人类的活动有关，或是能够反映人类的活动的。这就说明，考古学是属于人文科学中的历史科学，而不属于自然科学，尽管在考古学的研究过程中必须充分利用各种自然科学的技术和方法。

古代人类通过各种活动遗留下来的实物，通常包括遗物和遗迹两大类。前者如工具、武器、日用器具和装饰品等器物，后者如宫殿、住宅、寺庙、作坊、矿井、都市、城堡、坟墓等建筑和设施。有的人片面地把"实物"理解为器物，只注重珍贵的古器物，而忽视许多重要的古代建筑、设施的遗迹，这是十分错误的。此外，农作物、家畜和渔猎、采集所得的动植物遗存，虽然多属自然物，但由于它们与人类的活动有关，有的更是人类活动的产物，所以也应属于考古学的研究对象。

虽然考古学的研究是以物质的遗存为依据，但作为历史科学的组成部分，它的研究范围不限于物质文化，而是在于通过各种遗迹和遗物，研究人类古代社会的各个方面，其中包括生产规模、技术水平等物质文化，也包括美术观念、宗教信仰等精神文化。十月革命后，苏联曾把"考古学"改称为"物质文化史"。这虽然突出了考古学以实物资料为依据的特点，但实际上却局限了考古学的研究范围。因此，设在莫斯科的国家级考古研究机构虽然使用"物质文化史研究所"这一名称达30余年之久，但后来终于又重新改称为"考古学研究所"。

对人类古代社会的研究　人类的活动是具有社会性的。人类所制作的器物和所创造的文化，都是反映社会的共同的生产技术水平和共同的文化传统。个人的创造发明，都是以他们所在社会中长期积累的生产技术水平和文化传统为基础的。他们的创造发明，只有被他们所在社会中的其他成员接受、继承或传播，才能成为整个社会生产技术水平和文化传统的组成部分。因此，作为考古学研究对象的实物，应该是具有社会性的产物。无论是工具、武器、装饰品等器物，还是宫殿、住宅、城堡、坟墓等建筑、设施，实际上都是社会的产物，而不是个人孤立的、偶然的作品。从考古学研究的方法而言，必须把研究的重点放在遗物和遗迹的整个系列和类型上，而不是研究孤立的、单独的一个器物。孤立的、单独的一件器物，只能算是古董，而不能成为考古学研究的科学资料。即使这件器物具有高度的美术价值，那也只能作为美术史研究的好标本，而不能当作考古学研究的好资料。考古学要究明的是整个社会的生产技术水平和文化传统，而不是某一个人的天才的独创。在考古学研究中，一般不存在对个别历史人物的评价问题。这不仅是由于作为考古学研究对象的实物资料往往无法与某一历史人物相联系，更重要的还由于考古学研究的目标在于人类古代社会的历史，而不在于某一个人的单独表现。

要研究人类古代社会的历史，还必须在横的方面和纵的方面扩大研究的范围。这就必须注意同一时期各地区人类社会之间的相互影响和传播关系，也要注意人类社会文化在不同时期的继承、演变和发展的进程。这些横的联系和纵的进程，正反映在大量的遗迹群和遗物群之中，有待考古学家去分析和究明。

考古学研究的最终目标　作为一门历史科学，考古学的研究不应限于对古代遗迹、遗物的描述和分类，也不应限于鉴定遗迹、遗物的年代和判明它们的用途与制造方法。考古学研究的最终目标在于阐明存在于历史发展过程中的规律，而马克思列宁主义的历史唯物论便是指导研究这种规律的理论基础。

有的历史学家，其中包括考古学家，不承认历史发展存在客观的规律。他们认为，除了论证历史事实之外，只有史料鉴定学和历史编纂学，而没有阐明历史发展规律的广义的史学。这当然是错误的。有的学者，例如 20 世纪 60 年代美国的"新考古学派"，虽然承认历史发展有客观的规律，但却把这种规律与自然界的规律混为一谈，这也是不对的。历史唯物主义认为，历史现象之所以不同于自然现象，是由于有"社会的人"这一因素的存在。恩格斯说："在社会历史领域内起作用的是人，而人是赋有意识的，经过深思熟虑而行动，或受热情驱使而行动，并抱有预期的目的。"恩格斯又说："这丝毫不能改变历史进程服从内在规律的这一事实"，但"对于历史的研究，尤其是对于个别年代和个别事变的研究"，则是十分重要的。总之，我们一方面要重视社会发展的规律，一方面又不能把考古学写成简单的社会发展史。

考古学家要论证人类社会历史发展的一般规律，也要探求各个地区、各个民族在历史发展过程中所表现出来的差异点和造成这些差异的原因。以史前考古学为例，尽管考古学文化类型多种多样，但它们从发生、发展到最后的消失（即合并于另一文化类型或演变而成为另一文化类型），总是具有共同的规律；由于自然条件、社会背景等的不同，各种文化类型也必然会有自身的特点和自己的具体演变过程。历史考古学也是这样，在每一个特定的历史阶段，许多国家的社会文化都有一定的共性，但也有它们各自的特点和个性。

考古学简史

近代考古学之具备上述定义中所含的性质，是有着相当长的一段发展过程的。从 15 世纪开始，欧洲新兴的资产阶级处于上升的阶段。他们在发展生产力的同时，也相应地发展了科学、技术和文化。这样，考古学也随着各门科学的产生而在欧洲出现。

考古学的出现，有它的历史背景。首先是欧洲的文艺复兴促进了人们对古典时代的语文和美术史的研究，从而开始对希腊罗马时代的雕刻和铭刻的搜集。不久又进而对基督教圣地巴勒斯坦地区的古迹和古物发生兴趣，后来这种兴趣还扩大到对近东地区的埃及、巴比伦等地的更为古老的古迹和古物的寻访和搜集。

当时，在西欧和北欧，法兰西、英吉利、德意志、瑞典、丹麦等许多资本主义的民族国家相继成立。这些国家没有像希腊罗马那样古老的历史文献。它们企图凭借先民遗留下来的古迹和古物，宣扬古代历史，以增进爱国主义思想和民族自豪感。这也是近代考古学产生的原因之一。

地质学和生物学的发展，推翻了《圣经》中关于上帝造人的神话。尤其是到了 19 世纪中叶，C. R. 达尔文（1809～1882）的《物种起源》、C. 莱尔（1797～1875）的《从地质证据来证明人类的古老》和 T. H. 赫胥黎的《人类在自然界中的地位》的出版使人们懂得人类的出现至少在数十万年之前，并认识到人类是从猿类演化而来的。于是，史前考古学产生了。它以进化论的理论为指导，按照近代自然科学的传统，以严格的科学方法从事研究，使作为科学的近代考古学从此得以成立。

纵观近代考古学的发生、发展的全部过程，可以按照阶段的不同，将它分为萌芽期、形成期、成熟期、发展期和继续发展期。

萌芽期　约从 1760 至 1840 年。18 世纪末，法国资产阶级革命促进了考古学的成长。当拿破仑远征埃及时，有研究埃及的学者同行，在埃及寻访古迹和古物。作为战利品，拿破仑又从意大利、西班牙等地掠夺古物，在法国建立博物馆。他派亲族统治意大利，并大规模地发掘公元 79 年火山爆发时被埋没的庞培城址。特别是拿破仑的部下在埃及发现罗塞塔石碑，碑上的三体文字为学者们考释埃及象形文字提供了重要的钥匙；1822 年法国学者 J. – F. 商博良释出了这种象形文字，奠定了埃及学的基础。

另一方面，德国 J. J. 温克尔曼（1717～1768）开始利用古代的遗物，而不是专靠古代的文献，从事欧洲古代史的研究。他以保存在罗马等地的许多古代美术品为资料，写成他的名著《古代美术史》。有的学者称他为"考古学之父"，可见他对考古学影响之大，尽管古代美术史并不等于考古学。

形成期　从 1840 至 1867 年。

"三期论"的提出　19 世纪中叶，考古学终于发展成为一门严谨的科学。这首先应该归功于史前考古学。由于史前时代没有任何文献记载，对史前史的研究必须完全依靠考古学。而史前考古学的发展又推动了整个考古学的发展。1819 年，丹麦皇家博物馆馆长 C. J. 汤姆森从该馆所藏的史前古物着眼，提出了著名的"三期论"，认为史前时代的丹麦经历了石器时代、铜器时代和铁器时代三个时期。不久 J. J. A. 沃尔索（1821～1885）又进而把"三期论"用于野外古迹的分期，并以发掘工作中所见的地层关系作为证明。1843 年，沃尔索发表了《丹麦原始时代古物》一书，使"三期论"从此成为史前考古学的研究基础。

旧石器的发现和证实　上述丹麦的石器时代，只限于新石器时代（因冰川关系，丹麦没有旧石器时代文化遗存）。对旧石器文化的研究，是从英、法两国开始的，而法国 J. 布歇·德·彼尔特在索姆河畔首先发现旧石器，并认定是原始人类所用的工具。1859 年英国考古学家和地质学家核查了 J. 布歇·德·彼尔特的发现，确认此地的旧石器是与已经绝灭的动物化石共存的，从而证实了他的学说。1865 年英国的 J. 卢伯克（1834 ~ 1913）使用希腊语的词根，创造了"旧石器"（Palaeoli-thic）和"新石器"（Neolithic）两个名词，以表示两个石器时代的存在。当时，进化论已成为欧洲思想界的主流，它为史前考古学打开了前进的道路。1856 年发现的尼安德特人的头骨化石，不久也被引用为进化论的物证，彻底否定了上帝于公元前 4004 年造人的神话。后来，E. A. I. H. 拉尔泰（1801 ~ 1871）又用古脊椎动物化石作标准，把旧石器时代分为三期；G. de 莫尔蒂耶则用第一次发现的地点作为各期的名称。这种分期法和定名法，至今仍为考古学界所通用。

新石器时代方面，1853 ~ 1854 年在瑞士境内发现了"湖居"遗址，有着许多保存良好的遗迹和遗物。后来知道，湖居遗址中除了新石器时代的遗存以外，还包含有铜器时代和早期铁器时代的遗存。1846 ~ 1864 年在哈尔施塔特的发掘和 1858 ~ 1860 年在拉登的发掘，证实了欧洲的史前时代应包括早期铁器时代，这两处地名便被用作欧洲史前考古学中的两个分期的名称，后来又成为两个文化的名称。

埃及和西亚的考古工作　商博良释读古埃及象形文字以后，引起了欧洲人对埃及的古迹和古物发生更大的兴趣。法国、德国和意大利等国的考察队到埃及各地调查发掘。在这以前，意大利人 G. B. 贝尔佐尼（1778 ~ 1823）在埃及滥掘古墓，掠取了大量珍贵的古物。到了 1859 年，法国人 A. 马里埃特担任埃及政府的古物局局长，才对这种盗掘加以控制。他任职 30 年，主持了 30 多处发掘，取得了丰富的收获。

19 世纪初年，在波斯境内发现了刻有楔形文字的摩崖石刻。1835 年英国人 H. C. 罗林森（1810 ~ 1895）释读出贝希斯顿三体铭文中的一种楔形文字为古波斯文。后来，其他两种楔形文字也被考释出来，证明分别为古埃兰文和古巴比伦文。古文字学方面的这些研究成果，对西亚地区的考古学研究有很大的帮助。1842 年，法国人 P. -É. 博塔开始发掘尼尼微城址。次年，他又在豪尔萨巴德发现了亚述王朝萨尔贡二世的宫殿址，获得了大批石刻浮雕和楔形文字的铭刻。1845～1851年英国人 A. H. 莱亚德也在尼姆鲁德和尼尼微发掘出亚述时代的许多石刻浮雕、楔形文字的石刻和泥板。他出版了《尼尼微石刻图解》和《尼尼微发掘记》，影响很大。但当时的工作水平很低，主要是挖取珍宝，谈不上什么科学性。1850年，瓦尔卡古城址被发现，并进行发掘，虽然当时还不知道它是属于比巴比伦更早的苏美尔人的。

希腊罗马的古典考古学 从19世纪初期以来，英、法、德等国的古物爱好者相继到南欧游历、考察，往往将希腊罗马的石刻浮雕等精美文物运回本国出售，或赠送给博物馆。从雅典巴台农神庙拆下来的浮雕石刻是其中最著名的一例，它是由埃尔金于1816年运到伦敦的，故被称为"埃尔金大理石刻"。有的人还发掘了希腊罗马的古城址和墓地，目的也在于攫取文物，不讲求工作的科学性。

从1863年起，意大利考古学家 G. 菲奥雷利改进了对庞培古城遗址的发掘方法。他以恢复这一古城的原貌为目标，对遗址中的房屋遗存按单元进行全面的揭露，讲求层位关系，并将发掘出来的遗迹保存在原地。在发掘中，贫民的居处和富人的邸宅同样受到重视，出土物不论精美与否，都被作为不容忽视的标本。他的这种审慎、周密的工作态度，为此后庞培城址的科学发掘打下了基础。

国际考古学会议的召开 作为近代考古学形成的重要标志，1866年在瑞士召开了第一次"人类学和史前考古学国际会议"。这使得考古学作为一门科学，在国际学术界得到了普遍的承认。到1912年为止，这个国际会议共开过14次。1932年改为"先史学和原史学国际会议"，在英国首次举行。它的第11次会议定于1986年在英国举行，届时还将加上"世界考古学会议"的副标题。1867年在巴黎举办的规模宏大的世界博览会，其中有一"劳动历史陈列馆"，以史前时代的劳动工具为主要陈列品。莫尔蒂耶负责欧洲各地标本的选定和陈列，马里埃特则负责埃及考古学标本的选定。这样，考古学在广大群众中也产生了重要的影响。

成熟期 约从 1867 至 1918 年。这时期考古学的研究出现了空前的兴盛局面。这主要表现在类型学的发展和史前考古学的系统化，自然科学的方法被应用，田野调查发掘工作开始科学化，近代考古学从欧洲、北非、西亚普及到东亚和美洲。

类型学的发展和史前考古学的系统化 前一时期开创的类型学在这一时期得到了显著的发展，主要是划分器物类型的工作更为细密、准确了。除了按照形态的变化把器物排比成"系列"以外，还根据出土的地层关系来确定系列中各器物类型的年代先后；排比不限于某一种器物，而是将许多不同种类的器物分别排比成系列而互相参照。经过排比之后，各种不同类型的器物组合往往可以代表某一考古学文化。在类型学研究的基础上，1912 年步日耶把上旧石器时代调整为三期，连同下旧石器时代的三期，将旧石器时代一共分为六期。他的"六期说"体系被考古学界长期沿用，但后来被证明这只适用于欧洲。1892 年，A.布郎提出在旧石器时代与新石器时代之间应有一个过渡期，称为"中石器时代"（Mesolithic），但这一术语到 20 世纪 20 年代才被逐渐采用。

瑞典的 O. 蒙特柳斯继沃尔索之后，大量使用比较考古学和类型学的方法进行研究，并将类型学的理论加以系统化。从 1885 到 1895 年，他把北欧的新石器时代分为四期，青铜时代分为五期。这时，早期铁器时代的哈尔施塔特期和拉登期二期被进一步确定下来。这样，从旧石器时代、新石器时代、新石器时代到青铜时代和早期铁器时代，欧洲史前考古学的整个体系得到了确立。法国学者 J. 德谢莱特（1862～1914）于 1908 至 1914 年出版的四卷本《史前考古学手册》，总结了 19 世纪至 20 世纪初叶的史前考古学成果。

自然科学方法的应用和史前考古学的绝对年代 在史前年代学方面，这一时期已开始采用自然科学的方法。例如，20 世纪初，地质学

家把欧洲的地质年代确定为四个冰期和三个间冰期。于是，考古学家把旧石器时代文化与冰期、间冰期的划分联系起来，进行分期。各冰期的绝对年代最初是根据地层的厚度来推测的，极不可靠。1910 年瑞典人德耶尔（1859～1943）提出了季候泥层分析法，判定斯堪的纳维亚地区泥层的绝对年代可以上推到 1 万年左右。不过这一分析法的应用只限于一定的地区，而且必须将考古资料与地质年代学的泥层联系起来，才能判定。此外，蒙特柳斯除了就欧洲青铜时代的相对年代进行分期以外，1904 年还对各期的绝对年代作过推测。

考古发掘工作的科学化　在这一时期中，考古学最重要的发展是发掘方法的改进。可以说，真正的、科学的考古发掘，是从这时期开始的。首先是明确了发掘的目的不是为了挖宝，而是要把地下的古迹和古物揭露出来，了解它们原来的位置、布局和后来的变化，这样就可以使由于时间的推移而被灰烬和泥土掩埋起来的人类的历史得到重现。

19 世纪后期，德国和奥地利的考古学家在希腊和意大利发展了考古发掘的技术。在庞培古城遗址，意大利的考古学家进一步发展菲奥雷利的发掘方法。在近东，1870 年以发现《荷马史诗》中的特洛伊古城而著名于世的 H. 谢里曼，除了在发掘中采集全部遗物并注意地层关系以外，他还要求充分做好包括绘图、照相在内的各种记录，迅速整理资料，及时发表报告。英国的 F. 皮特里在埃及的发掘工作中，更讲求发掘方法的科学化，他于 1904 年写出《考古学的目的和方法》一书，总结了自己的工作经验。在英国，皮特里的前辈 A. H. L. –F. 皮特 - 里弗斯则被视为科学考古发掘的创始者，早在 1880 至 1900 年，他便已用上述的科学方法在英国克兰伯恩蔡斯地区发掘居住址和古墓。这样，考古学也就被承认是利用实物的证据以探索古代人类历史的一门科学了。

欧洲、北非、希腊和近东地区的重要新发现　这一时期的考古新发现，解决了许多重要的问题。首先是从 1875 年起，在法国和西班牙境内陆续发现旧石器时代的洞穴壁画，它们与洞穴中的象牙或兽骨的雕刻品一起被称为"洞穴艺术"或"旧石器艺术"。1894～1895 年皮特里在埃及涅伽达发现王朝时代以前的墓地，后来经过他的分期排比，列为第三十期到八十期，其中第七十六期和七十七期相当于历史时代的第一朝，从而使得史前文化和历史时代的文化衔接起来。在希腊和小亚细亚方面，由于谢里曼在特洛伊城址、A. 伊文思在克诺索斯城的发掘，把希腊的历史从古典时代上推到传说中的"荷马时代"，又进而追溯到史前时代。关于小亚细亚东部和叙利亚北部的赫梯帝国，过去虽曾发现过石刻浮雕和铭文，但到 1888 年才由 A. H. 塞斯（1845～1933）证明它们是属于赫梯人的，并初步考释出赫梯的文字；德国人发掘赫梯国的首都哈吐沙，发现了数千片公元前 14 世纪的泥板文书，捷克斯洛伐克的 B. F. 赫罗兹尼考释出赫梯语的楔形文字，并将泥板文书翻译出来。在两河流域，1874 年泰洛赫遗址的发现，证实了这里的遗存属于苏美尔人的文化。此外，德国人 1899～1914 年在巴比伦古城和 1903～1094 年在亚述故都阿苏尔城址的发掘，由于成功地清理出用土坯砌成的墙壁，还得用探井法搞清地层，使这两座都城的部分面貌被清楚地揭示出来。

考古发掘工作扩展到新地区——美洲和东亚　在这一时期，欧美的考古学者还到中美和南美各地进行调查发掘。第一次大规模的发掘，是由美国哈佛大学在洪都拉斯的科潘地方的玛雅文明遗址进行的，1896 年发表了正式的发掘报告。德国的 M. 乌勒，从 19 世纪末到 20 世纪初一直在秘鲁的帕查卡马克进行发掘，他的发掘报告于 1903 年出版。

在中国，帝国主义者为了觊觎中国的领土，于 19 世纪末至 20 世纪初纷纷派遣探险队到新疆，搞考古调查、发掘，以掠取古物。东亚的日本，以 1868 年的明治维新为开端，逐渐发展成为资本主义国家，受欧美考古学的影响，也开始在国内进行考古调查和发掘。日本和俄国还派人在中国的东北地区进行掠夺性的考古发掘。当时中国的考古学界，还停留在金石学的阶段，没有人到野外去做考古发掘工作。

发展期　从 1918 至 1950 年。1914 年爆发的第一次世界大战结束后，各国的考古研究工作很快就恢复开展起来，使考古学的发展进入了一个新的时期。这一时期，不仅有更多的考古新发现，更重要的是在理论方面的发展和提高，调查发掘工作更加科学化，自然科学和技术科学方法广泛应用，考古工作在地域上进一步扩大，成为世界范围的考古学。

理论方面的发展和提高　1917年十月革命以后，苏联考古学家在马克思列宁主义的指导下，用历史唯物论的观点和方法从事研究，使苏联考古学的面貌为之一新。西欧的学者也相当重视理论。尤其是英国的V. G. 柴尔德，在一定程度上也掌握了历史唯物主义的方法论。前一时期在考古学界占统治地位的汤姆森的"三期论"（石器时代、铜器时代、铁器时代），这时遇到了L. H. 摩尔根和恩格斯所提出的另一种"三期论"（蒙昧时代、野蛮时代、文明时代）的挑战。后者是按照人类社会文化的发展阶段划分的，被苏联考古学界以及柴尔德等西欧的考古学家所采用。但汤姆森的"三期论"仍然有它一定的作用，所以并没有被国际学术界所抛弃。

更为重要的是，作为考古学的基本概念之一，"文化"代替了"时期"；从前的所谓"阿舍利时期"、"莫斯特时期"之类，这时都改称"阿舍利文化"和"莫斯特文化"等。这主要是因为考古学的"文化"有地域上的局限性，一种"文化"不能代表世界范围的一个时期，各种不同的"文化"往往在同一个时期中并存，实际是各自代表具有同样文化传统的共同体。明确了考古学"文化"这一基本概念之后，考古学研究就必须有更多的资料和对资料更为精细的分析，而研究的结果就能更符合于客观的实际。柴尔德在20世纪20年代发表的《欧洲文明的黎明》、《史前时代的多瑙河流域》和《远古时代的东方》等著作，便是运用考古学"文化"这一正确的概念进行广泛、深入研究的杰出代表。

调查发掘工作的更加科学化　在田野考古学方面，调查发掘工作的科学性又有了显著的提高。最能代表这一时期田野考古学的水平的，是英国的考古学家 M. 惠勒。他总结前代田野考古学家们的经验并加以发展，除了提高发掘的技术以外，还强调要提高发掘的目标。他主张考古学家要掘出古代的"人民"，而不仅仅是发掘出古代的文物。后来，他把他的观点和方法写成一本题为《从土中发掘出来的考古学》的书，是现代田野考古学的杰作。另一位田野考古学家，英国的 O. G. S. 克劳福德（1886～1957），在调查工作方面做出了新贡献。他本是地理学家，所以充分注意地理环境对古代人类社会的影响。他的著作《田野考古学》，主要是总结了他在广大的田野上进行考古调查的经验。他还发展了航空考古学，使空中摄影成为调查地面上的古代遗迹的得力工具。

由于田野考古工作水平有了新的提高，世界各地的许多重要的遗迹才能运用新的技术和方法进行发掘，而发掘出来的遗物也能得到妥善的处理。1923 年英国人 H. 卡特在埃及发掘图坦哈蒙莱，1926 年英国人 L. 吴雷在伊拉克境内的乌尔发掘苏美尔王陵，都获得了成功。这与 19 世纪中期在埃及和两河流域的发掘相比，已经是不可同日而语了。

自然科学和技术科学的广泛应用 第一次世界大战以后，各种自然科学和技术科学都有快速的发展，它们在考古学上的应用比前一时期更为广泛和普遍。例如，在勘察方面，除利用空中摄影技术探索地面上的遗迹以外，还利用"地抗力"的测定法以探测埋藏于地下的遗迹。在分析、鉴定方面，则应用地质学、物理学和化学的方法判别岩石、矿物和金属制品的质地和成分，应用体质人类学、动物学和植物学的方法以鉴别人骨的性质、兽骨的种类和农作物的品种等。结合考古发掘，进行古代土壤和其中所含孢子花粉的分析以了解古代的植被面貌，也是从这个时期开始的。

在这个时期，地理学的研究方法也被考古学家们所广泛应用。除了利用地图的测绘以显示遗迹和遗物的分布外，还可以把遗迹、遗物的分布图与带有古代植被的地形图结合起来，以考察古代人类社会与自然环境的关系。英国考古学家 C. 福克斯在20～30 年代所著的《剑桥地区的考古学》和《不列颠的个性》两书，是有关这方面研究的重要著作。

考古学研究的世界化　这一时期的特点，还表现在随着国际政治形势的变化和学术知识的传播，考古工作进一步在全世界范围内普及，促进了考古学研究的世界化。

首先是苏联的考古工作在其辽阔的国境内广泛开展，从东欧、中亚到西伯利亚都发现了旧石器时代的遗存。特里波利耶文化遗址的发掘，究明了乌克兰新石器时代至铜石并用时代农业部落的社会结构。黑海沿岸古希腊城邦遗址的发掘，为研究当地奴隶制社会的经济、文化提供了丰富的资料。C. П. 托尔斯托夫在中亚阿姆河流域的调查发掘，把花剌子模的历史从中世纪上推到新石器时代。C. B. 吉谢列夫在南西伯利亚的发掘，使这一地区长达 4000 年的古代史得到恢复。在苏联的东欧地区，斯拉夫民族的起源和中世纪俄罗斯城市的发展是两个重要的研究课题，经过考古学家的努力，也取得了丰硕的成果。

南亚次大陆此时还是英国的殖民地，印度考古局局长由英国人担任。在这一时期，最重要的考古工作是英国 J. H. 马歇尔在哈拉帕城址和摩享佐达罗城址的发掘。发掘证明，这两处古城是"印度河文明"的两个中心，其年代可以上溯到前第 2 千年的前半期，这里不仅已有冶铸青铜的技术，而且还出现了文字，从而纠正了吠陀时代以前的印度完全处在史前时代的错误结论。马歇尔还发掘了历史时代呾叉始罗等处的佛教遗迹，但发掘工作的水平不高。到 1943 年惠勒任印度考古局局长以后，印度考古学的面貌才有新的变化。

中国的考古发掘工作是在这个时期正式开始的，而且很快就取得了重大的成果。首先是 1927 年中国学者和外国学者共同发掘北京周口店的旧石器时代遗址。1929 年裴文中在该遗址发现了北京人的头盖骨化石，引起了全世界的重视。其次是从 1928 年开始，中国学者李济、梁思永等在河南省安阳发掘殷墟，证明这里是商代后期的都城遗址。宫殿遗址和王陵出土的大量文物说明，前第 2 千年后期的商殷文化已达到了高度的水平。在这以前，瑞典人安特生于 1921 年在河南省渑池发现了新石器时代的仰韶文化遗址，接着又在甘肃和青海发掘了许多新石器时代和铜石并用时代的遗址，他所推定的年代序列，在 40 年代为中国学者所纠正。1928 年，中国学者吴金鼎在山东省章丘县的城子崖发现新石器时代晚期的龙山文化遗址。1931 年梁思永发掘安阳后冈遗址，从地层关系判明仰韶文化、龙山文化和商殷文化的年代先后序列。于是，黄河流域史前时代文化和历史时代早期文化的基本轮廓得到了初步的究明，为中国考古学的发展开创了良好的端绪。

日本考古学发端于 1877 年，美国人 E. S. 莫尔斯（1838～1925）在东京郊区发掘了新石器时代绳纹文化的遗址大森贝冢。1884 年日本学者在东京弥生町发现弥生文化的陶器，此后的发掘证明弥生文化已有铜器和铁器。在年代序列上，继弥生文化之后的是古坟文化，它属于日本的原史时代。1918 年鸟居龙藏发表题为《有史以前的日本》的著作，对前一时期的考古工作进行了总结。1934 年在奈良县开始对藤原宫遗址进行调查发掘，把田野考古工作的范围扩展到历史时代；1949 年在群马县岩宿发现"无土器时代文化"，又将史前考古学的研究推进到旧石器时代。为了引进西欧近代考古学的理论、方法和技术，滨田耕作曾到伦敦大学向皮特里学习，归国后在京都大学举办考古学讲座，培养了许多新的考古专家。

埃及以外的非洲地区曾被看作"黑暗大陆"，没有什么古代文化可言。但在这一时期，不仅法国人在地中海沿岸的突尼斯等地发现了迦太基和罗马时代的遗迹和遗物，而且在非洲各地都发现了旧石器时代和新石器时代的文化遗存。步日耶曾在 20 世纪 40 年代对出土的旧石器作过研究，还临摹了南非的岩画。20 世纪 30 年代以来，R. 布鲁姆在南非，L. S. B. 利基在东非发现了南方古猿的化石，它们可能是直立人的直系祖先，与之共存的据说有打制的砾石工具，以后被称为奥杜韦文化。因此，有人认为东非也许是人类最初的摇篮。

美洲的考古工作也获进一步开展。墨西哥和秘鲁是美洲古代文明的两个中心，最受重视。秘鲁的 J. C. 特略发现了查文遗址，发掘工作证明查文文化是秘鲁最早的文明，年代约从公元前 900 年到公元 300 年。墨西哥的 A. 卡索发现了蒙特阿尔万遗址，它是萨波特克文化的中心，年代约在公元前 600 年至公元 600 年。但是这一时期更多的考古工作是由美、英等外国学者做的，他们对墨西哥的玛雅文化和奥尔梅克文化等都作过分析和研究。美国学者在美国境内，主要是研究史前时代的印第安文化，研究方法的特点在于考古发掘与民族志调查（调查现存的印第安人部落）相结合。1926 年，在新墨西哥州的福尔瑟姆发现美洲当时所知的最早石器，年代约在公元前 9000 年至公元前 8000 年，说明早在中石器时代，北美洲已有人类居住，他们可能是末次冰期以后从亚洲的东北部迁移过来的。

综上所述，由于考古工作在地域上由欧洲、近东扩大到全世界，前一时期以小范围内的研究为基础而建立起来的单线演进的人类社会发展史体系，已经不适用于全世界这个庞大的范围。这就是为什么考古学"文化"的概念必须取代过去的"时期"的概念之原因。这种发展也为建立全球范围的"世界考古学"体系打下了基础。

继续发展期　约从 1950 年至今。这时期考古学进入了一个新的发展期，其特点基本上是前一时期各个特点的继续发展。中华人民共和国考古学的兴盛则是这一时期的新特点。

理论方面的发展　除了苏联以外，第二次世界大战后新建立的包括中国在内的许多社会主义国家，都以马克思列宁主义的理论为指导思想，用历史唯物论的观点、方法从事考古学研究，这在世界考古学上产生了很大的影响。在欧美各资本主义国家，考古学家们主要是沿着前一时期以来的理论体系继续前进，但也相当重视古代人类社会中的经济因素；英国学者 J. C. D. 克拉克所著《史前欧洲经济的基础》一书，从经济方面的角度出发，描述并解释欧洲史前时代的考古资料，便是体现这种研究方式的代表作。

对于前一时期盛行的考古学"文化"的概念，有的学者提出了疑问。考古学"文化"一词，是从民族学引进的，用以表示具有同一文化传统的共同体。但根据民族学的资料，同一部落或民族所用的物件，有时有着两种完全不同的类型（如现存爱斯基摩人在夏季营地和冬季营地所遗的两套不同的用品）。即使是一个定居的农业社会，随着年代的推移，所用器物的形貌也会发生变化，经过较长的时期，甚至会变得面目全非。至于考古学"文化"所代表的共同体究竟是一个民族，还是一个部落或部落联盟，那就更难以确定。这些问题的提出，虽还不足以否定考古学"文化"的重要性，但促使考古学家们在运用这一概念时要作周到、灵活的思考，避免简单化和绝对化。

在20世纪60年代，美国兴起以L. R. 宾福德为首的所谓"新考古学派"，主张考古学应该是一门研究"文化过程"的科学，研究的目标在于探求"文化动力学"的规律。他们撰造一些别人难以懂得的术语，以阐述他们的范例和理论，提出他们的模式和规律。他们的主张虽然过于片面，似乎没有为学术界提供建设性的效益，但可以看作是对传统考古学流于繁琐的一种反抗，可以促人深思和反省。

自然科学和技术科学应用方面的发展　第二次世界大战后，自然科学和技术科学快速发展，在考古学上的应用也更为广泛，更为重要。如电磁测定法用于探寻遗迹，放射性碳素测定法、钾－氩法、热释光测定法、古地磁测定法等用于测定遗迹和遗物的年代，X射线荧光分析法、电子探针法、中子活化法等用于分析遗物的成分等，使得考古学研究得到很大的进展。用电子计算机贮存并分析各种考古资料，也是这一时期才开始的。尤其是放射性碳素断代的广泛应用，使考古学家能确知各种史前文化的绝对年代，从而就它们之间的年代先后序列作出确切可靠的结论，这可以说是史前考古学上的一次革命。过去，欧洲的考古学家们认为，欧洲新石器时代和青铜时代文化的绝对年代较晚，是受到近东地区文化的影响才发展起来的，经过放射性碳素断代，知道它们其实并不晚，很可能是独自形成的。这使得柴尔德在他的遗著《欧洲社会的史前史》一书中也改变了以前自己在这一问题上的看法。此外，由于航空技术和摄影技术的提高，特别是人造卫星上天之后，航空摄影发展为航天摄影，使得前一时期创立的航空考古学又有了显著的进展。潜水设备的改进，则使水底考古学在这一时期得到正式的成立。

考古学研究范围在时间上和地域上的扩展　这一时期内，随着考古调查发掘工作的广泛开展，新的发现不断增多，加上自然科学方法在年代学上的进一步应用，史前考古学的年代上限大大向上推进了。1960年以后，肯尼亚学者 L. S. B. 利基在奥杜韦的第 1 和第 2 层发现了能人化石，截至 1978 年，已出土了 10 个个体，其年代早于直立人。地层中也有奥杜韦文化的砾石器，从而提早了人类及其文化的历史。R. 利基继其父老利基之后，和其母 M. 利基在肯尼亚发现了更多的南方古猿化石，据钾－氩法测定，它们的绝对年代可以早到距今约 250 万年，引起了国际考古学界的极大重视。在中国，除了周口店北京人的头骨化石和石器仍有出土以外，还在陕西省蓝田发现了蓝田人头盖骨化石和石器，据古地磁法测定，陈家窝的年代约为距今 60 万或 65 万年，公王岭的年代约为距今 85 万至 75 万年（另一数据为距今 100 万年），比北京人为早。尤其是在云南省元谋发现的元谋人，虽然只有两枚牙齿，但经古地磁法测定，其年代可早到距今 170 万年左右（也有人认为距今约 70 万年）。在新石器时代方面，农业起源的年代也大为提早。例如，在西亚的两河流域，通过在耶莫和耶利哥等处的发掘，发现了从渔猎生活到农业定居生活的过渡性的文化遗址。在中美洲的墨西哥，发现了处于开始栽培阶段的玉蜀黍遗存，后来还在中美洲和南美洲各地发现其他早期的农作物遗存，为美洲农业的起源提供了新证据。在中国的黄河中、下游地区，发现了仰韶文化以前的磁山文化和裴李岗文化，它们与仰韶文化一样，都以粟为主要农作物；在长江下游地区，则发现了以水稻为主要农作物的河姆渡文化，其年代与仰韶文化的前期相当。

这时期考古学研究的另一趋向，是历史考古学受到高度的重视，年代下限被逐渐向下延伸。在欧洲，除了"中世纪考古学"和"中世纪以后时期的考古学"以外，甚至还提出所谓"工业考古学"；在美洲，则把"殖民地时代考古学"和"历史时代遗址考古学"合称为"历史考古学"。历史考古学受到重视，是考古学进一步发展的必然结果。但严格说来，欧洲的"工业考古学"和美洲的"历史考古学"都不能算作真正的考古学。这也许是对过去学术界过于偏重史前考古学的矫枉过正。

前一时期考古工作在地域上的扩展，已经形成了考古学的世界性。第二次世界大战以后，亚洲、非洲和拉丁美洲的许多国家获得独立，它们为了发扬本国的学术文化，加强爱国主义思想和民族自尊心，都重视考古工作的开展，并取得许多成果，从而使得考古学的世界化程度进一步提高。就史前考古学而言，1969 年初版的克拉克的《世界史前学》一书，便是在考古学进一步世界化的基础上写成的。

中国考古学的兴盛　中华人民共和国成立后的 30 余年来，中国考古学迅速成长。在理论方面，考古学的研究始终以马克思列宁主义为指导。中国考古学界以自力更生的精神，依靠自己的力量，同时广泛吸取世界各国的经验，在历史唯物主义理论的基础上，根据自身的特点，进行实事求是的研究。在方法方面，田野考古学已成为中国考古学的主流，除了作为重点地区的黄河流域和长江流域之外，调查发掘工作还遍及全国各地。各种自然科学和技术科学的方法和技术被逐渐应用，考古学与其他各有关学科之间的协作也不断加强。在调查发掘工作的坚实基础上，各种考古资料经过整理和分析，被用以研究中国古代社会历史的各个方面，其中包括生产和科学技术的发展水平、社会经济形态和意识形态，以及社会发展与自然环境的关系等。中国社会科学院考古研究所编写的《新中国的考古发现和研究》一书，系统地总结了 30 余年来中国考古工作的基本成果。

中国考古学是世界考古学的重要组成部分。上述旧石器时代和新石器时代的许多研究成果，为世界史前考古学增加了新的不可或缺的内容。由于中国是旧大陆四大文明中心之一，早在公元前第二千年便有了文字记载，这就使得中国的历史考古学也具有很大的重要性。在河南省郑州二里岗、偃师"尸乡沟"和二里头发现的早商或早于商代的遗址，使中国历史考古学的年代上限不断提早，并使中国青铜时代的早期文化与新石器时代的晚期文化相衔接，而它们之间的一脉相承的关系则说明中国古代文明产生于中国本身，不是受到外来影响的结果。从商代、周代到秦汉及其以后各代，都城的遗址、帝王和贵族的陵墓、平民的居住和墓地，以及矿址、作坊址和窑址等的调查发掘，为研究中国各历史时代的政治、经济、文化和科学技术的发展提供了大量的资料，研究的成果不仅丰富了中国考古学的内容，而且也充实了世界考古学的体系。

考古学的方法论

资料的收集　考古学的研究对象是古代的遗迹和遗物，谈到它的方法论时，首先是如何收集被分为遗迹和遗物两大类的各种实物资料。作为科学的近代考古学，收集实物资料的主要手段应该是田野调查和发掘。因此，田野调查发掘方法便成为近代考古学的最基本的方法。用科学的方法进行调查发掘，这便是"田野考古学"，是考古学中的一个重要的分支。

考古调查　调查是发掘的准备。只有经过调查，才能选定发掘的地点和对象，并决定采用什么方法进行发掘。但是，调查本身也是科学工作。调查工作若做得广泛、深入，纵使不进一步做发掘工作，也可以解决一些考古学上的问题。例如，通过调查，可以究明某一文化在地域上的分布范围，了解该文化与它的地理环境的关系等。在调查之前，要广泛查阅文献，同时要充分利用地图和地名学的研究成果，以便得到探求各种遗迹、遗物的线索。航空照片和卫星照片等遥感资料，也能为考古调查提供启示。

考古调查中可能发现的遗迹和遗物，大体上有平地上的居住址、洞穴中的居住址、都邑和城寨址、坟墓、矿穴和采石坑、摩崖造像和题刻、可移动的石刻（如造像、碑碣、经幢等）、各种类型的建筑物遗存，以及石器、骨器、陶器等各种器物和它们的碎片等。到达现场之后，要注意地形，仔细观察地面上的现象；要充分利用沟沿、路边、山崖等各种断面，寻找遗迹和遗物的露头。有些地点，如泉水附近、河流的交汇处及黄土地带的台地往往有居住址，石灰岩山坡往往有洞穴居住址，湖滨、海边往往有贝丘的遗迹，都特别值得注意。在调查过程中，要做好文字、绘图、照相和测量等各种记录，并适当采集标本，以便在室内作进一步的分析和研究。

考古发掘　调查发现的遗址和坟墓等，要按照各方面的条件，加以选择，才能成为正式发掘的对象。考古发掘要把埋没在地下的遗迹和遗物揭露出来；在揭露过程中，遗迹和遗物下不可避免地会受到不同程度的损坏。从这个意义上说，任何发掘工作都是对遗迹和遗物的破坏。考古工作者的责任，在于采取最妥当、最严密的方法，使这种损坏降到最低的限度。

要做好发掘工作，首先必须懂得地层学。"地层"这一名称是从地质学借用的。在人类居住地点，通常都会通过人类的各种活动，在原来天然形成的"生土"上堆积起一层"熟土"，其中往往夹杂人类无意或有意遗弃的各种器物及其残余，故称"文化层"。如果后一代的人类居住在同一地点，又会在已有的"文化层"上堆积另一"文化层"。由于长期延续，文化层越堆越厚，层次越来越多。如果没有经过扰乱，上层的年代必然比下层的年代为晚。这样，文化层的堆积便构成了这一居住址的编年历史。人类的活动是复杂的，所以文化层的堆积情形也往往是十分复杂的。考古工作者在发掘时，必须恪守地层学的原则，使用各种技术和手段，从错综复杂的层位关系中将居住址的历史井然有序地揭露出来，而不致发生错乱或颠倒。这就要求考古工作者必须具有细致、谨慎的工作态度，采用严密、妥善的发掘方法。在墓葬的发掘中，地层学的重要性虽然不如居住址的发掘，但墓葬与居住址的文化层之间，墓葬与墓葬之间，乃至墓葬本身的各部分之间，也往往存在层位关系。

发掘的具体方法，要看发掘对象而定。总的说来，可分为居住址的发掘和墓葬的发掘两类。居住址的发掘，一般要采取开探方（或探沟）的方法，以利对各种现象的控制和记录，并可留出剖面，以观察文化层的堆积。探方（或探沟）必须统一编号，以求将发掘出来的遗迹、遗物汇合起来，有条不紊地纳入总体记录中。对于各种遗迹，诸如房屋、窖藏、道路、沟渠、水井、城墙和城壕等的发掘，都要按其不同特点，采用不同的操作方法。对各种遗物，则要究明它们所在的位置和相互之间的关系，除了标明层位以外，还要记明坐标，以备查考。发掘墓葬的坟丘部分，要用"四分法"或"条分法"，其原理与发掘居住址时开探方或探沟相似。发掘墓室时，则要仔细清理葬具、尸骨、随葬器和它们的痕迹。不论发掘何种遗迹，都不能放过任何细微的迹象，如夯土中的杵痕、坑壁上的锹迹、房屋中的柱穴、道路上的车辙、田地中的脚印之类，都要一一清理出来。

在全部发掘过程中。都要做好记录工作。记录的方式主要分文字、绘图和照相三种，必要时还要制作模型。考古发掘工作的原则，就是要做到能够根据这些记录及所采集的器物，恢复居住址或墓葬在未发掘前的原状。

资料的整理和分析　考古学是"时间"的科学。因此，在整理从调查发掘中所得的各种资料时，最基本的一环，是要判断遗迹和遗物的年代。这便是考古学上的"年代学"。

相对年代和绝对年代　考古学的年代，可分为"相对年代"和"绝对年代"。前者是指各种遗迹和遗物在时间上的先后关系，后者是指它们的作成距今已有多少年，严格说来，两者属于不同的概念。断定相对年代，通常是依靠地层学和类型学的研究，这是考古学范围内的两种主要的断代法。此外，也可以利用某些自然科学的手段来断定相对年代。

地层学断代的要旨，是先确认各文化层次序的先后以断定它们的相对年代，然后再以各层所含的遗物断定各层的绝对年代。这里，有两条必须遵守的基本原则：①各层（或各墓）所含年代最晚的一件遗物，是代表该层（或该墓）可能的最早年代；②各层（或各墓）的年代，可以以该层所压和被压的上下两层的年代分别作为它的上限和下限。

以层位关系断定年代，要依遗迹的性质不同而作不同的解释。压在城墙（或屋墙）墙基下的遗物年代要比墙的筑成年代为早，或与墙的筑成年代基本相同；土堆（包括坟丘）所压地面上的遗物，其年代一般要比土堆的筑成年代早，但土堆周沿低处所压遗物的年代则往往反比土堆的筑成年代为晚，因为它们是后来土堆逐渐崩塌时才被压住的；墓坑填土中的遗物年代比墓的埋葬年代为早，或与墓的埋葬年代基本上相同；壕沟中初填土层的年代与壕沟的使用年代相同，但次填土层的年代可能与壕沟的使用年代相同，也可能较晚。

不同性质的遗物，被作为断定地层（或墓）年代的依据时，其价值亦不相同。古钱的铸造年代虽然很明确，但因它可以长期沿用，所以用它来断定地层（或墓）的年代时必须慎重分析；陶器（或其碎片）易碎，不能经久使用，作为断代依据的价值则较高；古钱以外的金属制品，时代特征显著，使用时间虽比陶器长，但一般不会太长，所以作为断代依据的价值也相当高；石器和骨器的使用期不会很长，也宜于作为断代的依据，缺点是它们本身的时代特征往往不很明显。

类型学断代的要旨，是将遗物或遗迹按型式排比，把用途、制法相同的遗物（或遗迹）归成一类，并确定它们的标准型式（或称标型），然后按照型式的差异程度的递增或递减，排出一个"系列"，这个"系列"可能便代表该类遗物（或遗迹）在时间上的演变过程，从而体现了它们之间的相对年代。遗物（或遗迹）在型式上的演变既有进化，也有退化，不能一概而论。所以，若能设法断定这个"系列"中的最前一端和最后一端的绝对年代，其在断代上的效果就会更好。此外，存在于不同种类的遗物（或遗迹）上的平行的"系列"越多，通过互相对照，断代的结论也越可靠。

断定绝对年代的方法，在历史考古学的领域内，主要是依靠文献记载和年历学的研究。作为判断年代的证据，则有内证和外证之分。在调查发掘所得的许多实物资料中，碑碣、墓志、简牍以及其他各种器物的纪年铭文是断定绝对年代的可靠的内证，但也有一些应该注意之处，不可疏忽。例如石碑，有时是从别处移来的，有时建筑物经过多次重修而旧碑却长期遗留，这样碑上所刻的纪年便不足以断定建筑物的年代；又如器物上的纪年铭，虽然可以确定器物本身的年代，但若该器物是被长期沿用的，那就不能据以判断其所由出土的文化层或墓葬的绝对年代。所谓外证，是指根据书籍记载或口头传说，来了解某一遗迹或遗物的年代。与上述的内证相比，利用外证应更审慎，因为书籍记载未必都符合实际，口头传说尤其如此。

对于没有文字记载的史前考古学的绝对年代的断定，就不能不在很大程度上借助于自然科学的方法。最近几十年来，各种自然科学在考古学上的应用，有了长足的发展。就测定考古资料的绝对年代而言，就有放射性碳素断代、热释光断代、古地磁断代、钾－氩法断代、树木年轮断代、裂变径迹法断代、氨基酸外消旋法断代、墨曜岩水合法断代、铀系法断代等方法，有的也适用于历史考古学的断代。其中，应用最广的是放射性碳素断代，其次是热释光、古地磁和钾－氩法等断代；树木年轮断代虽不能普遍应用，但具有相当高的精确度。总之，用各种自然科学手段测定年代的方法，为第四纪以来人类进化史的研究提供了年代依据，特别是为建立以旧石器时代晚期和新石器时代为主的史前考古学的年代体系奠定了基础。

器物的制法和用途　整理、分析考古资料的又一重要任务在于判别各种器物原料的成分及其产地，并究明器物的制造方法和用途。这对研究各个时代的生产和技术发展水平有着十分重大的意义。例如古代的铜器，其原材料成分有纯铜、铜锡合金、铜铅合金、铜锡铅合金之分，必须分析，才能得到确切的鉴定。古代的铁器，就其质地和制法而论，有铸件和锻件之分，也有铁质和钢质之别，而钢质又有低碳钢、中碳钢和高碳钢之分，因制法的差异，又有"百炼钢"和"炒钢"等区别，特别是早期的铁器有时系用陨铁制成，不能与人工冶炼的铁相提并论。自然科学在考古学上的广泛应用，为分析器物原材料的成分，鉴定原料的产地，究明器物的制造方法提供了可靠的手段。由于古器物的质料是多种多样的，加上珍贵的古物不允许因分析而造成破坏，所以必须采用许多不同的方法。就目前通用的而言，除普通化学分析之外，还有发射光谱分析、原子吸收光谱分析、X射线荧光分析、中子活化分析、电子探针显微分析、β射线反向散射分析、X射线衍射分析、红外吸收谱分析、穆斯堡尔谱分析、热分析、同位素质谱分析等多种方法，以鉴定石器、陶器、金属器、玻璃器、釉瓷器、木器、骨器以及皮毛和贝壳制品等的原材料成分及其产地，有的还能鉴别器物的制造工艺。

关于器物的制造方法，除有时可以参考自然科学的分析鉴定以外，主要是依靠对器物本身的深入观察和研究，有时还要经过模拟试验，才能得到究明。所谓模拟试验，是指根据对古器物的观察和研究，初步判定它们的制造方法而进行试制，若能制成同样的器物，便可证明古器物很可能就是用这种方法制造的。例如，在石器时代考古学上，石器的制法是重要的研究课题之一，研究和模拟试验证明，按照制法不同，石器可分打制石器和磨制石器两大类，而主要流行于旧石器时代的打制石器则又有直接打法、间接打法和压制法等不同的制法。在新石器时代考古学上，对陶器制法的研究，除了判别器物的成形是手制的、模制的还是轮制的以外，还要究明施纹、呈色等工艺，并测定烧成时所达到的温度和窑中的气氛是氧化的还是还原的，等等。在研究新石器时代以降的各个时代的纺织品时，除了鉴别它们属于何种纤维以外，还要判明经纬线的组织、密度和显花、染色的技法，并进而推测所用织机的构造和效率。对于各种铜器和铁器，除了分析原材料的化学成分以外，还要究明从矿石的采掘、提炼，范模的取材和制作，直到浇铸或锤打成器的全过程。对于历代的瓷器，则要究明选土、制坯、配釉、施釉等工序，特别要了解入窑烧制的技术。为了全面了解器物的制造方法，还必须通过对矿山、工场和窑址等的调查发掘，作更深入的研究。识别器物的用途，主要也是依靠对器物本身的观察和研究，必要时也需经过模拟试验。在研究各种器物的制法和用途时，民族学和民俗学的资料具有一定的参考价值。

综合性和理论性的研究　从史前考古学到历史考古学，考古学研究的总的目标是要究明人类社会的历史，其中包括人类进化史、民族形成史和社会发展史。为了达到这个总目标，就必须从最基本的调查发掘工作做起，通过对大量的多种多样的实物资料加以整理、分析，广泛地与各种有关学科相结合，扩大研究范围，充实研究成果，经过归纳，加以提高。从理论上阐明人类社会历史发展的规律性。

考古学文化和民族的形成　在史前考古学的领域内，主要是在新石器时代考古学上，考古学文化的研究是一项不可或缺的重要工作。在研究考古学文化时，必须注意各类遗物之间以及遗物与遗迹之间的共存关系。例如，通过广泛的调查、发掘，发现某几种特定类型的陶器及石器、骨器和装饰品等经常从某种特定类型的墓葬或居住址中同时出土，这就证实了它们之间的共存关系。这种共存关系是陶器与陶器之间的共存关系，也是陶器与石器、骨器、装饰品之间的共存关系，而且还有陶器、石器、骨器、装饰品等遗物与墓葬、居住址等遗迹之间的共存关系。这样的共存关系，便构成了史前考古学上的"文化"，称为"考古学文化"。

调查发掘工作证明，"考古学文化"是代表同一时代的、集中于一定地域内的、有一定地方性特征的遗迹和遗物的共同体。这种共同体，应该是属于某一特定的社会集团的。由于这个社会集团有着共同的传统，所以在它的遗迹和遗物上存在着这样的共同性。与民族学的资料相结合，可以认为，新石器时代的各种"考古学文化"类型是体现当时各个部落和部落联盟的存在，与民族的形成有关。这样，通过对考古学文化类型的发生、演变以及对不同地区的各种文化类型之间的相互关系的研究，便可以了解当时人类社会发展的进程，同时可以了解民族形成的历史。当然，如前所述，在运用"考古学文化"这一概念对民族的形成进行研究时，必须作周密的思考，特别要注意避免简单化和绝对化。

人类远古史　在全世界的范围内，全面地综合各个地区的从旧石器时代、新石器时代以至青铜时代和铁器时代的资料，加以系统的分析、研究，便可以论证整个人类的远古史，其中包括人类本身的进化史。到目前为止，根据已经作出的各种研究成果，可以归纳人类远古史的要点如下：①根据人类化石的新发现及对其绝对年代的测定，在距今约二三百万年以前，地球上已经出现了人类。②人类从开始出现以后，在占其全部历史的99%以上的漫长时间内，只能使用以打制石器为主的粗陋工具，从而不得不在极大程度上依赖于大自然，以采集和狩猎为生，文化发展十分缓慢。③到了距今约1万年的时候，在亚洲西部以两河流域为中心的地区，率先进入了新石器时代，产生了农业和畜牧业，使人类的经济生活从完全依赖自然的赐予而转为依靠自己的生产收获。所用工具虽仍以石器为主，但有的已为磨制，不久又发明了制陶和纺织。农业的出现，使人类的居住逐渐固定化，因而出现了聚落。在世界的其他地区，也相继由旧石器时代转入新石器时代。这是人类文化发展史上的一次革命。④在距今约 5000 年前后，在旧大陆的有些地区，首先是西亚地区，发明了铜的冶炼技术，开始制作铜器。最初为红铜，接着又在红铜中加锡或铅，成为青铜。这样，人类进入了青铜时代。在距今 3400 年左右，在小亚细亚的东部发明了铁器。以后，在旧大陆的许多地区，都或早或晚地进入了铁器时代。铜和铁的使用，使人类的文化又产生了一次飞跃。早在青铜时代，某些地区已发明了文字。随着经济、文化的发展，都市在各地相继出现。⑤在世界各地，人类经济、文化的发展是不平衡的。这不仅表现在进入新石器时代、青铜时代和铁器时代的时间有早晚不同，而且还表现在各个时代的文化内容也有所差异。例如，有些地区进入新石器时代后，虽已使用磨制石器并制作陶器，但还没有真正的农业和纺织；有些地区虽已进入青铜时代和铁器时代，但仍未发明文字。尤其是新大陆的美洲，大部分地区长期停留在石器时代，到 11 世纪左右才在个别地区出现青铜文化，而在 15 世纪末西班牙人入侵之前，整个新大陆仍始终没有进入铁器时代。

历史唯物主义的社会发展史　马克思主义的历史唯物论认为，人类最初之所以区别于其他动物，主要在于人类能制造并使用工具，从事劳动。劳动不仅使人类逐渐战胜自然，而且也使人类自身的体质、形态和智慧不断得到发展，从而由"直立人"、"早期智人"进化到"晚期智人"。

历史唯物主义又认为，在漫长的旧石器时代和新石器时代，人类的集体由简单的原始群发展到有严密血缘关系的氏族社会，但始终处在原始共产主义社会的阶段。进入青铜时代和铁器时代之后，由于生产力的提高，经济的发展，私有制的进一步确立和贫富分化的加剧，出现了阶级的对立，国家也随之产生。在许多地区，最初的阶级社会是奴隶制社会，以后又发展到封建社会，而近世的资本主义社会则是在封建社会中萌芽的。历史唯物主义的社会发展史，在很大程度上，尤其是关于没有文献记载的远古时期，是从考古学的研究基础上得到阐明的。

考古学的分支及其与其他学科的关系

考古学的分支　按照研究的年代范围、具体对象、所用手段和方法等的不同，考古学可以划分为史前考古学、历史考古学、田野考古学及各种特殊考古学等分支。

史前考古学和历史考古学　从研究的年代范围上划分，考古学可分为史前考古学和历史考古学两大分支。也有人主张在两者之间加入原史考古学而成为三大分支，但从实际意义来说，原史考古学的重要性不如前两者。

史前考古学的研究范围是未有文字之前的人类历史，历史考古学的研究范围则限于有了文献记载以后的人类历史，两者的界线在于文字的发明。世界各地，文字的发明有早有晚，所以各地区史前考古学的年代下限和历史考古学的年代上限各有不同。

史前考古学和历史考古学都以遗迹和遗物为研究对象，这是它们之间的共同性。但由于历史考古学必须参证文献记载，而史前考古学则没有任何文献记载可供依据，所以两者的研究任务也有所不同。史前考古学承担了究明史前时代人类历史的全部责任，而历史考古学则可以与历史学分工合作，相辅相成，共同究明历史时代人类社会的历史。

由于史前考古学主要是研究旧石器时代和新石器时代（有时也包括青铜时代和早期铁器时代），历史考古学主要是研究青铜时代尤其是铁器时代，两者所研究的遗迹和遗物在性质上有一定的差异，所以它们的研究方法也有所不同。从与其他学科的关系来说，史前考古学要充分与地质学、古生物学、古人类学和民族学等学科相结合，历史考古学则必须与历史学相配合，同时还要依靠古文字学、铭刻学、古钱学和古建筑学等分支。从断定绝对年代的手段来说，史前考古学在很大程度上要依靠物理学、化学等自然科学的技术，而历史考古学则主要依靠文献记载和年历学的研究。

田野考古学　"田野考古学"的名称，是 20 世纪初正式提出来的。但当时的田野考古学主要是勘察地面上的遗迹和遗物，依靠地图进行调查，有时则要根据调查结果，测绘地图，作为记录的附件。以后，世界各地的田野考古转入以发掘为中心，并扩大调查的对象和范围，方法逐渐完善，技术快速进步。各种自然科学的手段相继被采用，许多机械设备被用作调查发掘的工具。利用航空照相和卫星照相、磁力探察和地抗力探察等方法以发现遗迹和遗物，用红外线摄影和用其他各种特殊的摄影技术测量和制图，为进行花粉分析和各种物理化学断代而取样，以及将发掘出来的遗迹保存于现场等，都使得田野考古学的工作面扩大，技术性加强。调查发掘的对象也由一般的居住址和墓葬等扩大到道路、桥梁、沟渠、运河、农田、都市、港口、窑群和矿场等各种大面积的遗址，从而使得考古工作者必须与各有关学科的专家协作，才能完成全面的、综合性的研究任务。

考古学研究是一个整体，田野调查发掘和室内整理研究有着密切的联系，不能截然分割。但是，由于调查发掘工作有一套完整的方法论，而且还使用许多特殊的器材和设备，又要广泛采用自然科学的手段，这就使得田野考古学有其相对的独立性。把它作为考古学的一个重要的分支，也是理所当然的。

特殊考古学　作为考古学的分支，使用特殊考古学这一名称，是为了与史前考古学、历史考古学、田野考古学等考古学的主要分支相区别。它包括上述三大分支以外的其他各种分支。有的是按研究对象不同而分的，如美术考古学、宗教考古学、古钱学、古文字学和铭刻学等；有的是按所用手段和方法不同而分的，如航空考古学、水底考古学等。

考古学和古代美术史，往往有共同的资料。古代美术史的许多研究对象，从旧石器时代的洞穴壁画、岩画到各个时代的绘画、雕刻、造像、各种工艺品及神殿、寺庙和石窟寺等，都属遗迹和遗物。考古学上的类型学和年代学等方法，也适用于古代美术史的研究。但是，作为考古学的一个分支，美术考古学是从历史科学的立场出发，把各种美术品作为实物标本，研究的目标在于复原古代的社会文化。这与美术史学者从作为意识形态的审美观念出发以研究各种美术品相比，则有原则性的差别。由于美术考古学的研究对象在年代上上起旧石器时代，下迄各历史时代，所以它既属于史前考古学的范围，也属于历史考古学的范围。又由于作为遗迹和遗物的各种美术品多是从田野调查发掘工作中发现的，所以美术考古学与田野考古学的关系也相当密切。

宗教考古学是以有关宗教的遗迹和遗物为研究对象的考古学分支。在古代，宗教信仰普遍存在于人类社会。因此，在研究人类社会的历史时，必须把宗教活动也作为一个重要的方面。各个时代的神殿、寺庙、祭坛、祭具、造像、壁画、经卷和符箓之类，都是宗教考古学的具体研究对象，有的具有一定的美术价值，所以宗教考古学与美术考古学的关系也比较密切。在宗教考古学中，欧洲的基督教考古学、北非及西亚和中亚的伊斯兰教考古学、南亚和东亚的佛教考古学是最为重要的，它们都属历史考古学的领域。但是，早在旧石器时代和新石器时代，人类已有宗教性的活动，并有一定的遗迹和遗物。因此，宗教考古学这一分支，也应被包含在史前考古学的领域内。

以古钱为研究对象的考古学，称为古钱学。由于古钱的铸造年代明确，它便成为考古学断代的最通常的依据之一。但是，作为考古学的一个分支，古钱学的研究有着更为广泛和重要的意义。古钱学的目标，不仅要判别各种古钱的铸造年代，而且还要通过对钱的形状、质料、重量、铭文、图纹和铸造技术的考察，究明它们的发行者和发行地点，确定它们的价值，研究铭文、图纹的意义和风格，从而为经济史、文化史乃至美术史的研究提供材料。通过对出土古钱在地域上的分布情形的考察，还可以研究世界各个地区在经济贸易和文化交流方面的情况，并为判断当时的交通路线提供线索。由于古钱是历史时代的产物，古钱学属于历史考古学的范围。

作为考古学的分支，古文字学和铭刻学的研究对象必须是铸、刻或书写于遗迹和遗物上的文辞，与一般的书籍文献不同。含有文辞的遗迹和遗物，大体上可分两类：一类如墓志、碑碣、印章、甲骨、简牍、泥板、帛书和纸书等，文辞是器物的主要内容；另一类如纪念性建筑物、雕刻品、绘画、货币、度量衡器、镜鉴、工具、武器和各种容器等，铭文处于附属的地位。古文字学和铭刻学的任务在于识别铭辞的文字，判读辞句的意义，区别不同时代、不同地区的字体，后者在使用拼音字母的国家里称为“古字体学”。就已经发现的古文字而言，古印度文字、契丹文字和玛雅文字等，虽然已有不少单字能够识别，但还不能顺利判读文辞。但是，埃及古文字、苏美尔文字、迈锡尼文字（线型文字B）和商周甲骨文字等，则已能详细解读，从而对究明古埃及文明、苏美尔文明、迈锡尼时代的希腊文明和中国的商殷文明起了很大的作用。此外，对铭文的研究还可以判明遗迹和遗物的年代、制作者、所有者、所在地、用途和制造目的等。由于铭辞存在于遗迹和遗物上，其可靠程度大大超过文献的记载，不仅可补文献记载的不足，有时还可纠正其错误。因此古文字学和铭刻学对原史考古学和历史考古学的研究有着很重要的意义。

航空考古学，是指使用飞机从空中向地面摄影，通过对所得照片的观察、分析，判定遗迹和遗物的形状、种类及它们的分布情形。航空考古学开始于第一次世界大战的末期。当时英国、法国和德国的考古学者利用空军侦察地形时所摄的航空照片，探寻地面上的古迹。战争结束后，此项工作进一步开展，尤以英国考古学者的工作为出色，奠定了航空考古学的基础。数十年来，航空考古学的技术不断改进，特别是人造卫星的发明和摄影技术的发展，使得航空考古学的效果大大提高。通过航空摄影和航天摄影显示和判别出来的遗迹，大体上可分三类。①由阳光斜射时产生的阴影显示出来的，如堤坝、城墙和坟丘等遗迹；②利用因土质不同而产生的土色明暗判别出来的，如坑穴、壕沟和道路等遗迹；③从谷物、野草等植物的绿色深浅差异而判明的，如村落、都市、农田、道路、运河等遗址。此外，没入海中的遗迹有时也可通过空中摄影而发现，腓尼基的两个海港——推罗和西顿延续到罗马时期的港市之被发现，便是著名的例子。航空考古学成效甚大，可以看成是田野考古学中的一支生力军。

水底考古学的萌芽可上溯到 16 世纪意大利人在海底探寻沉船。到了 20 世纪初期，水底的考古调查在世界各地进行，最有名的是在墨西哥奇琴伊察玛雅文化遗址的"圣池"中寻求牺牲人和祭品，在突尼斯马赫迪耶港的海上探索满载古希腊美术品的罗马沉船。但由于潜水条件的限制，调查时不能做精细的操作和记录。1943 年发明了潜水肺，第二次世界大战后又改进了各方面的设备和条件，这才使真正的水底考古学得以成立。从 60 年代起，先是法国在马赛附近海底发掘沉船，接着美国考古队在土耳其附近海底发掘希腊罗马时代和青铜时代晚期的沉船，不仅获得船中许多古物，而且还为研究古代造船术、航海术、海上交通和贸易提供了重要的新资料。水底考古学的对象从沉没物、沉船扩大到淹没于湖底、海中的都市和港市等的遗址，而勘察、发掘及摄影记录等的手段和方法也大为改善，使水底考古学以显著的速度不断取得成果。可以认为，水底考古学是田野考古学在水域的延伸。

除了以上所述各种主要的分支以外，考古学还可以按地区的不同而分为"欧洲考古学"、"埃及考古学"、"中国考古学"和"日本考古学"等各分支，而各地区的考古学则又可按时代等的不同而分为"古典考古学"（希腊罗马考古学）、"商周考古学"等等许多分支。

考古学与其他学科的关系　考古学是一门涉及面极广的科学，与其他许多学科都有关系，必须得到这些学科的支持和协助，才能完成各项研究任务。

有关学科的种类　与考古学有关的学科，大体上可以分为自然科学、工程技术科学和人文、社会科学等三大方面。

在自然科学方面，自然地理学、地质学、气象学和生态学等学科，主要是协助研究遗址所在地区的地史和天然资源，从各个方面复原当时的自然环境。生物学（动物学和植物学）和体质人类学，主要是用以鉴定发掘出土的植物遗存、动物和人类的骨骸，并判定它们的年代。物理学和化学则应用于对遗迹的勘探，对遗物成分和性质的分析，并测定它们的年代。

在工程技术科学方面，建筑学和土木工程学应用于对遗址的发掘、测量、制图，对发掘出来的遗迹进行复原或在现场加以保存等。采矿冶金学、陶瓷学和染织学应用于对工场址、矿址、窑址等遗迹的考察，对铜器、铁器、陶瓷器、玻璃器、纺织品等遗物的分析和研究。造船学则专门应用于对发掘出来的造船工场遗址和船舶的遗物进行考察和研究。

在人文、社会科学方面，民族学、民俗学、语言学、人文地理学、社会学、宗教学、经济学、政治学和法学等，都是分别就遗迹和遗物所提供的有关各该学科的资料，进行研究和解释。美术史学和建筑史学主要是研究发掘出来的美术品和各种建筑物遗存，就其样式、风格、年代、建筑技术以及保存方面的问题，作出判断和说明。历史学除了为发掘出来的种种遗迹和遗物提供文献上的解释并帮助判断它们的年代以外，还广泛地就古代的政治组织、社会结构、经济制度以及涉及精神文化方面的各种问题提供文献上的资料，作出详细的说明，以补考古学在这些方面的欠缺和不足。

若干有关学科的举例　这里只以地质学、植物学、动物学和体质人类为例，进一步说明它们与考古学之间的密切关系。

地质学对考古学研究的最大贡献，是全面恢复第四纪的自然环境。根据第四纪地质学的研究，可以确认，早期人类所生存的更新世是地球上气候发生剧烈变化的时代。北半球高纬度、中纬度地区和低纬度地区的高山，在那里出现过大规模的冰川活动。冰川的扩进和退缩，形成了寒冷的冰期和温暖的间冰期，两者的多次交替导致海平面的大幅度升降、气候带的转移和动植物的迁徙或绝灭等一系列事件，这些都对早期人类体质的进化、文化的发展及居住范围的变化发生过极大的影响。因此，第四纪地质学的研究成果便成为旧石器时代考古研究的必不可少的依据。在地质学上，根据动物群的性质、堆积物的特点和其他环境变化的因素，更新世可划分为早期、中期和晚期，并可推定各期的绝对年代。这也就为旧石器时代考古学的分期奠定了基础。

地质学在一般考古学上的应用，主要是对岩石和矿物的鉴定。旧石器时代和新石器时代的大量石器，以及各个时代的许多石制品，其中包括宝石、半宝石等非金属矿物，都可用岩石切片的方法，用显微镜加以鉴定。这不仅能确认岩石和矿物的性质，而且可以推定它们的产地。

植物学在考古学上的应用相当广泛。在一般的遗址和墓葬中，最容易遇到的植物遗存是木材、纤维和种子，后者包括谷粒、果核和瓜菜籽等。通过对木材的鉴定，可以了解各种木器的材质，进而推定它们的制法和效用。通过对纤维的鉴定，可以了解纺织品的质料，进而探讨农业和纺织业的情形。通过对种子的鉴定，则可以了解农作物的品类，进而论证农业的发展水平和居民的生活条件。

植物学在考古学上的应用，还充分表现在孢子花粉的分析研究上。孢子花粉具有个体小、重量轻、质地坚、产量大、易于飞扬等特点，所以普遍在各处遗址的地层中大量存在，可采集并加以分析。通过对孢子花粉的鉴定，可以推断当时植物的种类；对各种孢子花粉的数量进行统计，可以了解当时的植被面貌。由于一定的植物种类要求一定的生态环境，所以通过对植被面貌的研究又可以进而推断当时的地理和气候等自然环境。例如，发现睡莲之类的水生植物的花粉，就说明当时附近有湖沼；发现大量云杉、冷杉之类的耐寒树木的花粉，则说明当时当地的气候寒湿等。随着时间的推移，植物界总是不断地由低级往高级、由简单到复杂而演变。因此，从不同地层中发现不同种类和不同组合的孢子花粉，还可以帮助考古工作者对地层层位的划分和核对。

不论是史前考古学，还是历史考古学，与动物学的关系都十分密切。从旧石器时代遗址发掘出来的动物骨骸，全属野生动物。根据动物群的特征、组合及更替，以及对动物群中已绝灭的种类与现今仍生存的种类之间的比例统计，都有助于确定遗址的相对年代、划分地层和进行各遗址之间的对比研究。根据动物群中各种生态类型的特征及其分布，结合其他方面的有关资料，还可以分析出当时人类的居住环境和气候条件。

到了新石器时代，家畜在世界各地陆续出现。因此，各处遗址出土的兽骨可以作为研究家畜起源的最直接的依据。对新石器时代早期家畜的各种原始特征的研究，有助于了解人类最初是怎样认识自然和改造自然的。通过对世界各地区遗址出土兽骨的对比研究，还可以究明各种家畜饲养业在地域上的发展和传播，进而推定各地区之间的经济文化交流关系。

在新石器时代的遗址中，往往含有大量的兽骨；靠近水域的遗址，还有许多鱼类、贝类的遗骸。如果它们全属野生动物，便可说明渔猎经济仍占重要地位；如果它们以家畜为主，则又可说明已经进入了畜牧经济的阶段。如果野生动物与家畜兼而有之，则两者的数量比例可以作为判断狩猎经济与畜牧经济何者更为发达的标志。如果墓中随葬动物的遗骸及骨制品所用骨料不属本地区所产的动物，则可以据此推测当地居民与外地居民之间的交往和交换关系。对各个历史时代墓葬出土的动物和家畜遗骸的研究，也有助于进一步了解各该时代的农业和畜牧业的状况。

体质人类学在考古学上的应用，除了旧石器时代和新石器时代的史前考古学之外，还包括各个历史时代的考古学。从骨骸判定死者的年龄和性别，是体质人类学研究的基本项目之一。经过性别、年龄鉴定的墓葬中的人骨资料，便可成为探讨当时的丧葬习俗、婚姻制度和社会组织形态的重要线索；在新石器时代考古学上，这对研究原始氏族社会的发展和解体过程也有重要的意义。此外，对墓主人性别、年龄的鉴定，还有助于了解当时居民的劳动分工和某些特殊的习俗。分析同时代墓群中死者年龄的分布，还可以从一个侧面观察当时居民生活条件的优劣情况。

由于人类活体的外貌特征与骨骼的形态结构相关，所以可通过对古人骨骼的观察进行人种学的研究。结合考古学资料和古文献资料，研究古代各民族在体质上的关系，也是人类学研究的一个重要课题。虽然分析某处古遗址居民的人种类型不等于便能解决它们的族属问题，但对某民族的居民进行人种学研究也可为探索族源提供线索。研究不同时代不同地区的人骨资料，可以了解古代居民的体质演变及其分布的规律；而体质上的多型性在同一遗址的出现，则可以了解当时有关迁徙和征战等的问题。此外，根据骨骼病态学的研究，还可以了解古代的有关疾病和环境的状况。

中国考古学的现状[*]

  考古学的对象，是古代社会生活的物质的遗存。这些物质的遗存，包括可移动的古器物和留在原地的废墟残迹。要了解古代社会生活的情况和它发展的规律，历史科学工作者除利用文献记录以外，还要研究这些实物的史料，才可能有全面的了解。所以，考古学的研究，其本身就具有重大的意义。

  我们伟大祖国的文化，有很悠久的历史，因此，我国考古学的研究，具有特别优越的条件。在远古的时候，我们的祖先便创造了高度水平的独特的文化，留下来极其丰富的物质文化遗产。这些宝贵的遗产，在我国广大的领土内，几乎到处都曾被发现过；因之，很早便成为研究的对象。远在 11 世纪（北宋）时，我国便产生了考古学的前身——金石学。许多秦汉以前的铜器和玉器的名称，都是宋人考据出来的。他们又编纂了好些体例完备的古器物图录。这些图录包括器形、花纹及铭刻的摹绘，出土地、收藏家及尺寸大小的说明，以及考证和释文。清代乾嘉以后，金石学更为发达。但由于长期的封建统治，阻碍了考古学的发

---

  * 本文原载《科学通报》1953 年第 12 期，转载《文物参考资料》1954 年第 1 期时有增补。

展。以田野发掘为基础的考古学，到了 20 世纪才产生出来。

帝国主义侵略者于 19 世纪中叶，用武力粉碎了中国封建统治阶级的闭关政策。20 世纪初年以后，他们便派遣了一些所谓考古调查队，到我国各地阴谋探取我国的秘密，攫夺我国的古物。显著的例子，如英国的斯坦因，美国的华尔纳，德国的格伦威得尔德、勒科克，法国的沙畹、色伽兰、伯希和，帝俄的科兹洛夫，日本的鸟居龙藏、大谷光瑞、橘瑞超，瑞典的斯文赫定等人，在新疆、甘肃、蒙古、东北及中原各地，任意测量地图，摄取照相和采集古物。许多珍贵的古物，便被他们盗运到海外去，造成我国文化遗产的巨大损失。

1920 年以后，我国的学术机关，也开始从事于考古发掘和研究。最初是地质调查所的史前考古学的研究。新石器时代的仰韶文化和周口店北京猿人便是他们发现的。中央研究院历史语言研究所于 1928 年开始发掘安阳的殷墟，北平研究院史学研究所于 1934 年开始发掘宝鸡斗鸡台的周汉墓葬群，于是历史考古学也走上了田野发掘这条路。

一　过去的基础

解放以前的三十年，中国考古学在半殖民地半封建的社会环境中，要想发展是很困难的。但是就在这极端困难的情况下，中国考古学仍获得了相当的成就。现在依照所研究的对象的时代先后，总括地择要介绍如下。

旧石器时代的研究：最重要的是 1927～1937 年的周口店的发掘。除了北京猿人的化石之外，这里还发现了许多比较原始的石器和用火的痕迹。这些是研究早期原始社会最重要的材料。1933 年又有周口店山顶洞文化的发现，是属于旧石器晚期的，至于 1920～1923 年在河套区域所发现的石器和骨器，是属于旧石器中期的。虽然我们还缺乏各期之间的材料，不能把它们连贯起来，但是，我们已有了旧石器时代中国原始社会发展的大概轮廓。

新石器时代的研究：1920 年在河南渑池县发现了仰韶文化的遗址，有彩绘的陶器和磨制的石斧、石刀等。1928 年在山东历城龙山镇城子崖发现了新石器时代遗址。1930～1931 年加以发掘，知道它是属于另一文化系统，便定名为龙山文化。这里没有彩陶，但另有一种细薄光亮的黑陶；此外尚有蚌器、磨制石器等。后来陆续发现这两种文化的许多遗址，知道了它们分布的大概情况及相互的关系。20 年代和 30 年代又在蒙古及东北一带，发现了几百处有石器存留的遗址，大部分有打制的细石器，有些遗址还出篦纹陶片等，和长城以南的新石器文化有些不同；也有几个遗址出土有磨制石器和彩陶片，显示不同文化的混合。东南沿海一带，在 30 年代也发现了十几处的新石器文化遗址，有压印几何纹的硬陶及磨制石器等，又是另成一系统。至于四川境内长江两岸，西康道孚等处，云南大理附近，也都有人做过调查及发掘的工作，但是它们的新石器文化各有特点，和其余地方的还无法联系起来。总之，我国的新石器时代的文化，虽还没有完全弄清楚，但已逐渐显露出它的大概轮廓了。

殷周文化的研究：1928～1937 年安阳小屯及西北冈的发掘，提供了极丰富的殷代物质文化的资料。甲骨上的卜辞，是当时很重要的文字记录。考释文字和利用甲骨文作史学研究，都有相当的成绩。其他实物，如铜器、陶器、玉器等，都能使我们对于当时社会的物质文化，有进一步的了解。殷代居住的房屋及埋葬的陵墓，也都曾发现过。至于周代遗迹的发掘工作，是偏重于墓葬方面，例如陕西斗鸡台的西周及战国墓，河南浚县辛村的西周墓、汲县山彪镇及辉县琉璃阁的战国墓，这些都是由学术机关主持发掘的。此外，新郑、寿州和洛阳金村的铜器群，以及长沙的楚器，都是很宝贵的东周时代的文化遗产，可惜是由非科学地乱掘出来的，出土情形不明，因之丧失了大部分的考古学上的价值；并且已有好些被盗卖，流散到海外去了。对于已见于著录的两周青铜彝器的整理和研究，也有相当的成就。

汉代文物的研究，因为帝国主义者领土侵略的主要对象是我国的边疆，所以，他们探查发掘的地点，有好些恰是汉代文化的边区。中国新疆、东北和越南、蒙古、朝鲜，都发现过汉代的文物，有些便是移植去的汉族的日用器或随葬物。这些都是汉代考古学上的重要资料。我国中原一带，也发现过许多汉墓，其中仅只少数经过了正式发掘，例如陕西斗鸡台、河南安阳及辉县等处的砖墓，和四川彭山的崖墓。西北汉代长城一带所发现的木牍、竹简，经过了研究之后，供给了很多关于汉代边防制度、边郡政治和经济生活等的史料。汉代的画像石和铜镜，也是研究的对象。

六朝隋唐时代的主要遗留，是佛教美术和墓葬中的陶俑及墓志铭。佛教雕刻和壁画，由印度传入中国后，中国艺术家接受了外来的影响，把它融化在祖国传统的艺术中，创造出崭新的风格。这些优美的作品，在地面上及地底下，都保存得很丰富。其中好些近年来才被发现或发掘出来，供人研究；同时它们也成为帝国主义侵略者所攫取的对象。建筑方面，石窟寺及佛塔是这时期所留下的主要遗迹。六朝隋唐古墓中的墓志铭及陶俑，近年来出土很多，尤其是洛阳北邙山出土的为最多，这些也成为研究的对象。可惜的是绝大多数是由盗掘出来的，同坑出土的各件古物被拆散开来销售，出土的情形完全不明。抗日战争时期甘肃敦煌的六朝及唐墓、武威唐代吐谷浑慕容氏茔地、成都抚琴台五代时王建墓等的发掘，是比较重要的工作。此外，还有一些部门在这时期有相当成就的，便是所谓的"敦煌学"，这是根据敦煌千佛洞所发现的六朝隋唐的写本等来做研究。这里面有中国古籍抄本可供校勘学之用，有通俗文学的新资料，有非汉语的文字，有宗教史、社会经济史和美术史的材料。各方面都有人研究，并有相当的成绩。

宋辽金元时期，因为离现在很近，文献记录保存下来较多，所以考古学方面的研究不为人所重视。主要的考古学工作是瓷器的研究及窑址的调查，地面古建筑物的调查和研究，这些也都有相当的成绩。

上面所说的，有些是继续金石学的研究，有些是野外调查发掘和整理研究的。此外，还有先进的历史科学工作者，用马克思主义理论来处理中国考古学的材料，写成了一些专著，为中国考古学找到一个新的方法，开辟了一条新的道路。但是受着国民党反动政府的压迫，中国考古学在当时不能顺利地沿着这条新的道路发展下去，抗日战争更使考古工作大部分陷于停顿。

二　中华人民共和国成立后的情况

1949 年南京将近解放时，国民党政府强迫中央研究院搬往台湾，并将该院在安阳等处发掘所得的全部古物及田野记录运往台湾。但是，这对于中国考古学的发展，并未造成不可克服的困难。中国科学院成立后，便将原北平研究院和原中央研究院两个机构中的历史科学工作者归并一起，成立了考古研究所，考古学在研究机构中便从附属的地位独立成所。

1950 年考古研究所成立后，在人民政府的领导下，考古工作的目标便有了转变。同年苏联考古学专家吉谢列夫来中国讲学，更使中国的考古工作者了解了苏联先进的考古学，认清了中国考古学应走的方向。考古学的研究，不应该是为考古而考古，而应是为历史科学服务；同时更应联系实际，配合国家伟大的经济建设。最初的时候，有些考古工作者或因为思想上仍存在着"个人兴趣"的偏见或由于惯于闭门研究，脱离实际。但是经过了一系列伟大的政治运动，尤其是 1952 年的思想改造运动以后，中国考古工作者的思想，已初步得到了改造，大家都认识了研究工作应该结合实际，为国家建设服务。

至于组织方面，考古工作应该有分工。考古研究所应该对于调查发掘和研究各方面起带头的作用。但是以考古研究所现有的力量，绝不能负担起全国各地的考古工作。各地的博物馆及文物机构的工作队，在解放后的几年，也做了好些考古发掘工作，都有了相当的成绩。至于保护文物古迹的工作，中央人民政府文化部下面设立社会文化事业管理局，专司其责。同时各大行政区、各省市也成立了文物保管委员会及文物局一类的机构。它们除了保护工作之外，也做了一些调查及清理的工作。

关于最近四年来的考古调查发掘及研究工作，重要的可简单介绍如下：

旧石器时代的研究：1949 年及 1951 年在周口店北京猿人洞都曾再做发掘，找到了三个猿人牙齿，一些动物化石及石器。抗日战争中被毁掉的周口店工作站的房子，也于 1953 年修复了，还添设了陈列室，将成果介绍给人民大众。1950 年在察哈尔左云县（现属山西省——编者）冯家窑附近发现了一个石器遗址，采集了几件原始的打制石器，可能是旧石器时代的产物。为了配合学习社会发展史中"从猿到人"一阶段，各地出了许多通俗性的关于"从猿到人"的书籍及布置展览会。贾兰坡的《中国猿人》、《河套人》和《山顶洞人》（1950～1951 年出版）三部著作，是比较专门性的著作，也是第一次以中文详细介绍我国全部旧石器文化的著作。

新石器文化的研究：考古研究所曾于 1951 年和 1953 年秋季，遣派调查队到豫西及陕西去工作，发现了几十个新遗址，并且在豫西三个地点（包括仰韶村）发掘，证明豫西有一种仰韶和龙山混合的文化存在过。此外，在南京附近的湖熟镇，江西清江樟树镇，湖南长沙五里牌，山西大同云岗和高山镇，永济七社及永乐宫，陕西户县北黄堆堡，河南郑州白庄、偃师灰嘴、洛阳金村、郏县太仆村，甘肃永登，四川绵阳及理县，山东青岛、即墨、滕县、邹县，浙江武康、崇德、温州，福建福州、龙岩、南安、惠安，以及广东海南岛文昌县等地，都曾发现过新石器时代遗址，总数当在百处以上。在河南信阳三里店及双林村，南京湖熟镇，江苏新沂花厅村等几个新石器时代遗址，还做过发掘的工作。

1950 年在吉林西团山发掘史前的石棺墓，出土有石制的刀、斧、镞、陶罐、陶壶及装饰品；同年在松江省依兰县（现属吉林省——编者）倭肯哈达，发掘史前的洞穴葬，埋葬姿势是屈膝蹲坐，颇为特殊；出土有磨制石斧、玉璧、玉璜、管状石珠及长方形有孔骨片（铠甲叶片？）。新石器时代文化的新发现很多，有些还没有详细的报告出来，将来这些新材料被充分利用后，对于各地区的新石器文化的内容及分期等问题，都将有所阐明。安志敏的《中国史前考古学书目》（1951 年出版）是一本很有用的工具书。

殷周文化的考古工作：1950 年安阳殷墟的发掘，对于殷代奴隶社会状况提供了新材料。武官村的一个大墓，虽曾被破坏过，但仍发掘到许多珍贵的东西，其中以完整的虎纹石磬最为出色。大墓中有殉葬的人架和骷髅，墓外另有许多埋葬无头人架的排葬坑。这次发掘的正式报告，已刊登于《中国考古学报》第 5 册中（1951 年出版）。1950～1951 年在河南辉县、1951 年在洛阳、1953 年在郑州，都找到殷代的居住遗址及墓葬，使我们对于殷代文化的分布，有更明确的了解。1953 年又在安阳大司空村发掘到殷代遗址及许多小墓，并且有保存较完整的车马坑。至于西周的墓葬，1953 年曾于洛阳城东北郊发掘过几座。西安斗门镇于 1951 年也曾发现过西周的铜器。河南郏县太仆村于 1953 年发现大批春秋时代的铜器。战国时代墓葬的发掘工作做得较多，规模较大的是 1950～1951 年的河南辉县固围村、琉璃阁及赵固村的发掘，和 1951～1952 年的长沙楚墓的发掘。前者发现了大批玉器、铜器、错金银器和陶器，有些非常精美；又发现了许多铁制的生产工具和一座车马坑。木构的车子虽已腐朽，尚留痕迹，可以由测绘的草图及记录来复原本来的形状。这次发掘使我们对于中国铁器时代初期的灿烂文化有了新认识。长沙的发掘，在战国楚墓中获得了许多优美的漆器、铜剑、铜戈、铜镜、木俑、陶器、有花纹的残绢和带文字的竹简。此外，在河北唐山贾家庄，河南辉县琉璃阁和褚丘村、安阳大司空村、禹县白沙和洛阳西郊烧沟，北京城内南部，都曾发掘过战国时代的墓葬，其中以唐山出土的狩猎壶等铜器，最为精美。关于甲骨文的研究工作，胡厚宣《五十年甲骨学论著目录》（1952 年出版），是一本有用的工具书。范文澜《中国通史简编》修订本第一册（1953 年出版）已大量地采用考古学的材料。至于利用考古学提供的材料，以马克思列宁主义的观点和方法做专门的研究，有郭沫若的《奴隶制时代》（1952 年出版）。

汉代的物质文化，遗留下来很多。在建设工程中几乎到处发现过汉墓。数量最多的是洛阳的建校区，在 1952～1953 年为着配合建校工程，共探出 588 座古墓，清理了 300 余座，其中有 260 余座是汉墓，所获得的汉代古物在万件以上。这些器物中，虽大部分是常见的陶仓、陶壶、陶灶、陶井、陶瓮、五铢钱、王莽钱、铜镜等，但根据器形的变化，再结合墓制的嬗变，可以整理一个头绪出来，知道它们是代表由汉武帝到汉献帝 300 多年发展的历史（其中二个陶罐有"建宁三年"及"初平元年"的纪年）。至于保存完善的汉代谷物、彩绘精美的陶壶、早期带釉像瓷的硬陶等，对于汉代美术和农工业的生产技术的研究，提供了极重要的资料。此外，在河南辉县琉璃阁和马桥、禹县白沙、郑州二里岗，河北唐山贾家庄，北京北郊和西郊，湖南长沙，东北鞍山市，都曾发掘过一些汉墓。其中以湖南长沙为最重要，曾掘到长沙王族刘骄的墓，获得汉简、马蹄金、漆器、滑石制的鼎、壶和带釉硬陶的罐子等。又在另一座汉墓中掘到漆器、木俑以及木车、木船的模型。1952 年在江苏徐州茅村发现汉画像墓数座，1953 年在山东沂南和安丘两县也发现了两座汉代石刻画像的墓葬。四川在宝成路的工程中发现了许多汉代崖墓，题记有"建和二年"和"延熹"等年号。又在成都东乡、德阳黄许镇蒋家坪等处汉代砖墓中，发现了许多画像砖，印有非常生动的房舍、车马、人物等画像。雁北文物勘查团还调查了阳高古城堡和广武的汉墓群。

1952 年绥远省文教厅派人调查绥东（现属内蒙古自治区——编者）

二蓝虎沟的古墓葬，这些墓过去曾被盗掘，破坏很厉害，这次除了了解情况外，还由民众手中收集了一大批由古墓出土的文物，如"鄂尔多斯"式铜器和西汉晚年的铜镜，对于解决年代问题，颇有帮助。

六朝隋唐的遗迹，解放后重要的发现是甘肃永靖炳灵寺石窟和武威天梯山石窟寺。1952 年中央文化部和西北文化部组织了炳灵寺勘察团，从事摄影、临摹、写生及考证工作。这里有北魏至唐代的石窟 35 个、石龛 87 个，最早题记是延昌二年（513 年）。勘察团的收获，已在北京开了展览会，并刊行《炳灵寺石窟》一小册（1953 年出版）。1952～1953 年又两次派遣调查队去勘察甘肃天水麦积山的石窟。这些工作将来对于我国中古时代的佛教艺术的研究，将有所阐发。关于六朝的古墓，也做了些发掘的工作，重要的是 1953 年江苏宜兴周墓墩发掘的晋初名将周处墓，和同年在洛阳发掘的晋贾后乳母徐美人墓及"太康八年"墓。徐美人的墓志，是一篇洋洋千言的大文章，刻在圭形的石碑上。南京邓府山，安徽芜湖和河南禹县白沙，都曾掘到六朝的墓葬。在湖南长沙，河南洛阳和辉县，都曾掘到唐墓。1950 年南京博物院在近郊发掘了南唐二陵。这二陵虽曾经盗掘过，但所剩余的遗物及墓葬建筑，都可表示当时的优越文化。古代的窑址，在景德镇石虎湾发现了唐代青瓷的窑址，湖南湘阴县铁罐嘴窑山头发现唐代岳州窑。古建筑方面，雁北文物勘查团调查了五台山唐大中十一年的佛光寺。

至于宋辽金元的遗迹，1952 年河南禹县白沙曾发现了好几座宋墓，墓中保存有精美的壁画。在河南洛阳、湖南长沙、南京郊区都曾掘到宋墓。1949 年沈阳市小西边门北发现辽代李进墓，石棺盛火葬骨灰，有陶器及石俑。1950 年辽西省义县清河门曾发现辽萧慎微祖墓群，一共 4 座，出土物有纯银面具、铜丝手套、汉文和契丹文墓志、鸡冠壶及其他瓷器、铜镜和嵩德宫铜铫等。同年又在阜新县腰衙村小洞庙发现了辽代耶律元妻晋国夫人墓、墓志及鸡冠壶等。古建筑方面，雁北文物勘察团调查了大同、应县、朔县、正定和太原等地的辽金的古建筑物。宋元的窑址，解放后曾发现了江西景德镇湘湖及湖田两处的宋窑，吉安永和镇的吉州窑，河北曲阳涧磁村及燕山村的定州窑、磁县冶子村的磁州窑，河南修武的当阳峪窑、安阳的善应窑（钧窑系元瓷）、烧瓷枕的观台窑、临汝南乡及东北乡的汝窑、禹县神垕镇的均窑。西安发现了元代耶律世昌的墓，有大批精美的陶俑一起出土。福建晋江发现了大批元代泉州的回教及耶教的石刻，有些刻有非汉族的文字。可以附带在这里提及的，是在北京西郊建设工程中发现的明末万历和天启的妃嫔墓，获得了许多精美的珠宝首饰及木俑等。

由上面简单的介绍，可以知道这四年来中国考古工作者是做了许多工作的，并且也有相当的成绩。但是也有些缺点，例如：有些清理工作做得不够细致，造成了一些损失。又整理发表的工作，远落后于发现及发掘的工作，因之不能很快地把新发现的东西介绍出来，更说不上进一步的研究工作。这是由于配合大规模建设工程的任务，急如星火，同时有训练的工作干部又非常缺乏，所以酿成这种积压的现象。考古研究所的发掘工作，大多数仅有简报发表于《科学通报》中，正式报告仅有1950 年的安阳发掘和1952 年的唐山发掘，刊登于《中国考古学报》第5 期及第6 期中（前者1951 年出版，后者将于1953 年底出版）。1950 ～1951 年的辉县发掘报告已经草就，将出专刊。其余的仍在整理中。南京博物院出版了一册《南京附近考古报告》（1952 年出版）。中央文化部文物局（今改为社会文化事业管理局）出版了《雁北文物勘查团报告》（1951 年出版）及《炳灵寺石窟》（1953 年出版）。其余的工作，多数只有报道或简讯，刊登于《文物参考资料》及其他报刊中。

关于培养干部的问题，解放以后，考古学在专门教育上的地位有了根本的改变。考古学通论不仅列入大学课程中去，1953 年起这作为历史系的必修科目，被列为基本训练之一。1952 年北京大学设置考古专业，以训练考古工作的专门人材，现在已有60 多个学生。因为四年制的大学教育，仍嫌缓不济急，1952 ～1953 年，中国科学院考古研究所、文化部社会文化事业管理局和北京大学联合举办了两届考古工作人员训练班，调集各大行政区从事文物工作的青年干部，予以 3 个多月的短期训练，授以中国考古学的常识及野外工作的技术，并做一个多月的田野实习。第一届学员 72 人，第二届学员 89 人，共 161 人，他们训练完毕回到原来的工作岗位，便可以配合当地的基本建设，做些清理和保护文物的工作。解放以前，可以做野外工作的中国考古工作者，不过屈指可数的几个人。现在一下子便增添了将近 200 人，可以说是飞跃式的发展。但是这样的增添新力量，仍然不能适应当前的需要。

三 今后努力的方向

根据前面所说的过去的基础和目前的情况，我们可以考虑最近几年内努力的方向。这可由三方面来考虑：

（1）研究工作方面，除了配合国家建设工程发掘地下文物加以整理研究之外，主动的研究工作，应该以新石器时代、殷代和两周为重点，尤其着重西周。发掘地下材料，联系传说及文字记录，以研究这几个时代的社会生活状况及其发展过程。中国社会如何由新石器时代的原始社会，采取了冶金技术及发明文字，建立国家，进入了殷代奴隶社会的青铜文化，在考古学方面，我们仍然知道很少，几等于零。新石器时代晚期的材料，虽然累积了一些，但是这些材料都是片断的，相互间的关系是不够的。至于新石器时代早期，在中国考古学上还是个空白。

殷代是灿烂的中国文化的成长时代，自然是很重要的。20 年来的安阳发掘提供了许多材料，但仍是不够全面的。至于两周的考古发掘的材料更少。解放以后，虽然对于战国时代的墓葬，做了不少的发掘工作，但因为出自墓葬，不足以表现当时社会生活的全貌。历史学家正期待着考古学方面提供帮助解决两周时期社会性质问题的材料，尤其是关于西周的材料。所以打算把重点放在西周。

这并不是说，我们完全不理睬汉代及汉代以后的考古学材料。实际上，每一次规模较大的发掘工作，几乎都要碰到汉代或更晚的遗迹和遗物，而在国家基本建设的工地，更不可避免地碰到它们。我们自然不得不做这些清理工作以及清理后的整理研究。此外，关于过去的考古研究工作，有些部门可以做些整理总结的工作。这不仅对于中国考古学的进一步发展是很重要的，就是对于整个中国历史的研究，也是很有帮助的。不过它们不是我们研究工作的重点而已。

考古研究所今后几年内的工作草案，就是依照这个要求制订的。当然我们不要忘记了一个顶重要的原则，我们要配合国家的建设工程。我们的工作应该服从国家过渡时期的总路线和总任务。

（2）加强学习马克思列宁主义，学习苏联先进经验。郭沫若院长曾说过："今日要研究中国的历史，或从事地下的发掘，不掌握马列主义的方法，是得不到正确的结论的。"（《奴隶制时代》，第77页）解放后，虽然大家都积极展开政治学习，但是一个为历史科学服务的考古工作者，更应该深入地学习马克思列宁主义，并加以掌握，以便应用到自己的研究工作中去，不致发生错误。一般说来，我国搞考古研究工作的人，理论水平都不高，今后更要加强理论学习。关于理论联系实际的问题，应该有更明确的认识，并且以具体的工作来表明如何使理论研究和实际需要密切地相结合，使这个问题得到合理的解决。

学习苏联先进经验，不仅应该学习他们如何运用马克思列宁主义，如何解决理论联系实际问题，并且对于室内研究工作中的具体问题及田野工作的技术问题，都应该向他们学习，以便提高业务水平。例如我们从前所做的工作，都是清理墓葬，纵使发掘居住遗址，也都仅只掘几道探沟，因此许多问题无法解决。今后对于居住遗址的发掘展开工作，便应该学习苏联发掘的黎波里及花剌子模遗址那样的大规模的完善的发掘方法。我们还应该学习苏联考古学家如何利用自然科学的新方法来解决考古学上的问题，例如利用放射性碳素来确定时代，利用空中摄影及物理探矿方法来发现遗址，利用光谱学来分析古物成分，利用金属微晶学来研究古铜器成分及制法，利用花粉分析及土壤分析来研究古代地理环境等。文字工具方面，今春中国科学院考古研究所工作人员已开始学习俄文，但是阅读俄文的能力尚差。院外的考古工作者精通俄文的似乎也很少。我们须要继续学习，以便能阅读苏联书报。同时需要大量地有计划地从事翻译工作。对于中苏考古学的合作，也是我们一致的要求。

（3）培养新干部，组织全国考古工作者，并发动群众。我在前面已经说过的，解放后，我们已努力从事于培养年青的新干部，但是现有的人数距离目前的需要仍是很远，所以大量地培养青年干部，是目前最急迫的任务。考古研究所付出很大的一部分力量，协助北京大学办好考古专业，并让考古专业四年级学生全部来考古所做实习工作；这个专业今后还应扩充名额，提高水平。此外，还须和北京大学及文化部社会文化事业管理局再合办几次考古人员训练班，以便在最短期内培养出大量干部。同时在所内也应设法有计划地培养年轻干部。

关于现有的干部（尤其是比较有经验的中级及高级研究人员）如何合理地使用，也是一个重要的问题，我们应该将他们配备在几项重要的工作上去。通过举办考古人员训练班的工作，我们已和全国各地的考古工作，多少有了一些联系。我们应该设法使这种关系更加密切，并发生一定的作用。又应该进一步团结和组织全国的考古工作者，为人民服务。希望不久的将来能建立一个通讯网，或出版一种刊物，报道各地发现及发掘的消息，交流工作的经验，并自由讨论学术上的问题。全国的考古工作者，分散在科学研究机关、博物馆、管理文物行政机构及教育部门，力量是不集中的。今后应该设法做好有组织的有计划的分工合作，以便完成配合国家建设和培养干部的任务。这个问题亟须加以适当地解决。

考古学要为群众服务，同时要发动群众；只有得到了广大群众的支持，考古学的发展，才有巩固的基础和广阔的前途。解放以后，全国许多地方曾利用考古学的材料，布置"从猿到人"、社会发展史、伟大祖国艺术等展览会；在北京，考古研究所和历史博物馆合作，曾开过关于安阳殷墟、北京西郊明墓、陕西斗鸡台、河北唐山贾家庄、新疆古物、楚文物等展览会。在南京，开过南唐二陵发掘的展览会。蚌埠的治淮工程展览会，也陈列有文物工作队所发掘清理出来的大批古物。这些展览会一方面将祖国的文化遗产和广大人民群众见面，起了爱国主义教育的作用；同时引起群众对古物发生兴趣，知道爱护。现在全国各地大规模地进行基本建设，时常有大批考古材料出现。只有依靠广大群众的随时注意和报道，才能更多地发现我们祖先的文化遗产，并很好地加以保护。各地人民如有新的发现或新的问题，希望立即与地方的或中央的文物机关联系。至于发掘的工作，因方法比较繁难，责任比较重大，非依照政府所颁布的《古文化遗址及古墓葬之调查发掘暂行办法》，获得中央文化部的批准，不得擅自发掘；但是可以参加有领导有组织的发掘队，跟有经验的考古工作人员学习。

考古发掘工作的几个中心地点，应该设立田野考古工作站。这些工作站可以作为训练干部的实习学校，和联系地方文物干部的联络站，又可布置陈列室，将当地出土的文物，介绍给当地的人民群众。周口店的工作站已于 1953 年设立。考古研究所拟于 1954 年在洛阳设立工作站，创造经验，然后推行到其他重要的工作地点。

总之，我们知道中国考古工作目前是存在着一些尚未能完满解决的问题（可参考《科学通报》1953 年 1 月号，苏秉琦《目前考古工作中存在的问题》一文），但是我们深信在新中国的新条件之下，中国考古工作者一定可以顺利地向新的方向前进，将中国考古学引入一个辉煌灿烂的时期。解放后短短的四年内，中国考古工作的面貌已起了根本的变化，并已在实际工作上获得了初步的成绩，虽然仍有些缺点，但是如能随时加以检查，加以纠正，稳步前进，随着祖国建设事业的迅速发展，中国考古学的前途是无限光明的。

新中国成立十年来的考古新发现[*]

新中国成立以后，中国的考古工作，同其他科学一样，在中国共产党的领导下，进入了一个崭新的时代，蓬勃地发展起来了。

十年来我国空前的经济建设工作，到处发现了古代居住遗址和古墓，出土了许多重要的古物。这样便推动了考古学的发展。而更重要的是：考古工作者接受了马克思列宁主义的思想，认识到考古学是历史科学的有机构成部分。我们不是"为挖宝而考古"，也不是"为考古而考古"，而是为了要阐明古代社会经济发展的过程而进行考古研究工作。不像解放以前那样只注意有丰富随葬品的墓葬，我们已经更多地注意居住址的发掘，因为它能够更全面地提供关于古代劳动人民的生活的研究资料。我们工作的规模扩大了，年青的考古干部也大量地培养出来了。现在正致力于组织工作，在全国的考古工作者的协作下，打算拟出全面性的计划和安排，以便提高工作的质量和理论水平。

_* 本文原载《考古》1959 年第 10 期，转载《科学通报》1959 年第 21 期。又见作者《考古学论文集》（科学出版社，1961 年），并有所补充。编入本文集时，省去资料来源。

现在依照时代的先后，把十年来中国考古工作的新发现和研究的成就中最重要的，简略地加以叙述。

显示原始社会初期的面貌

我们先从最古老的谈起。我们的国土上，早在五十万年前便有中国猿人居住着。1949 年我们在著名的周口店 "北京人" 地点又开始继续工作了。发掘工作中，不仅发现了猿人化石的残片和大批动物化石，还继续发现了他们所创造的文化的遗迹——石器和用火的痕迹。1958 年初步完成了 10 万件左右的中国猿人石器的研究工作。中国南部在四川资阳、湖北长阳、广东曲江和广西柳江与来宾，都曾发现旧石器时代人类头骨化石残片。这些化石虽比北京猿人要晚，但对于华南早期居民的研究是具有很大意义的。

在山西和内蒙古，都曾发现过旧石器。其中最重要的是 1953 年山西襄汾县丁村的发现。次年，进行了有系统的发掘，挖出了许多动物化石、3 枚人齿和 2000 多件石器。这些石器比北京人所用的较为进步。研究结果，已发表了正式报告。

旧石器时代的研究，已朝向一个新的方向。从前把旧石器和古生物化石等同看待，以为可单纯地使用自然科学的方法处理。现在一般认识到这是研究人类原始社会的初期情况的一门学科，是历史科学的一部分，虽可使用自然科学的技术来进行研究，但基本的研究方法应该像其他社会科学一样是历史唯物主义。这种由 "自然科学的角度转变到社会科学的领域中去" 的发展新方向，使旧石器时代的研究工作走上了一条新的途径。

新石器时代的研究

旧石器时代和新石器二者之间的一段空白，现下仍没有把它填补起来。至于新石器时代遗址，这十年内在全国各处发现了 2000 多个新地点。但是仍没有找到可以确定为新石器时代初期的遗址。因而对于我国农业和畜牧业的起源问题，还是不能解决。

在这许多新发现的地点中，我们选择了几处做了发掘工作。其中最重要的，也许是西安半坡的遗址。1954～1957 年在这里掘到了一个原始氏族社会的村落。有许多保存较好的住屋和陶窑。村外隔着一道壕沟还有当时的墓地。我们在这里发现了精美的彩绘陶器和石制工具，还发现了一个小罐盛着粟米。1958 年在陕西宝鸡、华县和华阴，也都发掘过同类性质的村落和墓地。

新石器时代的资料积累得多了，我们现正把它们加以分类，研究它们的内容和互相关系，并想求出它们的时代先后次序。在黄河流域，我们知道带有光亮黑陶的龙山文化是比较带有彩陶的仰韶文化为晚。前段所说的四个在陕西的遗址便属于后者（即仰韶文化）。1956～1957 年在河南陕县庙底沟发掘，在仰韶文化层的上面另有文化层，虽基本上带有龙山文化的特征，但没有典型的黑陶，并且还有些陶器承袭着仰韶文化的痕迹，可能是代表龙山文化的早期。在甘肃东部，1956～1958 年的调查，发现了原始社会的遗址在 370 处以上，并且确定了这地区的新石器文化的顺序是：仰韶——甘肃仰韶（即马家窑）——齐家。齐家文化和龙山文化大概是同时的，但是属于不同的文化系统。1959 年 6～8月，在山东宁阳县大汶口，发掘一个墓群，似乎是龙山文化的变体。除了龙山式器形的黑陶、白陶、灰陶之外，还有大批红陶和一定数量的彩陶。120 余座的墓葬，形制大小和随葬品丰俭的差别很大，表示已有富贫的分化。

解放以前，关于华南地区的古代原始社会的情况，我们知道很少。这十年中，由于发现了许多新遗址，并且发掘了几个，这里的原始社会的面貌，已逐渐显露出来了。长江流域，由湖北经安徽到江苏和浙江北部，文化遗存呈现了受到黄河流域新石器文化的影响，有许多带有龙山文化特征的陶器，在有些地方，还有与仰韶不同的彩陶。重要的例子是湖北京山屈家岭遗址和江苏淮安青莲岗遗址。东南沿海由浙江东南部到福建、广东，包括江西和湖南，有一种带有印纹硬陶和有段石斧的文化。这种陶片在长江流域南部也曾发现，但在有地层重叠的地方，总是在上层，可见它的时代较晚。在另一些地方（包括江西等处），印纹硬陶层的下面，常有以印纹软泥陶为特征的，或以更早的黄褐（或红色）砂陶为特征的新石器文化层。华南地区新石器的晚期是和黄河流域的有文字记载的青铜器文化同时的。

这十年来，在国内边区也发现过许多古代原始社会的遗址。新疆继续发现了彩陶和石器共存的遗址。在内蒙古所继续发现的细石器文化的遗址，可分为二期，早期的有时有彩陶共同出土，晚期的有陶鬲和红陶片；一部分已以农业为主，不过兼营畜牧和狩猎。东北的辽宁和吉林东部，它们的文化和内蒙古的细石器文化相类似。但是吉林省的主要文化是一种以磨制石器、砂质素面褐陶和石棺葬为特征的文化。吉林西南部的新石器文化，和朝鲜北部及苏联远东地区的相类似。黑龙江依兰倭肯哈达洞穴中所发现的新石器时代的蹲坐屈肢葬是一种特殊的葬俗。在我国的西南部，我们在贵阳、广西、广东的西部和海南岛，都有以有肩石斧为特征的新石器文化。云南滇池东岸发现的新石器遗址，都有大量的螺壳堆积层，出土物有手制细泥红陶和有肩石斧。云南剑川发现有水上村落的遗址，出土有谷物、渔具、陶器、石器和少量红铜器，可能已进入铜石并用时代。这些发现为今后关于少数民族古代原始社会的研究，提供了宝贵的线索。

关于新石器时代的研究工作，尹达的《中国新石器时代》（1955年出版）运用马克思主义的方法，分析各种文化遗存的具体内容，以求弄清楚氏族制度在我国发展的序列，彻底批判了安特生的主观唯心主义的错误理论。

青铜时代的奴隶社会

我国在殷商朝代（公元前 16～前 11 世纪）已进入奴隶制社会，有文字和高度发展的青铜文化。1949 年以前，关于殷代遗址，几乎只知道河南安阳一处。这十年中，我们不仅发现了许多殷代居住遗址和墓葬，并且发掘了好几处。发现的地区，除了河南省以外，还有它的四邻各省：山东、河北、山西、陕西、湖北和安徽。这就扩大了我们对于殷代文化领域的观念。

其中最重要的发现，是河南郑州的遗址。在这里曾发掘出来平民住宅、骨器和铜器的作坊、制陶器的窑址和一些墓葬。并且在二里岗和人民公园的重叠地层堆积中有早、中、晚三期的文化层，晚期的和安阳小屯出土物的时代相同。1956 年在郑州洛达庙又发掘到殷代文化遗存，它的陶器具有一些特点，时代可能比二里岗早期的还要早一些。从前在新石器时代的龙山文化和以安阳为代表的晚期殷商文化（约公元前 1300～前 1027 年）二者之间留有一大段空缺。郑州的发现使这缺口逐渐缩小了。今后的考古发现一定可以把我国原始氏族社会的崩溃、阶级社会的产生和国家的形成这一切都逐渐弄清楚。

甚至于在 1928 年便已开始科学发掘的河南安阳的殷代遗址，这十年来的发掘工作也提供了一些新材料。1950 年在殷代皇陵地区的发掘工作又继续进行了。继续发现了以人殉葬的现象，一座大墓中出土了许多铜器、玉器、车马饰和一件雕刻虎纹的石磬。在安阳也发掘到一些贫乏的小墓，很清楚地表示出阶级社会中的阶级的对比。而殉葬现象更可说明奴隶社会中奴隶们的悲惨命运。1959 年的发掘，挖到了制骨器和铸铜器的作坊，还在小屯遗址的西侧和南侧发现一道阔而深的壕沟，可能是这都城的防御工事。

关于西周时代（公元前 10～前 8 世纪）的遗存，这十年中发掘的虽不多，但它们仍提供了一些很有价值的资料。学术意义较大的是西安张家坡的发掘工作。这是在相传西周都城丰镐的地方。1955 ~ 1957 年在这里发掘了 5000 多平方米，发现房基、陶窑、窖穴和水井。出土物有陶片、石器、骨器、人骨和少量青铜器。这些发现虽不惊人，但对于当时人民日常生活的情况却提供了重要的材料。我们在这里还发掘了一百多座墓葬，也有以人殉葬的现象。又有 4 座车马坑，车子的原来形制和马饰的原来排列，都可以复原出来。西周初期的生产水平和社会生活，似乎和殷代晚期没有多大差别。西周的社会性质问题，是中国史学界的主要争论之一。考古的新发现也许可以提供解决这一问题的关键性新资料。

其他地方的墓葬发掘中，出土的随葬品比较丰富。最重要的是1954 年在西安附近普渡村和江苏南部丹徒烟墩山的墓葬各一座，出土了年代明确的铜器。根据铜器上的铭文，可以确定前者是穆王时物（公元前 10 世纪），后者为成王时物（公元前 11 世纪）。两墓中都有釉陶的豆，制釉陶的技术是承袭殷代的，但已加改进，几乎达到原始瓷器的水平。这种釉陶的豆，在安徽屯溪和河南洛阳的同时代的墓中也曾发现过。这时期的精美的铜器群，在安徽屯溪，陕西眉县，河南的洛阳、上蔡和鲁山，山西的洪赵、石楼和长子，辽宁凌源（旧属热河省），也都曾出土过。

春秋时代（公元前 8 ~ 前 5 世纪）的遗存，发掘到的并不多，但常常很精美。最重要的发现之一是黄河三门峡水库地区的陕县上村岭的虢国墓地。1956 ~ 1957 年一共发掘过 230 多座，包括 4 座车马坑。其中38 座墓都出土有铜器。铜器最多的一座达 200 余件，包括一件"虢太子元徒戈"铭文的戈，也许便是这太子的墓。较大型的墓中，死者身上带有鸡血石或玻璃制成的珠子等组成的项链或镯子，又有玉耳环和其他的饰物。玻璃珠、青铜短剑和铜镜是首次在这样早的墓中出现。虢国是公元前 655 年被晋国所灭的。这墓群的年代是公元前 8 ~ 前 7 世纪。

另一个重要的发现是安徽寿县的蔡侯墓，时代是公元前 5 世纪初期。墓中出土的铜器和玉器达 1000 件以上，包括编钟和列鼎等。其中有好几件铜器都有铭文，有些记载蔡国和楚国、吴国的关系的。

更为惊人的发现是 1957 年河南信阳的楚国木椁墓。这是长沙楚墓类型的墓，但规模较大。墓中出土了许多精美的铜器、木器和漆器，保存得很完好。其中一套 13 个成组的铜钟，大小各不相同，敲击时发出合乎乐律的声音。又有一个挂钟的架子和二枚钟槌，都是木制的。其余的木器和漆器还有镇墓兽、木俑、耳环、乐器（如瑟和鼓）等。许多有字的竹简和一个装有毛笔、笔筒、小刀和小锯的木盒，后者是修整竹简和书写之用的。由钟上的铭文推测，这墓大概是公元前 500 年左右的。

山西侯马的古城，可能便是这时晋国都城新田的遗址。1957～1958 年的发掘工作，发现了城墙、建于土台上的宫殿废址、铜器和骨器的作坊和陶窑。这城大概延续到战国时代仍有居民。另一座东周的城址，是在洛阳发现的。1958 年把城墙探勘得大致清楚了。它的周围约 12 公里，比后来缩小的汉城大得多。城中也掘到过当时的住宅、陶窑、骨器作坊、道路等。东周时代的其他重要都城，如齐临淄、鲁曲阜、燕下都、赵邯郸等，我们也都做了调查工作。

对于两周青铜器铭文的研究，郭沫若院长重编他的《金文丛考》（1954 年出版）和增订《两周金文辞大系》（1957 年出版）之外，还对于许多解放后新出土的青铜器铭文做了考释，又将解放后他所写的关于以马克思主义阐明殷周奴隶社会的几篇论文，编成《奴隶制时代》（1952 年出版）。

铁器的使用和秦汉的封建王朝

战国时期（公元前 5～前 3 世纪）由于铁器发明后的普遍使用，因之生产力高涨，也形成了文化的高峰。铁工具如锄、犁铧、斧、刀等，这十年中在二十多处的这时期的遗存中发现，最有兴趣的河北兴隆（旧属热河省）发现的铸有铭文的铁范，是用以翻铸生产工具的。

战国时的手工业制品如铜器、玉器、陶器、漆器和木器，都表现了相当高的艺术天才。1951 年以来的长沙发掘，和 1950～1951 年的辉县发掘，在墓葬中都曾获得精美的东西，充分地表示了当时工艺的多样性和优越性。其他已发掘的重要的墓地，有山西长治，河北唐山，河南的陕县、郑州和洛阳，陕西西安等处。其中洛阳中州路一个东周墓群，共发掘 260 座。经过仔细分析研究，它们可分为 7 期。这对于今后东周遗物分期的工作，帮助很大。此外，1958 年在江苏武进淹城发现了独木船、20 余件印纹陶罐和一批奇特的铜器；在安徽寿县发现了楚怀王六年（公元前 323 年）的鄂君启的错金铭文的铜节 4 枚。

汉代（公元前 206～220 年）的铁制工具，不但分布地区更广，数量更多，种类也更多样化。除了前面所提及的已见于汉以前的以外，还有剪刀、环形柄刀、镊、火钳等。这表示冶铁技术已有所提高，并能更充分地利用铁的性能。1958 年河南巩县发现一座西汉时代的炼铁遗址，发掘出来的炼炉残迹、矿石碎渣、储藏有炼成的铁块的坑、使用的工具和已制成的产品。1959 年在河南南阳市发掘一座汉代铁工场的遗址。

汉代的城市遗址，前面已提及过的在洛阳西郊所发掘的，是当时河南县的县城。城墙周围约 5.2 公里。在城内曾发现住房、粮仓、水井、石子路，以及大量的陶片、碎瓦、铁器、钱币和封泥。更重要的是西安附近的西汉都城长安城址的发掘。城墙周围达 25 公里。1957 年发掘了四座城门，每座都有三道门洞，还留有当时的车辙。由出土物可以知道它们是王莽末年战争时所焚毁的。据《汉书》所记，大约公元 22 年。城南有十来座宗教性质的建筑。1957～1958 年发掘两座，1959 年春又将另外 4 座加以部分发掘。现以 1957 年所发掘的为例：中央一个木构建筑物，筑于圆形土台上；这圆土台又是在一正方形的土台基上，外绕以四边有门的围墙，再环绕以一周的水沟。1955 年在辽阳发掘了一个农庄，发现了 6 家农舍，出土有农具和生活用品；又发现了陶窑和水井。这给我们以当时农村生活的一幅生动的图画。

至于汉代墓葬，这十年中发掘了好几千座，分布在全国各处。西汉初年的墓葬，如西安、洛阳、郑州和陕县所发掘到的，墓形和随葬品都和当地战国晚年的很相类似。从汉武帝时（公元前 140～前 87 年）起，随葬品的改变很是明显，和汉以前的易加区别。考古工作者将大的墓群中各墓排列出一个顺序，改易了从前的纷乱不清情况。值得特别一提的汉墓出土物有下列一些：长沙的金锭、有字竹简、木车和木船的模型，洛阳的彩绘陶壶和谷物（稻、粟、高粱等），广州的木船和陶船、陶屋和陶仓（有的下面有柱子支撑）等模型，辉县的塑造生动的陶制动物，河北望都和辽宁辽阳的墓中壁画，江苏徐州、陕西北部和山东沂南的画像石，四川的画像砖和水田及水池的陶制模型，陕县后川的镶嵌松绿石的铜方壶和铜制的背部嵌有带斑纹大贝的卧鹿。武威磨嘴子汉墓中的 300 余枚汉简。

汉代边绿区域也没有被忽视。四川的船棺葬，出土有带有图画式文字的特别形式的青铜兵器和半两钱，时代可以确定属于汉初，有些稍早。当为该时当地原住人民的文化。在内蒙古和辽宁西部，鄂尔多斯式青铜器和西汉铜镜在一些墓地中共同出土。这些墓地可能属于匈奴人和东胡人的。最重要的是云南晋宁石寨山的发掘。这里 34 座西汉墓中出土了四千多件器物，包括一颗刻有"滇王之印"四字的金印，9 件铜制鼓形器，二百多件从事于各种活动的铜俑，具有特别形式和花纹的青铜兵器和工具，铁制的斧和剑、子母贝，以及西汉式的铜镜、漆盒和钱币。

中国封建社会的中衰和复兴——隋唐帝国

汉帝国和隋唐帝国的中间时期（3～5 世纪），大部分处于分裂状态中，社会比较纷乱。后汉时输入的佛教，这时大为流行。佛教艺术的遗存，在这十年中也继续有所发现。甘肃永靖炳灵寺和武威天梯山两处，发现了有石刻像和壁画的石窟寺。河北曲阳修德寺废址中掘出两千多件石刻，时代由这时期下达唐朝。四川成都万佛寺废址中发现一百多件红砂岩所刻成的佛像，有些非常精美，时代与前者相同。

这时期的墓中出土了一些艺术品和日常用品。大量的陶俑生动地表现出这时各种人物的具体形象。墓中也发现许多精美的早期瓷器，最早的到东吴赤乌十四年（251 年）。在著名的越窑的故乡浙江省，发现了萧山上董窑址，是属于这时期的。江苏宜兴晋将军周处（297 年战死）的墓中，出土许多瓷器、铜器、金饰和金属带饰。这些带饰，有的是银制的，有的是另一种合金制成。后者经化验证明含铝 85%，这是很重要的发现。洛阳一座晋墓中有一长达千来字的墓碑，记载墓主徐美人（贾后乳母）曾参与 291 年的宫闱政变。1957 年河南邓县一座南朝（约东晋至南齐）墓中，有绘彩的印模画像砖，壁画和陶俑。华南的各处墓中常有瓷器和铜镜，并且常有纪年的墓砖可以确定年代。

隋文帝于 583 年由汉长安城迁都到城西南郊一个新址，跟着盖起了许多建筑物。唐朝的各帝继续有所兴建。这城的规模很大，城墙周围共达 33.5 公里。1957 年将这城墙和它的城门勘查清楚。城的东北角有大明宫，是唐太宗于 633 年修的，后来成为唐朝皇帝经常居住的宫殿。1957 年开始发掘这宫殿。它的围墙、主要的门、20 多处的建筑物和御花园中的太液池，都被勘查出来，有些已加发掘。其中最重要的发掘是玄武门和麟德殿。前者有三个门道；后者有 192 个柱础，地上铺砖石，建于一高起的土台上。1956 年在这里附近曾发现过一个涂金的刻花银盘和四个刻有"杨国忠"等姓名的银锭。此外，在有名的兴庆宫，也做了一部分发掘。在唐代平康坊的东北隅，发现了有大中十四年（860年）款识的鎏金茶托。洛阳的东都城也做了勘查工作。

隋唐墓葬出土了许多有兴趣的东西。特别值得注意的是西安附近的隋唐墓，有些带有精美的壁画。山西太原唐墓也有壁画，但不及西安的优美。1957年在西安的一座周宣杨皇后（入隋为乐平公主）的小外孙女李静训（608年卒）墓中，发现了陶俑、瓷器、金银器、镶宝石金饰、玻璃器和一枚波斯萨珊朝银币。我们在河南、陕西、山西、青海和新疆，发现了90多枚萨珊朝银币；此外，在西安隋墓中又发现了一枚查斯丁二世（565~578）的拜占庭金币。最近在新疆乌恰发现一处窖藏，有萨珊朝的和阿拉伯仿萨珊朝的银币达947枚之多。由于这些发现，可见当时中国和西方的贸易关系的活跃。唐代的陶俑，有些还带有三彩釉，多是很精美的，表现了高度的艺术水平。尤其是西安近郊唐墓中出土的更为出色。例如1956~1957年所发掘的独孤思敬等三座墓中所出土的，便是好例子。唐代瓷器窑址曾在华南发现几处。在南京发掘南唐二座皇陵（公元10世纪），墓室结构华美，绘有色彩。这二墓虽然从前被盗掘过不止一次，但发现的随葬品仍有陶俑、瓷片和玉册残片等。

三门峡水库区曾在峡北的小山后面发现一道唐代所挖运河，以躲开峡中的峻急的水道。这运河叫作"娘娘河"，也叫作"开元新河"。又在峡的北岸发现栈道。这是便利于拉纤的船夫将运粮船拉过这峻急的水道。这里仍遗留有当年为铺设木板时插装支架而凿的孔眼。这栈道在唐以前当已开凿，但唐代显然曾加工重修。山岩上刻有许多铭刻，最早的到汉和帝和平元年（150年）。古建筑方面，雁北文物勘察团曾调查了五台山唐大中十一年（857年）的佛光寺。1953年又于山西五台县西南的李家庄，新发现了唐建中三年（782年）建筑的南禅寺，比佛光寺更早75年。

1957~1958年的新疆考古队，调查了古城、古居住址和寺庙约127处（包括古城58座）。在库车和马耆，还在几个主要属于唐朝的地点做了一些发掘工作。重要的出土物有壁画、佛像、谷物（小麦、粟、高粱）、铁器、陶片、写有古维吾尔文的木简和写有汉字的纸。东北在吉林敦化，发掘了唐代渤海国贞惠公主墓（8世纪）。在西南，1958年在云南巍山县发掘了一处南诏国的遗址。又1956年在广西明江右江两岸的宁明县花山等处，发现了许多古代崖壁画。它们是古代壮族的创作，年代可能早到唐代或宋代。

封建社会的继续发展——宋和宋以后

宋代（10～13世纪）的瓷器的精美是全世界闻名的。这十年中，在许多宋墓中发现了瓷器。我们还调查了或新发现了几处烧瓷器的窑址。河南白沙的宋墓中有表示墓主人地主生活的壁画。山西侯马发现一座金大安二年（1210年）墓，墓壁上放置着雕刻成的五个演戏艺人在舞台上演剧。这和山西洪赵县明应王庙中元代戏曲壁画，都是研究中国戏曲史中很有价值的资料。

在内蒙古和东北各处，发掘工作中发现了许多辽代（10～12世纪）契丹人的墓，出土物有金银制的面具、铜丝手套、鸡冠壶和契丹文字的墓碑。1959年又开始发掘辽代中京大名城废址。1954年在辽宁鞍山陶家屯发现了金、元时代的农家遗址一处，所遗留的遗迹和遗物，生动地显示了这时辽河流域的小农经济。

元代（1279～1368年）的许多墓碑在福建泉州（马可波罗和许多阿拉伯作家所提及的刺桐城）被发现。这些是与伊斯兰教、摩尼教、婆罗门教、聂斯脱里教（景教）和天主教有关的，其中有许多刻有非汉族的文字，如阿拉伯文、叙利亚文、拉丁文、塔米尔文和蒙古文。山东济南和陕西西安元代墓中发现有大量陶俑，有些陶俑作蒙古人装束。1955年在安徽发现了一个窖藏，有102件金银器，包括筷子、碟、壶、碗、勺等食桌上用器，有的刻有精美的花纹图案。由铭文知道这一批中有些是至顺四年（1333年）造的。

最后要提到的，也是最引群众莫大兴趣的，是1958年北京附近明代万历皇帝（1573～1620 年）的陵墓的掘开。石筑的墓室，由进口处到后墙，长达 87 米，装有三重雕刻精美的石门，简直可以说是一座"地下宫殿"。随葬物大部分和 1951 年北京附近所发掘的明代妃嫔的墓中的类似，但较之远为精美。另有一些随葬品是皇帝和皇后专用的，例如皇冠、龙凤冠、龙袍、宝玺、谥册等。墓中的金银器和玉器，包括珠宝首饰和织花的丝织品，有很高的艺术价值。这个发掘曾拍成彩色电影，公开放映。这发掘使我们看到封建统治者骄奢淫逸的生活，同时使我们看到我国古代劳动人民的智慧和才能。

未来的展望

总之，这过去的十年中，中国考古工作在党和政府的领导下，进行得非常起劲和顺利，取得了一些有价值的成就。这篇简略的综述，使我们看出我们已有哪些新收获，同时还有一些空白需要继续努力加以填充。对于这些已经积累起来的大量资料，我们需要作深入的综合的研究工作。我们满怀着信心，在今后再一个十年中，一定能使中国考古学成为一个更为系统化的学科。

新中国的考古学[*]

　　中华人民共和国成立十几年来，作为历史科学中的一门学科——考古学，有了新的发展。工作的规模扩大了，研究的方法改进了，年轻的考古工作干部也大量地培养出来了。在国家大规模的经济建设工作中，许多地方发现了古代居住遗址和古墓，出土了许多重要的古物，为考古学的研究提供了丰富的资料。全国科学研究机构、文物机构和高等学校里有大批的考古研究工作者，进行野外和室内工作，从实物史料来探究我国古代的历史，取得了不少的成绩。这样，就进一步地推动了考古学的发展。

　　新中国的考古收获是十分丰富的。这里就几个重要方面的问题作些论述。

＊　　＊　　＊

　　我们知道，在对没有文字的人类社会历史的研究中，考古资料起着主要作用。人类的起源问题和人类在我国境内开始居住的时间问题，是

　　＊　本文原载《红旗》1962 年第 17 期，转载《考古》1962 年第 9 期。

要依靠考古学和古人类学的研究才能得到解决的。30 多年前，发现了北京猿人（即"中国猿人北京种"）及其文化，证明人类很早便居住在我国境内，我国可能是最初人类形成的摇篮之一。解放以来，发现了更多的人类化石和旧石器。重要的有山西襄汾县丁村遗址。这里于 1954 年发现了丁村人化石及同时出土的 2000 多件石器，经过研究，知道丁村人比北京猿人为进步。1960 年山西芮城县匼河出土的石器，据发现人说，比北京猿人还要早一些。现在我们可以将我国境内人类发展的几个基本环节联系起来了。最近，关于北京猿人是不是最早的、最原始的人这一问题，引起学术界热烈的争鸣。北京猿人已知道用火，可以说已进入恩格斯和摩尔根所说的人类进化史上的"蒙昧期中级阶段"，不会是最古的最原始的人。匼河的旧石器也有比北京猿人为早的可能。这个问题的最后解决，还需要更多的资料和更深入的研究。

*　　*　　*

生产工具和生产技术的发展以及人类经济生活的问题，受到新中国的考古工作者的特别重视。旧石器时代的人们，依靠狩猎和采集为生，利用粗糙的打制石器。他们的经济生活贫乏，所遗留下来的遗迹和遗物也不多；但是，近年来在山西、内蒙古、陕西、河南等省（区）内，仍发现了旧石器时代的文化地点多处。到了新石器时代，农业的出现引起了经济生活的深刻变化，人们定居下来了，同时也开始驯养家畜和制造陶器。石制和骨制的工具也有所改进。解放后，新中国的考古学者对于这时期的农业部落，做了比较广泛的调查和一定的研究。十几年来，新发现的新石器时代的遗址在 3000 处以上，其中经过发掘的有一百多处。例如，西安半坡发掘到一个原始氏族社会的农业村落遗址，保存有许多较好的住屋基址和陶窑，居住地外有一道壕沟，沟外还有当时的氏族公共墓地。在这里发现了精美的彩绘陶器和石制或骨制的工具，还发现一个小罐盛着粟子。这种文化类型的遗址，在黄河流域很多。在长江流域和东南沿海一带，也发现了经济生活与它相同的农业部落遗址，但是文化类型不同。这里主要粮食是水稻，所使用的陶器和石器类型也不相同。在内蒙古、新疆等草原上又发现了许多不仅文化类型不同，而且经济生活也不同的文化遗址。他们的住址多是仅有石器和陶片，罕见灰烬堆积层，可能是过着游牧生活。石器多是打制的细石器，与农业部落的磨制的大件石器不同。关于这许多不同类型的文化的互相关系和时代先后等问题，我们正在继续探讨中。此外，因为没有找到可以确定为新石器时代初期文化的遗迹，所以，对于我国农业和畜牧业的起源问题，还是不能解决。

冶金技术的出现，促进了生产力的增长。在这个时期，我国境内不同地区的居民的历史发展，出现了显著的差别。在黄河流域，这时期出现了阶级社会、国家和文字。在它的周围地区的许多部落，虽也有采用了冶铜技术，但仍生活在原始社会里。解放后，发现了不少殷商（公元前 16 ~ 前 11 世纪）和周代（公元前 11 ~ 前 3 世纪）的青铜器。在安阳、洛阳、西安等处，我们都曾发现过整批的青铜器。我们还曾在安阳、郑州、侯马等处，发现冶铜的作坊，有泥范和铜渣等出土，因而对于这些精美的青铜器的制造技术，有了进一步的了解。铜和锡的探采、提炼和冶铸，需要比较复杂的专门知识和技术。青铜制造业和别的手工业跟农业分离了。铜矿和锡矿并不像石器原料的岩石或陶器原料的泥土那样的到处都有；它们的产地只有几个地点。由于工业与农业分工，手工业本身各部门的再行分工，于是以交换为目的的商品生产便发生了。青铜可以制造工具和武器。在中国古代有了青铜器的时候，手工业方面已使用青铜工具。但是，农业工具是否大量使用青铜，这在考古学界仍有争论。

在铁的发现和冶铁业的发展后，在农业和工业的工具方面，铁器逐渐完全代替了石器。我国开始用铁的时代虽然在早已有了文字的时期中，但是仅仅根据文字记载，仍是无法确定究竟在什么时候。解放后，我们重视对古代铁制生产工具的研究，并且在这方面有了重要的收获。

我们发现了战国至汉代的许多早期铁器，1953 年还在兴隆古洞沟发现了战国晚期的铸造农具、车具等的铁范。1958 年以来，我们发现好几个重要的汉代矿坑和炼铁作坊的遗址（巩县铁生沟、南阳古宛城等），知道当时已有各式冶炼炉、熔炉、锻炉等，还有矿石加工场、藏铁坑、配料池、淬火坑等附属设备。这些发现，表明当时我们祖先已经了解到铁矿的特性，发明了高温的炉子和能产生高温的燃料，并使用适当的熔剂，以便加速把铁提炼出来；同时了解到铁的特性，利用含碳量不同的铁，制造不同用途的器物，并且知道淬火可以提高铁的硬度。

对于中国古代另一种重要的手工业——纺织业，我们也有了不少新的考古发现。我们在新石器时代的遗址中，曾发现过许多陶制或石制的纺轮和印有花纹的陶片。对于青铜时代的殷代，在安阳发现的丝织品，有些还织有斜纹的小纹样，知道当时已有织布机，并且已是一种比较进步的织布机。长沙的战国墓出土的有花纹更为复杂的丝织品。在新疆尼雅和吐鲁番，发现了汉、唐时代的华丽多彩的织锦，说明当时已有了提花机。我国的丝织品从汉代起便已闻名于国外，成为国际贸易中的重要商品。北到西伯利亚，西到叙利亚，都曾发现当时我国输出的丝织品。我国织造技术在当时是世界上最先进的。

上面已说过，在新石器时代开始有了制陶手工业。解放后，我们在好几处都发现了当时的陶窑，研究了它们的结构后，我们对于古代制陶技术有了更多的了解。殷代已有了以高岭土制造的带釉陶器，但烧煅火候不及瓷器高，胎子还没有瓷化。西周时代的带釉陶器已有所改进，近于瓷器。到了三国时，在南方便有青瓷。在江浙一带发现了孙吴时代的青瓷器，还发现了晋代和南北朝时的青瓷窑址。唐宋时代，我国的瓷器更有所改进。我们发现了更多的瓷窑址，还发掘了著名的龙泉窑和耀州窑。在前一处有长龙式的烧窑，在后一处还发现了作坊、晾坯场、堆料场等遗迹。我国重大发明之一的瓷器，从唐宋时代起，也成为国际贸易中的重要商品。在亚洲沿海的许多地方以及非洲的东北部，都曾发现过我国唐宋时代以及以后的瓷器残片。

商品生产增长后，出现了金属铸币和度量衡工具。解放后，我们发现了许多早期铁器时代（战国和汉代）的货币和尺子、量器及天平砝码，还在秦咸阳遗址找到秦始皇统一全国度量衡的诏版。隋唐时代，国际贸易繁盛，我们在西安等处发现了当时东罗马的金币和波斯萨珊朝的银币。同贸易有关系的交通运输工具，我们在河南安阳、辉县、湖南长沙、广东广州等地发现了从殷、周至汉代的车子和汉代的木船与陶船的模型，经过研究，搞清楚了它们的构造。这是解放后的重要收获之一。

*　　*　　*

关于古代的社会结构和社会关系的问题，由于问题比较复杂，单独根据考古资料来解决是比较困难的。但是，对于没有文字史料的原始社会的历史面貌，我们主要地依靠考古学和民族学的资料来了解它们。解放以来，所发现的旧石器时代文化遗址分布的稀疏和遗址内遗物的贫乏、简陋和零散，表明它们的社会结构最初还是原始人群，后来进入了早期氏族社会的阶段。新石器时代的农业部落住址的布局和公共墓地的情况，表明他们起初是繁荣的母权氏族组织，后来进入父权氏族社会。至于某一种文化类型在某一时期内是属于母权或是父权氏族社会，在学术界还有不同的看法。

在青铜器时代，黄河流域的殷、周王国，已是早期奴隶占有制的对抗性社会形势。这时候已有了文字史料，但是仍需要考古史料来加以印证。1950年在安阳武官村发掘了一座殷代晚期的大墓。在墓中和墓外殉葬坑内，发现有300多人殉葬，有些只见头颅而没有肢体。1958年在安阳后冈的一个殉葬坑中发现埋有54个人。在郑州、辉县、安阳等一般中型墓中也有殉葬人的。这些人看来是属于当时社会中被统治的阶级——奴隶。西安张家坡的西周中期的墓中还是有用人殉葬的，后来便罕见这种现象了。这可能是奴隶制发达后，奴隶被视为有用的工具而不轻易杀殉了。西周的社会性质，在史学界是有争论的。解放以后西安沣西地区的考古发掘，证明西周的生产工具状况和手工业技术水平，和殷代大体相同。墓葬情况也证明了这一点。战国时代起，墓中埋藏陶俑和木俑，许多是代表服役于主人的家庭奴隶。汉代墓中的明器（仓、灶、井和生活用具的模型）开始占重要地位，反映等级制度的礼器逐渐减少。这表明当时已由领主封建制转到了地主封建制。南北朝时期的墓中，常有成群的武士俑，可能代表当时有人身依附关系的部曲。

自青铜时代起，我国不同地区的社会发展出现了显著的不平衡。奴隶占有制的殷代和西周时期，黄河流域中游和下游以外，仍是保持着原始氏族社会组织。这可以由解放以来这些地方所发现的文化遗迹看出来。在西汉时期，铁器已代替铜器，汉王朝直接统治下的郡县已产生了封建社会形态。但在解放后从云南晋宁石寨山所发掘出来的文物来看，显示当时该地仍是青铜文化下的奴隶主占有制。这里发现的大量铜器中，有许多是表示奴隶从事生产的铜人像。汉代的边缘地带，如现今的吉林、黑龙江、海南岛等地的属于汉代的文化遗址及出土物，还保持着新石器时代的传统，可见这些地区的居民在那时仍然生活在原始氏族社会。

※　　　※　　　※

对抗性的阶级社会产生后，统治阶级为了剥削和奴役与它相对立的阶级，国家便在氏族制度的废墟上产生出来了。根据传说的资料，我国的国家产生的时代似乎是在夏朝初。可以与文字史料相印证的最早的考古资料，在解放以前仅有殷代晚期的安阳殷墟。解放以后，我们有了一系列重要的新发现。1952 年在郑州二里岗发现了比安阳小屯为早的殷商遗存，后来在郑州洛达庙和偃师二里头等地，又发现了比二里岗更早的文化遗存。这个时期已有了小件的青铜器，陶器中有后来殷代晚期墓葬中所常见的觚、爵的祖型。二里头类型的文化遗存是属于夏文化，还是属于商代先公先王的商文化，目前学术界还没有取得一致的认识。我国的国家起源和夏代文化问题，虽已有了一些线索，但还需要进一步地研究，才能得到解决。

在原始氏族社会的晚期，物质财富增加了。为了防御的需要，部落或部落的中心地，常以壕沟或城墙围绕着，或兼而有之。西安半坡的新石器时代遗址，居住区的周围便有深沟。到了对抗性的阶级社会中，防御的需要更为增加，代表统治阶级的政府，更经常筑城和挖沟。城市是当时的政治中心，也常常是经济中心或文化中心。到了春秋战国时期，许多大城市兴起。如齐的临淄、燕的下都、赵的邯郸、郑和韩的新郑、楚的纪南城（郢都），都围绕有夯土城墙，现今仍有一部分保存着。解放后曾进行调查，并加以保护。在山西侯马发现了东周古城，曾作过几次发掘，有了重要的收获。这可能是晋的新田，它在战国时仍是一个繁盛的都市；遗迹有城墙、壕沟、土台建筑址和许多手工业作坊。秦的咸阳城也开始发掘。至于汉、唐的长安城，更是解放后考古发掘的重点。我们已发掘到古长安的城门、宫殿、街道、市场等遗迹。汉、唐的洛阳城，也已开始钻探。这些工作进行到一定程度后，将使我们不仅知道当时都市的布局和建筑技术，而且对于当时的政治和经济方面的情况，也会有更深的了解。

*　　*　　*

关于精神文化方面的问题，如艺术、宗教等，考古研究的意义也非常重大。解放以后的考古工作，在这一方面也有不少的收获。上面提到，对于没有文字史料的人类社会的研究和了解，考古资料显然起着主要作用。至于古代造型艺术的研究，即使在有文字史料的时候，也是主要地依靠实物史料。我国新石器时代的彩绘陶器，它的艺术价值是举世公认的。解放以后，累积的材料增多了，经过考古工作者的分析研究，可以看出它的花纹结构的匠心和它演化的过程。安阳、西安等处出土殷周时代的青铜器和玉器，信阳和长沙的战国漆器，望都与辽阳的汉墓壁画，四川的汉画像砖，沂南和安丘的画像石，新疆的汉唐织锦，曲阳和成都的佛教石刻造像，炳灵寺等新发现的石窟寺中的造像和壁画，战国及以后各地的铜镜（尤其是长沙的楚镜和洛阳的唐螺钿镜）和陶俑（尤其是西安的唐三彩俑），六朝的越窑和唐、宋的白瓷、青瓷，晋宁石寨山的铜器等，这些在解放后所发现的重要艺术品，是我国艺术史上的珍品，也是世界艺术史上的瑰宝。至于一般的艺术品，更是数以万计。因为它们是考古工作中的发现，不仅不会羼有假古董，而且由于出土物的共存关系，多数是可以精确地断定年代的。有了这一批有确定年代的标本作为准绳，对于我国各时代的艺术风格特点和每一时代如何继承及发展前一时代的艺术传统等问题的研究，都有了可靠的基础。考古工作者与艺术史家协作，共同研究这些材料，对于中国艺术史的研究一定会做出重要的贡献。而画像石、壁画、陶俑、木制或陶制模型等，又为建筑、音乐、戏曲、舞蹈等方面的艺术史的研究，提供了珍贵的资料。

在宗教信仰方面，根据考古资料，在我国至迟在新石器时代人们已有灵魂不死的观念，当时埋葬死者还随葬着生活用具和饮料食物，以便他们死后仍可享受。新石器时代晚期的陶且（祖）的发现，表明当时有生殖器崇拜的习俗。至于彩陶上所绘的各种动物花纹是否代表图腾崇拜或仅是美术装饰，在学术界仍存在着不同的看法。新石器时代晚期已有占卜术，我们在各地发现有卜骨和卜甲。到了殷商时代，占卜术更为盛行，政府中有专职的贞人，卜骨或卜甲上还刻有文字。周代占卜术衰落，但仍有少数占卜的甲骨出土。战国时代楚墓中的"镇墓兽"和漆器花纹上的怪兽，是楚人"信巫鬼"的表现。东汉晚年墓中有的朱书"镇墓罐"，南朝墓中的堆塑人兽的"魂魄瓶"，南北朝时开始出现的墓中买地券等，都和当时的道教信仰有关。汉代长安城南郊发掘到的礼制建筑遗址十多处，也是和当时的宗教信仰有关。这些都是很重要的发现。佛教传入中国后，佛寺的建筑遗址、造像和壁画等实物史料，都是研究佛教史的重要资料。

文字的发明和使用，是人类由野蛮时期转入文明时期的标志。解放以后，我们在郑州二里岗发现了比安阳殷墟稍早的卜骨上的文字，但仍属于殷代甲骨文字的系统。殷周有铭文的铜器也发现很多，有些替我们增添了很重要的文字史料。长沙和信阳两处所掘出的四批竹简，是我国现存的最早的简册。同时出土的，还有毛笔和整治竹简的刀削等。1959年，武威汉墓中出土了竹木简480根，主要的是七篇《仪礼》。它是第一次发现的西汉成册成部的经书写本，对于汉代书册制度和汉代经学的研究，都提供了最重要的资料。此外，属于少数民族方面的，有四川出土的战国至汉初铜器上现仍未能通读的巴蜀文字，有新疆出土的古代佉卢文的木简和古维吾尔文的木简和写本。

*　　*　　*

我国是一个多民族①的国家。这许多民族都有它们的族源问题和它们的发展的历史面貌问题。考古研究可以在解决这些问题方面起巨大的作用。就汉族的形成问题而言，根据考古资料，现今汉族居住的地区，在新石器时代是存在着不同的文化类型。连黄河流域的中游与下游，也有很大的差异。古史传说中也有这种反映。到了有文字记载的时候，中原的华夏族与黄河下游的东夷族相融合，但是和长江流域的巴、蜀、楚、吴、越等族的文化还是不同。这种不同也表现在考古发掘所得的物质文化遗存中。经过了周代的八百余年，这些长江流域汉语系统的诸民族逐渐消失它们的特征，构成汉族的一部分，不复能分辨开来。到了汉代，汉族的形成过程更推进了一步，汉族的构成部分更包括长江以南地区的闽、粤等族人民。就出土的考古材料来看，可以了解汉族是有过这样的一个形成过程的，但具体情况，还需要作进一步的研究。

---

① "民族"一词有广狭二义。狭义是指在资本主义发生时才形成的共同体。广义的包括部落、部族和上述狭义的"民族"。本文中的"民族"是采用广义的意义。

　　现今全国的少数民族还很多，他们虽和汉族不同，但各兄弟民族的祖先在悠久的历史过程中，与汉族的祖先建立起日益紧密的联系，今日大家一起构成了中华民族共同体。各兄弟民族的形成和发展过程的文字史料，大多数是残缺不全的，这便需要考古资料来补充。据古人类学家的研究，旧石器时代人种尚在分化形成中，还谈不上民族区分。至于新石器时代，我们在兄弟民族地区，解放后曾发现过各种不同类型的文化遗址，为研究他们古代原始社会面貌，提供了宝贵的线索。汉族有了文字记载后，各朝代都有关于兄弟民族的叙述，可以与考古材料互相印证。解放后在吉林、长春地区发现的古青铜器文化，可能是周代肃慎族的遗存。辽宁西丰县西岔沟、内蒙古东北部扎赉诺尔和北部集宁市二蓝虎沟等处，解放后都发现了西汉时代墓群，出土的有透雕的野兽花纹铜牌饰等，当为匈奴族的遗物。也有人认为，西岔沟的文物和内蒙古的一般匈奴文物有些不同，地区也偏东，应该属于东胡的乌桓族。内蒙古东部和辽宁西部南部发现一些青铜短剑墓，时代较早，属于东周。对它们的族属，有匈奴和东胡两种不同的看法。吉林辑安、辽宁桓仁等处的高句丽墓，吉林敦化的唐代渤海国贞惠公主墓，和东北及内蒙古的契丹族辽墓，因为有墓志为证，可以确定无疑。内蒙古土默特旗美岱村的两座北魏墓，当属于鲜卑族。元代蒙古族的遗址，有上都遗址，解放后曾加以调查，内蒙古宁城的辽代中京大名城，也曾发现元代文物。对于新疆各处古城、古居住址和寺庙，曾做过几次的调查工作。在和田、库车、焉耆、吐鲁番等处，还做了一些发掘工作，所发掘出来的遗物属于汉、唐时代。在北疆昭苏一带所发掘的土堆墓，可能是属于中世纪的突厥族。青海的古迹也做了一些调查和发掘，早期的当属于周、汉的羌族（羌族似为后来藏族的一部分）。西藏地区于1959年也做过文物调查工作。西南地区，晋宁石寨山出土的文物，就服装及发髻的样式看来，除了占统治地位的"滇族"以外，还有他们统属下的好几个不同民族，有的或者便是《史记》中所提到的"嶲"、"昆明"、"靡莫"等族。在云南还发掘过南诏国的遗址和大理国的古墓。在广西的宁明县花山等处发现古代崖画，是属于古代僮族的创作，年代可能早到唐代或宋代。这些发现中最重要的是晋宁石寨山遗址，出土丰富多彩，描绘出从前几乎完全不知道的古代滇族社会的图景。

我们知道，各兄弟民族在祖国的历史上都有他们的贡献。我们应该重视兄弟民族地区的考古工作。对于以上列举的一些实物史料，还需要做进一步的研究。古代有许多住在边远区的少数民族的名称，到后来消失不见了。这些古代的少数民族和现今该地的兄弟民族有什么关系，这个问题的解决，对于了解现在兄弟民族的形成过程，将有很大的帮助。

*　　*　　*

解放以来，由于考古学研究的发展，一方面使我们有可能利用考古资料来解决从前单凭文字史料所不能解决的问题；另一方面也提出一些过去不可能提出的问题，在"百花齐放、百家争鸣"的政策指导下，有些问题经过讨论得到了解决，有些问题仍在继续争论中。我们要不断地改进考古研究方法，要认真学习马克思列宁主义和毛泽东著作，打好理论基础。除了运用考古学本身的各种研究方法（如地层学方法、类型学方法等）和运用文字资料和民族学资料之外，我们还要运用自然科学的方法以解决考古学上的问题。现在已在中国科学院考古研究所中建立一个实验室，由体质人类学家研究古代人类骨骼，化学家来分析古物的成分和制造过程，原子物理学家来充分运用同位素碳十四去推断古物年代。有些工作已取得一些成果，有些工作正在开始着手。这说明利用最新的考古研究方法，会给考古学研究带来更重要的新成果。

在过去的十几年中，我国的考古工作在党和政府的领导下，进行得非常起劲和顺利，并已有了重大的收获，解决了一些问题。但是，还有许多重要问题尚待解决。今后需要继续努力，累积资料，深入研究，以便在这方面取得更大的成就。

六十年代前期的中国考古新收获[*]

　　1959 年建国十周年时，我们曾写过一篇《新中国成立十年来的中国考古新发现》。后来经过集体的努力，写出一本《新中国的考古收获》，于 1961 年出版。现在我想把 1959 年以后至 1964 年底的我国考古新收获，简单地介绍一下。总的说起来，这五年来，在考古学方面，我们是继续地取得了很大的成就。这几年我国的考古田野工作虽然有所减少，但是，我们却利用这个机会加强室内的研究工作，以整理和消化解放以来所累积的大量考古资料。同时，在田野工作方面，我们也比较主动地做工作，带着学术问题下田野，集中力量来探索和解决一些我国考古学上的重要问题。

一

　　关于 1956～1957 年所发现的巨猿下颌骨和牙齿化石的研究报告，

---

　　* 本文原载《考古》1964 年第 10 期，题为《我国近五年来的考古新收获》。1965 年，考古研究所准备出版《新中国的考古收获》一书的英文版，拟将本文作为该书的附录，后因"文化大革命"未能实现。当时，作者曾对本文所收资料有所订补，并增写了元代和明代部分。现据增订稿编入文集，并将题目作了变动。

　　简称表：文 =《文物》，考 =《考古》，古学 =《考古学报》，古人 =《古脊椎动物与古人类》。定期刊物，年份后面是期数；如依年分卷，先书卷数和期数，再在括弧中标明出版年份。专刊仅标出版年份。所有年份，都省略去起首的"19"两个数字。

已于 1962 年出版了，并且立即引起"巨猿到底是属于人类或猿类"这一问题的讨论，接着又牵涉到"人类起源"和"人的概念"问题。这讨论到目前仍是继续进行着，还未结束①。

1960 年山西芮城匼河所发现的旧石器，地质年代相当于周口店猿人洞下层堆积，也许比北京猿人稍早②。继之又于 1961 年夏间在芮城西侯度发现一个遗址，时代属于第四纪（更新世）初期，比匼河堆积更早。这个遗址出土一些带有打击疤痕的石块和石片，据原报告人说是原始人打制的石器，器形有两面加工的巨大的砍砸器和小型的刮削器。形态和匼河旧石器相近似③。这些发现引起了"北京猿人是不是最早最原始的人"这一问题的讨论，大家争论得很激烈④。

上述的两处都没有发现人类化石。1963 年 7 月，在陕西蓝田陈家窝发现了一个属于猿人的完整的下颌骨，地质时代相当于周口店猿人洞堆积时期，或许还要稍早。下颌骨和牙齿的形态，也类似北京猿人。经详细研究后，定名为"北京猿人蓝田种"。1964 年春又在距陈家窝 20 多公里处的公王岭，发现猿人的一个头盖骨、一个上颌骨、三枚臼齿和大量其他动物的化石⑤。1963 年在蓝田所发现的旧石器中，有一件大尖状器是出土于与猿人化石同一地层；但是它的制作者是否即为蓝田中国猿人，还有待于今后深入的工作，方能解决⑥。

此外，1960 年河南安阳发现小南海旧石器晚期洞穴堆积⑦。1961

① 颜訚：《关于巨猿系统和人类起源》，《科学通报》，64，8；吴汝康：《再论人的进化系统》，《科学通报》，64，8；以及二文后面所附的参考文献中有关的论文和专刊。

② 贾兰坡等：《匼河》，1962。

③ 贾兰坡、王建：《山西旧石器的研究现状及其展望》，文，62，4、5。

④ 综合报道讨论情况，见《新建设》，64，2；又参考，64，3 转载。

⑤ 吴汝康：《陕西蓝田发现的猿人下颌骨化石》，古人，8，1（1964）。1964 年发现消息，见 1964 年 9 月 12 日、11 月 4 日《光明日报》。

⑥ 戴尔俭、计宏祥：《陕西蓝田之旧石器》，古人，8，2（1964）。

⑦ 安志敏：《河南安阳小南海旧石器时代洞穴堆积的试掘》，古学，65，1。

年云南宜良发现了旧石器中期或晚期数十件砾石打成的石器①。1960～
1961年广东阳春和封开二县发现旧石器晚期洞穴各一处②。这是这
两省第一次发现的旧石器，补充了中国旧石器文化分布上的一些空
白。

至于1958～1959年在内蒙古清水河一带所发现的打制石器，当
时调查者根据器形等曾断定它们为旧石器晚期遗存。后来，在1960～
1962年间，有好几位同志提出不同的意见，以为依据出土物的共存关
系等证据，应该归入新石器时代。1963年夏间，曾再度在那一地区作
普遍调查，发现这种"清水河打制石器"，常和细石器共存，甚至和
陶片共存，没有发现它们单独存在的原生层③。1960年在内蒙古西部
阿拉善沙漠中发现40多件打制石器，其中早期的可能属于旧石器时
代④。

二

新石器时代的遗址，我们这几年来也进行了一些调查和发掘。我们
将主要的力量，放在普遍调查、编写报告和整理研究方面；但是我们仍
做了一些重要的发掘工作，例如陕西西乡李家村⑤、邠县下孟村⑥、甘

---

① 裴文中、周明镇：《云南宜良发现之旧石器》，古人，5，2（1961）；云南省博物馆：《云
  南宜良的旧石器》，考，61，12。
② 莫稚：《广东考古调查发掘的新收获》，考，61，12。
③ 张森水：《内蒙南部旧石器的新材料》，古人，2，2（1960）；安志敏：《略论新石器时代
  的一些打制石器》，同上；洲杰：《内蒙古中南部考古调查》，考，62，2；张森水，前文
  的商榷，考，62，11；汪宇平：《关于内蒙古中南部旧石器文化问题》，考，62，11；内
  蒙古历史所：《内蒙古中南部黄河沿岸新石器时代遗址调查》，古，65，10。
④ 戴尔俭等：《阿拉善沙漠中的打制石器》，古人，8，4（1964）。
⑤ 陕西分院考古研究所：《陕西西乡李家村新石器时代遗址》，考，61，7；1961年发掘简
  报，考，62，6。
⑥ 陕西分院考古研究所：《陕西邠县下孟村遗址发掘简报》，考，60，1；续掘简报，考，
  62，6。

肃临夏马家湾①、山西芮城西王村②、河南洛阳王湾③、山东潍坊姚官庄④、湖北郧县青龙泉⑤、江苏邳县刘林⑥等。前几年所发掘的重要遗址西安半坡的正式发掘报告，已于 1963 年出版。陕西龙山文化（即客省庄第二期文化）的典型遗址客省庄的发掘报告，包括在《沣西发掘报告》中，也已于 1963 年出版。齐家文化的甘肃武威皇娘娘台、临夏大何庄和秦魏家等遗址的发掘简报，也于 1960 年或以后发表了⑦。

根据这十几年来的田野工作的资料，这几年来我们曾对于新石器时代各种文化的社会性质，做了一些研究。我们认为新石器时代研究的一个主要目标，是探索中国古代氏族制度的具体面貌和发展过程。这几年，我们不仅在发掘报告中谈到这个问题，并且有好几篇文章专门讨论这个问题，展开了学术争鸣。现在我们对于龙山文化和齐家文化，已取得了一致的看法，认为它们已经是父系氏族制。至于仰韶文化的社会，虽有人认为也是父系氏族制，但一般的意见是认为它还属于母系氏族制的繁荣阶级。关于仰韶文化的分类型和分期问题，也展开了热烈的讨论⑧。

仰韶文化的前身是我们要探索的问题之一。1960～1961 年在陕西西乡李家村的发掘，确定了这里的文化遗存中有它典型的两种陶器——圈足钵和三足器。前者多内涂黑衣，外作红色，并饰以线纹或细绳纹，下附圈足；后者有夹砂陶和细陶二种，器形作直筒形或口大底小的杯

① 黄河水库考古队甘肃分队：《甘肃临夏马家湾遗址发掘简报》，考，61，11。
② 考古研究所山西工作队：《晋西南地区新石器时代和商代遗址的调查与发掘》，考，62，9。
③ 北京大学考古实习队：《洛阳王湾遗址发掘简报》，考，61，4。
④ 山东省博物馆：《山东潍坊姚官庄遗址发掘简报》，考，63，7。
⑤ 长江工作队：《1958～1961 年湖北郧县和均县发掘简报》，考，61，10。
⑥ 江苏省文物工作队：《江苏邳县刘林新石器时代遗址第一次发掘》，古学，62，1。
⑦ 甘肃省博物馆：《甘肃武威皇娘娘台遗址发掘报告》，古学，60，2；黄河水库考古队甘肃分队：《临夏大何庄、秦魏家两处齐家文化遗址发掘简报》，考，60，3；又《秦魏家遗址第二次发掘简报》，考，64，6。
⑧ 李衍垣：《关于"仰韶文化"的讨论综述》，《历史教学》，64，4；又考，64，7，转载。

形，底下粘接三足，器壁和足都外饰绳纹[①]。这两种陶器和李家村其他具有特征的陶器，在宝鸡北首岭和华县柳子镇元君庙的仰韶遗址中都曾发现过，但都只发现在最早期的墓葬或最低下的文化层中。李家村遗址也有仰韶文化的圜底钵和夹砂粗陶罐等，但绝未见彩陶。它和典型的仰韶文化有密切的关系，而它所代表的文化可能要较早。从前有人误认为齐家文化比仰韶文化为早，后来的发现证明恰巧相反。又有人以为战前宝鸡斗鸡台沟东区所发现的一种没有彩陶的新石器文化要比仰韶文化为早。现在知道它实是属于客省庄第二期文化。所谓地层证据，当由于混杂仰韶陶片的次生堆积压在它的上面。这次李家村的发现，才是探索仰韶文化前身的一个较可靠的新线索。

自从 1956～1957 年河南陕县庙底沟的发掘确定了庙底沟第二期文化的基本面貌，和它对于庙底沟第一期文化（即仰韶文化）的先后关系以后，1960 年山西芮城西王村[②]、1959～1960 年洛阳王湾[③]等处的发掘，证明了它的时代确是夹在仰韶文化和河南龙山文化（即后岗第二期文化）之间。由于新发现的文化层重叠关系的内容复杂和界线清楚，使我们对于这一带由仰韶文化转化为河南龙山文化的过程，看得更为清楚。现在我们一般承认河南龙山文化是由庙底沟第二期文化演化而来。它和山东的典型龙山文化，时代大致相同，并且相互影响，但是它并不是从山东迁徙而来的。

至于山东的大汶口文化，1959 年发现后，最初有人震惊于它物质文化的丰富，认为它是氏族社会解体时期的一种文化，如果不是晚期的典型龙山文化，便是属于年代较晚的另一类型的文化；但也有人根据器

---

① 陕西分院考古研究所：《陕西西乡李家村新石器时代遗址》，考，61，7；1961 年发掘简报，考，62，6。

② 考古研究所山西工作队：《晋西南地区新石器时代和商代遗址的调查与发掘》，考，62，9。

③ 北京大学考古实习队：《洛阳王湾遗址发掘简报》，考，61，4。

形认为有早期的龙山文化的可能。1962～1963 年曲阜东位庄和西夏侯的发掘，初步解决了这个问题。西夏侯的墓葬，根据地层关系可分为早晚二期。其中晚期大汶口文化墓葬中的随葬陶器，接近于典型龙山文化的陶器。东位庄的居住遗址中，典型龙山文化的堆积是压在大汶口文化的上面的。所以它们的先后关系是可以确定了。它们之间有许多器形是相似的，可见他们有密切的联系关系[①]。至于名称问题，它有大汶口文化、大汶口类型的龙山文化、早期龙山文化、堡头类型等不同的名称，现在还未取得一致。但是这名称问题是次要的，不久当可经过讨论而取得解决。1960 年发掘的江苏北部邳县刘林遗址，实际上也是属于大汶口文化[②]。1960 年发掘的山东潍坊姚官庄遗址，是属于典型的龙山文化[③]。

黄河中下游以外的地区，甘肃历年发现的 804 处古文化遗址，其中绝大多数是属于原始社会的遗存，已于 1960 年发表了一篇总结性的报告[④]。长江上游四川境内的三峡地区，1959 年巫山大溪和忠县𣿇井沟二处原始文化遗址的发掘工作的简报，也于 1960～1962 年间先后发表了[⑤]。这些简报，对于这地区的原始社会考古，提供了重要的资料。江汉流域郧县青龙泉遗址，1959～1962 年的发掘，弄清楚了这地区的仰韶、屈家岭、龙山等三种文化的叠压关系[⑥]。这里的仰韶和龙山文化，都带有浓厚的地方性特征。这里的仰韶文化的陶器，以橙黄陶或灰陶为主，彩陶很少。有大量的薄胎"红顶碗"、器足复杂的鼎、带流罐和大口深腹罐。这里的龙山文化以篮纹陶为主，有鼎、斝和鬶，但缺少鬲和

① 考古所山东队：《山东曲阜西夏侯遗址第一次发掘》，古学，64，2。
② 参阅杨子范、王思礼《试谈龙山文化》，考，63，7；张翔：《试论江浙新石器时代遗址的类型》，考，64，9。
③ 山东省博物馆：《山东潍坊姚官庄遗址发掘简报》，考，63，7。
④ 甘肃省博物馆：《甘肃古文化遗存》，古学，60，2。
⑤ 四川省博物馆：《四川省长江三峡水库考古调查简报》，考，59，8；又《巫山大溪发掘记略》，文，61，11。
⑥ 长江工作队：《1958～1961 年湖北郧县和均县发掘简报》，考，61，10。

甂。彩陶有彩绘小罍等。又有彩陶纺轮，是继承这里屈家岭文化的传统。长江下游，在上海市附近，1959 年马桥遗址发掘以后，又于 1960～1962 年间，发掘了青浦县崧泽的假山墩和千步村、松江县广富林和汤庙村①。这些遗址，大多数包容有良渚文化的遗存，有些还有与青莲岗文化相似的遗物。最近还根据十余年来所累积的资料，对于江苏几种原始文化的关系问题，做了综合的研究②。1963 年在江苏邳县大墩子遗址的发掘中，发现了青莲岗、刘林和花厅村三种类型文化遗存互相关系的地层证据，解决了这一地区考古学上的一个重要问题。所发现的彩陶器，它们的花纹也别具风格，很是精美③。

华南地区，属于新石器早期的遗址，自从 1959 年在广东的南海、东兴和翁源三县内相继发现以后，最近于 1962 年在江西省万年县仙人洞的下层堆积中，发现了相类似的文化④。这些遗址以打制石器为主，也有少量的磨制石器和夹砂粗陶。仙人洞的上层堆积中，石器都是磨制，陶器除了绳纹夹砂粗陶之外，还有素面黑皮的细陶和鼎腿，其中有些和江西清江县营盘里下层的出土物颇相近似。1961 年广东增城金兰寺遗址的发掘是比较重要的⑤。在这里发掘了代表三个不同时期相互重叠的文化堆积：最上一层是几何纹硬陶层（混有经扰乱混入的近代物），大致属于战国至汉初；中层是几何纹软陶层，同出物有磨制的刀、矛、有段和有段有肩石锛，属于这地区新石器时代晚期；最下一层出土有打制和磨制石器，陶片以黑色或红色的粗砂陶为主，也有少数磨光红陶和彩陶，大致属于这地区新石器中期。我们于 1956 年在江西清

---

① 上海文管会：《上海市青浦县崧泽遗址的试掘》，古学，62，2；上海文管会：《青浦千步村遗址的发现》，考，63，3；上海文管会：《上海市松江县广富林新石器时代遗址试探》，考，62，9。

② 曾昭燏、尹焕章：《古代江苏历史上的两个问题》，见南京博物院等编《江苏省出土文物选集》，1963。

③ 南京博物院：《江苏邳县四户镇大墩子遗址探掘报告》，古学，64，2。

④ 江西文管会：《江西万年大源仙人洞洞穴遗址试掘》，古学，63，1。

⑤ 莫稚：《广东考古调查发掘的新收获》，考，61，12。

江营盘里的发掘中，也发现过相同的三层重叠的文化堆积，其中的上层和中层的文化性质，与金兰寺的大体相同，下层也相类似①。这两处的发现，为解决广东和江西两省原始文化的先后顺序，提供了很重要的地层证据。至于比这三层的文化都还要早的有上文所提及的以打制石器为主的仙人洞早期文化。南海西樵山第二地点，据原报告说，它的打制石器比较原始，还不见磨制石器和陶片。如果不是由于发现的偶然性，那么，这一地点的遗存，可以是一种"陶器以前的新石器文化"。1960 年广东曲江鲶鱼转和韶关走马冈二处新石器遗址所发现的房基，是华南地区初次发现的新石器时代建筑遗存②。

关于北方草原地区的原始文化，1960 年在内蒙古赤峰夏家店的发掘，证明以前所谓"红山第二期文化"，实包括时代和文化性质都不相同的两种青铜时代文化。夏家店下层以夹砂灰陶为最多，陶质坚硬，主要纹饰是绳纹。上层的陶器是褐色和红色的夹砂陶，火候较低，表面多素面磨光。1960 年在赤峰药王庙发掘了一个夏家店下层的遗址。1961年在内蒙古宁城南山根又发掘了有这两层文化重叠堆积的遗址，并且在属于夏家店上层文化的墓葬中，发现了野兽纹的铜刀。1960 年以来的调查工作确定这一带的晚期原始文化遗址，几乎都是分别属于这两种文化之一③。1960～1961 年在北京昌平旧县雪山遗址的发掘中，发现有和夏家店下层相同的遗物④。这夏家店下层文化可能是中原地区晚期龙山文化的一个变种。它的分布地区由北京附近一直伸延到内蒙古赤峰一带。至于夏家店上层文化，可能是在内蒙古草原地带自行发展的一种文化，但与东北地区似也有一些联系关系。1962 年内蒙古巴林左旗富河

---

① 江西文管会：《江西清江营盘里遗址发掘报告》，考，62，4。

② 广东文管会：《广东曲江鲶鱼转、马蹄坪和韶关走马岗遗址》，考 64，7。

③ 考古研究所内蒙古队：《内蒙古赤峰药王庙、夏家店遗址试掘简报》，考，61，2。调查见考，62，10，第 553 页，和 63，10，第 528 页。

④ 北京大学考古实习队的工作，见 1962 年 1 月 20 日《北京晚报》；1962 年 4 月 2 日《光明日报》。

沟门遗址的发掘，证明这是一种细石器文化，属于新石器时代。这里有屋址 30 多座，典型的陶器是横压"之"字形篦点纹的筒形夹砂褐陶罐。这一种独具特征的文化，目前知道它分布在林东、林西一带①。

除了对于各种文化的社会性质、文化内涵和时代先后关系等研究之外，我们对于当时各地居民的体质特征和他们生活的生物环境，也做了一些研究。例如关于西安半坡、宝鸡北首岭、华县柳子镇等的仰韶墓葬中所出土的人骨，曾做了测量和观察。这三处不仅文化同属于仰韶文化中的半坡类型；它们的居民的体质，也是基本上相同。他们和近代蒙古人种中南亚系和远东系较为接近，而与大陆支的中亚系相去较远。他们和步达生的甘肃河南新石器组存在着显著的差异②。至于吉林西团山古墓中的人骨，是属于北亚蒙古人种的通古斯族③。我们对于各遗址出土的兽骨，仍继续进行鉴定④，以便确定当时居民的肉食来源和自然环境。最近又开始利用孢粉分析，以确定当时的气候和植物群（包括食用的谷物）⑤。关于黄河流域新石器时代的制陶工艺，也作了工艺学方面的研究，初步作出总结⑥。

三

中国最早的王朝是所谓"夏商周三代"，其中商殷和两周，都已有了考古学方面的证明。至于夏文化的问题，最近几年仍在探索中。自从 1956 年在郑州发现了洛达庙类型的文化后，更引起了注意。由遗址的分布地区和

① 考古研究所内蒙古队：《内蒙古巴林左旗富河沟门遗址发掘简报》，考，64，1。
② 颜訚等：《半坡人骨的研究》，考，60，9；《宝鸡新石器时代人骨的研究报告》，古人，2，1（1960）；《华县新石器时代人骨的研究》，古学，63，2。
③ 贾兰坡、颜訚：《西团山人骨的研究报告》，古学，63，2；东北考古发掘团：《吉林西团山石棺墓发掘报告》，古学，64，1。
④ 李有恒、韩德芬：《半坡新石器时代遗址之兽类骨骼》，古人，1，4（1959）。
⑤ 周昆叔：《半坡新石器时代遗址的孢粉分析》，考，63，9。
⑥ 周仁等：《我国黄河流域新石器时代和殷周时代制陶工艺的科学总结》，古学，64，1。

年代两方面来推测，"河南龙山文化"或洛达庙文化二者之一有为夏文化的可能。1959 年起，最近几年连续在河南偃师二里头遗址做了一些工作，证明这里的遗存比较洛达庙不仅时代上开始较早，并且遗物也更为丰富，更具有典型性。这里的主要堆积可分三层，是前后连续发展的三层堆积：早期当属"河南龙山文化"晚期，中期保留有若干龙山文化因素，但基本上接近商文化，例如陶器仍有平底器、三足皿和篮纹陶，但圜底器增多，细绳纹成为主要纹饰，出现了爵杯和云雷纹、回纹等。晚期与洛达庙出土的接近，可以说是一种商文化，陶器中爵和觚逐渐普遍，并出现了短颈大口尊等，纹饰以绳纹为主。1960 年勘探出大片夯土，1961 年发掘后知为 100 米×100 米的夯土建筑遗存，并且有排列整齐的柱础石或础穴①。1962 ~ 1964 年继续清理这里的夯土。这些建筑遗存都是属于这里的晚期，显然是统治阶级的宫殿遗存。当时应已有了阶级的分化和国家的产生。在遗址也发现有小铜件如小刀、锥等，并有铸铜器陶范出土。同时也发现墓葬数十座。1962 年在偃师、巩县等一带调查，发现二里头类型的遗址达八处之多②。根据文献上记下来的传说，二里头可能为商灭夏后第一个帝王成汤的都城西亳。如果晚期是商汤时代的遗存，那么较早的中期（或包括早期）遗存便应属于商代先公先王时代的商文化，因为三者文化性质是连续发展、前后相承的。如果事实上夏、商二文化并不像文献上所表示的那样属于两种不同的文化，那么这里中期和早期便有属于夏文化的可能了。这还有待于今后继续的工作。

这几年在安阳殷墟，也继续作了一些发掘工作。主要地点之一是苗圃北地的殷代冶铜遗址，发现了许多碎范、坩埚残片和炼渣；还发现了可能是炼铜工人所住的房屋遗存。附近的殷代小墓中往往随葬有完整的陶范，这是从前所不知道的习俗。这些发现，进一步丰富了铸铜工艺的

① 1960 ~ 1961 年二里头发掘工作，见考，61，4 和 63，5；1959 年试掘简报，考，61，2。
② 考古研究所洛阳队：《河南偃师商代和西周遗址调查简报》，考，63，12。

资料。另一地点是洹水北岸的大司空村。这里的发掘，提供了地层证据，给殷代陶器分期奠定了可靠的基础①。

河南以外，山西石楼近年来陆续出土几批殷商晚期的铜器，其中尤以带有龙纹的角形觥，更为别致②。1959 年冬，在四川彭县竹瓦街出土的一批铜器，其中兽盖罍一对，造型和花纹都很精美，是殷末周初的东西③。湖北黄陂盘龙城 1963 年曾发现了像郑州二里岗那样商代中期的铜器墓 5 座、灰坑 3 处④。湖南宁乡自 1959 年发现了商代人面方鼎以后，1962～1963 年又有商代铜器出土⑤。湖南石门皂市发现商殷遗址，并加试掘，出土有商殷式陶器和骨器⑥。这些发现，对于商代文化在长江流域的影响，提供了宝贵的资料。

西周重要遗址长安沣西的客省庄和张家坡二处，1955～1957 年的发掘成果，已发表于 1963 年出版的《沣西发掘报告》中。这几年在张家坡和大原村一带，又做了一些发掘工作，发现了西周窑址和墓葬等。西周初年的首都丰京，大概便在这一带。西周另一个都邑镐京，近几年也又在探勘中，1961～1962 年在沣东做了钻探和试掘，勘测了昆明池遗址，同时确定了池畔的西周住址的大致范围。这样，不仅确定了镐京的遗址是在池北（一部分已沦陷入池中），并且对于这里所出的西周陶器，也作了分析和分组⑦。1960～1962 年在另一个周人活动的重要地点岐山齐家沟一带，作了调查和试掘。发现的遗迹和遗物，大体和长安沣西的相类似⑧。这些西周遗址的发掘，都表明西周的生产力并不高。当

① 安阳苗圃北地工作，考，61，4 和 62，5；1962 年大司空发掘简报，考，64，8。
② 发现消息，见文，58，1；59，3；60，7；62，4。
③ 王家祐：《记四川彭县竹瓦街出土的铜器》，文，61，11。
④ 郭德维等：《湖北黄陂盘龙城商代遗址和墓葬》，考，64，8。
⑤ 高至喜：《湖南宁乡黄材发现商代铜器和遗址》，考，63，12。
⑥ 周世荣：《湖南石门县皂市发现商殷遗址》，考，62，3。
⑦ 考古研究所丰镐考古队：《1961～1962 年陕西长安沣东试掘简报》，考，63，8；1960～1961 年沣西工作通讯，见考，61，4 和 62，5。
⑧ 陕西文管会：《陕西扶风、岐山周代遗址和墓葬调查发掘报告》，考，63，12。

时劳动人民的主要生产工具，仍是石斧、石刀、蚌刀等。

西周贵族所使用的青铜礼器，这几年在河南、山西、陕西等省都有出土。1962 年河南鹤壁市庞村附近发现西周铜器 17 件，其中 6 件有铭文①；山西翼城凤家坡发现带铭文铜器 3 件②；1962～1963 年陕西永寿、武功出土西周铜器各 3 件③。更重要的是长安、岐山一带出土的铜器群：1960 年扶风（现兴平）齐家村出土 39 件，其中有铭文的 24 件④，1961 年长安张家坡出土 53 件，其中有铭文的 11 组⑤；同年，齐家村出土 3 件一组有铭文的铜器；1963 年扶风又出土了铜器三批，计 12 件；同年长安沣西马王村一座西周墓，出土青铜礼器 9 件⑥。这些铜器群，有的是随葬品，有的是窖藏。后者可能是周室东迁时所隐藏的。这些铜器的铭文，重要的都曾经郭沫若同志加以考释。1963～1964 年河南洛阳北窑庞家沟一带，发掘一批西周墓，出土许多铜器，以及釉陶器、玉器等⑦。此外，在长江流域，1961 年湖北江陵万城曾出土西周铜器 17件⑧；1962 年江西新余和萍乡都有西周中期式甬钟出土⑨。江苏南部的湖熟文化，根据最近的综合研究，是和中原的西周文化同时；虽然二者文化系统不同，但有互相影响的痕迹⑩。这些都反映出西周文化向南方的传播。

东周遗址的发掘工作，最近几年较重要的是山西侯马市。这里自1956 年开始试掘后，在 1960 年成立了考古发掘委员会，1964 年仍在继

---

① 发现消息，见 1962 年 8 月 29 日《光明日报》。
② 翼城发现殷周铜器消息，文，63，4。
③ 陕西省文管会：《陕西省永寿县、武功县出土西周铜器》，文，64，7。
④ 陕西省博物馆、陕西文管会：《扶风齐家村青铜器群》，1963。
⑤ 郭沫若：《长安县张家坡铜器群铭文汇释》，古学，62，1。
⑥ 发现消息，分别见于考，63，10；文，63，9；考，63，8。
⑦ 洛阳文管会：《洛阳市北窑庞家沟出土西周铜器》，文，64，9。
⑧ 发现消息，见文，63，2 和考，63，4。
⑨ 薛尧：《江西出土的几件青铜器》，考，63，8。
⑩ 曾昭燏、尹焕章：《古代江苏历史上的两个问题》，见南京博物院等编《江苏省出土文物选集》，1963。

续发掘中。这里可能是春秋时晋国都邑新田的所在地，战国时仍很繁荣。1960 年在牛村古城南发掘到东周铸铜遗址，发现了大批铸铜器的陶范，达三万余片，有的花纹非常精美。在居住区中发现 17 座房屋遗址。又在已探出的两座古城之外，再探出 3 座古城①。1961 ~ 1962 年又在侯马附近的上马村发掘了 14 座东周墓，其中 13 号墓随葬品最丰富，有两件铜鼎带有铭文，知道是由东方徐国传入的②。此外，1960 年试掘湖南石门县古城堤城址，所出遗物和楚文化有密切关系。1962 年试掘广东增城西瓜岭和始兴白石坪遗址，所出陶器以"米字印纹"为重要特征，相当于战国时代③。

这几年又勘察了一些东周时代的城市遗址。山西一省自 1960 年以来，便曾勘察了襄汾赵康的古晋城、芮城古魏城、夏县魏安邑城④、万荣古汾阴城、洪洞古羊舌城⑤、闻喜古清原城⑥、太原古晋阳城⑦等。河南调查了滑城⑧，山东调查了临淄、曲阜、滕城和薛城。河北易县燕下都，作了详细的钻探⑨。陕西的凤翔南古城，即秦都雍城，也曾进行了调查和试掘⑩。东周时代大批城市的兴起，是当时出现的一个新现象，表示当时的生产水平的提高，能够维持较多的城市人口。财富集中于城市，需要城墙作防御。

---

① 张颔：《几年来侯马晋国遗址考古的工作情况和收获》，《学术通讯》（山西太原出版），63，2；又参阅文，61，10 和考，62，2。
② 山西文管会：《山西侯马上马村东周墓葬》，考，63，5。
③ 湖南省博物馆：《湖南石门县古城堤城址试掘》，考，64，2；广东省文管会等：《广东增城、始兴的战国遗址》，考，64，3；莫稚：《广东始兴白石坪山战国遗址》，考，63，4。
④ 山西文管会：《山西襄汾赵康附近古城址调查》，考，63，10。陶正刚：《古魏城和禹王古城调查简报》，文，62，4 ~ 5。又考古研究所山西队：《山西夏县禹王城调查》，考，63，9。
⑤ 张德光：《山西洪洞古城的调查》，考，63，10。
⑥ 陶正刚：《山西闻喜的"大马古城"》，考，63，5。
⑦ 谢元璐、张颔：《晋阳古城勘察记》，文，62，4 ~ 5；同期，第 21 页，列举各城。
⑧ 考古研究所洛阳队：《河南偃师"滑城"考古调查简报》，考，64，1。
⑨ 河北省文物队：《河北易县燕下都故城勘察和发掘》，古学，65，1。
⑩ 雍城试掘简报，考，62，9；又考，63，8。

这几年曾发掘过好几处东周的墓葬，例如 1959～1960 年陕西宝鸡福临堡的 12 座可能是东周早期的秦墓①；上述提到过的侯马上马村的东周时晋墓（包括魏墓）②；1960 年山东平度东岳石村的战国时代 20 座齐墓；1959～1960 年河北怀柔城北和 1963 年怀来北辛堡的东周时燕墓③。1961 年湖北江陵的楚墓群，是较长沙的一般楚墓为稍早的东周墓，时代为春秋末至战国初期，出土有虎座鸟架鼓等④。山西长治分水岭的韩墓，1959～1961 年作了第二次发掘⑤。这些墓群分散在当时互相对峙的各国，但是墓中随葬物基本上是属于同一文化系统，虽然也有地方性的区别。中原以外，最有意思的是 1962～1963 年的广东清远发现了两批青铜器，共达 64 件，是和石器及几何纹硬陶同出的。时代大约属于春秋至战国早期。这些青铜器有的几与中原地区出土的相同，有的带有地方性色彩⑥。这是属于当时汉族文化的边缘地区。在北方和东北地区，1960 年内蒙古土默特旗水涧沟门发现了异形铜戈、铜刀、兽形铜饰等，时代也属于战国，而为当时少数民族所制作。1961 年河北省青龙县抄道沟所发现的一批兽首铜刀、剑，也属于相类似的草原青铜文化⑦。1960～1962 年在辽宁沈阳和旅大都发现过青铜短剑⑧。

---

① 考古研究所宝鸡队：《陕西宝鸡福临堡东周墓葬发掘记》，考，63，10。
② 山西文管会：《山西侯马上马村东周墓葬》，考，63，5。
③ 考古研究所山东队：山东平度东岳石村战国墓，考，62，10。北京市文物队：《北京怀柔城北东周两汉墓葬》，考，62，5；敖承隆等：《河北省怀来县北辛堡出土的燕国铜器》，文，64，7。
④ 郭德维：《湖北江陵清理战国楚墓》，文，62，2；湖北文管会：《湖北省江陵县葛陂寺、拍马山出土虎座鸟架鼓楚墓清理简报》，文，64，9。
⑤ 山西文管会等：《山西长治分水岭战国墓第二次发掘》，考，64，3。
⑥ 广东文管会：《广东清远发现周代青铜器》，考，63，2；同上：《广东清远的东周墓葬》，考，64，3。
⑦ 郑隆：《土默特旗水涧沟门出土铜器》，见内蒙古文物队编《内蒙古文物资料选辑》（内蒙古人民出版社，1964 年）；河北省文物队：《河北青龙县抄道沟发现的一批青铜器》，考，62，12。
⑧ 旅顺博物馆：《旅顺口区后牧城驿战国墓清理》，考，60，8；沈阳市文物组：《沈阳地区出土的青铜短剑资料》，考，64，1；参阅孙守道等关于青铜短剑的讨论，考，64，6。

战国时代生产力的提高，主要是由于广泛采用了铁制生产工具。在上面所提及的战国时代的古城和古墓中，常发掘到铁器。1960年在河南新郑仓城试掘一处战国时代的冶铁遗址，发现了铸造铁器的陶范和铁器（如钁、刀等）[1]。又发现了陶器和瓦，可以确定属于战国晚期。1960年发表的一篇用金相学方法研究战国和汉代铁器的论文，证明我国在战国时代便已在铸铁方法上达到很高的水平[2]。

战国时代，商品生产增长了，度量衡开始大量使用，并且开始使用铸币。最近继续发现了一些度量衡器，例如秦高奴铜权，并且引起了对于战国以来的尺度和量衡的综合研究[3]。近年来战国铸币也有大量的发现，1963年，山西原平县发现一批刀币和布币，总数达4000多枚；河北石家庄发现一批刀币，有千余枚；湖北孝感发现一批楚国蚁鼻钱，也达4000枚左右。更重要的是，还在陕西临潼发现秦国的金饼8枚，每枚净重250克，其中5枚，正面刻字[4]。

四

秦始皇统一六国后，咸阳成为全国的政治中心。1959～1961年，在咸阳遗址调查和试掘，发现了夯土墙两处，大板瓦或圆形陶管的水道11处，陶圈叠成的水井70多个，建筑基址12处，灰坑100多处，出土了大批的完整的陶器、陶片和瓦当等。陶器中如鬲、盆、鸭蛋壶等，形制特别巨大。各类陶器多有陶文。1961年还发现了一千多斤的铜器和

---

① 刘东亚：《河南新郑仓城发现战国铸铁器泥范》，考，62，3。
② 杨根等：《战国两汉铁器的金相学考查初步报告》，古学，60，1。
③ 陈梦家：《战国度量衡略说》，考，64，5；紫溪：《古代量器小考》，文，64，7；曾武秀：《中国历代尺度概述》，《历史研究》，64，3。西安高窑村出土的秦高奴铜石权，文，64，9。
④ 原平县文教局：《原平县发现大批战国古钱》，文，63，10；程欣人：《湖北孝感野猪湖中发现大批楚国铜贝》，考，64，7；王海航：《石家庄东郊发现古刀币》，文，64，6；朱捷元、黑光：《陕西兴平县念流寨和临潼县武家屯出土古代金饼》，文，64，7。

铁器，包括一件秦始皇统一度量衡的铜诏版。房屋作长方形。其中第 6
号房屋，长约 55 米，宽约 28 米；墙壁上有以彩色绘成的几何纹壁画。
屋内有烧过的铜器、铁钉和骨器[①]。1962 年还对陕西临潼的秦始皇陵作
了详细的调查。土冢东西现长 345 米，南北 350 米，最高处约高 43 米。
外有内外两重城墙，还发现有陶、石水道[②]。1964 年在始皇陵附近发现
了秦陶俑和石柱础[③]。

西汉首都的长安城，这几年仍在继续钻探和小规模发掘。在前几年
弄清楚了城门的位置和结构之后，这几年将章城门外的壕沟和通道、城
内八条主要街道都探测清楚，并确定了桂宫的位置。对于城西的建章宫
也作了些勘察工作。在勘测长乐宫和未央宫的外围墙之后，又在两宫之
间，探出一座被火烧过的大建筑；根据文献，这可能便是武库的遗
址[④]。1960 年汉长安城南的汉代礼制遗址的建筑群的发掘工作将暂告一
段落，着手编写报告；并曾依照发掘所得的平面图对它做出推测的复原
图[⑤]。1961 年在西安三桥高窑村发现西汉铜器群，一共 22 件，其中 21
件有铭文，是西汉上林苑内某一宫观的窖藏[⑥]。1962 年起，在洛阳的汉
魏故城，也开始了探测的工作。已将十处城门和城内五条主要街道探测
清楚。城西北角的金墉城和城外的护城河也曾加钻探。1964 年在故城
南，还清理了数百座汉代有砖志的刑徒墓。

汉代其他故城的发掘工作，1959 ~ 1960 年在福建崇安南郊调查了
一座汉城遗址，并加初步发掘。出土有陶器、铁器、铜器等，又有残瓦
三万余片，有些印有文字[⑦]。河南南阳的汉宛城故址，1959 ~ 1960 年发

---

① 陕西省考古所渭水队：《秦都咸阳故城遗址的调查和试掘》，考，62，6。
② 陕西文管会：《秦始皇陵调查简报》，考，62，8。
③ 临潼县文化馆：《秦始皇陵附近出土秦陶俑和石柱础》，文，64，9。
④ 1960 ~ 1961 年汉长安城工作，见考 61，4 和 62，5。
⑤ 王世仁：《汉长安城南郊礼制建筑原状的推测》，考，63，9。
⑥ 西安市文管会：《西安三桥镇高窑村出土的西汉铜器群》，考，63，2；关于铭文考释及其
讨论，见考，63，4 和 63，8。
⑦ 福建省文管会：《福建崇安城村汉城遗址试掘》，考，60，10。

掘出汉代手工业的遗存，其中有冶铁遗址，炼铁炉遗迹包括炉壁残存、红烧土块、风管等；又有作为燃料的木炭、未经熔炼的矿石、作为助熔剂的石灰片、各种铁制生产工具和武器以及它们的陶范①。1960年发现了河南鹤壁市一处汉代冶铁遗址②。1958年所发掘的汉代重要的巩县铁生沟冶铁遗址的正式发掘报告，已于1962年出版。1960～1961年还调查了山西运城洞沟的东汉铜矿。这里有古矿洞7处，矿石是黄铜矿，也有少量的孔雀石③。这些对于研究汉代开矿和冶炼的工艺，提供了重要的资料。

两汉墓葬，除了勘查汉武帝茂陵外④，也发掘了许多座墓。其中比较重要的，有1962年广州罗岗的一座木椁墓，出土有铭文"十四年属邦工"等字的秦戈。如果不是秦墓，也当属于西汉初年。1960年广州三元里马鹏冈发掘了西汉墓11座，出土了漆器和陶器等⑤。1961年太原东太堡发掘到西汉清河太后墓，出土有铜鼎、铜盆、带铭文的铜钟、钫、洗、镜、半两钱等⑥。长沙砂子塘西汉木椁墓一座，从前曾出土过人物画的漆奁，这次仍发现漆绘的外棺、墨书的木封检、残漆器、木俑、泥"半两"钱和"郢版"等⑦。1959年河北定县北庄的一座东汉墓，可能是中山简王（公元90年卒）的墓，使用石块4000余块筑成墓室，刻有文字的174块。这墓虽曾被盗，但仍出土有"玉匣"5000余片，玉枕，玉璧，直径达36厘米的铜镜等⑧。1960年云南昭通的东汉

---

① 河南省文物队：《南阳汉代铁工厂发掘简报》，文，60，1；1960年4月17日《光明日报》。

② 河南省文物队：《河南鹤壁市汉代冶铁遗址》，考，63，10。

③ 安志敏等：《山西运城洞沟的东汉铜矿和题记》，考，62，10。

④ 陕西省文管会：《陕西兴平县茂陵勘查》，考，64，2。

⑤ 广州市文管会：《广州东郊罗冈秦墓发掘简报》，考，62，8。广州市文管会：《广州三元里马鹏冈西汉墓清理简报》，考，62，10。

⑥ 解希恭：《太原东太堡出土的汉代铜器》，文，62，4～5。

⑦ 湖南省博物馆：《长沙砂子塘西汉墓发掘简报》，文，63，2。

⑧ 河北省文物队：《河北定县北庄汉墓发掘报告》，古学，64，2。

墓，也出有漆器和摇钱树等。这里在东汉时是犍为属国朱提郡，但出土物和四川东汉墓的几乎完全相同①。汉代的艺术品也有重要的新发现。例如，江苏连云港西汉末年木椁墓出土的银平脱漆器②，陕西兴平豆马村出土的西汉嵌金云纹铜犀牛等③，以及好几批画像石和画像砖。1962年河南南阳发掘了大型的东汉画像石墓，1963年又在河南襄城和密县发掘汉画像石墓各一座④。这些都丰富了关于河南地区汉画像石墓的资料。1962年河南新野出土的画像砖，时代稍晚于南阳画像石，当属东汉晚年⑤。山东继沂南和临沂的汉画像石墓之后，又于1959～1960年在安丘董家庄，清理了一座大型的东汉晚年的画像石墓，在200多块石材中，有画像石达103块之多⑥。1963年江苏徐州和铜山又清理了几座东汉画像石墓⑦，1964年在北京西郊发现东汉永元十七年（105年）的石阙和神道柱，也有浮雕图像⑧。这里还可以提到最近发表的1957年发掘的洛阳西汉壁画墓，所绘的人物故事图很是生动，墓顶又绘有日月星象图⑨。

这几年除了上面提到的长沙西汉墓中墨书封检以外，没有发现汉简。但是对于1959年发现的480根武威汉简已经整理完毕，编成专刊，正在排印中。战前所发现的居延汉简，最近也将乙编编好付印。同时，正在对于全部汉简作考证研究工作⑩。

① 云南省文物队：《云南昭通桂家院子东汉墓发掘》，考，62，8。
② 南京博物院：《江苏连云港市海州网疃庄汉木椁墓》，考，63，6。
③ 陕西省考古所：《陕西兴平县出土的古代嵌金铜犀尊》，文，65，7。
④ 河南省文物队：《河南南阳杨官寺汉代画像石墓发掘报告》，古学，63，1，《河南襄城茨沟汉画像石墓》，古学，64，1；密县发现消息见1963年10月24日《人民日报》。
⑤ 王褒祥：《河南新野出土的汉代画像砖》，考，64，2。
⑥ 山东省博物馆：《山东安丘汉画像石墓发掘简报》，文，64，4。
⑦ 江苏省文管会：《江苏徐州铜山五座汉墓清理简报》，考，64，10。
⑧ 北京市文物队：《北京西郊发现汉代石阙清理简报》，文，64，11。
⑨ 河南省文物队：《洛阳西汉壁画墓发掘报告》，古学，64，2；郭沫若：《洛阳西汉壁画墓试探》，古学，64，2。
⑩ 陈梦家：《汉简考述》，古学，63，1；又《汉简所见居延边塞与防御组织》，古学，64，1。

汉代边区的考古工作，最近也有了新收获。1959～1961年在内蒙古呼和浩特市附近美岱水库二十家子古城做了发掘。这是西汉边郡的定襄郡属下的一个县治，城垣有内外二重，已发掘出官署、炼铁场、陶窑和民居等遗迹，出土了一副完整的铁甲和大批封泥。1960年试掘和林格尔的土城子古城，传为西汉定襄郡治，发现有印戳的陶器多件。又试掘凉城的双古城，可能为汉代另一边郡雁门郡的沃阳县治①。1962年在山西右玉县发现一批西汉成帝"河平三年"（公元前26年）铭文的铜鼎、铜酒樽等9件，有的铸有浮雕或绘以彩画，题材是生动的鸟兽纹。右玉县是汉雁门郡中陵县地区的范围②。

汉代边区以外的当时少数民族的居住地区，1959～1960年在内蒙古东北扎赉诺尔发掘了一个墓群，出土有汉代织锦、规矩镜和漆器，又有本地制品的木弓、桦树皮弓囊、铜釜、动物纹铜牌等。它们是属于鲜卑族或匈奴族，现下还正在讨论中③。1961年在附近的海拉尔的西完工索木又发现两座古墓，可能属于鲜卑族，时代似属魏晋或晚到北魏④。1960年辽宁义县保安寺发现古墓，出土有金牌饰等，可能是汉魏时乌桓族的墓⑤。最近发表的1956年在内蒙古凉城县小坝子滩发现的一批西晋文物，有西晋王朝给乌丸（即乌桓）鲜卑贵族的金印，及野兽纹金饰。后者是欧亚北部草原野兽纹艺术的晚期代表⑥。1961～1963年在新疆昭苏县发掘了几座土堆墓，有陶罐、陶壶、镶宝石的金戒指等，可能是汉代乌孙族的墓⑦。1960年在云南晋宁石寨山作了第四次发掘，共

---

① 内蒙古文物队：《1959年呼和浩特市郊区美岱古城发掘简报》，文，61，9；《和林格尔土城子试掘纪要》，文，61，9；凉城双古城，文，61，9。

② 郭勇：《山西省右玉县出土的西汉铜器》，文，63，11。

③ 郑隆：《内蒙古扎赉诺尔古墓群调查记》，文61，9；内蒙古文物队：《发掘简报》，考，61，12；安志敏：《关于内蒙古扎赉诺尔古墓群的族属问题》，文，64，5。

④ 潘行荣：《内蒙古陈巴尔虎旗完工索木发现古墓葬》，考，62，11。

⑤ 刘谦：《辽宁义县保安寺发现的古代墓葬》，考，63，1。

⑥ 内蒙古文物队：《内蒙古出土文物选集》，1963年，第6页，图90～97。

⑦ 新疆分院民族所考古组：《昭苏县古代墓葬试掘简报》，文，62，7～8。

掘 16 座墓，出土物和前三次相差不大。此次所掘的都是中、小型墓，仍是西汉中晚期至东汉初叶的滇族墓。最近几年还根据这里出土的铜制人物，对于族属问题、生产活动、社会习俗、社会性质等，作了一些研究①。1964 年云南祥云发现铜棺墓，棺身遍布花纹；随葬有红铜武器和工具数十件；可能早于石寨山文化②。对广西出土的汉代以后铜鼓，曾作分类和断代研究，阐明了当地少数民族和中原汉族文化的关系③。

五

关于魏晋南北朝的考古工作，除了上述的洛阳汉魏故城外，我们主要工作仍是在墓葬方面，而以长江流域及以南地区，发现比较多。西晋的有湖南长沙、江西清江、云南昭通、江苏南京的晋墓④；南朝的有镇江市东晋墓，广东英德和广西桂林的南齐墓，南京市郊、江西南昌市郊、江西清江潭埠等的六朝墓⑤。这些墓常出土有纪年砖、青瓷器和铜镜等。昭通的一座是晋建宁太守霍彪墓，壁绘四神和墓主像，像侧题有墓志⑥。广东英德的南齐墓中出土有波斯卑路斯王银币一枚，可能是由海道流传来的⑦。1960 年南京西善桥宫山北麓，发现一座东晋墓，有竹

---

① 云南省博物馆：《云南晋宁石寨山古墓第四次发掘简报》，考，63，9；云南省博物馆：《石寨山古墓群出土铜铁器补遗》，文，64，12；李家瑞：《石寨山古墓出土漆器复原》，文，64，12。云南省博物馆：《晋宁石寨山有关奴隶社会的文物》，文，59，5；冯汉骥.《族属问题试探》，考，61，9；冯汉骥：《出土铜器研究——人物活动图像试释》，考，63，6。

② 张增祺：《云南祥云大波那发现木椁铜棺墓》，考，64，7。

③ 黄增庆：《广西出土铜鼓初探》，考，64，11。

④ 湖南长沙左家塘，考，63，2；江西清江，考，62，4；云南昭通，文，63，9 和 12；南京高家山，考，63，2；南京南郊板桥公社，考，63，6。

⑤ 南京市郊张家库东晋墓，南郊涂家村南朝初期墓，童家山东晋墓，甘家巷附近东晋及六朝晚期墓，均见考，63，6；江西南昌，考，62，4；江西清江潭埠，考，62，4。镇江市东晋墓，考，64，5；广西桂林南齐墓，考，64，6。

⑥ 云南省文物队：《云南省昭通后海子东晋壁画墓清理简报》，文，63，12。

⑦ 广东省文管会：广东英德南齐墓的发掘，考，61，3。

林七贤和荣启期的画像砖①。1961～1962年发掘的南京西善桥油坊村南朝大墓，规模颇大，使用花砖，可能是陈宣帝的皇陵②。北朝的墓葬，1960年山西太原市郑村发现北齐墓一座，有墓志、陶器、玉带钩等。1961年内蒙古呼和浩特市美岱村发现北魏墓，出土有圈足双耳铜镊、镶绿松石的金戒指等，可能属于鲜卑族③。此外，1962年还调查了这时期的高句丽的墓葬和山城④。

南北朝时佛教大为流行，建造石窟寺的风气很盛。1963年在甘肃永靖炳灵寺作了第二次全面调查，在169号洞（俗称天桥北洞）发现了西秦建弘元年（420年）的题记，这是目前所知道的我国境内各石窟寺题记中最早的一件。这洞内造像和壁画，也绝大部分为西秦时所造。这是很重要的一个发现⑤。同年甘肃敦煌千佛洞为了维护工作，在窟前作了发掘，发现了残碑和一些窟前殿宇建筑的遗迹，时代可能是唐至五代，比较稍晚。但是对于了解当时石窟寺的现状，这些遗迹实是非常珍贵的资料。

六

隋代统一中国，结束了南北朝对立的局面。隋唐二代的两京遗址的考古工作，仍是最近几年隋唐考古的重点。

隋唐长安城的考古工作，1960年继续大明宫全部宫殿遗址分布的探测，并对含元殿做了全面发掘。这殿是大明宫的主殿，台基东西长

---

① 南京博物院等：《南京西善桥南朝墓及其砖刻壁画》，文，60，8～9。
② 罗宗真：《南京西善桥油坊村南朝大墓的发掘》，考，63，6。
③ 北齐墓发现简讯，文，63，6；北魏墓，内蒙古文物队：《内蒙古呼和浩特美岱村北魏墓》，考，62，2。
④ 李殿福：《1962年春季吉林辑安考古调查简报》，考，62，11；又辑安山城及古墓调查记二篇，同期；辑安古墓清理略记二篇，考，64，2；关隘城堡调查，同期；辑安麻线沟一号壁画墓调查，考，64，10；辽宁抚顺高尔山古城调查，考，64，12。
⑤ 甘肃省文物队：《调查炳灵寺石窟的新收获》，文，63，10。

75.9 米，南北宽 42.3 米；殿面阔 11 间，进深 3 间，殿的两侧有廊道通向二阁，规模甚为宏伟。这殿和前几年所发掘的麟德殿，最近都根据发掘资料做成了推测的复原图①。

对于唐长安的皇城和宫城遗址，也进行了推测，更重要的是对于里坊布局的探测。1962 年已大致告一段落，与文献记载大体相符。街道以南北贯穿城中央的朱雀街为最宽，达 150 米左右。各街两侧大都有水沟。里坊有墙，坊内有十字街。西市自 1959 年起开始钻探，并加发掘。市内有井字街，街上有显著的车辙痕迹，街两侧有明沟。沟的外侧，发现有房屋和市肆的遗迹，附近并有井和灶。出土遗物，除了砖瓦和陶瓷片之外，有大量骨制的和玻璃、水晶制的装饰品，以及珍珠和料珠等。对于东市也做了些钻探工作②。

唐洛阳东京都城，1959 年起，也作了一些勘查工作，确定了一些城门的位置，并大致探明了洛河以南的里坊的布局，和文献记载，也大致相符合。这些勘测和发掘，为今后的发掘工作，提供了重要线索③。

唐代墓葬的发掘，这几年内最重要的发掘是 1960 年乾陵陪葬永泰公主墓（死于 701 年），有很精美的壁画和三彩陶俑④。其次为 1961～1962 年顺陵附近的苏君墓，也有精美的壁画和 352 件各类陶俑。并且也详细地勘查了顺陵⑤。中原以外的隋唐墓，有 1960 年广东韶关所发掘的唐代著名政治家和文艺家张九龄（677～740 年）墓，出土有墓志、青瓷器、滑石器、陶砚、云龙纹铜镜等。他的弟弟张九皋的墓中，也出

---

① 马得志：《1959～1960 年唐大明宫发掘简报》，考，61，7；郭湖生：《麟德殿遗址的意义和初步分析》，考，61，11；郭义孚：《含元殿外观复原》，考，63，10。

② 考古研究所西安唐城队：《唐代长安城考古记略》，考，63，11。

③ 考古研究所洛阳队：《隋唐东都城址的勘查和发掘》，考，61，3；1961 年工作收获，考，62，5。

④ 陕西省文管会：《唐永泰公主墓发掘简报》，文，64，1；武伯纶：《唐永泰公主墓志铭》，文，63，1；《唐永泰公主壁画集》（1963）。

⑤ 陕西省考古研究所：《陕西咸阳唐苏君墓发掘》，考，63，9；又《唐顺陵勘查记》，文，64，1。

土了瓷器、玉器、铜镜等①。此外还有山西长治、广东英德、内蒙古和林格尔、江苏扬州、河南上蔡和温县、湖南长沙等地的唐墓，出土有墓志、陶俑、瓷器等②。新发表的 1955 年西安出土的唐代苏谅妻马氏墓志，志文是汉文和婆罗钵文合璧的，知道死者夫妇都是信奉拜火教的波斯人，为中西交通史和唐代宗教史提供了重要的资料③。唐代的艺术品，新发现的有 1959 年西安唐大安国寺故址出土的几件石刻佛像，造型优美，并且还保留有贴金画彩的痕迹；1956 年太原出土的一件青釉人物狮子扁壶，腹部浮雕胡人和对立的狮子，风格特殊④。1960 年江苏镇江甘露寺铁塔下所发现的金棺银椁，虽是藏舍利的，也可和唐墓一起来谈。这些金棺银椁，花纹非常精美。同出的还有唐代和宋代石刻，知道是唐代政治家李德裕所施舍的。李德裕所建石塔塌倒后，北宋熙宁间铸造铁塔，重埋这批唐代遗物，又加入一批宋代的东西⑤。1962～1963年西安北郊坑底村发现刻有裴肃进奉铭文的金花双凤蝶雀纹的银盘一枚；东南郊沙坡村出土 15 件银器，包括熏炉、食具等，造型优美，镂空或阴雕花纹图案生动⑥。这些都是唐代金银器中的艺术珍品。而 1963年所得的天宝十三年（754 年）唐丁课银锭表明当时贵族和地主的奢侈

---

① 广东省文管会等：《唐代张九龄墓发掘简报》，文，61，6；徐恒彬：《广东韶关罗源洞唐墓》，考，63，7。
② 山西省文管会等：《山西长治北石槽唐墓》，考，62，2；王秀生等：《山西长治唐墓清理略记》，考，64，8。广东省文管会等：《广东英德、连阳南齐和隋唐古墓的发掘》，考，61，3；徐恒彬：《广东英德浛洸镇南朝隋唐墓发掘》，考，63，9；内蒙古文物队：《和林格尔县土城子古墓发掘简介》，文，61，9；吴炜：《江苏扬州五台山唐墓》，考，64，6；河南省文物队：《河南上蔡县贾庄唐墓清理简报》，文，64，2；同上，《河南温县唐代杨履庭墓发掘简报》，考，64，6；何介钧等：《湖南长沙牛角塘唐墓》，考，64，12。
③ 陕西省文管会：《西安发现晚唐祆教徒的汉、婆罗钵文合璧墓志》，考，64，9。
④ 程学华：《唐贴金画彩石刻造像》，文，61，7；高寿田：《太原西郊出土唐青釉人物狮子扁壶》，考，63，5。
⑤ 江苏省文物队镇江分队等：《江苏镇江甘露寺铁塔塔基发掘记》，考，61，6。
⑥ 陕西省博物馆：《西安北郊发现唐代金花银盘》，文，63，10；西安市交管会：《西安市东南郊沙坡村出土一批唐代银器》，文，64，6。

生活是建立在对于农民进行残酷剥削的基础上的①。

东北地区的考古工作，1960年复查了唐代的渤海遗址，调查了敦化牡丹江上游的渤海古城9处，建筑物遗基4处，墓群两处，包括六顶山的墓群。又在宁安大朱屯发现墓群一处，可能也属于渤海时代的②。

新疆境内，1959～1960年在吐鲁番县阿斯塔那的高昌故城附近，先后清理过40余座古墓，获得了4～7世纪的大批资料，主要的有伏羲女娲绢画、丝织品、契约文书残片和成组的大小泥俑③。这些丝织品的标本与1959年新疆民丰县尼雅出土的汉代锦、绣，都是研究我国丝织工艺的重要资料。最近几年我们已对它们作了一些工艺技术分析和花纹图案分析的研究工作④。

七

五代宋辽金的考古工作，最近几年也有些新发现。

抗战期间在成都抚琴台所发掘的前蜀王建的陵墓，当时曾宣传中外；正式报告已于1964年出版了。河南巩县北宋八陵，做了详细的调查，并发表报告⑤。

宋代墓葬的发现，华北方面重要的有1960年发掘的河北井陉柿庄的14座。墓中的壁画描绘墓主人的享乐生活和农村中的生产活动。墓中的泥塑和砖雕，也有一定的艺术成就。这些都代表这一地区当时民间艺人的作品。随葬品有瓷枕、瓷器、铜钱等。时代从北宋政和年间一直

---

① 陕西省博物馆：《长安县发现唐丁课银锭》，文，64，6，59～60页。
② 王承礼：《吉林敦化牡丹江上游渤海遗址调查记》，考，62，11；吕遵禄：《黑龙江宁安、林口发现的古墓葬群》，考，62，11。
③ 新疆博物馆：《新疆吐鲁番阿斯塔那北区墓葬发掘简报》，文，60，6；1959～1960年工作简况，见文，62，7～8；吴震：《介绍八件高昌契约》，文，62，7～8。
④ 武敏：《新疆出土汉唐丝织品初探》，文，62，7～8；夏鼐：新疆新发现的古代丝织品，古学，63，1。
⑤ 郭湖生等：《河南巩县宋陵调查》，考，64，11。

到金初①。1961 年河南巩县发掘的北宋英宗的儿子魏王夫妇墓，残留瓷片和墓志②。此外，江苏南京、江西彭泽和永新的北宋墓，湖南长沙、湖北武昌的南宋墓，也出土墓志、瓷器、铜镜、石砚等物③。

辽中京城址在内蒙古昭盟宁城，1959～1960 年曾做过发掘，对于它的城市布局有了基本了解，还在外城西南角，揭露出一座保存较为完整的佛寺遗址。这座城到金、元、明时仍继续使用，城墙还经过培修和改建。城内文化层重叠，各层出土不同时代的遗物④。1962 年在内蒙古林东的辽上京临潢府作了调查和钻探，基本了解它的城市布局的情况⑤。

1961～1962 年在山西大同卧虎湾发掘 4 座辽墓，都是火葬的，有石棺或瓷罐盛放骨灰。各墓室内有色彩鲜艳的壁画，墓中随葬品有瓷器、铜钱等⑥。1962 年在内蒙古昭盟巴林左旗发现火葬墓六群，每群有火葬罐 6～8 个，随葬品有羊距骨和骨梳。这些可能是契丹人的墓地⑦。1960 年在北京市南郊发掘的辽北平王赵德钧墓，规模很大，共有九室。墓壁绘有壁画，惜已多残毁。墓经盗掘，但仍残留有陶、瓷残片，铜钱等⑧。1961 年辽宁喀左县发掘的辽太原公王悦墓，也曾被盗掘，出土有陶器、瓷片、铜带扣等⑨。这些是在契丹服官的汉人墓。相较之下，可以看出当时契丹人和汉人的葬俗的殊异。

金代墓葬，1961 年辽宁朝阳发掘一座壁画墓，壁画绘墓主人生活，并有墨书题记，知是金大定二十四年（1184 年）的夫妻火葬骨灰合葬。

① 河北省文物队：《河北井陉县柿庄宋墓发掘报告》，古学，62，2。
② 周到：《宋魏王赵頵夫妇合葬墓》，考，64，7。
③ 南京北宋墓，考，61，2；江西彭泽宋墓，考，62，10；江西永新宋墓，考，64，11；长沙杨家山南宋墓，考，61，3 和 61，4；武昌南宋墓，考，64，5。
④ 辽中京发掘委员会：《辽中京城址发掘的重要收获》，文，61，9。
⑤ 李逸友：《林东辽上京遗址》，见内蒙古文物队编《内蒙古文物资料选辑》（1964 年内蒙古呼市出版），第 128～129 页。
⑥ 大同市文物陈列馆：《山西大同卧虎湾四座辽代壁画墓》，考，63，8。
⑦ 考古研究所内蒙古队：《内蒙古昭盟巴林左旗双井沟辽火葬墓》，考，63，10。
⑧ 北京市文物队：《北京南郊辽赵德钧墓》，考，62，5。
⑨ 辽宁省博物馆文物队：《辽宁喀左县辽王悦墓》，考，62，9。

随葬品有瓷器、陶器、小石狮等①。金代居住址，1962 年复查吉林梨树县偏脸古城，为金代韩州城②；又调查吉林辑安钟家村的金代遗址，这里 1961 年出土了一口大铁锅，锅内盛有大量的铁器和两件陶器③。至于1962 年所调查的吉林怀德秦家屯古城和吉林他虎城，根据出土物，也是属于辽金时代的④。

宋代瓷器窑址，最近几年调查了安徽的寿州窑和萧窑⑤，浙江鄞县郭家峙等窑，东阳象塘窑⑥，丽水的宝定窑、龙泉溪口的龙泉窑⑦，河南密县和登封的唐宋窑址⑧；又复查了浙江温州的西山窑，河南临汝县的汝窑，禹县的钧窑和扒村窑，磁县的磁州窑⑨；发掘了福建建阳水吉的建窑⑩、浙江龙泉大窑和金村的龙泉窑⑪，以及河南鹤壁集的古瓷窑⑫。其中，西山窑和象塘窑开始于唐中叶，鹤壁集的古瓷窑开始于唐末。而鄞县古瓷窑址中，除小白市第三号窑址下层是属于东晋之外，其余都属于五代至北宋。这些工作中最重要的当推龙泉窑的发掘，不仅获得了大量的瓷器标片，对龙泉瓷器可依堆积地层关系分作北宋、南宋、

---

① 辽宁省博物馆：《辽宁朝阳金代壁画墓》，考，62，4。
② 吉林省文管会：《吉林梨树县偏脸古城复查记》，考，63，11。
③ 吉林省博物馆辑安考古队等：《吉林辑安县钟家村发现金代文物》，考，63，11。
④ 陈相伟：《吉林怀德秦家屯古城调查记》，考，64，2；吉林省博物馆：《吉林他虎城调查记》，考，64，1。
⑤ 寿州窑，见文，61，12；萧窑，见考，62，3 和 63，12。
⑥ 浙江省文管会：《浙江鄞县古瓷窑址调查记要》，考，64，4；朱伯谦：《浙江东阳象塘窑址调查记》，考，64，4。
⑦ 丽水宝定窑的调查，见文，62，11；金祖明：《龙泉溪口青瓷窑址调查纪略》，考，62，10。
⑧ 河南省文物队：《河南省密县、登封唐宋窑址调查简报》，文，64，2；冯先铭：《河南密县、登封唐宋古窑址调查》，文，64，3。
⑨ 张翔：《温州西山窑的时代及其与东瓯窑的关系》，考，62，10；河南三处的复查的三篇调查记，见文，64，8。
⑩ 1960 年的建窑试掘消息，见厦门大学人类博物馆《福建建阳水吉宋建窑发掘简报》，考，64，4。
⑪ 朱伯谦、王士伦：《浙江省龙泉青瓷窑址调查发掘的主要收获》，考，63，1。
⑫ 河南省文物队：《河南鹤壁集瓷窑遗址发掘简报》，文，64，8。

元和明代四期，并且获得生产场房、砖池、住宅、窑室等有关瓷器生产的建筑资料。这是继 1959 年陕西耀州窑之后的另一次重要的瓷窑发掘。其次为鹤壁集窑址发掘的收获，也发现当时的生产场地，包括窑室、作坊、住房（包括灶台）、窖穴等；瓷片的种类，依时代不同，可分为六阶段，由唐末到南宋或元初。龙泉和耀州两处发掘所得的瓷器标本，都曾经陶瓷学家作过瓷胎、瓷釉的化学分析，并由工艺方面做出初步科学总结。耀州窑发掘正式报告已在排印中，龙泉窑的正式报告不久也将付印。近年来又曾对中国历代其他名窑作过工艺技术方面的实验研究[①]。解放以来的考古发现和实验研究，使我们对于我国瓷器发展史有了进一步的了解。

元代的古城调查，主要是在内蒙古地区。元上都故城在正蓝旗黄旗大营子，有内城、外城和外苑城。在调查中曾发现陶瓷器、铁釜、大理石基座和铜龟座等[②]。此外，近年还调查了元代应昌路、净州路、集宁路等十余座古城，以及一些元代遗址，除了陶、瓷、铜、铁的器物之外，还发现了瓷制的小型动物玩具[③]。

在内蒙古的托克托县伞盖村发掘了一座元代砖墓，出土了白瓷杯、钵，黑釉瓶、碗，八思巴文"大元通宝"钱等[④]。辽宁喀左县大城子于 1963 年发掘一座元代石椁墓，出有钧窑和龙泉窑的瓷器、银钗、铜钗、象牙和玉制饰物，以及丝织品残片[⑤]。1960 年发掘的江苏无锡市窑窝岭元墓，出土有金银器 46 件，玉石饰品 20 余件，漆器 10 件，丝织品 28 件，"至元宝钞"纸币 33 件[⑥]。1960 年发掘的山西文水北峪口元末明初

---

① 周仁、李家治：《中国历代名窑陶瓷工艺的初步科学总结》，1960。
② 《内蒙古文物资料选辑》，第 181～185 页。
③ 《内蒙古文物资料选辑》，第 186～206 页。
④ 《内蒙古文物资料选辑》，第 8～10 页。
⑤ 徐英章：《辽宁喀左县大城子元代石椁墓》，考，64，5。
⑥ 无锡市博物馆：《江苏无锡市元墓出土一批文物》，文，64，12。

石室墓，四壁线雕墓主人的日常生活图①。此外，江西南昌和抚州，都曾发掘过元代的夫妇合葬墓，出土有墓志和陶瓷器②。关于中外交通史的资料，新发表的有 1952 年江苏扬州出土的元代拉丁文墓碑二件，上部都刻有基督教宗教故事画，下部刻拉丁文铭文，知道这二件属于兄妹二人的墓碑，可能是意大利人③。

　　明代的考古工作，主要是官僚地主墓葬的发掘。其中比较重要的有 1960 年发掘的南京中华门外明初西宁侯宋晟一家六座墓，出土有墓志、金银器和陶瓷器，其中尤以瓷器为精美，反映当时手工业的发展情况④。江西新建于 1958 年发掘了著名戏剧研究家宁献王朱权的墓，出土有金钱、玉片、锡制明器、铜铁器、白瓷罐和木俑等⑤。1960 年河南郏县发掘的一座地主的墓，有陶制院落二座，配以人物、轿、马，反映了封建地主家庭庄园的形式⑥。1960 年河北交河县明代吏部尚书廖纪墓，出土陶仪仗俑、乐伎俑、马俑，以及日常生活和祭祀用品的模型共 200 余件，反映了当时高级官僚的生活⑦。1960 年上海市肇家浜路发掘的明代当地大族潘氏的三组夫妇合葬墓，出土木制家具模型、金银首饰和墓志等，对研究当时的社会生活有重要价值⑧。1961 年北京南苑发掘的正德皇帝岳父庆阳伯夏儒夫妇墓，除金钗、玉笄、玉带之外，还有保存良好的丝织品，花纹复杂，品种较多，衣服式样也较完备，是研究明代丝织工艺和服饰史的一批重要资料⑨。最后，要提到1961～1962 年对江苏

---

① 山西省文管会：《山西文水北峪口的一座古墓》，考，61，3。
② 郭远谓：《江西南昌朱姑桥元墓》，考，63，10；程应麟等：《江西抚州发现元代合葬墓》，考，64，7。
③ 耿鉴庭：《扬州城根里的元代拉丁文墓碑》，考，63，8。
④ 南京市文管会：《南京中华门外明墓清理简极》，考，62，9。
⑤ 陈文华：《江西新建明朱权墓发掘》，考，62，4。
⑥ 郏县文化馆：《河南郏县前冢王村明墓发掘简报》，考，61，2。
⑦ 发现消息，见文，64，2。
⑧ 上海市文管会：《上海卢湾区明潘氏墓发掘简报》，考，61，8。
⑨ 北京市文物队：《北京南苑苇子坑明代墓葬清理简报》，文，64，11。

泗洪县明太祖之父陵墓的调查工作。该陵处于洪泽湖的湖滩上，常淹没于湖水之中，这次乘干旱季节做了调查，发现陵前的石人、石兽、石柱，以及享殿遗址和墓室外露的墓顶[①]。1962 年还调查了吉林明代扈伦四部的辉发部建城所在地，发现砖瓦陶瓷碎片和铁镞、铁片等，其中陶瓷器，有些是中原输入的，有些是富有地方色彩和民族风格的当地产品[②]。

关于我国最近五年来的考古工作的介绍，上面所谈的当然是过于简略。随着我国经济形势的全面好转，我们考古工作今后也一定会继续发展，获得更大的成就。

[①] 张正祥：《明祖陵》，考，63，8。
[②] 吉林省文管会：《辉发城调查简报》，文，65，7。

六十年代后期的中国考古新收获[*]

六十年代后期，我国考古工作者在当时的历史情况下进行田野工作，发掘了许多古代遗址和墓葬，发现许多珍贵的文物，为我国古代社会历史的研究提供了重要的资料。

原始社会的新资料

在北京附近著名的周口店遗址，1967 年又发现了中国猿人的头盖骨化石和打制的石器[①]。我们知道，中国猿人的化石，过去曾有许多发现。但是，1941 年太平洋战争爆发后，原来存放在北京协和医学院中的全部中国猿人化石都被弄得下落不明[②]。对于帝国主义的这种卑劣行径，我们感到极大的愤慨。这次新发现的中国猿人头盖骨，包括额骨、

[*]　本文原载《考古》1972 年第 1 期，题为《无产阶级文化大革命中的考古发现》。编入文集时，曾作个别文字加工，并将题目作了变动。

①　周口店 1967 年的发现情况，见 1967 年 11 月 21 日《人民日报》。

②　关于中国猿人化石被弄得下落不明的情况，见《文物参考资料》第 2 卷第 3 期，第 6～19 页（1951 年）及《科学通报》第 3 卷第 1～2 期，第 71～72 页（1952 年）。

枕骨等，是建国以来所发现的中国猿人化石的最重要的标本，是研究人类起源的极重要的科学资料。

在新石器时代方面，1971 年山东邹县野店遗址内发掘到大汶口文化的墓葬十余座；这遗址的面积广达 1.5 平方公里，包含大汶口文化和龙山文化的遗存，现正继续发掘，以便进一步究明这两种文化的关系。江苏邳县大墩子遗址从前曾作过探掘，1966 年又进行了第二次发掘，在 299 座墓葬中出土了石器、陶器、玉器和骨器等共达三千余件，其中有陶制房屋模型一件，是过去极少见的，可以使我们更进一步了解当时的居住情况①。1971 年河南淅川新石器时代遗址的发掘，由地层关系证明了屈家岭文化的时代是处在仰韶文化和龙山文化之间，再一次纠正了过去曾以为它应晚于黄河流域早期龙山文化的错误认识②。1967 年湖南澧县梦溪冯家港发掘的一处遗址，出土有黑陶瓶、甗和黑彩红陶瓶及有肩石斧、有孔石斧等，是迄今在湖南境内所发现的最丰富的一处新石器时代遗址。这遗址的地点距离湖北边境不远，但陶器和湖北的屈家岭文化并不相同；它可能是属于另一种文化，其文化性质和年代问题有待于今后进一步的调查、发掘和研究。1971 年在黑龙江饶河县紧靠乌苏里江的小南山遗址，做了调查发掘工作；1958 年曾在这里发现桂叶形的压制尖形石器等，但没有进行发掘；这次由于在文化层中发掘到磨制石器和陶片，证明这是一处新石器时代的遗址。特别应该提到的是，1968 年在西藏珠穆朗玛峰西面海拔 4300～4900 米之间的聂拉木县，也发现了新石器。上述这些新石器时代遗址的发掘和发现，为研究我国原始社会由繁荣到解体的过程及原始文化的分布情况，提供了新的资料。

---

① 大墩子 1963 年的发掘情况，见《考古学报》1964 年第 2 期；1966 年的发掘情况见 1971 年 8 月 14 日《新华日报》。

② 关于屈家岭文化的年代晚于黄河流域早期龙山文化的说法，见《京山屈家岭》，第 75 页（1965 年）；可以纠正这种错误认识的，有湖北郧县青龙泉等遗址的发掘工作，见《考古》1961 年第 10 期，第 519～530 页。

殷周的殉人墓和铜器群

人类社会由原始公社进入奴隶社会后，奴隶主对奴隶的剥削和迫害是非常残酷的。过去在河南安阳等地的考古发现，充分地说明了这一问题。最近几年，除在安阳殷墟一带继续进行发掘外，1965 年至 1966 年在山东益都苏埠屯发掘了四座殷代的大墓。苏埠屯早在 40 年前就出土过殷代铜器群，解放后又曾出土过殷代的车马饰①。这次发掘的四座墓中，最大的一座深在 8 米以上，有四个墓道。墓已被盗，但仍有二件大铜钺和其他器物。墓中殉葬的奴隶竟达 48 人之多，仅在墓道里就有三层殉葬人，上层埋一个人头和一个儿童，中层埋 24 个人头，下层埋 13 个人头，奴隶主身下的"腰坑"中也埋着一个跪着的奴隶。江苏铜山县茅村公社丘湾殷代村落遗址，1965 年至 1966 年进行了第三次发掘，发现了用奴隶作祭祀牺牲的现象②。成群的奴隶双手反绑，双膝跪伏，被活活杀死。以上两处的发掘工作，用血淋淋的材料再一次揭露了奴隶主对奴隶残酷迫害的事实。

1968 年在河南安阳范家庄和温县小南庄都发现了殷代铜器群。1970 年在安徽凤台县发现了一批殷代玉器。1967 年在陕西北部的绥德田庄发现一批铜器，有罍、壶、戈、戚各一件，时代当属于殷末周初，这是陕北地区第一次发现这样早的中原青铜文化的遗物③。尤其难得的是，1970 年在湖南宁乡的山坡上又发现了一件周身铸有夔凤纹的铜卣，

---

① 苏埠屯 1965 年的发掘情况，见 1965 年 11 月 30 日《大众日报》。苏埠屯解放前的发现情况，见《山东金文集存》下，第 13 页（1940 年）及《中国考古学报》第 2 册，第 167 ~ 178 页（1947 年）；解放后 1957 年的发现情况，见《文物》1959 年第 11 期，第 30 页。

② 丘湾 1959 年和 1960 年的两次发掘情况，见《考古》1960 年第 3 期，第 27 ~ 28 页及《江苏省出土文物选集》，第 26 ~ 28 页（1963 年）；第三次发掘的情况，见 1971 年 8 月 14 日《新华日报》。

③ 陕西绥德、扶风、蓝田、西安、米脂等处的最近考古发现，见 1971 年 11 月 12 日《陕西日报》。

卣内满盛玦、环、管等玉器 320 余件。湖南宁乡一带是发现殷代遗物的最南的地点，从前在这里也出土过满盛一千多件玉珠、玉管的夔龙纹铜卣和满盛二百多件铜斧的兽面纹铜罍，以及埋藏在一个小土坑内的五件兽纹大铜铙等①。值得注意的是，这些铜器大部分出于窖藏而不出于墓葬。因此，我们猜想，它们可能是殷代奴隶主由北方带来，而在殷王朝复灭前奴隶主准备逃亡时被埋藏的。

距西周都城镐京（今西安附近）不远的岐山，属于宗周畿内的范围，过去出土过很多重要的西周铜器，"文化大革命"中又有新的发现。1966 年在岐山贺家村东发现了一批铜器，其中五件有铭文。1967 年在贺家村西又出土了一件牛形尊，牛背中部的器盖上立着一只小虎，牛和虎造型奇异，周身布满花纹。此外，1969 年在蓝田泄湖出土一件"永盂"，铭文达 125 字②。从前也有一件"永盂"，相传出自岐山，但铭文只有 6 个字，已被美帝劫掠去。这次发现的"永盂"，铭文中提到"井白（伯）"。传世"井白"之器有"井白甗"和"井白钟"，解放后长安普渡村西周墓出土的穆王时器"长甶盉"的铭文中也有"即井伯大祝射"一语。"井白"的名字屡见于恭王时器，他是当时周王左右的主要臣僚，曾官至司马。新发现的这件"永盂"，也应是穆、恭时期的彝器③。

西周的陪都成周，在现在的洛阳附近。洛阳郊区的北窑村，从 1964 年开始，就发掘了许多古墓；"文化大革命"中继续在这里进行工作，到现在共发掘了八百余座，其中西周墓达四百余座。令人愤慨的

① 宁乡过去的发现情况，见《考古》1963 年第 12 期，第 646～648 页及《文物》1966 年第 4 期，第 1～2 页。

② 陕西绥德、扶风、蓝田、西安、米脂等处的最近考古发现，见 1971 年 11 月 12 日《陕西日报》。

③ "永盂"，见陈梦家《美帝国主义劫掠的我国殷周铜器集录》，第 151 页（1962 年）；"井白甗"见容庚《商周彝器通考》，第 318 页（1941 年）；"井白钟"见方浚益《缀遗斋彝器考释》卷二，第 2 页（1935 年）；"长甶盉"见《考古学报》1957 年第 1 期；其他有"井白"之名的铜器，参见郭沫若《两周金文辞大系图录考释》（1958 年增订本）。

是，这批古墓在解放前曾被帝国主义分子勾结奸商肆意盗掘，遭到严重的破坏。在这些残墓和个别未遭盗掘的墓中，出土了一些西周的器物，其中有罍、簋、豆等几件青釉硬陶，是值得特别重视的，因为它们是后来青瓷的前身。此外，也有一些青铜制的礼器、兵器、车马器和玉制的饰物等，都是研究西周时代历史文化的良好材料。

1966 年，湖北京山县平坝出土了一批重要的西周铜器，共有 97 件之多。铸有铭文的 10 件铜器，有 6 件是"曾中（仲）斿父"或"曾侯中子斿父"的礼器。"曾"是鄫国。春秋时，有姒姓的鄫国，附庸于齐，在今山东。西周晚年至春秋，另有一姬姓的鄫国，在今河南的南阳一带，接近于汉水，后来成为楚的附庸①。京山出土的这批铜器，从铭文和出土地点看来，应和"曾姬无恤壶"一样，也属姬姓的鄫国，其年代则较"曾姬无恤壶"为早。

1967 年在甘肃灵台县白草坡发现了大批西周晚年的铜器，包括方鼎、甗、卣、盉、爵、斝、簋等礼器，戈、钺、匕首等武器，锛、凿等工具和铜泡等马饰，还发现了人像玉铲等器物。铜制礼器中有的有铭文，是迄今甘肃境内所发现的最早的有铭文的铜器（过去只有相传天水出土的秦公簋，其年代为春秋中叶）②。此外，1971 年在安徽的肥西县也出土了一批西周的铜器，有鼎、簋、盉、盘、匜等，其中盘底有铭文，但字迹不清。

东周的墓葬及其他

杀人殉葬的残酷制度，在进入封建社会后也仍然遗留着。在山西侯马乔村发掘的战国殉人墓，便是一个重要的例证。侯马乔村墓地是

① 刘节：《古史考存》，第 122～124 页（1958 年）。
② 灵台西周铜器的发现，见 1971 年 10 月 29 日《甘肃日报》。

1959 年发现的①，1969 年进行了大规模的发掘。墓的分布很密，有奴隶殉葬的墓已发掘了十余座，其中有一座墓杀殉的奴隶竟达 18 人之多。墓的形制特殊，在主墓的周围环绕着埋葬奴隶的沟。奴隶有男有女，也有未成年的儿童，有的奴隶在颈上还带着铁枷锁。发掘工作深刻地揭露了当时的统治阶级对劳动人民的残酷的迫害。此外，应该提到的是，侯马曾是春秋时晋国都城的所在地，在都城内外的遗址里有过许多重要的发现，其中 1965 年在城址附近发现的大批盟书玉简尤其难得②。1966 年至 1971 年继续在这里进行发掘，又发现了带有朱书文字的石片。

湖南长沙的楚墓，解放以来曾多次进行发掘，有许多重要的发现。1971 年在长沙浏城桥发掘了一座楚墓，其年代可能早到春秋末期。墓的规模较大，椁有两重。在 280 余件随葬品中，最难得的是一些保存良好的长兵器和漆木器。例如，长达 3.1 米的木柄铜戟和长达 2.8 米的藤柄铜矛，它们的柄部都完整无缺。一件二十三弦的木瑟，还附置一对缠绕着丝弦的木棒。面貌狰狞的木制镇墓兽和形象生动的木鹿，都保存得很好。铜器除兵器外，还有车马器，但没有礼器。鼎、豆、壶等礼器都是陶制的③。

1970 年在湖北江陵楚国纪南故城南郊一座土台的角上出土了石磬共 25 件，都彩绘有精美的图案化的鸟纹。据鉴定，就音律而论，这 25 件石磬不属于同一组；虽然每一组都不是完整的，但仍可依照乐谱敲出曲调来。

1969 年到 1971 年，安徽的阜南、六安和湖北的江陵都发现了战国晚期楚国的金币"郢爰"。江陵发现的仅是一小块，但这是湖北省境内的第一次发现。六安出土的"郢爰"，大小共 7 块，其中有完整的两

---

① 乔村 1959 年的发现情况，见《文物》1960 年第 8、9 期，第 15 ~ 18 页。
② 侯马 1965 年发现玉简的情况，见《文物》1966 年第 2 期，第 1 ~ 6 页。
③ 长沙浏城桥楚墓的发掘情况，见 1971 年 11 月 16 日《光明日报》。

块，分别重 268.3 克和 269.8 克，每块有 "郢爰" 二字的小印 16 枚。阜南出土的更多，大小共 47 块，总重 1451.6 克，其中完整的一块重 280 克，有小印 19 枚。过去虽然在安徽、江苏等省的许多地方都发现过这种楚国金币①，但像这样完整的大块却是少见的。根据有关的资料分析，这整块的 "郢爰" 重量大概相当于当时的一斤②。这两批新发现的楚国金币，为我国古代货币史的研究提供了重要的材料。

另外，1969 年湖北枝江百里洲出土了一批春秋时代的铜器，器形有盘、匜、鼎、壶、簋等。1967 年河北满城出土了春秋晚期的虎形金饰片和鼎、瓿、敦、豆等铜器。1970 年河北唐县出土了一批战国铜器，器形有盘、匜、兽形壶、蟠螭纹瓿、方壶、鼎、舟等。1969 年，甘肃秦安上袁家出土了一批难得的秦代铜器，其中有盒、壶、簋等礼器，结构奇特的圆筒形铜灯，带有诏版的铜权等③。四川地区战国末至汉初的 "巴蜀文化" 遗物，1969 年和 1971 年在成都附近也有新的发现④。

两汉墓葬的发掘

"文化大革命" 期间的许多重要的考古工作中，特别使人注意的是 1968 年河北满城西汉中山靖王刘胜及其妻窦绾的两座大墓的发掘。这两座墓都在满城西郊的陵山上，墓室凿成于山岩之中，工程艰巨，规模

---

① 过去发现郢爰的情况，宋代见沈括《梦溪笔谈》（1956 年胡道静校证本）卷 21，第 680 ~ 681 页；安徽见《考古通讯》1957 年第 1 期，第 112 ~ 115 页；江苏见《文物》1959 年第 4 期，第 11 ~ 12 页；西安见《文物》1965 年第 1 期，第 61 页；山东见王毓铨《我国古代货币的起源和发展》，第 87 页（1957 年）。

② 《汉书·食货志》记载先秦货币说："黄金方寸而重一斤。" 长沙楚墓出土的整套砝码十枚，最重的为 251.53 克（见《楚文物展览图录》，第 31 页），重量与这次安徽发现的完整郢爰重 270 ~ 280 克之数相近。

③ 秦安的秦代铜器的发现和武威汉墓的情况，见 1971 年 10 月 29 日《甘肃日报》。

④ 1969 年和 1971 年成都附近发现 "巴蜀文化" 遗物的情况，见 1971 年 9 月 15 日《四川日报》。

宏大，有如"地下宫殿"。两墓的两个耳室和中室，都筑有瓦顶的木屋（已坍毁），放置着大量的陶器、铜器等随葬品，并有整套的车马；后室用石板搭成石屋，置棺椁及许多贵重的器物。总计两墓出土的器物，共达 2800 余件。铜器造型优美，制作精致，纹饰华丽，其中如错金银鸟篆纹壶、鎏金镶嵌乳丁纹壶、错金蟠龙纹壶、错金博山炉和鎏金宫女形灯（"长信宫灯"）等，工艺水平很高。金器除金饼数十枚之外，还有金针和捶拍花纹的金叶饰片等。铁器主要是工具和武器，其中有一件错金的短剑，很精致。玉器有圭、璧、瑗、璜等，种类和数量很多。陶器有不少用彩色绘成花纹，鲜艳如新。两个死者的身上都裹"金缕玉衣"，它们各用二千多片四角穿孔的玉片，由金丝编缀而成，全体作人形。这种玉衣也称"玉匣"[1]，是汉代高级贵族死后经皇帝赏赐才能穿着的。贵族们死后穿着这种特制的葬服，妄图保持尸体不朽，但发现的时候，玉衣里的尸骨早已腐朽一空，只剩一些牙齿和碎骨渣了。在我国过去的考古工作中，曾多次发现过玉衣，但都已零散不全；像这次这样完整的玉衣，还是第一次发现。估计汉代制作这样一件玉衣，约须一名玉工费十余年的工夫。满城汉墓的发掘，深刻地揭露了封建统治阶级的骄奢淫逸和对劳动人民的残酷压迫与剥削[2]。

1969 年在江苏徐州市内发现的一座东汉砖室墓，出土了"银缕玉衣"[3]。据《后汉书·礼仪志》记载，汉代按照封建等级的不同，玉衣有金缕、银缕和铜缕之分，而以金缕为高级。徐州的这座汉墓，可能与汉明帝的儿子彭城王刘恭有关。彭城王是诸侯王，死后按例是"玉柙

---

[1] 有关汉代的文献一般称之为"玉匣"或玉柙（也作"椑"），见《汉书·董贤传》；《后汉书》中《孝崇匽皇后纪》、《刘盆子传》、《邓骘传》、《梁竦传》、《梁商传》、《朱穆传》、《王符传》、《夫余传》、《礼仪志下》；《东观汉记·梁商传》、《三国志·魏文帝纪》、《西京杂记》等。称之为"玉衣"的有《汉书》中《霍光传》、《外戚定陶丁姬传》、《后汉书》和《东观汉记》的《耿秉传》等。

[2] 满城汉墓的情况，见《考古》1972 年第 1 期。

[3] 徐州汉墓和丹阳南朝墓的情况，见 1971 年 8 月 14 日《新华日报》。

（匣）银缕"。上述中山靖王刘胜用"金缕玉衣"，如果不是由于西汉武帝时的制度不同，便是由于皇帝的特赐。徐州汉墓出土的随葬品也不少，特别是一件铜制的砚盒，通体鎏金，并镶嵌着红色的珊瑚和蓝色的宝石（松绿石和青金石），制作精致，色彩也很华丽。

1970 年在山东曲阜九龙山发掘了四座形制与满城汉墓近似的崖墓，其年代也属于西汉。墓经盗掘，但仍出土了鎏金和错金的车马饰、铜印、石磬和大量的陶器，并发现有零散的玉衣片。其中一座墓出土的一件石板，上有"王陵塞石广四尺"的铭文。从各种情况看来，这四座墓可能是属于当时鲁恭王一家的。

1969 年，济南北郊无影山发现了一处西汉墓地。其中一座墓出土了一批彩绘陶俑，并包括陶车、陶马和陶鸟等。一整套的舞乐杂技俑，构成了一个热闹的场面：乐队击鼓、吹箫、击磬，正在合奏，舞女身穿绣衣，长袖缓舞，演杂技的人正在翻筋斗；两侧则是衣冠楚楚的封建统治者，主宾相对，正在拱手作揖，观看演出。这和西汉初年贾谊所描述的奏乐歌舞杂戏的情形很相类似①。这一套完整的舞乐杂技俑，形象生动，内容丰富，是过去发现的汉代陶俑中所少见的，它反映了当时的文化艺术和封建贵族们追求享乐的生活。

1969 年甘肃武威雷台的一座汉墓里出土的一大批铜俑，是前所未见的。这批铜俑包括一群手执武器的骑士、14 辆马车、许多牵马人和马，把它们排成一行列，正是一幅汉画像石的"车马出行图"，由于是立体化了的，所以形象更为生动。尤其是其中的一匹马，作驰骋奔腾状，一足踩着飞鸟，栩栩若生地表现出飞马的雄姿，艺术水平很高。此外，在这座汉墓里还出土了有镂空花纹的铜制灯树、鎏金错银的铜樽和五层陶楼等，制作都很精致②。

---

① 《贾子新书》（《四部备要》本）卷四，匈奴篇，第 24 页。
② 1971 年 10 月 29 日《甘肃日报》。

1970 年在广西合浦县的一座汉墓中出土了一件铜制的房屋，屋顶悬山式，正面开门。汉墓中发现的陶屋虽有很多，但铜屋还是第一次发现。云南晋宁石寨山出土的铜贮贝器上也有铜屋，但形体较小，而且不是单独存在的，不能与这次发现的铜屋相比。

1971 年，陕西米脂发现四座东汉的画像石墓。画像的内容有牛耕图、车骑图，都衬以云气花纹。画像石上刻有铭文："永初元年（107年）九月十六日牛文明，千万岁室，长利子孙。"[①] 关于汉代的画像石，解放前只知道山东、河南和四川等地区。陕北是解放后发现画像石的新地区，和山东等地比较起来，画像的作风显得朴素，其题材则以日常生活为主。1953 年在陕北绥德发现的永元十二年（100 年）王得元墓的画像石[②]，由于在地点和年代上与这次发现的画像石相同，所以在画像的风格和题材方面也是类同的。

1966 年四川郫县犀浦公社发现一座东汉永建三年（128 年）的墓[③]。墓门是利用当时的一块旧碑改作的，在上面用线条增刻了一个人像（似为象征看守墓门的）。旧碑的边缘不齐全，原有文字亦颇有缺失，但多数字迹还很清楚。碑文记载着当时封建统治阶级的财产情况，并标明奴婢、田地、房屋和牲畜的价格，有的是"值"多少钱，有的是"买"多少钱，有的是"质"多少钱，详细而具体。这对研究汉代封建社会的阶级斗争、生产关系和社会经济等方面具有重要的史料价值。

东晋南北朝的墓葬和遗址

最近几年来，发掘了几座东晋南北朝时期的墓葬，有了重要的发现。东晋墓一座，是 1970 年在南京新民门外象山发现的，这里是东晋

---

① 1971 年 11 月 12 日《陕西日报》。
② 《陕北东汉画像石刻选集》（1959 年）。
③ 郫县汉墓的情况，见 1971 年 9 月 15 日《四川日报》。

早期王氏墓地的所在。王氏是当时统治阶级中最有权势的"高门大族",可以与皇族司马氏相比。这座墓的随葬品很丰富,共达150余件,其中除一般晋墓中常见的青瓷器、铜器、陶俑、陶制车马和仓囷外,还有金、玉、玛瑙、琥珀等物,尤其使人注意的是一件直筒形刻纹玻璃杯和一件镶嵌金刚石的金指环。"金刚石"这名词虽已见于东汉晚年的佛经译文中,但实物传入我国而见于记载者实始于晋①。古代金刚石产于印度,西向输入希腊、罗马,东向输入我国和东南亚。可注意的是东晋和刘宋时输入的都是"金刚指环",即已镶嵌在指环上的金刚石②。这次南京的东晋墓中所发现的,也是嵌在金指环上的。这指环平素无花纹,金刚石很小,直径一毫米余,作八面体,未经琢磨(金刚石原为等轴八面体形),嵌于环上,锥体尖端向外。这一发现,对于研究古代中外交通史等方面的情况,有重要的帮助。

南朝的两座大墓,是1967年分别在江苏丹阳县的胡桥公社和建山公社发现的③。两墓在墓内两壁各有12幅砖刻画,每幅都是由几十块至几百块刻着花纹的青砖拼合而成,其题材有"竹林七贤"、"羽人戏龙"、"车马出行"等故事和文臣、武士等单像。

两座北朝的大墓,一座是1965年至1966年发掘的山西大同北魏司

---

① 《太平御览》卷八一三珍宝部引《晋起居住》:"咸宁三年(277)敦煌上送金刚……出天竺。"又引《抱朴子》:"扶南有金刚,可以刻玉。"《山海经·西山经》郭璞注:"今徼外出金刚石……可以刻玉。外国人带之,云避恶气。"这是有关金刚石传入我国的晋代文献记载。此外,相传晋郭璞撰的《玄中记》中说:"金钢出天竺、大秦国,一名削玉刀。……小者如稻米,欲刻玉时,当作大金镮,著手指,开其背如月,以割玉刀内环中,以刻玉。"(见《太平御览》卷八一三)按:《玄中记》一书,郦道元《水经注》已经引及,当为晋或南北朝人所著。又《林邑记》说:"林邑王范明达献金刚指镮。"见《太平御览》卷八一三。按《林邑记》也曾为《水经注》所征引,当为5世纪时的书。范明达即《晋书》中的林邑王范达(卷九七),或范胡达(《水经注》卷三十六)。

② 东晋时输入的金刚指环,见上条注。《宋书·夷蛮传》:"呵罗单国,治阇婆洲,元嘉七年(430)遣使献金刚指镮、赤鹦鹉鸟";"天竺迦毗黎国,元嘉五年(428)……奉献金刚指环、摩勒金环诸宝物,赤白鹦鹉各一头。"阇婆是苏门答腊或爪哇古称的同名异译,迦毗黎在印度东部海边。

③ 1971年8月14日《新华日报》。

马金龙墓。司马金龙在《魏书》中有传。墓内有墓志，但甚为简略。他死于太和八年（484年），即魏孝文帝由大同迁都洛阳之前11年。墓里发现精美的漆画木板多幅，可能是屏风的残片。漆画的内容是忠臣、孝子一类的封建故事，旁注说明文字。这些漆画的风格，与被帝国主义劫掠去的传晋顾恺之所作"女史箴"有些相似。两对雕刻着莲瓣花纹的石础，可能是用以安插屏风两侧的木柱的，其中一对的四角还刻有伎乐人像。棺床由石块砌成，其周围也有浮雕。墓中随葬品还有青瓷壶等早期瓷器和陶俑，后者共达四百余件，有的加釉，有的素烧绘彩。司马金龙官至侍中、镇西大将军、开府、云中镇将，是统治阶级中直接镇压劳动人民的首要分子，随葬陶俑中有许多是披甲执盾的武士，就是很好的说明。

另一座北朝墓是1971年在安阳洪河屯发掘的北齐凉州刺史范粹墓①。这墓也出土了大批陶俑和一些早期的青瓷器与白瓷器，有的白瓷器挂有绿彩。此外，还有三件黄釉的扁壶，两面都印有舞乐图的浮雕。这种扁壶，过去多以为是唐代的，现在可以确定至迟在北齐时已经出现了。

北魏迁都洛阳后，墓志的制度开始盛行。清朝末年陇海铁路通到洛阳，帝国主义分子乘机勾结奸商，盗掘洛阳古墓，其中包括许多北朝墓。这些墓里出土的墓志见于著录的即达230余件②，但与墓志共出的随葬品多已被帝国主义分子所劫走，即使有未被劫去的，亦因与墓志失去联系而不能明确地判断其年代，造成学术研究上的损失。解放后发掘的有墓志的北朝墓，包括这次发掘的司马金龙墓和范粹墓，部分地弥补了这个损失。

1970年，山西大同北魏京都平城遗址中出土的金银器和石砚台，

---

① 安阳的北齐范粹墓的发现情况，见《考古》1972年第1期。
② 见赵万里《汉魏南北朝墓志集释》（1956年）。

也是北魏迁都洛阳前的遗物。石砚台雕刻精美，与上述司马金龙墓出土的浮雕石础一样，是研究北魏雕刻艺术的新资料，它们的作风和格调使人联想到当时的雕刻艺术宝库云冈石窟。金银器有八瓣椭圆形银碟一件，鎏金高足银杯四件。就造型和花纹而论，它们都具有波斯萨珊朝和东罗马（拜占庭）金银器的风格，与后来唐代的金银器相比较，可以看出唐代的金银器虽然仍带有一些西亚的风格，但已经中国化了。我们认为，大同出土的这批金银器可能是输入品，是研究中外交通史方面的重要资料。

"丝绸之路"上的新发现

新疆维吾尔自治区吐鲁番的阿斯塔那墓地，自 1966 年至 1969 年，发掘了北朝至盛唐（5 ~ 7 世纪）的墓葬共 114 座。出土品中最使人注意的是保存良好的丝织品和汉文的文书。由于大多数墓中都有墓志或有年号的文书残片，可以知道它们的确切年代，从而更增加了这批出土品的研究价值。

丝织品中，重要的是织锦和染缬。我国丝织品自汉代便通过这条"丝绸之路"输运到罗马，为罗马人所珍视。这次发现的织锦，年代较早的仍有汉代的遗风，花纹由经线组成，图案为云纹、如意连璧纹及云气间的动物纹等。年代较晚的织锦，由于受到波斯织物的影响，不仅花纹图案采用联珠纹、猪头纹和胡王纹等，而且织法也改而采用"纬锦"法，以纬线组成花纹。染缬有蜡缬、夹缬和绞缬三种。几件缬染的颜色都保存得鲜艳如新，花纹也很美观。其中一件绞缬的，染色后线子还未解去，可以看出绞结时折叠缝扎的方法。发现的几双妇女的鞋，保存良好，其中一双用织锦做的云头鞋和一双用特制的带有汉字铭文的圆头鞋，尤为华丽。此外，还有几幅绘在麻布上的彩色的"伏羲女娲像"，分别属于不同的时期，可以由此看出各时期的绘画的风格。

　　在阿斯塔那墓地发现的汉文书籍中，有《论语郑氏注》的抄本。其中一件长达520厘米，是《论语》的前五篇（《学而第一》的全篇和《为政第二》的前半篇已缺），末尾有抄写的年月和抄写者的姓名，从而知道是唐景龙四年（710年）一个12岁的小学生卜天寿写的。另外还发现《雍也第六》至《乡党第十》五篇的残片，字写得较为工整，从字迹判断，原来分别属于两个以上的写本。这些《论语郑氏注》残片，与开元四年（716年）文书同出，年代略晚于前述的那件写本。已被帝国主义分子掠夺的敦煌写本中，有不少《论语》的写本，但大多数是何晏的《论语集解》和皇侃的《论语义疏》，《论语郑氏注》很少，而且抄写的年代不如这次发现的明确和古老①。《论语郑氏注》唐以后就佚失不传了，因而这次的发现在文献学上有较重要的价值。这次发现的抄本，是到目前为止所发现的最早的《论语》抄本。

　　这次在阿斯塔那还出土了《典言》抄本的残卷。《典言》也是唐以后便已失传的书。关于该书的作者，《隋书·经籍志》作"后齐中书郎荀士逊等撰"，《旧唐书·经籍志》作"李若等撰"，这次发现的抄本则作"薛道衡撰"。其实这书是集体编纂的官修书，抄本每句下的小注都有"臣谨案……"可以为证。据《北齐书·文苑传》，荀、李、薛等人在武平年间为中书侍郎，他们可能都参加了《典言》的编纂②。抄本有该书卷二的目录，列"孝行"、"忠节"、"慎罚"等五篇，但由于残缺，只剩下"孝行"篇的一部分了。除了阿斯塔那墓地以外，在哈喇和卓的高昌古城内也出土了汉文书籍的抄本，其中最重要的有《三国志·

---

　　① 敦煌写本三万余卷，是前世纪末发现的，不久便遭到帝国主义分子的掠夺，见《敦煌遗书总目索引》（1962年）。1914～1915年，帝俄分子鄂登堡掠去的近万卷敦煌写本，最近才发表一部分目录和提要，见《亚洲民族研究所敦煌文献馆汉文写本纪要》第1册（1963年莫斯科俄文版）。

　　② 《隋书·经籍志》另著录《典言》四卷，原注"后魏人李穆叔撰"；《新唐书·艺文志》也著录了该书，但没有李若、荀士逊等撰的《典言》。姚振宗《隋书经籍志考证》卷一三以为"二家"似即一书。按李穆叔名公绪，《北史》和《魏书》都有传，北齐时仍活着，有可能也参与了《典言》的集体编纂。但是，这也可能是不同作者的同名著作。

孙权传》一卷，从字体看来，可能是东晋时的抄本。此外，在吐鲁番还发现一些有关经济和行政方面的汉文文书，如"卜老师借钱契"、"西州营名籍"、"高昌田部用水奏文"等。

上述在吐鲁番的这些汉文书籍和文书的重要发现，充分证明了当时当地在政治、经济和文化等各个方面都与内地无异，说明了新疆自古以来就是我们祖国领土不可分割的一部分。

唐长安城内的重要窖藏

1970 年，在西安南郊何家村发现一处唐代的窖藏，窖内埋的两个大陶瓮，储放着金银器、宝石、首饰、玉器、矿物药材（包括丹砂、乳石、紫水晶、密陀僧等）和中外钱币等共计 1023 件，其中金银器有 216 件。这是唐代金银器的一次空前的重大发现[①]。

这批金银器，品类甚多，如六瓣碗、莲瓣碗、高足杯、带柄八棱盘、提梁壶、羽觞、熏炉、熏球等，造型都很优美。许多金银器上带有非常细致的花纹。这些花纹除翻铸或捶拍成器时制出的以外，还有采取线雕、掐丝、细联珠和镂孔等方法制作的；为了使金银器的花纹突出，常以细珠纹为衬底，而银器又往往将花纹部分鎏金。花纹的样式，包括唐代盛行的宝相花纹、忍冬草纹、蔓花或蔓草纹、狩猎纹和各种动物纹（狮、狐、马、熊、凤凰、鹦鹉、鸳鸯、双鱼、龟等）等，丰富多彩。有两件单柄八棱金杯，每一面都用高浮雕做出乐工和舞伎的纹样，其中一件在柄部的上端还做出一对高鼻多须的人脸。另有一件掐丝珐琅的八棱金杯，填料虽已风化脱落，但仍残留一些粉末。掐丝珐琅可以说是元明时代景泰蓝的前身，从前只知道日本正仓院有一件唐镜的背面是掐丝珐琅的，西安发现的这件金杯是研究景泰蓝渊源的重要新资料。一件皮

① 1971 年 11 月 12 日《陕西日报》。

囊形的银扁壶，捶拍出一匹衔杯的舞马，细部加以线雕，花纹部分鎏金。上述这些金银器，在造型和花纹方面有许多显然是受了波斯萨珊朝金银器的影响，但总的说来，已经是充分的中国化了。这批精美的金银器，突出地显示了我国古代劳动人民的高度智慧和才能。

窖藏中出土的器物，也有一些是从外国输入的，例如圆圈纹的玻璃碗、镶金的玛瑙兽首形杯、拜占庭金币（希拉克略，610~641年）、波斯银币（库思老二世，590~627年）和日本奈良朝的银币"和同开珎"（708年铸）等，都说明了当时中外交通的兴盛。

这宗窖藏的发现地点，在唐长安城的兴化坊中。据文献记载，当时这一带是邠王李守礼（唐玄宗的堂兄弟，死于741年）的府、宅所在。李守礼死后，他的儿子承袭为嗣邠王。窖藏中发现的银饼刻有"开元十九年"（713年）等年份的铭记，所以推测这批贵重的器物可能是天宝十五年（756年）安禄山的部下进攻长安，唐玄宗和他的眷属、宫廷大臣等逃往四川的时候，由嗣邠王的家人埋藏起来的。如果这个推测合乎事实，那么大概经手埋藏的人后来意外死亡了，所以再没有人知道埋藏的地点。经过了1214年，这批劳动人民创造的珍贵的文物，终于回到人民的手中。

洛阳的含嘉仓

1969年至1971年在河南洛阳发掘的唐代含嘉仓遗迹，对当时社会经济史的研究有重要的价值。它和上述西安何家村唐代窖藏的发现一样，充分暴露了当时统治阶级对劳动人民的残酷剥削。

含嘉仓的位置在当时东都宫城的东北面，是唐代政府的主要粮仓之一。《旧唐书》记载说："凡都以东租纳含嘉仓，自含嘉仓转运以实京（指长安）太仓。"又说："开元廿二年自河阴送纳含嘉仓……凡三年运七百万石。"含嘉仓的重要，由此可见。

现已探明，这仓城所占的面积达 42 万平方米，周围绕以围墙，围墙以内共有大约四百个圆形的仓，排列成行。这些仓原来似乎是地下或半地下的窖穴，大小不等，直径 6～18 米，现离地面深 5～10 米。仓窖的顶部结构已不清楚，周壁有木板痕迹；底部有防潮设备，窖底经夯打和烧焙后，涂抹一层夹杂烧土、灰烬的混合泥土，作为防潮层，上铺木板。这层底板的上面和周围壁板内，都堆积一厚层的糠以防潮，而以席将粮食和这糠层隔开。发现时，有些窖中还遗有已朽腐的小米。

仓窖内置有刻字的砖，记载该窖在仓城中的位置、储粮数量、入窖年月、管理人的职称和姓名等。现已发现的砖上纪年多是 7 世纪末（692～699），粮食来源有南方的苏州、严州等和北方的邢州、冀州等。大型的仓窖所藏达万石以上。管仓人的职名有仓史、监事、仓丞、押仓使、监仓御史等好几种，说明当时粮仓有严密的行政管理制度。《旧唐书》记载当时的制度说："凡凿窖置屋，皆铭砖为庾斛之数，与其年月日、受领粟官吏姓名。"所发现的砖文，与文献记载完全符合。

根据这次新发现，结合有关的文献记载，我们知道当时统治阶级用残酷的田赋制度来剥削农民，并通过新开凿的运河将大批粮食运入东都洛阳和京师长安，充实洛阳的含嘉仓和长安的太仓，然后又将这些剥削来的粮食作为禄米和粮饷，用以养活大群的官吏和军队，让他们镇压和奴役广大的劳动人民。

唐宋辽的墓葬和舍利塔

1966 年至 1970 年，在洛阳南郊关林发现一处唐代的墓地，在已经发掘的一百多座唐墓中出土了大批三彩陶俑。其中一座有开元廿一年（733 年）墓志的唐墓，除马、骆驼和镇墓兽等三彩陶俑外，还出土了一件细颈玻璃瓶和一件灰色薄壁的石罐，是比较难得的。我们知道，洛阳的唐墓和前述的北魏墓一样，解放前被帝国主义分子勾结奸商肆意盗掘。北邙山一带唐墓出土的墓志，仅现存洛阳市博物馆的即数以千计，而墓里的随葬品，尤其是各种三彩陶俑，大部分都早已被帝国主义分子盗运而去。解放以来，虽然做了许多发掘工作，但除了这次关林墓地以外，在洛阳几乎没有发掘到一座完整的唐墓。帝国主义对我国历史文物的掠夺和破坏，使我们感到极大的愤怒。

西安附近，解放后曾陆续发掘了几座重要的唐墓，如鲜于庭海、杨思勖、永泰公主等人的墓①。最近几年，1969 年在咸阳发掘了武周时期的契苾明墓，1971 年在乾陵附近发掘了陪葬的懿德太子墓，都出土了成套的三彩陶俑，是我国古代雕塑艺术的精品②。

1971 年在成都磨盘山发现并开始发掘了五代时期后蜀皇帝孟知祥（死于 934 年）和他妻子的合葬墓③。这座大墓工程很大，结构独特，三个并列的圆形穹窿顶墓室，主要用青石叠砌而成，墓室周围又有用青石砌成的圆形围墙，周长 74 米。墓中还发现有残存的两幅塑画。目前发掘工作仍在继续进行中。

1970 年在北京丰台等地发掘了几座辽墓，其中一座有重熙十四年（1045 年）和廿二年（1053 年）的墓志，是曾任贺宋正旦副使的王泽④及其妻的合葬墓。这座辽墓出土了一批洁白明莹的辽瓷。许多瓷器，如六瓣盘、六瓣碟、菊花盘等的形式，还保存了唐代的风格。辽宁省的北票和内蒙古的翁牛特旗等地，近年也发掘了几座辽墓，出土了精美的彩釉辽瓷。翁牛特旗的辽墓除发现瓷器外，还出土了两件鎏金的铜面具、一张木椅和一些印花或刺绣的丝织品。

最近几年，各地还清理了几座宋辽时代舍利塔的塔基，发现了一批

---

① 鲜于庭海墓的情况，见《考古通讯》1958 年第 1 期，第 42～52 页；杨思勖墓的部分出土物情况，见《文物》1961 年第 12 期，第 59 页；永泰公主墓的情况，见《文物》1964 年第 1 期，第 7～34 页。

② 契苾明和懿德太子，两唐书中都有传。

③ 孟知祥墓的发掘情况，见 1971 年 9 月 15 日《四川日报》。

④ 见《辽史》卷一八《兴宗本纪》重熙五年条，墓志则作"六年充贺南朝正旦副使"。

制作精致的佛教文物和工艺品。例如，1969 年河北定县宋代塔基发现的有太平兴国二年（977 年）墨书题记的隋仁寿二年（602 年）铭铜函和大批宋瓷；1971 年安徽无为宋代塔基发现的景祐三年（1036 年）施舍牒、陀罗尼经印本、木雕小佛像和雕漆罐、刻花玻璃瓶；1966 年浙江瑞安宋代塔基发现的庆历二年（1042 年）木盒、景祐二年（1035 年）银龛、七层玲珑银塔、金书陀罗尼经和刻花玻璃瓶；1969 年山东莘县宋代塔基发现的十三层银塔和包括嘉祐八年（1063 年）刻本《法华经》在内的大批宋刻佛经；1967 年辽宁阜新辽代塔基发现的鎏金塔和錾字银牒，等等。这些发现，为研究我国当时的手工业和宗教史提供了一批很有价值的材料。

元大都的勘查和发掘

北京是历史悠久的城市，早在辽代便在这里建都，称为"南京"。金代也在这里建都，称为"中都"。元至元四年（1267 年），开始在辽金故城的东北面兴建一座新的都城，称为"大都"，格局宏大，规划整齐，是当时世界著名的大城市之一。它在我国都市建筑史上占有重要的地位。

元大都的考古工作，开始于 1964 年。"文化大革命"期间，这项考古工作继续开展，取得了显著的成绩。几年来，通过普遍的勘查和重点的发掘，究明了元大都外郭城的形制和范围，也搞清楚了皇城和宫城的位置。勘查工作证明，当时街坊的布局基本上是南北向的主干大道和东西向的胡同，由这些街道划分成一个个长方形的房屋区。在城墙的夯土墙基下发现了石砌的排水涵洞，在大街的旁边发现了石砌的排水沟渠。当时供给城内用水的主要水道，也被勘查出来了。

元代社会尖锐的阶级对立，也可以通过在元大都发掘的几处居住遗址反映出来。统治阶级的大型住宅，用一道走廊将前厅和后房联结起来，平面作"工"字形；房屋建筑在砖砌的台基上，室内用方砖铺地，并安装有华丽的格子门；屋顶的建筑构件复杂，有的是素烧的，有的带三彩釉。在房屋遗址里发掘出来的日用器物，也很讲究；特别是一件螺钿平脱的漆盘（已残），用五光十色的贝壳镶嵌成一幅"广寒宫图"，制作极为精美，说明了封建统治阶级的奢侈生活，也表现了劳动人民在工艺方面的高度成就。在一处统治阶级的窖藏里，发现了一宗瓷器，其中有飞凤纹扁壶和带托小碗等10件青花瓷，造型优美，光彩清新，艺术水平很高，它们是到目前为止考古发掘工作中得到的一批年代最早的青花瓷器。至于劳动人民的住房，却非常简陋，面积狭小，墙壁用碎砖堆成，室内潮湿不堪，房内遗留的日用品也极其粗劣。这与上述统治阶级大型住宅所反映的奢侈生活形成了鲜明的对照。

1969年在今西直门箭楼下发现了被明代城墙所掩盖的元"和义门"瓮城城门的遗存。城门洞用砖券筑，门上还遗留有一米多高的城楼残壁。这一保存良好的元代城门的发现，为我国建筑史的研究增添了重要的资料。在城门券顶和门楼的墙壁上，发现了至正十八年（1358年）等纪年的题记。据《元史》记载，至正十九年元顺帝令京师十一门皆筑瓮城，造吊桥，妄图借此加强防御，负隅顽抗，阻止农民起义军的进攻。但是，这并不能挽救元朝统治者必然覆灭的命运。到了至正二十八年（1368），元王朝便在农民起义的革命烈火中垮台了。和义门瓮城城门的发掘，生动而深刻地说明了当时阶级斗争的历史①。

明代的"地下宫殿"

"文化大革命"期间，也发掘了一些明代的墓葬②。其中有两座大

---

① 元大都的勘查和发掘情况，见《考古》1972年第1期。

② 这里介绍的几座明墓，死者在《明史》中都有传。

墓，一座是鲁王朱檀的墓，一座是蜀王朱椿的儿子朱悦燫的墓，它们都是封建统治阶级对劳动人民进行残酷剥削和压迫的历史的见证。

朱檀墓在山东邹县九龙山，是 1970 年发掘的。这座保存完整的明墓深达 20 余米，墓内各种随葬器物都能得到极好的保存。前室有各种木俑 400 多件。后室除棺椁之外，有亲王的冠服和冕服、弁服和常服，并有"鲁王之宝"的木印等物。此外，还有朱檀生前玩弄的七弦古琴（南宋隆兴二年制）一张，围棋一副，名画家钱选等人所作的画四卷和元刊本的书籍七种。

朱悦燫墓在四川成都凤凰山，也是 1970 年发掘的。墓室用砖和石料筑成，完全模仿地面上的木构建筑，结构复杂，装饰华丽，其规模虽然不如 1958 年发掘的北京昌平明十三陵的定陵，但也完全够得上称为"地下宫殿"。根据墓志的记载，可以判断此墓从开始兴建到完工，最多不超过 10 个月的工夫，从而可以想见成百上千被驱使来造墓的劳动人民是如何被迫昼夜赶工，流尽血汗了。墓已被盗，但仍遗留不少的随葬品。400 余件三彩陶俑，造型和上述朱檀墓出土的木俑大体相似。朱悦燫是"亲王"的"世子"，所以也有一套冕服，但已另缺不全。墓中还出土了铜盔、铁弓、铁刀和一批瓷器。

1969 年在北京西郊发掘了明万通墓。万通是成化帝宠妃的弟弟，常常得到宫廷的赐品。他的墓中出土的一批金银器，例如一件带承盘的金杯、一件刻龙纹的金执壶和两件金带钩，都镶嵌了各色宝石，其华丽不亚于定陵的随葬品。1970 年在南京中央门外张家洼发掘的明初东胜侯汪兴祖墓，也发现了玉带、瓷器等较珍贵器物。

另外，1971 年在广东汕头海边的沙丘中，发现了 64 件明代的"青花"等瓷器。这和 1969 年广东珠海县蚊洲岛沙滩发现的 212 件元代瓷器一样，应为当时进行海外贸易而沉没的货船所遗留的物品。这些发现是当时我国海外交通繁盛的重要见证。

三十年来的中国考古学[*]

　　中华人民共和国的建国三十周年的伟大节日来到了。我们抱着十分欢欣的心情来庆祝这节日。这三十年的岁月确是不平凡的岁月。虽然有过一些曲折，但是我们社会主义的祖国在各方面都取得了伟大的成就。我国的考古学也像别的有些学科一样，这三十年中取得了空前的收获。中国考古学的对象虽是古老的东西，但是实际上是一门很年轻的学科。这三十年来，大量的考古资料给中国考古学家们提供了前所未有的机会来汇集、整理和研究古代文物。我在最近的一篇文章中曾说过："1949 年中国民主革命取得了伟大的胜利，由民主革命转变为社会主义革命……中国考古学的发展也进入了一个新阶段。"（《考古》1979 年第 3 期，第 196 页）① 这三十年来的成就，使得国内外许多考古学家认为 20 世纪的后半叶是中国考古学的黄金时代。中国古代以三十年为一世（见《说文》卷三）。我们回想解放以前的情况，真有"隔世"之感。

　　中国考古学这个新阶段的标志，首先是以马克思列宁主义、毛泽东

---

　　*　本文原载《考古》1979 年第 5 期。
　　①　《五四运动和中国近代考古学的兴起》，见本书第一册。

思想作为指导我们思想的理论基础。最近一位日本的学者说："当然，中国是以马克思列宁主义为基本的社会主义国家，因而在考古学方面也贯穿着一条马克思主义的线。他们曾经反驳过苏联考古学者们强调新石器时代仰韶文化彩陶中的西方影响的说法，主张中国文明的独有的特点。虽然是民族主义，但他们关于原始社会的发展是信奉摩尔根、马克思的单线进化论的。然而，在野外考古学调查、发掘现场，却是尊重事实。那种以理论歪曲解释事实的倾向虽不能说绝对没有，但确实是罕见的。"（贝塚茂树《中国文明的再发现》，1979 年日文版，第 21～22 页）我们信奉马克思主义的理论，并不是由于这些理论出于马克思，而是由于它符合于客观的真理，符合于考古实践中所证实的客观事实。实践是检验真理的标准。在"四人帮"横行的日子里，尊重事实的学风被诬蔑为"资产阶级客观主义"，正当的科学操作规程被诬蔑为"资产阶级繁琐哲学"。他们企图歪曲事实为他们的所谓"政治"服务。幸得"四人帮"的横行只是一个短暂的插曲。像全国各个领域的情况一样，考古学的春天终于重新降临。我们抱着喜悦的心情来迎接当前我们考古学的再度欣欣向荣的局面。我们要继续认真学习马克思主义。在马克思主义理论的指导下，刻苦钻研，实事求是地把中国考古学的水平推向一个新的高度。

这三十年来，中国考古学的进展的第二个标志是，具体的研究方法起了很大的变化和进步。马克思主义的辩证唯物主义和历史唯物主义是通过科学的一般方法和考古学的一些特殊方法而起指导作用的。当代世界科学的一个重要发展是一方面专业化而另一方面整体化。前者是每一学科根据它的特有的研究对象去发展它特有的理论和具体研究方法；后者是每一学科与别的学科在理论上互相渗透，在方法上也互相渗透。

社会科学的各学科中，考古学是最能利用自然科学的方法的。恰巧这三十年也是全世界范围内考古学利用自然科学方法来解决考古问题的工作做得最多和收获最大的时期。甚至有人认为 1950 年以后的二十多年在考古学史上将要被称为"技术革新"时期。技术革新中尤以鉴定年代的技术工作，进展最大。碳十四的断定年代法的发现和应用被认为是史前考古学上的一场革命。中国考古学也已引进了这 50 年代初开始应用的这项技术，建立了几个实验室。其中我们考古研究所的实验室便已发表了六批数据，标本数达百余个，这样便初步奠定了中国史前考古学的编年学的基础。此外，热释光断代法也已开始进行试测。氟含量测定法和古地磁法已用来鉴定化石和遗址的年代。化学分析、光谱分析、金相学显微镜、电子探针、中子放射化分析、岩石薄片鉴定等方法用来鉴定遗物的质料、产地和制法等，尤其是关于古代金属和陶瓷的研究中已取得了一定的成果。孢子花粉学，古动物学和古植物学，古气候学等也给予考古学以关于古代人类活动的环境的知识。高分子化学等的发展，对于古物的保存和古建的维修，带来了很大的帮助。体质人类学研究古代人类的骨骼以阐明人类的起源和人种的分化和混合。航空照相和地抗力的探测法用来调查和确定古城和地面下古墓的位置。水底潜水技术的发展，已初步应用到西沙群岛的沉船调查的工作上去。考古学的探索，真可以说是"上穷碧落下黄泉"了。

但是，考古学终究是一门社会科学。它可以也应该尽量利用自然科学的方法，但它的研究对象毕竟是社会现象，毕竟是关于阶级斗争、生产斗争和科学实验的人类行为的遗留。我们要通过实物来研究社会组织、经济状况和文化面貌，也便是由生产方式到意识形态，以探求人类社会发展的规律。解放以前，中国考古学家们的工作几乎限于遗物和遗迹的描述。有些考古学家甚至在解放后的初期，还不敢根据考古资料来推论古代社会组织。他说什么"推论敬俟卓识，史实止于遗存"（1950年 3 月 19 日《光明日报》《学术》副刊）。实则他所谓"史实"的"殷陵殉人"便包括至少三个推论：时代是殷代，出土处是帝王陵墓，死因是殉葬。他所不敢推论的只是涉及社会阶级和阶级斗争的推论而已。这 30 年来，由于考古工作者在不同程度上都多少掌握了马克思列宁主义的方法，他们写出了许多根据考古材料来说明古代社会的文章，讨论例如母权和父权的原始社会的始终、奴隶社会的始终等问题，开展百家争鸣，辩论得很热烈。这是由于史学基本方法和态度的改变，同时也由于考古学的新资料，层出不穷。郭沫若同志曾对奴隶社会始终的讨论提出意见说："文献上的材料是绝对不够的，必须仰仗于地下发掘。"（《奴隶制时代》，1973 年版，第 109 页）

至于社会科学领域内各门学科中，考古学在最近三十年中与狭义的历史学（利用文字记载以研究历史）的关系结合得更为密切了。历史时期考古学的研究这时开始受到应有的重视，并且取得了一定的成就。这是三十年来中国考古学进展的另一个标志。解放以前的中国考古学主要是史前学，其次是属于原史时代的殷墟研究。当时受过训练的考古学家几乎都是从地质学或人类学方面过来的。便是受过考古专业训练的，他们所受的训练也几乎都是史前考古学方面的。另外一批学者，则是由古史研究、古文字学和古器物学方面过来的，是在书斋中培养出来的。所以除了殷墟以外，连殷周时代考古学也是被忽视的，发掘工作做得很少，更说不到秦代以后的考古研究了。1949 年以后的三十年间，我们除了继续开展史前考古学之外，还做了大量的历史时期遗存的调查和发掘。这些工作提供了大量的考古资料，使我们有条件可以着手编写中国的历史考古学，而不再是"古不考三代以下"了。考古研究工作跨入了"历史时期"内，便要掌握狭义历史学中的大量文献和运用文献考据学；同时狭义的历史学研究也要充分了解和正确利用考古学的成果。这对于两方面都有很大的好处。这在解放以后编写的几本中国通史教本或参考读物中可以看得出来（例如《中国史稿》、《中国通史简编》）。

三十年来中国考古学的进展，也表现在考古调查、发掘工作的扩大，遍及全国各省、市。1949 年以前，我们中国人做的考古发掘工作，几乎是限于黄河流域和长江下游，现在是遍地开花了。西南到西藏高原，东北到黑龙江沿岸，南到西沙群岛，西北到蒙新的草原和沙漠，到处有我们考古工作者的足迹；并且我们还有意地重视边疆地区的考古工作。每一个遗址或墓地的工作又重视大面积的发掘，以便了解整个居住遗址和整个墓地。遗址方面，从原始氏族社会的村落（例如西安半坡）到封建社会的城市（例如汉唐两京和元大都），虽然还不能全部掘开，但已有足够的面积被揭露，可以了解全面的布置和局部的细节。墓地方面，常常是整个墓地几百座墓葬全部或大部分挖出（例如青海乐都柳湾墓地共掘一千六百余座，洛阳北窑共掘八百余座），以便搞清楚这墓地中墓葬分布的规律。现在不像 1949 年以前那样只发掘几个深沟或几座墓葬，而是要求有全面性。

在下面，我将概述这三十年来中国考古学的新发现和研究成果。总的说来，这 30 年的工作已在许多问题上取得了进展，并且填补了许多空白。我们考古研究所正在集体编写一本关于三十年的中国考古学的书，初稿已近完成。这里，我们只能极其简单地介绍一下，可能有些重要的发现和研究成果被遗漏掉，请有关单位或个人原谅。

旧石器时代，除了 1949 年前发现的北京人和河套人以及他们的文化以外，这三十年来，陆续发现了更早的蓝田人和元谋人。根据地磁学的测定，元谋人距今约 170 万年，蓝田人距今约 75 万～65 万年，北京人晚于 69 万年。和北京人同时或较晚的旧石器地点，新发现的有匼河、丁村、峙峪、小南海、下川等。新发现的较北京人为晚的人类化石地点有马坝、长阳、丁村、柳江、资阳等。峙峪的骨标本的碳十四年代是距今 28945 ± 1370（ZK 109），可能是亚洲范围内最早的包含有细石器的遗址。

新石器时代考古研究，可以说由于碳十四测定年代法的采用而进入一个新时期。同时，三十年来的发掘工作所提供的大量新资料已经使各地的原始文化的面貌日益明确。三十年来新发现的新石器遗址，已公开发表的达六千余处，已发掘的也在百处以上，其中有些是典型的遗址或墓地，而且进行的工作常是大规模的，例如西安半坡和三门峡市庙底沟。碳十四的断代法，使这些新石器文化的年代序列得到了确实可靠的科学根据。现下已发表的数据已达百个以上。整理的结果，知道黄河中游的"磁山·裴李岗文化"约为 5935 ± 480 B. C.（裴李岗 ZK 434）和 5400 ± 100B. C.（磁山 ZK439，ZK440）（未经树轮校正，半衰期以 5730 年计算，实际年代可能要提早六七百年），仰韶文化约为 4800 ~ 3000B. C.（树轮校正过，下同），河南龙山文化约为 3000 ~ 2300B. C.；长江下游的河姆渡文化约为 5000 ~ 4750B. C.，马家浜文化约为 4750 ~ 3700B. C.，良渚文化约为 3300 ~ 2250B. C.（参阅《考古》1977 年第 4 期，第 217 ~ 232 页）。最引人注意的是 70 年代中发现的早期新石器文化：在黄河流域中游有比仰韶文化更早的"磁山·裴李岗文化"，在长江下游有比仰韶文化早期（半坡）同时或开始稍早的河姆渡文化。前者如果继续上溯，或可找到中国农业、畜牧业和制陶业的起源。后者表示长江下游地区在新石器早期的重要性，这里当时已有相当发达的文化。此外，这 30 年的工作中，半坡的发掘初次揭露了当时原始氏族村落的比较完整的面貌；庙底沟二期文化的发现，证实了从仰韶文化到河南龙山文化的过渡期的存在，纠正了前人以为二者曾同时存在、东西对立的看法。仰韶文化经过新资料的分析，知道可以区分为几个类型，即半坡类型、庙底沟类型等。还有许多常见于考古学文献中的新石器文化，也都是在这 30 年中发现的。例如云南的剑川文化、广东的西樵山文化、福建的昙石山文化、长江中游的大溪文化和屈家岭文化、长江下游的马家浜文化、江苏的"青莲岗文化"（这名词有不同的含义，用法现仍未一致，这里是指苏北的早期大汶口文化）和湖熟文化（时代较晚，似属西周）、山东的大汶口文化、黄河中游的"磁山·裴李岗文化"和庙底沟二期文化、陕西的客省庄二期文化、旧热河地区的夏家店上层文化（时代较晚，西周末期至春秋）和下层文化等。这些新发现对于该地区的原始社会时期文化的研究都有重要的意义。当时各种文化在祖国大地上争妍竞秀，并且常常互相影响，互相渗透，交织成一幅光彩流离的瑰丽图景，而且为后来独特的灿烂的中国文明打下了基础。

中国考古学中，在新石器时代和文明灿烂的安阳殷代文化之间，从前是有一大段的空白。这 30 年间的新发现，逐渐填补了这空白。但是中国第一个王朝夏朝（相传它的年代是公元前 21 至前 16 世纪）在考古学上还是不能证实。近年来我们正在河南省西北部和山西省西南部进行探索，并在调查发掘工作中获得一些新的线索。有人认为我们已找到夏代遗址，包括两处夏代都城遗址。就考古学的证据而言，这结论未免下得过早。

关于殷商文化的研究工作，这三十年来，考古新发现已经在时代方面上推到殷商初期，比过去提早了二三百年。地理方面，北方达北京附近和辽宁，南方远及两湖和江西。1949 年后不久便在郑州二里岗发现了一个比安阳小屯殷墟为早的殷商古城遗址，后来又在偃师二里头发现比二里岗更早的遗址。二里头还未发现城墙的遗迹，但是有建于长宽约 100×108 米的夯土台基上的一座面阔八间、进深三间的宫殿址，确具有国家都城的规模。一般认为是汤都西亳，但也有人提出不同的看法，认为早期（一、二期）的属于夏，或认为一期至四期全部是夏代的。安阳小屯这个从 1928 年起便开始发掘的殷代遗址，1949 年后仍有重要的发现。1950 年发掘了重要的武官村大墓。1971 年和 1973 年发现了四千多片的卜骨、卜甲，现已编好《小屯南地甲骨》图录部分付印。1976 年发现了武丁配偶妇好墓。这是五十多年来第一次发掘到保存完整的商朝王室成员的陵墓。墓中出土了青铜礼器二百余件和玉石器五百余件，制作都十分精美。河南以外已发现的重要的殷商遗址、墓葬或遗物的地点，在南方有湖北黄陂盘龙城、湖南宁乡黄村、江西清江吴城和安徽阜南月儿河，在北方有河北藁城台西、苏北铜山丘湾、山东益都苏埠屯、北京平谷刘家河和辽宁喀左北洞村。其中盘龙城和吴城尤为重要。至于综合研究的成果有陈梦家的《殷虚卜辞综述》。郭沫若主编的《甲骨文合集》编排工作将近完成，有几册已经付印，即将出版。工具书《甲骨文编》（孙海波编）在 1949 年后出版了增订版，增入了许多新资料。

西周时代的田野考古工作，1949 年以前除了宝鸡斗鸡台和浚县辛村的几座西周墓之外，几乎没有做什么发掘。它是在 1949 年以后才发展起来的。50 年代丰镐地区的连年发掘，建立了西周考古学的编年的标尺，尤其是陶器方面更是如此；同时使我们认识到当时的生产技术和殷代相比较并没有什么区别。在西安及其附近的凤翔、岐山、宝鸡等处，发掘了不少有随葬铜器的贵族墓葬和铜器窖藏。甘肃灵台白草坡、河南洛阳北窑、湖北京山平坝、安徽屯溪、江苏丹徒烟墩山、山东黄县、河北元氏西张村、北京房山琉璃河和昌平白浮、辽宁凌源马厂沟等，也都有西周铜器墓发现。这些铜器常有重要的铭文，例如丹徒的宜侯夨簋、长安普渡村的长由盉、眉县的盠器、辽宁和北京房山的匽侯器、蓝田的永盂、临潼的利簋、宝鸡的何尊、扶风白家村的微氏家族铜器（这窖藏共 103 件铜器，有铭文的 74 件，包括那件铭文长达 284 字的很重要的史墙盘）等。这些铭文都是研究当时社会历史的可靠资料。关于金文的考释和研究，除了唐兰等各家的单篇论文外，郭沫若的《两周金文辞大系》，1949 年后出版了增订版。他在 1949 年后所写的金文考释则收入他的《文史论丛》中。陈梦家在 1955～1956 年《考古学报》上陆续发表过他的《西周铜器断代》（一）至（六），未发表的部分现在整理中，将作为他的遗著出版。杨树达发表了他的《积微居金文说》和《积微居小学金石论丛》的增订版。《殷周金文集成》则由考古研究所主持，正在进行搜集和编纂中。容庚的《金文编》出了增订本。此外，在陕西省扶风、岐山所谓"周原"上，最近发掘了西周早期的宫殿、宗庙的遗存。在一个房间内的窖穴中发现了大批的周代卜甲碎片，其中二百来片是有刻辞的。

到了东周时代，铁器开始出现。东周晚期的战国时代，铁器更为普遍。中国的冶金学家和考古学家一起，最近几年曾对中国近年出土的铁器进行研究，取得了良好的成果（参阅《考古学报》1975 年第 2 期，第 1 ~ 20 页）。至于东周时代的王侯贵族墓葬，重要的有春秋时代的三门峡上村岭的虢太子墓和其他贵族墓、寿县的蔡侯墓、战国时代的辉县固围村的魏国墓、两湖（长沙、江陵）和信阳的楚墓、侯马和长治的赵墓以及最近发掘的平山中山国王墓和湖北随县曾侯墓。这些墓都出土了许多精美的随葬品。其中尤为重要的是蔡侯墓的大批青铜器，中山国王墓金银镶嵌的铜器和刻有长篇铭文的铜礼器（其中三件的字数分别为 182 字、450 字和 469 字），曾侯墓的编钟（达 64 件之多，发现时仍挂在钟架上）和其他乐器、精美的玉器、镂空的瑰奇的铜容器。楚墓是以漆器和竹简著名的。洛阳的中州路虽没有出土重要的或精美的随葬品，但是这墓地的使用时间由春秋早期到战国晚期，可以依时代排列为七期。这七期的陶器可以作为该地区的东周考古编年学的标准。长沙和江陵都曾发掘过上千座楚墓，为荆楚地区的分期工作初步打下了基础。至于东周时代几个重要的列国都城，如齐临淄、赵邯郸、燕下都、楚纪南、鲁曲阜、郑韩新郑、晋魏侯马（新田?）等，这三十年间，也做了不同程度的探勘和发掘。1949 年后出土的侯马晋国盟书，也已整理出版。

秦始皇于公元前 221 年统一了中国。秦朝时间虽仅短短的十余年，但在中国历史上影响很大，留存下来的文物也不少。它的首都咸阳曾经发掘到宫殿的遗迹。临潼始皇陵的陵域内，1974 年发掘出一座陶俑坑，坑中埋有数千件陶武士俑和陶马。1976 年又发现一座，除了近千件陶人和四百多件陶马之外，还有 89 辆木制战车。这些陶人和陶马，与真的大小相近，造型生动而逼真。1975 年湖北云梦睡虎地的秦墓中，出土了千余枚竹简，内容主要是关于当时的法律的条文。

汉代是中国封建时代文化的一个高峰。当时的首都长安和洛阳，是这三十年间长期进行调查发掘的重点。除了勘察城墙范围、城门、宫殿和主要街道的位置等城市布局以外，我们还在这两处进行发掘。在汉长安城遗址，发掘了霸城门等四座城门、城内的武库、城外的南郊和东郊的礼制建筑。汉魏洛阳故城发掘了城南的明堂、辟雍、太学和灵台，以及南郊刑徒墓。这些发掘都有不少的收获。此外，还有汉河南县城（今洛阳市区西）、福建崇安、北京清河镇等汉城遗址和辽阳三道壕等汉代村落遗址，也做了发掘工作。至于汉代墓葬，这三十年间所发掘的，当有几千座之多，可能超过万数，收获也不少。其中以长沙马王堆和满城陵山汉墓的发现最为惊人，随葬品的精美，为前所罕见。马王堆还出了简册和帛书，以及保存良好的一具女尸。消息公布后，引起了国内外的震动。此外，还有东北辽阳、河北望都、内蒙古和林格尔等壁画墓，江苏徐州、山东沂南（有人以为时代稍晚）、河南南阳和密县的画像石墓，四川的画像砖墓，都具有高度的艺术水平，并且显示了汉人的生活图景。咸阳杨家湾西汉墓的大批彩绘陶俑、武威雷台的铜制车马仪仗队（包括著名的铜奔马）、武威另外二座汉墓的《仪礼》木简和医书木简、临沂银雀山出土的《孙子兵法》和《孙膑兵法》的竹简，也都值得一提。此外还有江陵凤凰山、广西贵县、广东广州市郊、河北定县、安徽阜阳（汝阴侯墓）、亳县（曹操家族墓）、北京大葆台、山东曲阜九龙山、湖南长沙等处汉墓的发掘。洛阳烧沟的从汉武帝到东汉末的225座汉墓，虽没有出土重要的随葬物，但经过系统的整理后，它们可分为六期。这六期可作为中原地区的汉代各种器物的断代的标准。最近几年，在汉代居延塞一带的烽燧遗址中发现了汉简一万九千余枚。将来经过整理和研究，这批材料将对汉代的烽燧、戍役制度和社会生活的了解有很大的帮助。对于居延塞以东的秦汉长城遗迹也做了些调查工作。我国境内少数民族地区和汉族所住的边区，到了汉代几乎都前后由史前时代进入了历史时期，汉文史籍中有关的记载已经相当多而且有的颇为详细。这三十年来考古工作也提供了不少的有关资料，例如东北和北方的东胡和匈奴、新疆"丝绸之路"上的西域汉代古国、四川的巴蜀文化（早期的应在汉代以前）、云南的滇国文化等。

魏晋南北朝时期是两汉到隋唐的过渡。这时期社会比较纷乱，因之，后汉时输入的佛教，这时大为流行。佛教艺术的宝库，在这三十年中继续有所发现，石窟寺有甘肃永靖炳灵寺和武威天梯山，埋藏的石刻佛像有河北曲阳修德寺（二千余件）和四川成都万佛寺（百余件）两处寺庙废址。1949 年以前已闻名的敦煌莫高窟、天水麦积山、洛阳龙门和大同云岗，这三十年中，曾做了维修和加固的工作，还做了不少的图录出版和专题研究的工作。在城址方面，这三十年中，对于河北邺都、大夏统万城和吐谷浑伏俟城，都做了调查。还有洛阳汉魏故城的上层，也属于这时期，我们发掘了城内北魏永宁寺遗址。墓葬方面，也发掘了许多重要的贵族墓，北方有北票的北燕冯素弗夫妇墓、辑安的高句丽墓群、景县封氏墓群、藁城甄氏墓群、大同方山文明皇后的永固陵和石家寨司马金龙墓、安阳的北齐贵族墓群、洛阳的元毂、元邵墓、洛阳和酒泉的晋墓、新疆阿斯塔那的高昌早期墓，等等；南方的有宜兴西晋周处墓、南京东晋王氏和颜氏两组墓群、丹阳南齐萧氏墓地、武昌南朝墓、河南邓县彩绘画像砖墓等。这些墓常常是聚族而葬。新发现的重要墓志，有洛阳出土的西晋徐美人墓志等。墓中出土了许多艺术品和日用品，反映了当时的艺术水平、工技水平和社会生活。大量的陶俑和一些壁画、浮雕，都生动地表现这时期各种人物的具体形象。邓县画像砖墓，便是一个突出的例子。南朝的贵族墓中常有精美的青瓷出土。这是因为中国的瓷器自汉末以来日益进步，由原始青瓷逐渐演化成可以称为瓷器的青瓷。北齐墓中还出土了洁白光亮的白瓷。这时期的黄金首饰，常有用金细丝或小珠焊上以组成美丽的花纹。有些墓中还发现了玻璃器物，有的是用吹玻璃法制成的，一部分是由西方输入的。这时期，我国在工艺学方面也有新成就，而不仅仅表现在宗教、文学和美术的兴盛上。可见这时期并不是中国文明史中的一个"黑暗时代"，像从前有些史学家所推断的那样。

隋唐时代是中国封建文化的另一个高峰。这三十年来，我们调查和发掘了隋唐的首都长安和陪都洛阳，究明了都城的布局。在长安唐城内，我们发掘了南城墙正中的明德门、城内西市的一部分、大明宫内的含元殿、麟德殿和重玄门、兴庆宫的勤政务本楼，以及著名的青龙寺废址。在洛阳唐城范围内，我们发掘了皇城右掖门和含嘉仓的一部分。当时著名的商业城市扬州，近几年也开始发掘，在唐故城内出土了一些唐代文物。墓葬方面，以隋唐长安郊区及陪葬昭陵、乾陵的大墓的发掘最引人注意。重要的有隋代姬威墓和李静训墓，唐代王室有李寿（字神通，高祖从弟）、章怀太子李贤（武后子）、懿德太子李重润（武后孙）、永泰公主李仙蕙（武后孙女）等墓，贵族大臣有鲜于庭诲、杨思勖、韦泂、郑仁泰、阿史那忠等墓。虽然这些大墓大多数曾经被盗掘过，但墓中的精美的壁画和彩绘陶俑等，都是色彩鲜艳，形态生动。全国各处所发掘的唐墓不少，但比之西安附近的大墓，未免有点"小巫见大巫了"。1970 年在唐长安城内发现一处 8 世纪中叶的窖藏，有各种金银器、钱币（包括拜占庭金币、波斯银币和日本"和同开珎"银币）、药材、宝石等贵重器物，共千余件。江苏镇江甘露寺和甘肃泾川大云寺的舍利石函中出土了银椁、金棺和舍利瓶。这些金银器都是难得的艺术品，刻有精美的花纹和图像。前者石函还有铭文，知道是唐代政治家李德裕施舍的。少数民族地区考古工作，主要是发掘了吐鲁番阿斯塔那的隋唐墓，调查了高昌古城（哈刺和卓）和交河古城（雅尔湖），在西藏调查了山南的藏王墓，在云南调查了南诏一些古城和剑川的南诏石窟。东北方面我们调查了渤海的敖东城，发掘了渤海东京城和敦化六顶山渤海王族墓地。

五代两宋的考古工作，这三十年间主要是发掘各种类型的墓葬和瓷窑遗址和宁城的辽中京。墓葬方面，重要的有南京南唐二陵、杭州吴越王墓和王妃墓、成都后蜀孟知祥墓、河南白沙宋墓、宁夏西夏王陵、辽宁、北京和旧热河的辽墓（如赤峰辽驸马墓、法库叶茂台辽墓）、山西侯马的金墓等。小墓发掘得更多。对这些五代两宋墓依照地区作分期的研究，可以看出葬俗的演变和各时代社会各阶级的生活情况。在河南白沙宋墓和山西金墓中，发现了一些表演戏剧的壁画和雕砖，为中国戏剧史提供了形象的资料。四川和江西的宋墓中，常有大量陶俑。别处宋墓则陶俑比较罕见。辽墓中契丹人的墓反映了他们的民族特色，但后来逐渐汉化；汉人地主墓则继承晚唐五代的汉人传统。金代居住址已发掘的有辽宁绥中城后村和黑龙江肇东八里城二处。金墓除山西侯马外，在黑龙江也发掘了几座。

两宋时代瓷窑的调查和发掘，这三十年间也做了不少的工作。调查工作较普遍，如河北曲阳的定窑、河南临汝的汝窑、焦作的当阳峪窑等。发掘工作，主要是陕西铜川的耀州窑、福建的德化窑和浙江的龙泉窑。

元明时代，这三十年的考古工作，城市方面集中于元大都的发掘和明初中都（在安徽凤阳）的勘查。元大都便是今日北京市区所在地，是当时世界上著名的大都市。近年来我们曾对它作过普遍的勘查和重点的发掘，发现了元代的和义门瓮城的城门和若干民居。我们搞清楚了它的街坊布局和城内水道。发掘工作中的出土物包括美术品和日用品，尤其是元瓷（包括青花和釉里红）的大量出土，更为重要。明初的中都皇城是洪武二年建设的。经过勘查，证明遗址保存较好，还保留有许多精美石刻浮雕。城外的皇陵还保存有陵前的石像和皇陵碑。墓葬方面，首先应该提到的是昌平明十三陵中定陵的发掘。此外，我们还发掘了北京西郊明代万历、天启的嫔妃墓葬，和各处的明代亲王墓，如山东的鲁王墓、成都的蜀王世子墓、江西南城的益王墓。公侯墓有南京的沐英、沐晟墓和汪兴祖墓、北京市郊李伟墓、蚌埠东郊汤和墓等。至于贵族官僚、地主的墓葬则更多了，例如元代吴县吕师孟墓、安庆范文虎墓、吴县张士诚母曹氏墓、明代兰州的彭泽墓、广州的戴缙墓、河北阜城廖纪墓等，随葬品都很丰富。元代的墓葬、窖藏中常发现许多金银器物。与这些厚葬墓成对比的是，数量更多的形制简陋的小土坑墓和火葬墓。火葬墓开始流行于宋代，最初限于穷人及和尚，到元代则连中下层的统治阶级也有实行火葬的。

中外交通史方面的考古材料，这三十年来也有许多发现，并做了一些研究。汉唐时代的"丝绸之路"是中国和西方的陆上交通的渠道。这条孔道是汉武帝时张骞通西域后才开始畅通的。这三十年来，在沿途的中国境内的几个重要的中间站，发现过许多自汉至唐代的丝绸，其中以新疆吐鲁番阿斯塔那墓地出土品为最丰富而且精美。这墓地中还出土了大批的北朝至唐代的文书。又在沿途各处，发现了许多波斯萨珊朝银币和东罗马金币。中外交通的另一条渠道是海上航路。这三十年来，我们也发现了造海船的工场和海船遗骸。在广州市发现了的西汉造船工场，有造船台和木料加工的场地。浙江宁波发现了五代宋初的海船，船上有出口的越窑瓷器。福建泉州发现南宋末年的海船，船中有大量的香料、药材等。我们也注意到从朝鲜、日本、南洋一带一直到非洲东岸的各处所发现的中国外销瓷和中国铜钱，以及最近发现的朝鲜新安海底沉船中的中国瓷器。这些都生动地反映了当时中国和亚非诸国的海上交通和贸易的情况。我们也做了些调查发掘，以求确定在国外发现的外销的华瓷的原产地。

利用考古资料作中国古代科技史的研究工作，这三十年间也有了进展。从前几乎专靠文献资料来做这方面的研究，现在我们认识到考古资料的重要性。它的重要性有时超过文献资料。如果将"科学技术史"的"史"字作狭义解释，专指文献记载方面的研究，那么应该另外有一门"科学技术考古学"，利用考古资料来做研究。这三十年来，在冶金（主要是铜和铁）、纺织（主要是丝织品）和陶瓷三个方面，收获最大。但是其他方面如农学、医药、天文历法、地理舆图、工艺（玉器、漆器等的制作）各方面的科技史研究，考古学都提供了许多珍贵的资料（参阅《考古》1977 年第 2 期，第 81～91 页）。

此外，最近几年，考古工作者还应有关部门的要求，开展了一些直接为当前生产建设服务的研究项目，例如古代的地震（尤其是京津唐地区的地震史）、上海和天津二处的海岸变迁、长江中下游在历史时期的枯水和洪水等，都取得了一定的成果。

如果问为什么我们能取得上述的那样辉煌的成就呢？我认为，除了我们找到马克思主义作为我们一切工作的指导思想之外，一个重要的原因是我们在这时期中把中国考古学的重点放在田野考古工作上去。田野考古工作是考古研究工作的一部分，是一切考古研究工作的一个基础。它本身便是一种研究工作。要发展中国考古学，非重视田野工作不可。而田野工作中又非重视工作的质量不可。我们评价一项田野工作的好歹，不应该看挖出来的是什么，而是应该看怎样去挖的。挖出来是国宝，那是我们祖先的遗产，是祖先的功劳。如果一项发掘工作没有在发掘过程中精心发掘，没有做好仔细的观察和详细的各种记录，那么，这项发掘工作简直等于一种破坏活动。不幸的是，近几年来，"挖宝"的思想又有所抬头，这已给科学研究工作造成一定的损失。这是应该引起我们警惕的。

总之，这三十年间中国考古学的新收获是相当可观的。三十年的岁月，对于大多数人而言，是他一生中能够精力充沛地从事工作的全部或大部分时间；对于经常以百年、千年甚至于以万年来计算的考古学而言，这不过是瞬息间而已。但是这短暂的三十年，在中国考古学史上又是何等重要的时期啊！我们的工作还很不够，整理的工作跟不上资料累积的速度，而综合研究和理论研究，更是跟不上了。然而，毫无疑问，中国考古学的将来是充满着光明的。我们所研究的是"过去"的遗迹，但是我们也要经常地展望"未来"。我们应该为中国考古学的更加健康的发展而继续努力。

《新中国的考古发现和研究》前言*

本书是对于最近 30 年来的中国考古学的发现和研究的一个综合性的叙述。我们考古所在建国十周年时，曾编写过一部《新中国的考古收获》（1961 年出版）。现在又经过了二十年。其间，新的发现层出不穷。考古资料的数量，犹如滚雪球一样，越来越大。研究工作也取得了不少的新成果，而新的发现也使得许多旧的看法过时了。这就需要改写旧的章节和增添新的章节。所以，我们决定重新编写。这是一本新书，并不是旧书的增订版。编写这书仍是一项集体性质的工作，但是参加编写的诸同志有一个共同的愿望，就是要把这三十年来丰富的成果，比较客观地、有选择地加以概括，写出一本全国性的、综合性的著作。

这三十年来我国考古学的新成就，曾使得国内外许多考古学家认为，20 世纪后半叶将被作为中国考古学的黄金时代而写入史册。在我们有古老文明的祖国大地上，在社会主义经济建设中，古代遗物和遗迹不断地被发现。考古工作者们，除配合建设工程做了大量的抢救工作之

* 《新中国的考古发现和研究》一书，系夏鼐主编、中国社会科学院考古研究所集体撰写，文物出版社 1984 年 5 月出版。

外，还主动地为了解决学术问题而从事考古调查和发掘，因之，我们累积了大批的、丰富多彩的考古资料。这些资料给考古学家们提供了前所未有的机会来汇集、整理和研究中国古代文物。我们可以说，1949 年以后，中国考古学的发展，已进入了一个新的阶段。

这个新阶段的标志，首先是以马克思列宁主义、毛泽东思想作为指导我们工作的理论基础。中国既然是一个以马克思主义为指导思想的社会主义国家，作为社会科学的一部分的中国考古学当然要贯穿一条马克思主义的红线。但是，我们信奉马克思主义的理论，并不只是由于这些理论出于马克思，而是由于它符合于客观的真理，符合于考古实践中所证实的客观真理。我们在考古工作中尊重客观事实，决不以所谓"理论"来歪曲解释事实。"古为今用"这一方针的正确含义，在考古学方面应该是根据以科学方法所取得的结论，来充实历史唯物主义的武库，以宣传马克思主义，同时用以宣传爱国主义，以便增进我们建设社会主义的自信心和民族自尊心。这绝不是因当前的政策而歪曲客观事实。同时，我们也相信：这 30 年来我们在马克思主义理论的指导下，已取得了许多成果，并且今后将要继续取得新的成就。

新阶段另一个标志是：具体研究方法的改变和进步。当代世界科学的一个重要发展是一方面专业化，而另一方面整体化。考古学根据它的特有的研究对象（古代的物质遗存）来发展它特有的理论和具体研究方法。考古学上特有的理论问题包括古代物质文化发展的规律，物质文化和社会经济形态、社会组织、意识形态等的互相关系，物质文化和自然环境的互相作用，等等。这些问题都是从前专门研究古器物或古文字的考古学家所不注意的。至于具体研究方法，在本世纪 20 年代后期有少数几位中国考古学家开始从书斋中跑出来，拿起锄头从事田野考古工作。从这时候起，田野考古才成为中国考古学发展的主流。1949 年以后，我们训练了大批田野考古工作者，采用严密的田野工作方法，尤其是地层学的分析和大面积的揭露，使我们取得重要的收获。1979 年成立的考古学会，现有会员七百余人，其中绝大多数都是参加田野考古工作的，有的有很丰富的田野工作经验。只有发展科学的田野工作，这才能使我们的考古学建立在巩固的基础上。

所谓科学的整体化，是指每一学科同别的学科在理论上互相渗透，在方法上也互相渗透。社会科学中有许多学科和考古学有很密切的关系。它们的理论和方法，对于考古学有很大的影响。狭义的历史学（利用文字记载以研究历史）、文化人类学、社会学和民族学等，从各方面来研究人类社会，有的已把研究工作的成果概括成理论。这些理论有的便可以应用到考古学中来。研究方法也是如此。至于自然科学方面，地质学对于考古学的影响最大。例如考古学中地层学原理便是从地质学中移植过来的。其他自然科学的方法，也有许多被考古学所采用。实际上，社会科学的各学科中，考古学是最能利用自然科学方法的。恰巧最近这 30 年也是全世界范围内考古学利用自然科学解决考古问题的工作做得最多和收获最大的时期。甚至于有人认为 1950 年以后的二十多年在考古学史上将会被称为"技术革新"时期。技术革新中，尤以鉴定年代的技术工作，进展最大。碳十四断定年代法的发现和应用被认为是史前考古学的发展史上一场划时代的革命。中国考古学界于 50 年代末便引进这项技术。70 年代初开始发表数据，后来陆续建立了好几个实验室。从前我们只能由地层学和类型学的分析得出史前时期各文化的相对年代，现在可以由碳十四测定它们的绝对年代。这使中国的史前考古学的编年获得了一个新的框架。其他的自然科学方法也被广泛地应用来鉴定年代、鉴定古物的质料、产地和制造工艺等。对于人类骨骼和古代自然环境也加以研究。我们还利用卫星和飞机上所拍摄的空中摄影来找寻和记录古代遗迹，又利用"蛙人"到海底去搜索沉船和船中遗物。这真是"上穷碧落下黄泉"。有些成果已收入本书中。

新阶段的又一标志是：考古工作中扩大了所涉及的地域和伸延了研究对象的时间范围。这 30 年间，我们的调查和发掘，已遍及全国各省、各直辖市和自治区。解放以前，我们中国考古学家所做的考古发掘工作几乎是限于黄河流域和长江下游。现在是西南到西藏高原，东北到黑龙江沿岸，南到西沙群岛，西北到蒙新的草原和沙漠，到处都有我们考古工作者的足迹，可以说是遍地开花了。对于重要的老遗址，如周口店和殷墟，我们仍继续工作。更重要的是我们在各处新发现了数以千计的古墓和古居住址，其中一部分已加以发掘；并且我们还有意地重视边疆地区的考古工作，重视少数民族的族源和历史，要用考古资料以补充文献的不足。

研究对象的年代范围方面，1949 年以前，我们只能上溯到北京猿人，现在又有了更早的蓝田猿人和元谋猿人，以及他们使用的石器。新石器时代比仰韶文化为早的早期遗存也已被发现了。这不仅补上了一个空白，并且对于探索中国农业畜牧的起源问题，也提供了宝贵的线索。1949 年以前，中国考古学主要工作是史前考古学。至于历史时代考古学，除了安阳殷墟以外，发掘工作做得很少，几乎是没有。这 30 年间，我们除了继续开展史前时期考古研究以外，还做了大量的历史时期遗存的调查和发掘。殷墟的继续发掘中，发现了几座保存完整的王室墓，包括现已闻名中外的妇好墓。我们在居住遗址中发现了四千余片甲骨和其他许多新资料。在河南以外的毗邻各省也发现了好几处的商代遗址。至于商代以后，从两周到元、明，我们更是投入相当大的力量来发掘了大量的古代城市和墓葬。前者如周原、战国六国都城、秦咸阳、汉唐两京，一直到元大都，后者有现已闻名中外的秦俑坑、马王堆汉墓和满城汉墓、唐代皇族的壁画墓、明定陵等。这种重视历史时代考古学的结果，使我们取得非常可观的成就。现今国内外研究中国古代美术史和科技史的学者们都承认：这些考古新发现使得他们不得不重写他们的专门史。

我们的工作是以考古资料来阐明中国古代文明。由于古代中国在世界文明史中所占的重要地位，中国考古学的工作是有世界性的意义的。这三十年来中国考古学的飞跃的进展，使研究世界古代文明史的学者们对于全球性的理论问题提出新看法或修改旧看法的时候都要把中国考古学的新成果考虑进去。当然我们的工作还做得很不够，跟不上中国考古学发展的形势，许多方面还有待于进一步的研究。不过，我们相信：在中国四个现代化的总形势下，中国考古学的前途将更为光明灿烂，确是"前程如锦"。一位英国的考古学史专家说："在未来的几个十年内，对于中国重要性的新认识将是考古学中一个关键性的发展。"（G. 丹尼尔：《考古学简史》，1981 年英文版，第 211 页）

上面所说的，是这三十年中国考古学的发展中几个重要的方面。我们可以看出它的主要趋势。至于具体的新发现和研究成果，读者可以阅读本书正文，我在这里不再重复了。不过，有一点我要声明一下：本书中有些问题在现阶段还是有争议的，还不能取得定论。本着"百家争鸣"方针的精神，在这些地方，我们常是列举各家的不同看法，有时也提出写作者自己的看法。但那也只是写作者的看法而已，并不表示已是取得一致的结论。此外，我国台湾省的同行们在这 30 年来也做了许多考古研究工作，主要是安阳殷墟发掘资料的整理和台湾省史前遗址的考古发掘，取得了一定的成果，但这方面的收获本书暂时不收进去。本书中一定会有些错误或欠妥的地方，恳切希望读者予以批评和指正。

1982 年 2 月 15 日

五四运动和中国近代考古学的兴起[*]

关于六十年前的五四运动，毛主席曾称赞它是"表现中国反帝反封建的资产阶级民主革命已经发展到了一个新阶段"。（《五四运动》，《毛泽东选集》第 2 卷）又说："五四运动所进行的文化革命则是彻底地反对封建文化的运动，自有中国历史以来，还没有过这样伟大而彻底的文化革命。"（《新民主主义论》，同上）它是一个文化革命运动，同时又是一个政治革命运动。

回忆五四运动以前数十年的历史背景，我们可以看到自从鸦片战争以后，帝国主义列强向中国多次进行武装侵略，激起了全国人民的反抗。这种反抗，开始时只是凭着一股爱国热情，拿起长枪和大刀，对着装备有洋枪大炮的帝国主义武装力量进行英勇的斗争。战场上是失败了，但是这却引起中国人民的深思：为什么我们英勇的人民打不赢他们这些洋鬼子？于是便有了学习外国长处的问题：怎样赶上他们，超过他们？有人提出了"富国强兵"的政策，学习外国造炮制船的技术，也创办了一些近代企业。但是甲午一战，中国拥有当时最新式铁甲舰的海

　＊ 本文原载《考古》1979 年第 3 期。

军，竟一败涂地，全军覆没。于是有人主张变法维新，后来更进一步要
推翻君主制，鼎新革故，于是发生了戊戌维新和辛亥革命，想从政治制
度的改革入手，实行立宪和共和，结果改革仍是失败了。五四运动举起
了文化革新的旗帜，要从思想文化方面来一次彻底的革命，所以也叫作
"新文化运动"。它砸断了封建礼教的精神枷锁，在政治上提倡反对封
建专制的民主思想，在文化上提倡反对武断迷信的科学思想。这是一次
伟大的思想解放运动。

中国资产阶级民主革命由鸦片战争到五四运动的过程，从它的准备
时期说起，这个过程是经过了好几个发展阶段。每一阶段，由于新的社
会力量的生长和发展，由于人民群众的觉悟的提高和加深，都成为一个
新的阶段，每一次革命运动都更为波澜汹涌，气象万千。而五四运动这
一个新的阶段，是其中一个在文化方面特别显得生动活泼、丰富多彩的
新阶段。

五四运动时期提倡"民主"和"科学"，当时叫作"德先生"和
"赛先生"。前者指"德谟克拉西"（民主），后者指"赛因斯"（科
学）。民主是一种政治思想，同时也指体现这种思想的一些政治制度。
五四运动所号召的仍是资产阶级的民主，这是因为它仍是资产阶级的民
主革命。当时我们伟大的中国共产党还没有诞生。但是它是为马克思主
义的传播和中国共产党的创立，准备了肥沃的土壤。

至于提倡科学，那更是这个称为"新文化运动"的五四运动的一
个主要内容。恩格斯说："在马克思看来，科学是一种在历史上起推动
作用的、革命的力量。"（《在马克思墓前的讲话》，《马克思恩格斯选
集》第3卷）五四运动所提倡的科学，不限于自然科学和技术科学，
还包括社会科学和人文科学。毛主席说：在五四运动时期，"这支生力
军在社会科学领域和文学艺术领域中，不论在哲学方面，在经济学方
面，在政治学方面，在军事学方面，在历史学方面，在文学方面，在艺
术方面，都有了极大的发展。20年来，这个文化军的锋芒所向，从思

想到形式，无不起了极大的革命"（《新民主主义论》）。提倡科学，不仅是介绍和发展各门科学的具体内容，更重要的是鼓吹实事求是的科学态度和结合实践的科学方法。

考古学是历史科学的一个组成部分，是根据实物史料研究人类社会历史的一门科学。五四运动时期，中国考古学虽已有了它的前身"金石学"或"古器物学"，但是近代的考古学，可以说当时在中国尚未产生。只有在五四运动的影响下，中国的近代考古学才得兴起和长成。

我们现在可以回顾一下，近代考古学在五四运动的影响下是怎样兴起的。

每门学科的发生和发展，都是一方面和整个人类历史过程与某一特定社会历史过程相联系，另一方面又和其他有关学科相联系；当然，又有它本身发展的具体特点。

中国考古学的前身"金石学"，在北宋时（11世纪前后）便已经产生。元明时代曾经一度停滞。到了清代中叶（18至19世纪初），乾嘉学派兴起，为了配合解释经义和整理史籍，金石学（包括古文字学）受到了重视，名家辈出。有些学者的贡献，实已超过前人。到了晚清（19世纪后半期至20世纪初），金石学（包括古文字学）更为兴旺。学者如陈介祺、吴大澂、孙诒让等，他们研究的对象不限于金石，方法也比较谨严。民国初年的所谓"罗（振玉）王（国维）之学"，对于这门学科又有了新的发展。他们利用新出土的甲骨、铜器、简牍、石经和墓志等，做了大量的整理研究工作，有了一定的贡献。在五四运动时期及其后一个时期中，这些学者仍从事研究和著作；但是，无论在指导思想方面或研究方法方面，他们仍跳不出金石学的圈子。不过，中国的近代考古学还是批判地继承了他们的一些成果。

中国近代考古学的另一个来源是西方资本主义国家的科学。其中一个特别有关的科学是地质学。地质学也是以田野工作为主要手段来研究的一门科学。由于它对于调查资源和开发矿产方面工作的重要性，所以在清末和民国初年便受到了重视。当时延聘了外国的地质专家，也培养了一批中国自己的地质学家。这批地质学家是新型的学者。他们打破了中国士大夫的旧传统，走出书斋，跑到广阔天地的田野中做研究工作。五四运动时期已是名家的前辈学者如丁文江、李四光等，便是这样的人物。这给中国近代考古学树立了榜样。后来有的地质学家，由于在田野工作中发现了古代人类遗留下来的文物，转而搞考古研究，在考古学方面也做出了重要的贡献，例如发现北京猿人化石的裴文中。这些都表示地质学的发达对近代考古学兴起的影响。

另一门学科是狭义的历史学，便是根据文献记载来研究人类社会发展的具体过程及其规律性的一门科学。它和考古学同属于广义的历史学或历史科学。五四运动时期，历史学方面也有了两个大变化。一个是实事求是的科学态度。五四运动以前的考据学家，包括乾嘉学派人物，都仍是孔孟之道的信徒。他们至多只能在一定范围以内去伪存真，考证出孔子五经的真本和本义。他们绝不敢离经叛道。五四运动时期，"打倒孔家店"的口号，震动了整个中国学术思想界，也影响到中国上古史的研究。孔子的五经，不再成为不可触动的圣书，它们可以被怀疑、批评和驳斥。先秦诸子（包括儒家）和两汉经师所制造出来的"三皇五帝"的古史体系，因为经受不住史证的考验，是被怀疑了，抛弃了。这是西洋的史籍考订法和史事考据法。它要比乾嘉学派的考据学更无禁忌，更为实事求是。古史辨派便是当时这种史学的代表。他们批判封建主义的旧史学是对的。但是他们所想建立的仍是资产阶级的新史学。他们没有历史唯物主义作指导，又没有大量的考古资料作为立说的基础。他们所使用的方法，一般地还是资产阶级方法，即形式主义的方法。他们无法建立一个站得住的中国上古史新体系。不过，他们对于封建主义的旧史学的摧陷廓清的功绩仍是不可抹杀的。他们扫除了建立"科学的中国上古史"道路上的一切障碍物，同时使人痛感到中国古史上科学的考古资料的极端贫乏。

但是，五四运动中一个主流是马克思主义。五四运动是在十月革命的影响和国内工人阶级壮大的条件下发生的。马克思的历史唯物主义在五四运动中已得到传播了；但是它成为中国史学家指导他们历史研究的武器还是 1921 年中国共产党成立以后的事。马克思主义的传播不仅使左派的史学家使用历史唯物主义作为指导来研究中国历史和改写中国历史，并且马克思主义历史学家郭沫若从 1927 年起便使用历史唯物主义作为古器物学和古文字学研究的指导思想，终于在 1930 年出版了《中国古代社会研究》。

为了论述近代考古学在中国的产生和发展，现在先说明一下什么是近代考古学。我们知道，考古学的对象是各种遗迹和遗物。这些古代文物除了少数仍留存在地面，大多数是埋藏在地下。考古工作者通过地面调查和考古发掘去发现这些文物，加以整理，并据以研究古代人类社会的历史。考古研究过程中，有时也要结合文献、传说、民族志等各方面的资料，但这学科本身的研究对象仍应是这些遗迹和遗物。这种近代考古学在西洋也只有在资本主义社会后期才开始发达的。考古学的对象是古老的文物，但学科本身是一门很年轻的科学。英国丹尼尔教授以为旧大陆（主要是欧洲、北非和西亚）的考古学的诞生是 1840 年至 1870 年，也可以说这是形成期。后来 1870 年至 1900 年由于逐渐采用科学的考古发掘方法而成熟了，可算是成熟期（《考古学一百五十年》，1975 年英文增订版，第三章至第五章）。美国哈佛大学威利教授以为新大陆（南北美洲）系统化的考古学是 19 世纪中叶开始，到了 20 世纪第二个十年才由于在考古发掘中采用严密的地层学方法（他称之为"地层学的革命"）和抓紧年代学问题而进入一个新时期（《美洲考古学近百年史》，见布卢主编《人类学近百年史》，1970 年英文版，第二版，第 29 页）。他们都以 1950 年作为他们地区考古学的发展进入另一个新阶段的开始，都以放射性碳素法的发明作为这新阶段的标志之一。这表示新大陆考古学的发展，最初是比旧大陆落后一二十年，最后还是赶上去了。

它又表示发掘方法和断代方法的科学化在考古学展史中所占的重要位置和科技革新时常对考古学进步所起的先行作用。

20 世纪初期，第一次世界大战以前，也是五四运动以前，英、德、法、俄、日等各帝国主义国家纷纷派遣探险队到中国新疆和甘肃西部，进行探险工作。他们以考古工作为名，有的掠夺中国古物，有的更有觊觎中国领土的野心。他们也做了一些考古发掘工作，但是他们的目的既不在此，他们所使用的发掘方法也极原始，是西洋 19 世纪初期或更早的那种方法。

五四运动以后，由于上述的种种因素，近代考古学便在中国兴起了。20 世纪的 20 年代，黄河流域的考古工作突然兴盛。地质调查所于 1921 年在渑池仰韶村发现并发掘了新石器遗址，1923 ～ 1924 年又在甘肃洮河流域发现了一系列的史前遗址，1927 年开始发掘周口店的北京猿人遗址。当时学生运动的中心北京大学于 1922 年成立北大研究所国学门的考古学研究室，1923 年成立古迹古物调查会（后改名考古学会），曾去新郑和孟津调查铜器出土地，1930 年发掘燕下都。中央研究院历史语言研究所于 1928 年成立考古组，并于是年开始发掘安阳殷墟，1930 年发掘历城县城子崖的龙山文化遗址。1933 年北平研究院史学研究所发掘宝鸡斗鸡台。这十几年中还有其他的发掘工作，不再列举了。这些发掘工作中，周口店和殷墟两处尤其重要。遗址文物丰富，学术价值又高。发掘工作开始以来，现已逾五十余年，但是这两处遗址的宝藏，尚未罄竭。周口店的工作是国际合作性质的，好几个国家的专家都参加了。殷墟的发掘工作完全是我们中国人自己做的。所以可以说近代考古学在中国已经诞生了。

我曾在历史语言研究所考古组工作过。当时听组中同事说，当年成立考古组是为了发掘殷墟。要从所外调人来当组主任并主持殷墟发掘，颇费一番苦心。所中提名二人，一位是著名的金石学教授，另一位是年轻而具有一定的近代考古学知识和发掘经验的归国留学生（1918 ～ 1923

年留学）。蔡元培院长选择后者，后来证明这选择是明智的。后者本人在最近出版的一本著作中还说他自己在国外所接受的训练是人类学，但是由偶然的机会使他成为考古学家（《安阳》，1977 年英文版，第 38 页）。殷墟发掘开始后，1930 年梁思永加入殷墟发掘团。他是中国第一位接受过西洋的近代考古学的正式训练的学者。参加过安阳发掘的旧人都知道，自从他加入后，田野考古的科学水平大大地提高了。后来许多田野考古工作者都是在殷墟这工地训练起来的。

当然，近代考古学并不等于马克思主义的考古学，正像四个现代化并不等于社会主义。资本主义国家的现代化程度比中国高得多。四个现代化是建设社会主义祖国的不可缺少的条件，但是并不是充分的条件。考古学的近代化也是这样的。1949 年以前，近代考古学在中国是诞生和发展了，但还不是马克思主义的。当时郭沫若已以历史唯物主义作为古器物学和古文字学研究的指导思想，写出了《中国古代社会研究》（1930 年）。曾经多年从事考古田野工作的尹达，以发掘所得的比较可信的材料作基础，使用历史唯物主义的观点、立场和方法，于 1939 年写出了《中国新石器时代》①一书。这些同志继承五四运动的重视科学的精神，并在马克思主义的基础上加以改造，对于马克思主义在考古学界中的传播是起了作用的。但是这些思想当时在考古学领域中并不占统治地位。

1949 年中国民主革命取得了伟大的胜利，由民主革命转变为社会主义革命。毛主席提出要"建设一个具有现代工业、现代农业和现代科学文化的社会主义国家"（《在中国共产党全国宣传工作会议上的讲话》，《毛泽东选集》第 5 卷）。中国考古学的发展也进入一个新阶段。在敬爱的周总理的关怀下，在郭沫若院长的直接领导下，中国考古学在

---

① 编者注：尹达于 1939 年在延安出版的著作，书名是《中国原始社会》。1955 年，将其中第一编的第二篇"中国氏族社会"，改名为《中国新石器时代》，由三联书店重新出版。1979 年出版的增订本，书名又改为《新石器时代》。

这 30 年内得到了空前的收获。解放之后不久,经郭沫若的建议,周总理主持的政务院就决定在中国科学院设立考古研究所,使我国第一次有了专门从事考古工作的研究机构。郭院长为了中国考古学发展的前途着想,放过了许多著名考古学家和金石学家,选择了当时已体弱得不能出门的近代考古学家梁思永来具体领导考古研究所的业务。这些英明的决定保证了后来中国考古学的顺利发展。

这三十年来,中国考古学是取得了一定的成绩的。马克思列宁主义、毛泽东思想成为指导我们思想的理论基础,中国共产党成为领导我们事业的核心力量。我们不仅是研究遗物和遗迹,还要研究古代社会的自然环境,要通过实物来研究古代社会组织、经济状态和文化面貌,以求人类社会发展的规律。我们还利用现代自然科学技术方法帮助我们的考古研究,例如应用放射性碳素法来测定年代等等。这三十年来通过考古发掘而出土的大量文物与保护和调查古迹的大量工作,为我们考古研究工作提供了丰富的科学资料。当然我们做的工作还是很不够的,学习得还很差。但是在"四人帮"横行的日子里,"四人帮"及其追随者竟完全否定五四运动以来中国考古学的成绩,尤其否定了解放后十七年的成绩。他们叫嚣"考古学的十七年是一条粗黑线"。当时竟有人建议要把田野考古队员都调回家里来关门搞"路线斗争",要批判"十七年",要批判"田野考古工作也是考古学研究工作"这一完全正确的认识,一时黑风四起,大有"黑云压城城欲摧"之势。"四人帮"垮台后,我们国家正在致力于实现四个现代化,我们考古学也应该搞现代化。我们要继承和发展五四运动的科学和民主的精神,学习和掌握马克思列宁主义、毛泽东思想,把中国考古学研究提高到一个新的水平。

中国考古学的回顾和展望[*]

  这次是我第三次前来访问日本。前两次是 1963 年和 1979 年。那两次我都曾以中国考古学的现状作为讲演题目，向日本朋友们介绍中国考古学的当时的现状。这次日本广播协会又要我讲这个题目。幸得在中国几乎每一年都有一些考古新发现，而这些新发现不仅只是补充已有的知识，有时还使我们完全改变原来的看法，重新考虑问题，形成了新的看法。所以每次重新介绍现状，都会有些新东西。

  中国考古学的发展，到了 20 世纪的 20 年代，才进到了近代考古学的阶段。从 18 世纪以来，一直到 20 世纪初年，中国的学者继承和发展了北宋时（11 世纪前后）开始兴起的金石学，又利用新出土的古器物，做了大量的整理研究工作。对于中国近代考古学的诞生，他们做出了一定的贡献。中国近代考古学的另一来源是西方资本主义国家的科学，其中一个特别有关的学科是地质学。到了 20 世纪的 20 年代，中国黄河流域的考古工作便突然兴盛起来。地质调查所从 1921 年开始陆续发现和

---

  * 本文是作者应日本广播协会（NHK）的邀请于 1983 年 3 月在日本所作三次公开讲演中的一篇讲演稿。讲演集的日文版，以《中国文明的起源》为书名，由"日本放送出版协会"于 1984 年出版。中文版由文物出版社于 1985 年出版。现据该书中文版编入文集。

发掘一系列的新石器时代遗址，包括著名的仰韶村遗址。1927年又开始发掘周口店的北京猿人遗址。最近去世（1982年9月18日）的裴文中博士曾于1929年在这个遗址发掘中发现了第一个北京猿人的头盖骨。1928年开始发掘安阳殷墟。周口店和殷墟这两个遗址都是不仅文物丰富，并且学术价值很高。发掘工作开始以来，现在都已超过50年了。但是它们蕴藏的宝物，还远未罄竭。当年的周口店的工作是国际合作性质的，除了中国学者之外，还有好几个国家的专家都参加了。更早的本世纪初年外国人在新疆和东北的考古发掘工作，则没有中国学者参加。殷墟的发掘工作完全是我们中国人自己做的。所以，可以说近代考古学这时在中国已经诞生了。

我自己是在1935年春季在安阳殷墟初次参加考古发掘的，到现今已近半个世纪了。这半个世纪中，在最初一段时间因为环境不利，中国考古学的发展经历了一个困难和曲折的过程。解放以后，在顺利的条件下，它得到空前的蓬勃发展。这顺利的新条件，是党和政府的重视、历史唯物主义思想的指导和配合大量基本建设的需要。回顾这三十二年的发展，我亲眼看到中国考古学的长大成年，开花结果。今天我是怀着莫大的喜悦心情向在座的朋友们来介绍它的现状。

新中国考古学的重要收获之一是把人类在中国土地上的活动的历史提前了一百来万年。新发现的蓝田人和元谋人，他们的年代都比北京人更早。根据古地磁学的测定，最初有人认为元谋人距今约170万年，但最近再加研究，有人认为不超过73万年，即可能为距今60万～50万年。蓝田人距今约80万～65万年，而北京人则最近确定距今约46万～23万年。旧石器时代遗址曾新发现多处。1980年和1981年在安徽和县两次发掘中所发现的直立人（Homo erectus）的头盖骨和下颌骨化石，和北京猿人的年代相当，体质特征也相近似。这证明当时直立人在中国分布颇广。在云南禄丰县继1976年的发现腊玛古猿的下颌骨之后，1980年和1981年冬又发现四具这种生活于一千万年以前的腊玛古猿头骨化石。

这是从猿到人过渡阶段的似人化石。或以为是人类和现存猿类的共同祖先。这个新发现为人类起源亚洲说提供了新的论证。

新石器时代方面，新发现的遗址已经公开发表的大约有七千余处，经正式发掘的也在百处以上。这些发现所提供的大量新资料已经使各地的原始文化的面貌日益明确。尤其是由于碳十四测定年代法的采用，使不同地区的各种新石器文化有了时间关系的框架，使中国的新石器考古学因为有了确切的年代序列而进入一个新时期。现下已测定的考古学方面的数据已达913个之多。这些数据已由考古研究所实验室的同志们把它们汇集在一起，作为一本专刊《中国考古学中碳十四年代数据集》出版（1983年8月）。

最引人注意的是70年代末叶所发现的早期新石器时代文化，即分布在河北省南部和河南省北部的磁山·裴李岗文化。它比仰韶文化为早，约在公元前6000年到公元前5700年（校正过的碳十四断代，以下同）。当时主要的农作物是粟类，并且已知道驯养猪和狗，可能还有家鸡。住宅是半地穴式，屋旁还有储藏粮食的窖穴。陶器较为原始，都是手制的，陶质粗糙，火候不高。石器有舌形铲、凹刃有齿镰、椭圆斧、磨棒和带足或无足的磨盘。当然，这种文化还有它的渊源。如果我们继续探索，向上追溯，或可找到中国农业、畜牧业和制陶业的起源。

50年代发现的半坡遗址，现今成为仰韶文化早期的典型代表。仰韶文化是以它的精美的彩陶闻名于世。由于半坡的发掘，我们对于这样一座新石器时代村落遗址有了一个全面的认识，包括它们的住宅结构和布局、制陶业和其他手工业的技术和组织、埋葬制度和墓地的位置、生产工具和经济生活、社会组织等各方面。现在我们又知道半坡遗址年代是公元前5000～前4500年，稍晚于磁山·裴李岗文化。就文化内涵而言，两者似有承继的关系，不过在发展过程中已发生了质的变化。彩陶的图案，反映了当时人民的审美观念。这种彩绘美术在黄河中游到了庙底沟二期便衰落了。但是在黄河上游的甘肃青海地区，彩陶作为一种美术更为发展了。所谓"甘肃仰韶文化"包括马家窑文化和半山马厂文化，都有很华丽图案的彩陶。年代则前者为公元前3000年左右，后者为公元前2500~公元前2000年左右。1974~1980年在青海乐都柳湾墓地发掘1714座以半山马厂文化为主的墓葬，随葬陶器达一万余件，彩陶壶、罐便有八千多件。现在以564号墓为例，它的陶器便达91件之多，有彩陶86件，其中74件为彩陶壶。

长江流域的新石器时代考古学，在解放后有了很大的发展。最重要的是浙江余姚河姆渡文化的发现。它的年代与北方黄河的仰韶文化早期（半坡）同时，或许开始稍早。当时在这一带气候比较温暖潮湿，居住点的周围环境是分布有大小湖沼的草原灌木地带。河姆渡文化的居住房屋是木结构。主要农作物是水稻。这是远东及南亚各国主要粮食水稻从远古时代遗留下来的最早的实物标本，年代约在公元前5000年。家畜有狗和猪，可能还有水牛。石器有斧和锛，还发现有木质、角质的器柄和骨耜等。因为这里的文化层已在潜水面以下，所以许多木器如船桨、耜、碗、筒等都能够保存下来。陶器制作比较原始，都是手制的，胎壁粗厚，造型不整齐。从前我们认为良渚文化（约公元前3300~公元前2250年）是我们所知道的长江下游的最早的新石器文化，并且认为良渚文化是龙山文化向南传播后的一个变种。实则这里是中国早期文化发展的另一种中心，有它自己独立发展的过程。此外，庙底沟二期文化的发现，证实了从仰韶到河南龙山文化的过渡时期的存在，纠正了前人以为二者曾同时存在，东西对立的看法。

山东地区的新石器文化，从前只知道有龙山文化以光亮的黑陶著名。解放后于1959年发现了大汶口墓地，以另具一种风格的彩陶而著名。这种大汶口文化后来被证明较龙山文化为早而分布范围大致相同。60年代至70年代又发掘滕县北辛庄和平度县东岳石。前者比大汶口文化更早，碳十四年代约为公元前5300~前4300年。文化因素有陶器上的窄堆纹和陶制支座，石磨盘和磨棒是一般大汶口文化中没有见到的。

后者却填补了龙山文化至商文化之间的空隙，现称为岳石文化，年代约为公元前1900～公元前1500年。岳石文化中已出现青铜小件器物，陶器上印压有云雷纹和变体夔纹。所以山东地区史前文化的发展自有其发展的序列，与中原地区和江浙地区的，各不相同。黄河中下游是有东西相对的两个文化圈，不过与仰韶文化相对的是大汶口文化，而不是山东龙山文化。

总之，这三十年来在各地区发现过好几个前所未知的新石器文化。对于它们以及原已知道的如仰韶文化等，我们曾加以分析，有的可区分为几个类型，有的可以依早晚分期。当时各种文化在中国的大地上争妍竞秀，并且常常互相影响，互相渗透，交织成一幅瑰丽的图景，而且为后来独特的灿烂的中国文明打下了基础。

关于中国的青铜时代，从前只知道安阳殷墟出土物所反映的灿烂的青铜文化。现在由于三十年来的新发现，知道安阳殷墟以前还有郑州二里岗文化，更早的还有偃师二里头文化。后者的第三期已有宫殿，并且墓葬中有青铜器和玉器。有人认为这里是属于夏文化，另有一些人认为当为商代开国后成汤建都的西亳。至于更早的遗存当归入夏朝时代。但是在考古学方面还没有确切的证据可以把它与传说中的夏朝代或夏民族连接起来。这是还有待解决的问题。

殷商文化遗存的地理分布，经过这三十来年的调查和发掘，现已知道北面抵达北京附近（如平谷刘家河）和辽宁西部（喀左北洞村），南面远及湖北（黄陂盘龙城、沙市）、湖南（宁乡）和江西（清江吴城）。便是在安阳小屯，近几年也有重要的发现。1976年发掘的妇好墓，是五十多年来第一次发掘到的保存完整的商朝王室成员的墓。墓中出土青铜礼器200余件和玉石器500余件，制作都十分精美。报告已于1980年出版。继妇好墓的发掘之后，我们又发掘了两座未被盗掘的中型墓，除铜器玉器之外，这两墓有较多的陶器随葬，可以对于妇好墓的断定年代作为旁证，进一步确定了妇好墓时期问题。商文化另一突出成就是甲骨文字，这是现今所留下来的中国最早的文字。1973 年在小屯所发现的 4000 多片有字的卜骨和卜甲，已编成《小屯南地甲骨》。上册图录部分（拓片）已于 1980 年出版，下册也已付印。多卷本的《甲骨文合集》全部 13 册，也于 1982 年出齐。这对甲骨学的进一步研究提供了莫大的方便。

西周考古学，是解放以后才发展起来的。50 年代在西安附近的丰镐遗址的发掘，建立了西周考古学的标尺，尤其是陶器部分更是如此。就考古学的研究而言，这种陶器分期断代的成果，要比长篇铭文的青铜器的发现，还要重要。后者的重要性是在提供古文字学、铭刻学和历史文献的新资料。最近几年，在陕西岐山、扶风地区的周原遗址中发掘出西周早期的宫殿和宗庙的遗存，以及大批的卜甲碎片，其中有字的已发现 200 来片。此外，在周原和其他一些地方，还发现了很多的铜器窖藏，还有随葬铜器的贵族墓葬。这些铜器常有重要的铭文，是研究当时社会历史的可靠材料。

东周时期铁器开始出现，城市也发展了。对于东周列国的都城，如齐临淄、鲁曲阜、燕下都、楚纪南、晋侯马等，都不同程度地做了勘查和部分的发掘，并且将所得的结果陆续发表。曲阜鲁城的报告，最近（1982 年底）已经发表。至于东周时期重要的贵族墓葬，已经发掘的有上村岭的虢国墓地，寿县蔡侯墓，辉县固围村魏墓，江陵、长沙、信阳的楚墓，以及近年发掘的平山中山国王墓和随县曾侯墓。这些墓都出土了许多精美的随葬品，其中尤为重要的是蔡侯墓的大批青铜器，中山国王墓的金银镶嵌铜器和长篇铭文的铜礼器，曾侯墓的整架编钟，信阳楚墓的漆器，以及江陵马山一号楚墓的丝织物。马山一号楚墓是 1982 年初发掘的，出土有花纹精美的织锦和刺绣，保存完整，色泽鲜艳，不下于中国各处发现的汉唐丝织物，但是年代比它们中最早的丝织物还要早一二百年。

秦始皇于公元前 221 年统一了中国。他的陵墓在西安附近的临潼。

陵东于 1974 年、1976 年发现了几座兵马俑坑，坑中埋有多达六千件的陶武士俑和一些马俑，还有木制的战车等。一车四马，排列整齐。人马的大小和真的相近，造型生动。1980 年又在陵墓西侧发现一座埋藏二辆铜制车马的坑，铜车上还有铜制的御者俑。其中一辆已经修复完毕，秦俑坑博物馆另建一室于 1983 年 10 月起加以展出。1962～1982 年间，在秦的都城咸阳曾多次调查和发掘，发现有宫殿的遗迹，残留的墙壁下部还保存着小部分的彩色壁画。

汉代的都城长安和洛阳，是解放以来进行长期调查和发掘的重点古城遗址。在汉长安城，除了勘察城墙、城门、宫殿和主要街道之外，还发掘了四座城门，城内的未央宫北的椒房殿和宫东的武库，南郊的礼制性建筑。在汉魏洛阳城，发掘了城南的明堂、辟雍和灵台，还有南郊的刑徒墓。解放以来发掘的汉墓总数大约逾万座，其中以长沙马王堆轪侯家族墓、满城中山靖王刘胜夫妇墓和广州象岗南越文王墓最为重要。马王堆汉墓共有三座，出土大量精美的织锦和刺绣等丝织物、漆木器、帛画、帛书、简书，还有一具保存完好的女尸；满城汉墓出土了两套完整的金缕玉衣和许多错镶金银或鎏金的精美铜器。南越文王墓，是 1983 年八九月间发掘的。墓由石板砌筑，共有 7 室，出土有丝缕编缀的玉衣，"文帝行玺"金印，许多精美的随葬物，如角形玉杯、金钩玉饰、"文帝九年"铜铙 8 件，铜钟二套 19 件，石磬二套 18 件，还有各种铜器、玉饰、陶器等。最近几年，在汉代居延塞一带的烽燧中发现汉简一万九千余枚。这对于研究汉代烽燧和戍役制度以及社会生活，都是很重要的资料。汉简资料仍在整理中。

魏晋南北朝时期，中国长期处于分裂的局面，北方游牧民族又大规模侵入中原，一般史书认为是政治混乱和文化衰落的时期。但是中原的汉族大量南迁，开发了南方。对外的文化交流也有所发展。所以，在文化史上仍是个繁荣时期。佛教自东汉时传入中国，到这时大为盛行。佛教艺术也空前发达。1980 年发现的连云港孔望山摩崖造像，发现者认为其中有些是东汉的佛教造像。但是所谓"佛教造像"的时代是否早到东汉？题材是否属于佛教？目前仍有不同的看法。几个有名的石窟寺如大同云岗、洛阳龙门、敦煌莫高窟等，都创始于北魏时期。这几年我们对于这些石窟寺，都做了保护和研究的工作。南北朝的墓葬，我们也发掘了一些，有了一定的收获，例如辽宁北票冯氏墓出土的玻璃碗和金饰。1980年内蒙古呼伦贝尔盟大兴安岭北部的嘎仙洞发现了刻有公元443年北魏铭文的鲜卑石洞，解决了鲜卑族的发源地问题。中国和日本的正式交往，据记载实始于东汉初年。在建武中元二年（57年）光武帝受日本使节的朝贺，赐以印绶。这印也许便是日本志贺岛出土的那件"委奴国王"印。到了这时期，中日的交通更为发达起来了。日本古坟中所发现的中国铜镜和错金纪年铁剑等，便是明证。至于三角缘神兽镜的问题，我的同事王仲殊所长曾根据中国方面新发现的大量铜镜，对这问题做了探索。他于1981年发表论文，认为三角缘神兽镜应系东渡的吴国工匠在日本所制作的。这个研究结果曾引起中、日两国考古学界很大的注意。

1974～1977年安徽亳县曹操家族墓群中的一座墓发现有字砖139块，其中9号砖有建宁三年（170年）的年号，74号砖文为"有×人以（?）时（?）盟（?）不"七字。"人"前一字或释为"倭"，或释为"佞"，原字难认，但并不像是"倭"字。有人认为这是中国发现最早记有"倭人"的实物，未免下结论过早，不仅"倭"字难以确认，并且这些砖文都是制砖匠信手所刻划的。它们的内容不外于发泄牢骚、记载墓主人的官爵、郡望和姓名，以及纪时、题名和计数之类，而非史家记载史事的。所以似乎不会有记载"倭人"与中国订"盟"这类事情的。

隋唐考古的重点之一是对隋唐都城长安的勘查和发掘。经过多年的工作，我们已经搞清楚它的布局。已发掘的重要遗迹包括明德门、西市、青龙寺，以及大明宫内的含元殿、麟德殿和重玄门等。其中青龙寺是唐代长安有名的寺庙。日本平安朝（9世纪前半叶）入唐求法的有名的僧人所谓"入唐八家"，其中六位即在青龙寺受法。"东密"（日本密宗）的开创大师空海，便是 804 年在青龙寺就惠果学法的。他们八人回国时带回书籍便多达一千七百余部。1973 年曾对青龙寺遗址进行复查和发掘，找出了一座塔基和一座殿堂遗址。隋唐的东都洛阳城也做了一些调查发掘，现已探出城墙四周、几座城门和十几条街道，发掘了宫城的右掖门和东城内的含嘉仓。至于墓葬方面，以长安城郊区的隋唐墓和昭陵乾陵的陪葬大墓的发掘，最引人注意。这些墓虽都曾被盗，但大都仍保存有精美的壁画和色彩鲜艳的彩绘陶俑。其中章怀太子墓壁的礼宾图，三位宾客的中央一位，头戴羽毛帽，有二鸟羽向上直立，帽前着绯红色，穿大袖白袍，大口裤，腰束白带，足穿黄革履。或以为是日本使节，据说他的服装和《旧唐书·日本传》所记日本使者的服饰相近。实则这画像我们一般认为是新罗或高丽使者。《旧唐书·高丽传》说："官之贵者，则青罗为冠，次以绯罗，插二鸟羽及金银为饰，衫筒（箭）袖，裤大口，白韦带，黄韦履。"又说："〔新罗国〕其风俗、刑法、衣服，与高丽百济略同，而朝服尚白。"适相符合。同书所描写的日本使臣的服装是"冠进贤冠，其顶为花，分而四散。身服紫袍，以帛为腰带"，并不相似。到底这画像是不是日本使节呢？有人劝我可以来请教日本的朋友们。不过唐代长安城内兴化坊（现为何家村）一个窖藏中所发现的"和同开珎"确是从日本进来。这种银币铸于和铜元年（708 年），次年便废除银钱而行铜钱。郭沫若先生认为这可能是灵龟二年（716 年）的那次遣唐使携来的。何家村的窖藏一般认为是 8 世纪中叶安史之乱中长安陷落前逃难的贵族所潜埋的。这窖藏还出土有各种金银器、药物、金属货币，包括外国钱币如日本"和同开珎"、波斯萨珊银币和拜占庭金币等贵重物 1000 多件。此外，高松冢中发现的那件铸于 7 世纪末的海兽葡萄镜可能是 8 世纪初携入日本的，有人以为应与 704 年返回日本的以栗田真人为执节使的日本的第七次遣唐使团有关。总之，这些新发现的文物可以作为中日两国人民当时友好往来的物证。

宋及宋以后的考古工作，在瓷窑的调查和发掘方面有不少新发现，重要的工作有浙江龙泉窑址、江西吉州窑址、福建德化窑址、陕西耀州窑址的发掘。城市方面有 1982 年宋代开封城的调查和部分发掘，1964～1974 年元代大都城的全面勘察和重点发掘。后者查明了它的街坊布局和城内水道系统，发掘了和义门瓮城和若干民居，发现了大量元瓷。这里出土的元瓷的研究，使我们能利用其成果来分析朝鲜新安海底沉船中捞出来的元瓷。对于这批朝鲜出土的元瓷制作年代和它们所属的窑口，取得了可喜的研究结果。墓葬方面，最重要的是明十三陵之一的定陵的发掘，现已修建成现场博物馆。发掘报告现正在赶写中，不久可以脱稿。明代亲王的墓有山东邹县鲁荒王墓，成都蜀王子墓和江西新建宁王墓、南城益端王、益庄王等墓。除蜀王子墓曾被盗仅遗留大批陶俑等之外，其余都出有珍贵金银器、玉器、服装、织绣物和瓷器，其精美不下于定陵的出土物。鲁荒王墓没有金器而有文房四宝和琴棋书画。

"丝绸之路"是汉唐时代中国的西方陆上交通的孔道。解放以来，在中国境内沿途的几个重要中间站曾出土过许多汉唐时代的丝绸，其中以吐鲁番阿斯塔那墓地所出的最为丰富和精美。此外，还发现许多波斯萨珊朝银币和东罗马金币。这条"丝绸之路"上重要中间站的汉楼兰遗址，曾作了发掘。另一条渠道是海上航路。在宁波和泉州各曾发现五代和南宋时期的海船。前者船中有外销的越窑瓷器，后者船上有从海外运回的大量香料和药料。我们也注意到从朝鲜、日本、南洋等处一直到非洲东岸各地所发现的中国外销瓷和中国铜钱。这些都生动地反映了当时中国和亚洲各国的海上交通和贸易的情况。

考古学也为科技史提供了很多重要的实物。在这方面，冶金、纺织、陶瓷的研究，收获最大。冶金方面，探讨中国早期铜器的问题，铜矿开采技术和提炼技术，中国周汉时期炼铁技术的发展，都有一定成果。陶瓷方面，对于瓷胎、瓷釉的成分和烧制技术，尤其是景德镇和龙泉窑的历代瓷器，都做了科学分析和工艺的研究。对于陶窑、窑具和作坊，也通过遗迹的发掘做了研究。丝织物方面，对于纺织方法、织机结构等，也都做了分析。此外，对于农业、医药、天文历法、地理舆图等方面，考古新发现也都提供了新资料，取得了一定的研究成果，并促成了科技史研究中这些方面的发展。

这30年来的考古成就，甚至以重要的成就为限，绝不是这短短的一个多小时的讲演所能都加以介绍的。文物出版社出版了一本《文物考古工作三十年》（1979年），字数达61万字（已译成日文）。考古研究所编了一本《新中国的考古发现和研究》，共一百来万字，1984年5月由文物出版社出版。

我们这些考古学成就，曾引起中外人士的赞叹。有人认为20世纪的后半叶将作为中国考古学的黄金时代被写入史册。我想，这是由于过去的落后，所以最近的进展便显得格外迅速。我们在许多问题上取得了进展，并且填补了许多空白。有人以为只有1949年以来史前和早期历史时期的中国才终于在全世界的考古学地图上占有了位置。实际上，我们的工作还是很不够的。不过，我们总算学到了一些经验。根据这些经验，我想略谈一下我对于中国考古学的展望。我们所研究的是"过去"的遗迹和遗物，但是我们也要展望着"未来"。

第一，我们要加强理论水平的提高。我们要有一个指导的思想，并且在这思想的指导下，制订考古研究的政策和具体的规划。中国是社会主义的国家，指导思想是马克思主义。真正的马克思主义尊重客观事实，"实事求是"。我们这种见解在"文化大革命"中曾遭受一些假马克思主义者的猛烈批判，说这是资产阶级的客观主义，应该被打倒。1968年满城汉墓的发掘是由考古研究所主持的。有些外国朋友后来看到展出的这墓中的出土物和金缕玉衣等的时候，便问我这个考古研究所长当时是不是在场。我只好说，我那时已"靠边站"，还在"牛棚"里呢。现在已经拨乱反正，我们要学习理论，多加思考；并且要加强综合研究，对于大量的新出土的古物，我们要于整理后细心加以研究，加以阐释。我们不能只限于描述，并且最好能于研究后提出综合性的理论性的结论来。我国现在强调社会主义精神文明的建设，考古学研究便是这种建设的一个组成部分。

第二，考古学的理论和综合研究，都要立足于大量的可靠资料。可靠的考古资料主要是有赖于科学的考古发掘。今后一段时间内，中国考古学工作，还应继续把很大的力量放在考古调查和发掘上。而且考古发掘应该重视工作方法，包括仔细观察和有系统的正确记录。而不要只想多挖，以为多挖一定可以碰到一些珍贵的或新奇的古物，可以一鸣惊人。我们要反对挖宝思想，要反对重视考古工作的数量而忽视质量的偏差。考古发掘工作对遗迹是带有破坏性的，应加控制。为了挖宝的考古发掘应加制止，最近（1982 年 11 月 19 日通过）颁布的国务院《文物保护法》中关于考古发掘的规定，便体现这种要加强控制的思想。发掘工作的水平要不断地改进和提高。至于发掘报告的编写质量和出版速度也要提高，因为考古发掘这项工作应该包括发掘报告的编写。

第三，要继续引进自然科学方法到考古领域中来，以解决考古学上的问题。关于断定年代问题，我在前面说过，我们采用碳十四测定法，取得了很大的成果。我们还采用古地磁法、钾－氩法、热释光（Thermoluminescence）等以断定古物年代。关于鉴定古物的成分和制造方法，我们除了普通（湿法）的化学分析之外，还采用了光谱分析、金属显微观察、快中子活性化分析（Neutron activation）、电子探针、电子显微镜（Electron Microprobe）测定、X 射线荧光光谱分析等，还做了铸铜和制陶的模拟试验。我们做了兽骨鉴定、古木鉴定及孢子花粉分析等，以便了解各时期人类社会的地理环境（包括生物环境）。还有人骨的研究，可以了解当时居民的族种、营养和疾病，也可由墓中死者的性别和年龄以推测当时氏族、家族等的社会组织。这些不仅是在考古学上利用自然科学的方法，实际上是一种所谓"多学科的研究"。这方面我们不仅要采用国外考古研究中的先进技术，并且也要采用"多学科的研究工作"的组织方法。

第四，历史时期考古学中，要尽量采用考古实物和文献记载相结合的方法。解放以前在中国大学中没有考古专业，所以现下老一辈的中国考古学家大部分都是受过（狭义）历史学的训练，然后才搞考古学的。我们认为中国史前时期和历史时期只是中国历史过程中的两个阶段。整个历史过程应视为一个整体，不能截然分开。欧美考古学由于历史上传统的关系，在大学中把二者分属于两个或更多的学系中去。中国老一辈的考古学家中一部分是由学文化人类学改而搞考古学的，因之利用民族志的例子来解释考古资料，也成为中国考古学的传统之一。这些方面，我们要继续加以发展。中国有浩如烟海的文献记载和丰富多彩的民族志资料，中国考古研究如果要利用这些材料，真是取之不尽、用之不竭的。但是，作为一个考古学家，我们应该以主人翁的身份来利用历史文献和民族志等的资料和理论来解决考古学中的问题，而不要使考古学作为狭义的历史学或民族学的附庸。

第五，至于中国考古学今后的具体规划，现下我们正在交换意见中，准备在今年（1983年）5月份中国考古学会第四次会中进行讨论。我在这里只能谈谈我自己的一点看法。在时间方面，中国旧石器时代的遗迹和遗物，这30余年发现不少，但是缺环仍是很多。现下似乎还不能系统地描述整个发展过程和各种文化承前启后或互相影响的关系。今后需要探寻和发掘有不同文化重叠堆积的遗址。新石器时代的发现，已可以把黄河流域及长江下游的各种文化的序列排出来，并把年代上溯到早期。但是还未能找到农业和畜牧业的起源。这种驯养动植物作为食物是人类经济生活的一个大突变。制陶术的发明，也是技术上的一大贡献。但是它在中国何时何地开始，也同样的还不能确定。至于各地的各种新石器文化的分布范围和它们的文化内涵，也有许多地方仍不清楚，需要继续探索。到了青铜时代，中国进到历史时期。但是夏文化问题，仍在探索中，未能解决。在商文化中，冶铜技术和艺术，甲骨文为代表

414

的文字，用马驾车，夯土建筑等，都出现了，都市也已兴起。但是这些文化元素的渊源问题，仍未完全解决。古代重要都市的发掘和研究需要赶快抓紧，因为城市的现代化肯定会破坏现下仍保留的大量遗迹。关于地区方面，新疆和内蒙古的考古工作中新发现不少，但仍有许多空白点；至于西藏几乎完全空白，亟须加强工作。华南及长江中流以上，史前文化的面貌也不很清楚。有许多古代技术史和中外文化交流史方面的资料，还埋在地下。已经出土的，有许多也亟须进一层深入研究。这些都是较重要的需要解决的具体问题。

最后，我展望考古学方面的对外学术交流。近几年来，我国采取了开放的政策。我们在很多国家，尤其是在日本，举办了我国出土文物展览。这些展览向各国的考古专家和广大观众介绍中国的古代文化，受到了热烈的欢迎。我国的考古工作者也曾和许多国家的同行们进行互访，参加学术讨论，进行文化和学术交流。这些方面，今后还会有所发展。今天在座的各位女士们和先生们，我们欢迎你们有机会来中国参观中国新出土的古物。

关于考古研究中的几个问题[*]

  1956 年曾来过西安。这次再来西安，是因为知道这几年西安的考古工作发展得很快很好，在党和政府的领导之下，在地方学术机构的领导之下，取得了很大的成绩，所以来看看，也是来学习。陕西社会科学院王灿然院长叫我与大家谈谈，推却不了，所以想利用这个机会，把关于考古研究工作中的几个问题，一些不成熟的看法，提出来向各位请教。

  我国的考古工作，包括陕西省的考古工作，自解放以来，为了配合国家基本建设工程，取得了很大的成绩。这不是因为自己是搞考古的，所以这样说，事实上确是如此，中国历史博物馆便是明证。没有这几年的工作是不可能的。我们取得的成绩，由于党和政府的领导与支持，也由于基建工程。最近我国的社会主义建设工作，要贯彻调整、巩固、充实、提高的八字方针，考古工作随着国家的总形势，同时依照学科发展的规律，也须要调整、巩固、充实、提高。我们检查过去，安排未来，

  * 本文是作者 1961 年 10 月 30 日在西安市政协礼堂，对陕西省考古所、文管会、博物馆人员及西北大学历史系师生所作报告。当时主办单位曾将记录稿油印，作者在其自存油印本上的眉批称："所记颇多错误，当抽暇加以改正。"现据作者自存演讲提纲整理。

觉得考古研究中的几个问题，须要仔细考虑，所以提出来谈谈。关于考古研究中的问题，可以分为两个方面来谈：一方面是研究工作中学术性的问题，另一方面为了要解决这些学术性问题，应该考虑的一些考古研究工作中的方针方向性问题，例如理论与资料、田野工作与室内研究、基本训练等问题。

现在先谈这十多年来的考古收获和所存在的学术性问题。考古学当然从最古的谈起，最古的是什么？我们暂定北京猿人，即 50 万年以来考古学上的问题。初步的研究工作，包括：①分期问题。②地区的分布及相互关系。进一步的探索，包括：③社会经济情况。④我国社会发展的具体特点。各地区各时代都有它特殊的问题，我就陕西境内来说。

（1）旧石器时代：a. 人类起源问题　b. 分布问题（陕西）

（2）新石器时代：a. 陕西的重要性（半坡）　　b. 与周民族的关系 c. 传播与独立发展

（3）西周时代：社会分期问题

（4）秦：a. 秦人社会发展的道路　b. 秦人民族特征及民族关系

（5）汉：a. 都城的发展　b. 中西交通　c. 手工业的发展

（6）唐代：a. 继续汉代　b. 中外交通　c. 手工业（瓷器）

一　理论与资料问题

这个问题在社会科学各门学科中都曾遇到，在考古研究工作中表现为下面讲的情况。考古工作在解放后的初期，几乎是搜集资料的工作，因为考古学的对象是实物资料，解放前这些资料是很不够的，搜集资料是应该的，也曾取得很大的成绩，累积了大量的资料。例如新石器时代的遗址，这几年所发现的有好几千处。我们知道，新石器时代是比较古老的，我国至少在殷商时代，中原便已进入青铜时代，有这么多的新石器时代遗址，做起比较研究来，是何等可宝贵。又如西安附近的唐墓，已挖了两千余座，有墓志的也有二百多座。从前唐墓也有发现，但器物分散。我们将发掘结果写出专刊报告（已出版十几种），或者写出发掘简报，在《考古学报》、《考古》和《文物》上发表（《考古学报》已出版 28 期）。这些资料工作都是需要的。但是过去有些局限于资料，忽视了理论研究。

1958 年批判资产阶级学术思想，提出要建立马克思主义的考古学体系，这是应该的。不过，有些同志又发生了忽视资料工作，而理论说来说去，也偏于空谈，有时忘记了考古学的特点，不能提高。现在，我们考古学仍存在这个理论与资料的关系问题，如何加以很好的解决？初步的想法，应该将理论性结论作为目标。干部应有一定的理论水平，应该认识到研究的方向，工作的目的性。但是，具体的研究工作，应该由实际出发。即从考古资料的实际出发。我们的资料不是太多，仍是太少，尤其是关键性、典型性的资料仍是太少。我们搜集资料，整理资料，应该有理论作指导，力求所得的资料能够合用，具有科学性，可以作为建立理论的基础。我们决不能忽视资料。陶片的研究，不是见物不见人，而是要由物中看出人类，不能先有成见，由教条出发，硬将资料套上去。

二　田野工作和室内研究

理论与资料是社会科学中各学科共有的问题，别的社会科学也有调查研究，但是这个田野工作和室内研究的问题是考古学中更为突出的问题。田野考古工作是指考古调查和考古发掘。有些人对于考古发掘工作不了解，吴金鼎去云南大理考古的时候，人家问他"做什么"？他回答"做考古"，人家又问"考了多少斤古"？这是没有了解考古发掘的性质。考古发掘是揭露古代的遗存，地层关系、平面布局及建筑遗痕，这有时比实物更重要，例如西安半坡的发掘、大明宫的发掘。另一种误解，以为调查发掘是搜集资料的操作，不是研究工作。田野工作便是研究工作的一部分，是考古学的实验室。田野工作做得好，即可得研究结果，回到室内只是写出来而已。有些问题，是在田野工作中大致解决，室内稍加整理，你可写出结果来。没有田野工作做基础，室内工作是无法做好的。

如果我们这样理解田野考古工作，认为是考古研究中的一个重要组成部分，再返过来看看解放以来考古学界对这个问题是如何处理的。最初几年，为了配合基本建设，田野工作发展得很快，但是没有明确的目的性，被动地做工作，室内整理也没有做好，器物的清单而已，没有深入研究。后来提出理论研究，有些人误解了，以为室内研究可以脱离田野工作分开来做，一部分人专做田野工作，搜集资料，另一部分人专做室内研究。现在我们初步的看法，目前虽然应以较大的力量做室内研究，扭转从前的忽视情况，但是这室内研究应该是田野工作研究的继续，不是脱离田野工作。室内研究，一方面完成田野工作研究的未完成部分，做好比较研究，查考文献，利用自然科学方法，等等；另一方面，室内研究可以发现学术问题，明确问题关键的所在，指导田野工作，使之更有目的性。

三　古与今

自从"厚今薄古"的口号提出以后，这也是考古学中的一个突出问题。社会科学中别的学科好办，只要多增添有关今的研究项目，减少一些有关古的研究项目，便可以适应。我们这门考古学，目标便是考古，这一来便苦了。我们北京的考古所，有的刚来所的年轻同志闹情绪，要求转往隔壁范老的近代史研究所；有的同志提出是否可以改名为"物质文化史研究所"，连现代史上的革命文物都可算物质文化，一起来研究。当时，苏联的考古学研究所，便叫物质文化史研究所，说起来似乎也很合理。1956年我经过莫斯科，到苏联的物质文化史研究所去拜访同行，顺便谈这个研究所的名称及工作问题。他们说，该所研究的便是考古学，苏联考古学在划期上，将蒙古成吉思汗西征以前的物质文化归入考古学，并不研究近代或现代的物质文化；因为研究所的名称，是当年呈请成立时经过列宁批准的，所以四十年来未曾改过，但基辅、梯比里斯等地后来成立的已改叫考古研究所。苏联科学院的也想改名，后来我们看到1958年他们果然改名考古研究所。我们知道，考古学的研究对象是物质文化遗存，与一般以文字记载作为研究对象的历史学不同，而时代越古，文字记载传下来的越少，越发依靠考古学研究才能恢复古代历史的真面目。近代和现代历史的文献很多，所以考古学方法在这里不能占重要地位。当然，我们不能像玩古董的老先生一样，越古越好，而是以研究对象的学术重要性为主，比如新石器时代当然古，但是这方面的遗址很多，新发现的文化性质相同的遗址便可以不做；唐代的时代虽近，但唐长安城及大明宫，是当时全世界最大的最盛的封建国家的都城，便值得重视了。现在这问题是比较明确的，就整个学术界而言，考古学不能占过大的分量，但是考古学本身仍是以古代史为主。

其次是古为今用的问题。有一个时期，有一种误解，将"古为今用"看得很狭隘，以为考古学应该为基本建设服务。搞基建要钻探地基，我们为它工作，要做到没有一个漏洞。我们在有基本建设的地方，应该配合基建；但是在没有基建的地方，我们为了探讨学术问题，也可以工作，否则没有基建任务，便没有考古工作了。这绝不是考古学的本身目标。当然，不在基本建设范围内的考古发掘，应该报文化部批准，不能乱挖。此外，考古研究工作，在理论思想方面，是可以也应该为今天的社会主义建设服务。

四　基本训练和尖端研究

这似乎是培养干部中的问题，但也是考古学这门学科研究工作中的问题。一门学科学术水平的提高，要看能否攻破一些关键性的问题，在尖端研究方面取得一些成绩，然后全面提高。记得1956年在"向科学进军"的号召下，各方面的研究工作人员斗志昂扬，考古工作者也不例外。那时有一个说法，以为挖大墓便是攻尖端，于是北京要挖明代永乐皇帝的长陵，南京要挖明太祖的孝陵。自然挖大墓并不能算是攻尖端，所以后来文化部、国务院主张，北京挖了万历帝的定陵以后，暂时不要再挖长陵和孝陵。当然，我们对学术性的尖端问题、关键问题，应该心中有底，要积极准备条件，设法加以解决。但是，我们这一门学科是年轻的学科，学科本身有些方法论上的问题尚待解决，同时干部也是年轻的居多，为了做好工作，似乎还需要注意基本训练。

基本训练，可以根据上面谈到的两个问题，理论与资料，田野与室内，把它分作三个方面：①基本理论　马克思列宁主义的基础，辩证唯物主义与历史唯物主义，社会发展史。这些基本理论没有打好基础，工作中易于迷失方向，看不出关键性问题，找不到适合的方法，无法进行深入的研究。②基本技术　搜集资料的技术，包括田野工作的技术，室内整理中查考文献和图书，等等。发表研究成果的写作能力，都可以算是技术。③基本知识　便是关于一门学科的具体知识，在考古学中包括历史知识、考古学文献知识，以及考古实物标本的知识。由于考古学的学科特点，不能认为业务学习只是读书，摩挲实物是同样重要或更重要的。这不但是年轻的考古工作者应该努力，便是工龄较长的同志也应不断努力。此外，还有与考古学有关的自然科学知识。

五　中与外的问题

中国考古学与外国考古学的关系，这个问题在目前是不算重要的，但是在将来一定会提到日程上来的，应该要有思想准备。历史学方面，现在各综合性大学都觉得过去对外国史太忽视了。至于考古学方面，各大学有考古学课程的便不多，本国的考古学还顾不过来，更说不上外国的考古学。但是为了长久着想，外国考古学不仅在学术上有它的意义，在政治上也有它的意义。

先说学术上的意义，首先，有可以借鉴的地方。考古学是在资本主义社会中才成为一门科学，在社会主义社会中才得到发展。我国在解放前是半殖民地半封建社会，考古学也反映了这方面的情况，所以是一门年轻的学科。外国考古工作做得较多的地方，有些成为具有一定体系的学科，苏联等兄弟国家的考古研究工作有许多地方可以供给我们参考，资本主义国家的考古学，是资产阶级体系的考古学，我们只能批判地加以利用，但其中有用的东西也未尝不可以供我们参考。社会主义的文化，是吸收古今中外一切有用的东西，去其糟粕，取其精华而成的。其次，中国不是孤立于地球之上。考古学的研究对象，人类的活动，是以全球为舞台的。我们开始进行考古工作的时候，要以本国的材料为主，但是不可能永远局限于国内，眼光要放得大一些。中国对世界文化的贡献是很多的，尤其是在亚洲东部地区，中国文化的影响很大。同时，我们中国也吸收了外国的文化，外国一些有用的东西，使它变为自己文化的有机组成部分。只有注意兼顾外国的考古学，特别是邻近国家的考古学，才能看出我们祖先的影响，劳动成绩的伟大。

如果我们能把中国的考古学建立起来，将它与外国考古学一起比较研究，便可以使中国文化在世界上的重要地位，用事实突出地显现出来。这可以鼓励我们年青一代的雄心壮志，因为我们中国在全世界要占据更加重要的国际地位。这便是我在前面所说的政治意义。

长江流域考古问题[*]

　　自从去年 12 月在长江流域规划办公室领导下成立了文物考古队，到现在已经一年了。在这一年中，各省分队和直属分队在党的正确领导下，已取得了很大的成绩。这两天各队的代表们的发言，报道了许多新发现，也提出了一些问题。大家听了后都很觉得兴奋。

　　考古学的目标是利用物质文化的遗留来恢复古代社会的面貌，以阐明人类社会的发展史。我们现在正企图以多快好省的办法，迅速地建立起马克思主义的中国考古学体系。为了建立这样一个体系，我们需要在长江流域的考古工作中解决一系列的问题。现在根据我初步的考虑，提出一些这类问题，请大家讨论和批评。

一　长江流域的旧石器文化

　　长江两岸由重庆至宜昌这一段有许多石灰岩的山洞。在这些山洞的

　＊　本文是作者于 1959 年 12 月 26 日在长江流域规划办公室文物考古队队长会议上的讲话，原载《考古》1960 年第 2 期。

堆积中，很可能找到古代人类的遗骸和石器等。另一可能找到旧石器的地点，是河流两岸被侵蚀而露出的断崖深处和被冲刷出来的堆积中。解放以来我们在四川资阳、湖北长阳和安徽泗洪，都曾找到人类化石。最近四川分队在三峡水库区，听说也曾发现过旧石器。今后我们在调查中，要特别加以注意，因为这类制造粗陋的打制石器，很容易被忽视过去。同时，要尽可能地注意共同出土的共存物，不要将属于新石器文化的制作粗陋的打制石器错认作旧石器。长江流域的考古工作不仅可以解决这地区的旧石器时代的人类和文化的性质问题，并且也许可以解决人类起源的问题。

二　长江流域的新石器文化

从猿发展到人，石器工具的出现，可能长江流域并不比黄河流域为晚，但是进一步战胜了自然，从渔猎采集经济进到有农业和家畜的新石器文化，长江流域可能较晚。这大概是由于秦岭以南的土壤和气候（温度和湿度），是适宜于森林的生长。到今天虽经过了几千年的采伐，长江流域的森林仍占全国 39.6%。新石器时代的特征是农业和畜牧。森林地区不适宜于畜牧，也不适宜于原始农业。石斧和铜斧砍伐树木的效率不高。只有铁斧出现后，才有可能大量砍伐森林，改为农田，才使长江流域的经济迅速发展。水稻田的耕作，也需要铁犁，才能充分发挥潜力，所以长江流域只有在春秋战国时利用铁器以后，才产生了高度的灿烂文明。

新石器文化在长江流域似乎开始较晚，例如南阳地区和汉水流域的仰韶文化遗址，是属于黄河流域仰韶文化的晚期。豫南、苏北和皖北有较仰韶文化为稍晚的龙山文化。太湖沿岸和杭州湾的良渚文化，是受了龙山文化影响的一种晚期文化。至于湖北的屈家岭文化（包括最近在丹江口水库发现的均县、郧县、郧西三县的一些地点）和南京阴阳营最下层，是与山东一种带有彩陶的特殊龙山文化（例如山东宁阳县大汶口的文化）颇相接近。更南的印纹硬陶，似由印纹软陶发展出来，而另有一种夹砂红（或黄）陶的文化，比印纹软陶似较早，但也受龙山文化的影响。四川三峡水库区似乎有几种不同的新石器文化，其中巫山大溪的出土物，其中有些似乎和屈家岭文化相近。这些的时代都比黄河流域的仰韶文化早期较晚。

我们这一年虽在长江流域发现新石器遗址不少，但仍要继续全面调查和重点发掘。我们要搞清楚这个流域有哪几种文化？它们的面貌（即文化内涵）是怎样的？它们的社会经济形态怎样？分布的范围和互相间的关系怎样？它们的来源、发展和消失又是怎样？除了本身的自发的演化和进步之外，文化的传播和人口的迁徙在它们的发展历史中是否也曾起过作用？起了一些什么作用？这样，不仅探究清楚了这一地区的古代原始社会的历史，并且对于原始社会的发展规律的理论问题，也将有所贡献。

三　汉民族的形成过程和中华人民共同体的形成过程

社会经济进一步发展，逐渐产生了阶级的分化。阶级社会产生了国家。这时候在黄河流域有夏王朝和商王朝。夏王朝的政治势力似没有达到长江流域。传说中的禹生于四川石纽和禹会诸侯于浙江会稽，都是后起的传说，可以不谈。至于殷王朝的政治势力，已达到长江流域的北部边缘地区。我们考古工作应搞清楚殷文化的范围达到长江流域的哪一些地区，加以确定；又要搞清楚和殷王朝时代相同而文化不同的长江流域的其他文化。上面所谈到的长江流域的新石器文化，其中有些可能便属于殷代的，甚至也有属于周代的。它们和殷周文化的关系怎样？发展到较高程度的殷周文化对于它们有些什么影响？

经过了周代的 800 余年，长江流域的经济和文化逐渐发展，虽然最初也形成了如巴、蜀、楚、吴、越等族，但不久便消失它们的特征，构成汉族的一部分，不复能分辨开来。我们就出土古物来看，可以认得出有这样一个汉族形成过程，但具体的详细的情况，便不很清楚。这便须要更多的考古工作来阐明这个问题。到了汉代，汉族的形成过程更推进一步，汉族的构成部分更包括长江流域以南地区的粤、闽等人民了。

此外，在长江流域还住有现在的少数民族。这些少数民族虽与汉族不同，但构成了中华民族共同体。他们过去发展的历史，在文献史料方面，大多数是残缺不全的。我们可以由出土的古物补充文献的不足。在历史上有许多古代住在边区的少数民族的名称，后来消失不见了，同时有许多新的族名出现于较晚的文献中。这些古代少数民族和现在的少数民族有什么关系？现在少数民族的形成过程怎样？如果我们研究清楚了他们如何形成一个不同于其他民族的民族，以及研究他们如何成为中华人民共同体的一分子，再和上面所说的汉族形成过程对照起来看，这将是一个很有意思并且也有现实意义的问题。

四　长江流域各地区古代社会性质问题

黄河流域的古代社会，现在虽仍有争论，但一般都认为殷代已进入奴隶社会，春秋战国之交进入封建社会。长江流域发展较晚，并且这流域中各地区的发展也不平衡，有些少数民族在解放以前还处在原始社会阶段或奴隶社会阶段。便是在今天汉族聚居的各地区，也仍要根据考古资料来研究它们的古代社会。例如巴蜀文化的社会性质和吴越文化的社会性质，都是须要加以研究的。我们要问：是否有这种可能，因为受黄河流域新起的封建社会的影响，有些由原始社会阶段越过奴隶社会阶段便进入封建社会，还是仍旧经过奴隶社会阶段？它们的奴隶社会的起讫年代是什么时间？在这些阶级社会中，阶级斗争的情况怎样？经济基础和上层建筑的关系又是怎样？

社会科学工作者，凭借各地少数民族的社会调查资料，可以在恩格斯的《家庭私有制和国家的起源》之后，写出人类社会发展史的新续编。如果我们再添进少数民族的考古资料，使令这些发展史有更加长远的发展过程，眼界便可以看得更远些。"百川归流于海"，全国各族人民经过长远的发展过程，最后都是为社会主义事业而奋斗。

五　古代长江流域对于中国物质文化的贡献

现在只就我所想到的谈一谈，一定会有遗漏的地方。

第一，新石器时代中农产品、家畜和家禽的品种方面的问题。这些问题中有些可能要在长江流域的考古工作中解决，水稻的原生的野种是在南方的环境中生长的。丁颖同志说，在云南和两广，都曾发现野生稻。我们知道江汉平原的新石器文化遗址（京山屈家岭、天门石家河、武昌放鹰台）曾发现过栽培的粳稻壳子。在安徽长江地区（肥东县大陈墩），也发现过稻粒。黄河流域虽在仰韶村出土的一片陶片上发现过稻粒印痕，但这片陶片的时代并不一定属于仰韶文化。培植水稻可能起源于长江流域或更南。又如水牛的原生地区也是南方。黄河流域新石器遗址未见水牛骨，但安阳殷墟很多。又如野生的鸡，在云南境内曾有发现，是热带或亚热带丛林中的禽鸟。黄河流域陕县庙底沟龙山文化层曾出土鸡骨，安阳殷墟曾出土鸡卵。水牛和鸡，可能是在长江流域或更南的地方开始驯养，然后才传到黄河流域的。发掘工作中希望能注意这些自然遗物。

第二，铁器。我国用铁的开始，到底黄河流域还是长江流域较早，虽还未有定论，但铁器在长江流域早些时候便发展到较高的水平，似无疑问。楚国是以铁兵器锋利著名的，吴越的铁剑也是成为传说的无价之宝的好剑。这提高技术水平的过程是怎样的？原因是什么？技术提高后对于当时生产力和生产关系的影响怎样？

第三，工艺品。重要的一种是漆器。楚国的漆器近年来出土很多，汉代四川成都和广汉的漆器也是销运各处的。釉陶和瓷器，可能都是长江流域首先发明和发展的。釉陶的最早出现，在黄河流域是在郑州和安阳的殷代遗址中，在长江流域是在当地新石器遗址中。二者的年代可能相同，但就器形、纹饰、陶质而论，似乎是在长江流域烧造而一部分流传到北方的。西周的釉陶，在洛阳和西安都有发现，但在安徽屯溪和江苏丹徒，发现更多。汉代的青釉硬陶罐，长江流域如长沙等地曾大量出土，但黄河流域出土很少，器形、纹饰和质料和南方的相同。六朝时长江流域的青瓷，似乎便是由这种青釉硬陶发展而来的。

我们在考古工作中，要特别注意这一类长江流域的特殊产品。对于它们的研究，可以使我们知道中国古代文化中几种重要东西的发明或发展的历史，可以知道古代长江流域的劳动人民对于中国物质文化的贡献。

最后，为了要解决上面所说的这些学术问题，我想我们应该注意下列几个方面：

第一，我们要努力学习马列主义的经典著作尤其是毛主席的著作，掌握了正确的思想方法，才能正确地解决学术问题。

第二，我们要在各级党委的领导下，依照党的政策，制订我们的考古工作计划。

第三，我们要贯彻群众路线。考古工作计划要集体讨论决定，制订后，发挥群众的积极力量，以便完成计划。

第四，我们要和水利部门和其他基建部门协作，以求两利。又要和其他学科协作（例如历史学、民族学、地理学、地质学、生物学和土壤学等），共同解决问题。更要促进各分队间的协作，密切联系，以求解决共同性的学术问题。这次会议开得很好，我希望大家将这次会议的精神带回去。我们要继续贯彻总路线，以求多快好省地早日建立马克思主义的中国考古学体系。

楚文化研究中的几个问题[*]

（一）为什么要重视楚文化的研究

中国文明的摇篮是在黄河流域的中下游。楚文化从周朝起，成为中国古代文明的一个重要组成部分。它影响到长江以南的古代文化，也影响了黄河流域的古代文化。由于楚文化本身的重要性，楚文化的研究工作也成为一个重要的课题。

湖北是楚文化的中心，但是 1949 年以前大家只注意安徽寿县和湖南长沙二处楚墓的出土文物。便是解放以后的初期，也只注意湖南长沙与河南信阳楚墓的发现。从 60 年代开始，才对湖北的楚文化遗迹加以重视。对于楚都的江陵纪南城遗址，加以调查和发掘，还在纪南城附近及当阳的赵家湖，发掘了千座以上的楚墓。因之，中国考古学会在湖北省召开以楚文化研究为主的第二次年会，讨论有关楚文化研究的各个方面，是适合的。我们相信这将能够引起对楚文化研究的更加重视，促进楚文化研究的发展。

* 本文是作者于 1980 年 11 月 17 日在中国考古学会第二次年会开幕式上讲话的提纲，原载《中国考古学会通讯》第 2 期。

（二）什么是楚文化

什么是楚文化？先要搞清楚所谓楚文化的"楚"字是什么意思。我想这"楚"字可以有下列不同的含义：①地区名，即所谓楚地。今日湖北省的简称为楚，湖北省的一个剧种叫作楚剧，就地理范围而言，不同的时代，楚地的范围大小不同。古代的楚文化，不限于今日湖北省境内，还包括湖南、安徽及河南的南部。②国名或地方性的王朝名，即周代的楚国。这楚国根据文献记载，从西周初年到公元前223年被秦国所灭，大约存在了八百来年，江陵纪南城一带在公元前278年便成为秦地。但就文化面貌而言，楚文化在西汉初年仍保留有它的特色。③民族名，即所谓楚民族。古代楚国境内，除了主体的楚民族之外，应该有文化不同的一些少数民族。又民族与种族不同，不能混为一谈。民族的区别，要从各方面来考虑，例如人种、语言、文化面貌及民族意识等。就考古学研究而言，民族特点主要是根据遗物和遗迹来看它的文化面貌的异同。④文化名，即考古发现所显示的文化面貌。楚文化的"文化"与史前时代的"考古学文化"又有些差异。史前时代没有文字，不能确定这种文化的创造者的族名，所以只能用第一次发现的典型遗址的地名（如仰韶、龙山等）或文化面貌中的主要特征（如细石器、彩陶等）。历史时期则应该用族名或朝代名（如夏文化、殷周文化等）。楚文化是属于后一范畴，应该证明它是文献上的"楚"文化。

楚文化既然是指文化面貌，便像民族学上的文化一样，我们应该搞清楚文化的内容和特征。"内容"是指楚文化的各个方面即各种的文化元素，像古生物学上的动物群一样。"特征"是指楚文化有别于其他文化的特殊的地方，像古生物学上的标准化石。一个地层中出现了标准化石，便可以确定这地层是什么地质时代。有些动物化石生存的时代很长久，延续了好几个时代，那便不能作为一个时代的特征。但是描述一个时代的动物群时一定要提到它们，尤其是其中数量很多的一些常见化石。不同"外延"的文化，其内容和特征也不同。"外延"是逻辑学上的名词，这里加以借用。例如中国文化、楚文化、江汉地区的楚文化等名词像生物学上的分类，种、类、科、目，所包括的动植物越多，它们的特征越少。不同时代的楚文化，它们的内容和特征也有所不同。但是它们都有某些共同的内容和特征，所以才可称为楚文化。只有把什么是楚文化的问题解决了，才能进一步探讨楚文化的渊源与楚文化和同时其他文化之间的关系。

（三）怎样用考古学方法研究楚文化

楚文化是历史时代的一种文化，应该从文献与考古学两方面来做研究。两者有区别，同时两者又有密切的关系。这可由三方面来说：①楚文化既属于历史时代，则一定要结合历史文献，将考古遗迹和遗物，与文献上的"楚"联系起来。所谓"先楚文化"，不仅是楚国建国以前楚地的一种或几种史前文化，还应该证明它或它们与楚文化确实有相似之处，有渊源关系。②考古学研究中利用文献的时候，应该遵照文献考证的方法，不能将不可靠的文献随便引用作为证据。③考古学的方法，要严格遵照考古的准则，进行调查和发掘，取得可靠的资料。这是考古学的基本工作，资料可靠才能在这一基础上再做整理研究；并且只有在调查发掘报告出来以后，这一项研究项目才算是完成任务。我们决不能只发掘而不整理发表，以致后来记录散失，器物混乱，造成了不可弥补的损失。

在中国考古学会第三次年会
开幕式上的讲话[*]

　　这次是中国考古学会第三次年会。在筹备工作中，浙江省党政领导及有关部门的同志给我们年会以很大的支持和帮助，今天好几位又来参加我们的开幕式，我们应该首先向他们表示衷心的感谢。

　　我们考古学会自 1979 年 4 月成立以来，无论在发展会员方面及会务工作方面都很有进展，这个一会儿学会秘书长王仲殊同志将另有报告。关于这次年会的筹备经过，王同志也将在报告中谈，我在这里不多讲了。

　　这次年会，正值五届全国人大四次会议的时期，有几位理事是人大代表或全国政协委员，不能前来开会。我也只参加人大会议的一半，向人大秘书处请假前来参加我们的年会。这当然并不是说我们的年会比全国人大还重要，而只是说人大方面也知道这年会的重要性，所以让我请假来参加。希望我们到会的代表，也能认识年会的重要性，把这次年会开好。

　　我们还是谈本行的考古，不再考今。我曾好几次在刊物上强调近代

---

　　[*] 本文原载《中国考古学会通讯》第 3 期，后半部分为提纲。

的考古学应该以科学性的田野考古与调查为基础，没有科学性的田野发掘和调查，便没有现代的考古学。许多同志参加去年的年会，当还记得去年年会时，我们的副理事长裴文中同志，曾在会上书面发言，要求我们在田野调查和发掘中，应该注意科学水平，应该有认真的态度和严格的要求。裴老今年患病住院几个月，是轻度的脑血栓，一度出院返家休养，我曾与安志敏同志去看他。他走路和说话都有些困难。但是听他的夫人说，他回家后，便要求他的夫人打电话给他的研究所，要出去做田野工作，要所中替他和他的助手买飞机票，还要领四卷照相胶卷在田野工作中使用。当然他的夫人没有替他办理。最近他又住院了。我们想通知他我们开年会的消息，他的夫人不让我们去看他，说他一听见要开考古学年会，他又要吵着要出院前来开会了。

在现代的考古学界，估价一个国家考古学的学术水平，标准不是看你发掘出来的古物是否精美，是否可列为国宝。那是我们祖先的功劳，是祖先的文化遗产。另一方面也是看我们发掘工作者的运气如何。真正的学术标准是用什么方法发掘出来的。只有用科学的方法所取得的标本，才成为室内研究可靠的资料。这样所得到的结论，才是靠得住的。

我在 1979 年一篇纪念五四运动的文章中曾谈过，五四运动以后，近代的考古学才在我国兴起。一个重要的标记便是在 20 年代，我国的考古学者开始采用考古发掘方法来进行考古学研究。1927 年开始发掘周口店的北京猿人遗址，1928 年开始发掘殷墟，1933 年发掘宝鸡斗鸡台等等。裴老便是参加周口店工作，1929 年发现了北京猿人第一个头骨。副理事长尹达同志也是 1931 年春季便参加殷墟发掘。1934 年便参加斗鸡台工作的有副理事长苏秉琦同志。1949 年解放以后，近代考古学在我国更为飞跃发展了。这固然由于有了马列主义、毛泽东思想成为我们思想的理论基础，但是也由于我们注意考古发掘工作的科学化。解放初期便办了四届考古工作人员训练班。现在各省、市、自治区具体领导考古发掘等工作的，大多数是这几次训练班出来的人。今天在座的便不少。这30年来我国考古学取得很大的成果。文物出版社的《文物考古工作三十年》，总结了我们的成绩，日本人一看到，便要翻译日文，现已出版，可能许多同志已看到了。中国社会科学院考古研究所的《新中国考古的发现和研究》，也已经完成定稿，今年底或明年初将交文物出版社付印。所以说，我们的工作，成绩是主要的，应加肯定。

当然，我们中国考古学方面解决了许多问题，同时也提出了许多问题。这次年会在杭州开会，想把主要力量集中于两个问题的探讨。

（一）东南沿海的新石器时代文化。从前我们把新石器研究偏重于黄河流域。本世纪初叶，欧美外国人以为中国没有石器时代，如美国人劳弗尔（B. Laufer）。他们以为，中国文明是由西方来的，只是到了铜器时代后，西方的民族带来了文明，即携带了铜器、文字等，迁移到中国来的。到1921年，地质调查所在河南仰韶村发现并发掘了新石器时代遗址，1923～1924年又在甘肃洮河流域发现了一系列的史前遗址，1930年发掘城子崖的龙山文化遗址。这些都在黄河流域。解放以后，我们对于新石器时代的发掘工作也比较集中于黄河流域，对于黄河流域新石器的序列，比较清楚。所以有人主张中国的新石器起源于黄河流域，然后向四周散播，外国学者称它们为类似龙山文化的各种文化。

但是在长江流域，也发现过新石器遗址。30年代中期，即发现和发掘杭州的良渚遗址。当时由于它的陶器特征有点像山东龙山文化，所以有人以为是山东龙山文化的一支流。当时编写的报告，也是仿照城子崖的报告的格式编写的。在太湖流域，即苏南及浙北发现了所谓几何纹硬陶文化。有一位叫卫聚贤的，他在南京附近也发现了几处几何纹硬陶文化遗址。他说这是新石器时代的，这种几何纹硬陶表现很高的技术，可见南方新石器文化比北方新石器文化为发达，中国新石器文化应发源于南京一带。这位卫先生自称"卫大法师"，是当时很有名的"考古学家"。他当时担任南京古物陈列所的所长。据他对人家说：他这陈列所的位置在由南京城里赴中山陵的中途，国民党时代的党政要人到中山陵谒陵时，经过他的陈列所都要下来休息休息喝喝茶。他趁机便对他们吹自己的一套考古学知识，所以人家都知道有这一位考古学家。后来抗战时他到重庆，住在鼓楼山附近，据他说在山上堆积层中发现了胡桃化石的碎片，是人类吃剩的，所以中国文化要以他所住的鼓楼山为最早。后来地质古生物学家证明他的胡桃化石是自然形成的矿物结核，不是胡桃化石。他的学说便吹了。他所发现的几何纹硬陶文化在年代上是很晚的，有的几何纹硬陶可以晚到战国西汉时代。他的那种中国文化起源于江南的学说也吹了。

解放以后，我们在东南沿海做了许多考古工作，对于这一带的新石器时代的了解，比较解放以前深得多了。尤其是河姆渡文化的发现，知道它是与半坡的仰韶文化同时或稍早，是各自发展的各种不同类型的文化。至于它们各自的特点如何，它们之间的时代先后如何？继承的关系如何？互相影响的关系又如何？这一系列的问题都需要讨论。前两年在江苏南京及江西南昌的两次会议也曾讨论过有关的问题，取得一定的成果。文物出版社已出了两期集刊。

此外，还有这一地区的新石器时代文化，与其他相邻的新石器文化关系如何？这是另一个重要的问题。最近到法国巴黎参加会议，有人将华南的一些文化与越南一些文化合为一谈。我们主张中国华北与华南有些共同性，后来更互相影响、融合为中国汉族文化。

（二）中国青瓷瓷器和瓷窑的研究（提纲）。

（1）中国瓷器的重要性，中国青瓷的重要性。

（2）从鉴赏古董到考古调查，再到考古发掘。

（3）器形、釉彩和花纹的研究，到分析胎质、釉质及烧成技术。

（4）明年秋间中国科学院上海硅酸盐研究所召开的中国古陶瓷科技国际学术讨论会。

我前面说过的，当前全国考古工作的主流是健康的，成绩是主要的，应加肯定。但是考古工作中存在的问题也不少。

（1）前面已讲过，要加强田野工作，保证质量。这是对于考古学的认识问题。

（2）对于田野工作的态度问题：左的干扰（否定田野工作，只要理论），右的干扰（挖宝思想）。

总之，相信这次会上的论文及讨论，一定会取得很好的成果。对于考古工作中的一些问题，也一定会提出一些很好的意见，以改进我们的工作，有利于今后取得更大的成果。话讲得多了，就此打住。预祝大会成功！

1981 年 12 月 8 日

在中国考古学会第四次年会
开幕式上的讲话[*]

这次会议的主题是前次年会上决定的，便是：①夏文化的探索和商文化的研究；②全国各地青铜文化的研究。前次年会以后，许多同志环绕着这两个问题做了研究，写出了论文。这些论文将在明、后天的分组会上宣读，并且加以讨论。

前次年会所以选择这两个题目是有一定理由的。这次开会地点在河南。商文化的中心在河南，这在考古方面和文献方面都有确实证据可以证明。这是大家一致承认的。商文化是上古世界上四大文明之一，在世界上古史上占有重要的地位。解放以来，我们在考古学方面对于商文化做了大量的工作。现在有对这些工作加以总结一下的必要。总结的工作需要先对一些问题进行比较深入的研究，展开讨论。至于夏文化，我们把题目叫作"夏文化的探索"。"探索"这一词，表示这问题在考古学上仍是一个探索性的问题。我想在座的每一位同志都会对这问题感兴趣的，更不用说像我这样一个姓夏的人。六年以前，1977年在登封现场的讨论会上，我曾说过，夏文化问题，就当时考古学证据而论，还不能

＊ 本文原载《中国考古学会通讯》第 4 期。

作结论。现在过了六年。是不是有了新的证据，可以有助于这个问题的解决呢？在这次会上，大家可以把新的证据和新的想法都拿出来，百家争鸣，大家一起加以讨论。这对于今后的工作是会有好处的。

至于第二个问题，即"全国各地青铜文化的研究"，因为考虑到，除了中原地区之外，全国各地的青铜文化，时代上有的相当于商代，但自成一文化。其中有的与商文化有接触，但是不能算是商文化，不能放在商文化研究中讨论；另外一些青铜文化比商代较早或较晚，并不同时；并且各地区的青铜文化各具特色，各有自己的演化过程和对别的文化的互相关系。所以，这次把它列为讨论的主题之一。这几年全国各地区这方面的发现很多，有的也很重要，所以要趁这机会，交流心得，大家讨论一下，以便使这方面的研究工作能深入下去。

我国这几年的考古工作进展得很快，差不多每一年都有许多新发现和新的研究成果。今年3月我去日本讲学，他们要我谈谈1979年《文物考古工作三十年》出版以后几年的考古新发现。我在写讲稿时，便感觉到我们的材料不是太少，而是多得不容易加以综述；并且研究的新成果也是层出不穷。例如元谋人的年代，1976年用古地磁法测定为距今170万年，比蓝田人和北京人要早100多万年。但是最近发表的用铀系法测定的结果，认为元谋人的年代不超过73万年，大约是60万年左右。这样便和蓝田人差不多同时了。缩短了100万年，这不是一件小事，这一类的事情还有一些，我不逐一列举了。

我现在想根据解放以来我国考古工作中的经验和教训谈一谈今后我国考古学的展望。这是因为我们研究的对象虽然是过去的遗物和遗迹，但是更重要的是我们要展望着"未来"。这可分几个方面来讲：

第一，我们要加强理论水平的提高。我们是社会主义的国家，我们要以马克思主义作为我们考古学的理论基础。有人以为马克思主义过时了。我们不同意，我们正应该根据我们研究的成果来捍卫和发展马克思主义。我们要在马克思主义的指导下制订考古研究的方针、政策和具体的规划。真正的马克思主义尊重客观事实，"实事求是"。在研究工作中就是要坚持阐明历史的本来面目。为了达到这目的，我们要提高理论水平，以便产出综合性的高水平的成果。这便是社会主义精神文明建设的一个组成部分。

第二，考古学的理论和综合研究，都要立足于大量的可靠资料上面。可靠的考古资料主要是有赖于科学的考古发掘。今后一段时间内，中国考古学工作仍应继续把很大的力量放在考古调查和发掘上，而且考古发掘应该重视工作方法，包括仔细观察和有系统的正确记录。那些以挖宝为目标的考古发掘，应加以制止。最近人大常委会颁布的《文物保护法》中关于考古发掘的规定，便体现了这种要加强控制考古发掘的精神。我们在考古发掘方面要遵守《文物保护法》的规定。

第三，要继续引进自然科学方法到考古领域中来以解决考古学上的问题。我们采用碳十四测定年代法，对于没有文字记载的新石器时代各种文化的绝对年代，已经提供了可靠的数据。因之可以排出各文化的序列来。前面提到的古地磁法和铀系断定年代法，是另外一些例子。除了断定年代以外，鉴定古物的成分和制造方法，也有许多自然科学方法可以供利用。但是我们利用他们的成果，要实事求是。例如我们不能为了把碳十四测定数据来凑合传说中夏朝开始于公元前 2000 年的说法而在一处采用未作年轮校正的数据，另一处又采用校正过的数据。要知道二者之间相差达 400 来年，而夏朝享国，据传说一共只有 400 年左右。我们不仅要采用国外考古研究中的先进技术，并且也要采用他们的"多学科的研究工作"的组织方法。要组织各方面力量来攻关。

第四，历史时期考古学中，要尽量采用考古实物和文献记载相结合的方法。除了文献资料以外，还要利用民族志的知识以解释考古资料。中国有浩如烟海的文献记载和丰富多彩的民族志资料。中国考古研究如果要利用这些材料，真是"取之不尽，用之不竭"的。但是利用文献记载要先作考据和辨伪的工作。尤其是关于夏朝的传说，我们没有当时传下来的文字记载，利用传说更要谨慎。

第五，至于中国考古学今后三年内的具体规划，我们正在交换意见中，准备在这次年会中进行讨论，我们考古学工作要有远景和近景的规则。1979 年我们学会在西安召开成立大会时，曾经同时开过全国考古规划会议。这次我们是讨论重点项目。我们有许多问题需要进一步深入研究，但是在第六个五年计划（1981～1985）期间，我们只能提出少数研究项目作为 1985 年底以前可完成的重点项目，一些经过奋斗一定可完成的重点项目。

第六，谈谈保护文物问题。为了保存考古研究的资料，为了未来的考古工作着想，我们一定要做好保护文物工作。前两次的年会上，我们都曾草拟并发出保护文物的呼吁书。自从去年 11 月颁布《文物保护法》以后，破坏文物和盗掘古墓的事件仍继续不断地发生。我们要协助文物管理机构做好这保护文物的工作。我们要维护《文物保护法》，使之发生应有的作用。我们要宣传《文物保护法》，使"有法必依、执法必严、违法必究"的原则得到贯彻。

1983 年 5 月 9 日

考古工作者需要有献身精神[*]

我现在宣布，中国考古学会第五次年会正式开幕了。今天举行开幕式，承蒙各位领导同志，有关单位的负责同志和各位来宾光临出席。对此，我代表我们学会向他们表示衷心的感谢！

关于我们学会前次年会以来的活动情况和这次年会的筹备经过，将由我会秘书长王仲殊同志作一汇报，我在这里不重复讲了。我只谈两个问题：一是本届年会准备讨论的主要课题，二是我们考古学界工作的作风改革问题。

先谈第一个问题。我们考古学会自 1979 年成立大会以后，每次年会，我们都事先提出一两个主要课题，作为会前组织论文和会上讨论的中心。当然，年会的论文并不局限于这一两个主要课题。但是规定了课题，讨论便可以比较集中了。1980 年 11 月在武汉召开的第二次年会的

---

* 本文是作者 1985 年 3 月 1 日在中国考古学会第五次年会开幕式上的讲话，曾在 1985 年 3 月 10 日的《光明日报》第 1 版发表。该报所加编者按指出："这个讲话，对于如何提高考古学学科的水平，科学工作者如何正确对待经济利益和生活改善问题，应该具有怎样的思想和作风，都发表了很好的意见。希望广大科学工作者和知识分子，都能从这个讲话中受到启发和教益。"后来，这篇讲话又在《考古》1985 年第 6 期转载。

主要课题是楚文化，因为楚文化是湖北、湖南考古的特色，而相邻的四方各地区也可以就它们与楚文化的关系提出论文。1981 年 12 月在杭州召开的第三次年会的主题是东南沿海地区的新石器文化和青瓷及其窑址，是两个课题。这二者是浙江考古的特色，许多别的地区也可以谈相关的问题。1983 年 5 月在河南郑州召开的第四次年会的主题是夏、商文化和青铜器文化，也是两个课题。河南考古的突出的课题是夏文化的探索和商文化的研究，别的地区可以谈它们的青铜器文化，有的是与河南的商朝同时代的。这四次年会的论文选集，都已加编印。前三集已经出版。第四集正在排印中，本来打算于这次年会前出来，以便会上散发，现在知道来不及了。

这次年会的主要课题是"中国古代的都市"。为什么在北京召开的年会要挑选这个课题呢？这首先因为北京是辽、金、元、明、清五朝的国都。"都城"是都市制度的最高形式。北京市在全国各古都中，也是保存得最完整的。其次是大家都想在外省开了四次年会之后，能在北京召开一次。但是这样一来，原定去年开的年会，因为北京去年国庆三十五周年庆祝会的缘故，找不到开会的场所，只好延期到现在才召开。这样一来，准备的时间更多一些，这也是好的。

我们选择这个课题，叫"都市"而不叫"都城"。因为古代都城并不是每省都有，但是古代都市则可以说各省都有。都市的兴起是社会演化到一定阶段的产物。因为生产力的发展，社会分化为剥削阶级和被剥削阶级，因之产生了国家。这时也出现了作为政治、经济和文化中心的都市。古代都市常环绕以城墙，但是都市不一定都有城墙。例如，印度和巴基斯坦的印度河文明的哈拉巴和摩亨佐·达罗两个城市都没有绕以城墙（二者在城市的西边高处都有一城堡）。我们在殷墟小屯和偃师二里头二处，迄今也还未发现有城墙，但仍可算是都市。反之，有的有城墙的可能是作军事防御用的小城堡，不能算是都市。从都市的起源到都市的发展，我国封建制度历史特别长，各个历史阶段的都市，尤其是都城，都能反映当时的社会生活，反映政治、经济和文化各方面的情况，反映意识形态，包括宗教意识。现今我们体制改革中关于未来城市的设计，要吸取古代城市建设的经验，尤其是与商品经济发展有关的部分。所以，这个课题的研究，也是有现实意义的。

我们以前的发掘工作多注意古墓，因为古代大墓中随葬品很丰富，有的还是十分珍贵的。古城遗址出土物多是破烂的、不值钱的东西。但是就学术价值而言，古代都市所反映的古代社会生活情况，有时比墓葬具有更大的价值。为扭转当前挖宝风气有点复活的趋势，我们有提倡一下利用考古资料来深入研究古代都市的必要。这次年会收到论文有三分之二以上是与这主要课题"古代都市"有关的。希望在这次会上经过宣读论文和展开讨论之后，能对这方面的研究起一定的促进作用。

第二个问题是我们考古学界的工作作风改革问题，也可以说是一个学科的学风问题。别的学科的情况，我不清楚，也不懂，我没有发言权。我只谈我们考古学这一学科。我这里谈的只是我个人的一些看法，并不代表学会的看法，事前也没有征求过理事们的意见。我的意见不一定都对。我想还是提出来请大家讨论和批评。

至少在考古学领域内，改革问题首先应该是反省一下：解放以来这三十多年我们本行的工作中，有哪一些优良传统应该继承和发扬，有哪一些不正之风，或缺点、错误，应该坚决加以改革，以便把我们的工作做得更好。我看，有下列三点可以谈一谈：

第一点是贯彻我们考古学会章程第二条关于基本任务的规定：要"在马克思列宁主义、毛泽东思想的指导下，发扬实事求是的优良学风"。在学习马列主义方面，我们考古工作者，包括我本人在内，不是学得太多，多得消化不了，而是太少。另一方面，我们在工作中倒还是坚持"实事求是"的。日本学者贝塚茂树于1979年出版的一本书对我国考古学工作评价说："当然，中国是以马克思列宁主义为基本的社会主义国家，因而在考古学方面也贯彻一条马克思主义的线。……然而，在野外考古学调查、发掘现场，却是尊重事实。那种以理论歪曲解释事实的倾向虽不能说绝对没有，但是确实是罕见的。"（《中国文明的再发现》日文版，第 21～22 页）他的话未必完全正确，但是至少可以供我们参考。我们要继续学习马列主义，以便把考古学研究提高到更高的理论水平。所以我们还是要坚持马列主义，好好地学习马列主义，尤其是我们仍要坚持"实事求是"的作风。"实事求是"是马列主义基本原则之一。丢掉了实事求是，就是丢掉马列主义的基本原则。

第二点是在我们中国考古学会章程第二条基本任务的规定中，除了"发扬实事求是的优良学风"之外，还要在马列主义、毛泽东思想的指导之下，"提高考古研究的科学水平"。每一学科的科学工作者，都有提高本学科的科学水平的任务，这不必细说理由。去年有位好心的朋友对我建议，你们考古学会也应该办些古物发展公司，搞搞经济效益，大家分奖金，公家也可节省学会经费津贴。我说：我们考古工作者，尤其是田野考古工作者，是不许搞古物买卖的。我们学会的组织是为提高本学科的科学水平，决不能是为了赚钱的。我国的田野考古工作者有一个优良的传统，私人决不买卖和收藏古物。前次邓力群同志在全国文物工作会议上还夸奖过，说这是个优良传统，应该坚持下去。

这个传统是有一段历史的。五十年前我参加安阳殷墟的发掘，当时发掘队便有一个非成文的规定，队员个人不得买卖和收藏古物。这是因为你是主持发掘的，谁知道你收藏和出卖的古物是从地摊上收购的呢，还是挖出来私自收进腰包中去的呢？古人说"瓜田不纳履，李下不整冠"。我们应该避免"瓜田李下"的嫌疑。解放以后，我第一次带着年轻的同志到河南省西部作考古调查。有一天，一位年轻的同志拿着一把商代铜戈兴冲冲地跑来对我说：这是从地摊上买的，真是便宜货。我便把这道理讲给他听，并作为一条规定，要考古所的同志们自觉地遵守。后来"三反"、"五反"，以及"文革"中抄家，都没有发现考古所的同志有涉及窃取私藏出土古物的事。

关于科学研究和个人经济效益的关系，我想谈谈一个故事。发现放射性元素镭的居里夫妇，是大家都知道的。当居里夫妇考虑应否在他们的发现上取得经济上的利益时，他们都认为这是违反他们的纯粹研究观念。因之没有申请镭的专利，也就抛弃了一笔财富。居里夫人说："我坚信我们这样做是对的。"忘我的工作使他们没有闲暇，也无兴趣去谋求物质上的利益（见 1984 年《读者文摘》第 8 期第 13 页，兰州出版）。当然，申请专利不仅不违法，而且就情理而言，也是说得过去的。但是作为一个科学工作者，至少是作为一个考古工作者，我们应该在精神思想上能够达到这样高度的境界：一心一意为了提高本学科的水平，而不计较个人的经济利益。同时，我们应该提倡"勤俭办科学"，这是周总理从前几次号召过的。我们学会第一次年会是成立大会，在西安召开。有人提出会开过后是否可以组织参观甘肃敦煌千佛洞，说这是就近顺便参观，也是与考古学的业务有关的，可以报销。我说：你说得好容易，"顺便就近"去一趟，你知道敦煌离西安多少里？这是 3650 里的路程（见《旧唐书·地理志》敦煌郡条）。会议不能组织这个参观。谁要去自己设法。我可以介绍常书鸿所长做东道主，代为安排食宿。所以我们学会竭力节约开支，除第一次成立大会发了一个小塑料包以装文件，最近四届都是用纸的公文袋。人家说我们小气。我们就让他说吧。

第三点，我认为也是我们考古工作者，尤其是田野考古工作者的优良传统，便是"不怕吃苦"。我并不提倡"吃苦"主义，我曾提醒新的考古所领导班子，应该在可能做到的范围内，照顾田野工作队的生活条件和工作条件。但是作为田野考古工作者，为了工作取得良好的成果，应该有"不怕苦"的精神。我是在考古工作中当小兵出身的，知道田野工作的辛苦。最近一次考古所开了年终田野工作总结汇报会，我也去参加旁听。有些队长抱怨田野队工作得不到照顾。后来我对他们说：所中当然应该设法改进田野队的条件，但是由于种种原因，我们所中还无法满足所有的要求。同时希望各队在现有的条件下，为了取得科研成果，能够保持我们田野工作的好传统，有"不怕苦"的精神。我告诉他们我自己在旧社会中做田野考古工作的辛苦情况。例如 1945 年 4～5 月在甘肃洮河流域一个人单枪匹马搞调查，凭着两条腿翻山越岭，有时好几天只有煮土豆蘸点盐巴当饭吃。现在我们的工作条件比旧社会好得多了。你们不要希望每个田野队马上配备上汽车和电视机。我这些话，好像从前我们请老贫农讲"忆苦思甜"，大家听了后，似乎心情便舒服一些。我们国家近几年经济好一些，但还是穷，我们在田野考古工作中不能要求改善生活过高过急。好在我们有"不怕苦"的好传统，我们田野工作的生活条件会随着国家经济发展而逐步改善的。我们合理的要求是会得到满足的，因为我们只是想有更好的工作条件，而决不在于私人的享受。我曾对青年同志说过，搞我们这一行总算"倒霉"。有的高级消费品，我们做田野工作的便是得到了也无法享受。我于 1935 年到英国留学，出国前做了两套西装。到英国我去参加考古发掘工作。发掘团的团长看到我身上穿着笔挺的新西装，便问我是来打算干啥的？我说是来参加发掘工作的。他说，快去换一套衣服再来吧。我是主张我们可以也应该搞一些娱乐，只要不耽误工作，又不费钱。我们 1950 年在辉县发掘时，有时晚间没有事，会唱京戏的搞清唱。赵铨唱打渔杀家，马得志唱空城计，郭宝钧老先生来一段河南梆子，王仲殊唱一支日本歌，独有我什么也不会，只好做一个听众，每次听罢鼓鼓掌。如果我们想把我国考古学的水平提高到新的高度，这便需要我们有献身的精神，在工作中找到乐趣，不羡慕别人能够得到舒服的享受，也不怕有人骂我们这种不怕吃苦的传统是旧思想，旧框框。我们搞考古工作的，脑中有些"古旧"思想也是自然的嘛！

　　我的话完了，有错误和不妥当的地方，请批评和指正。

　　最后，预祝这次会议成功，并祝各位代表在这里开会时生活愉快、身体健康！

新疆考古学概说[*]

第一讲　序论

（一）考古学的定义

考古学是根据实物的史料来研究人类历史的过去的一种科学。"过去"是说一定时间以前的古物，才算是考古学的对象。汉族的考古学多指明朝以前（即公元 1368 年以前）。苏联考古学限于蒙古入侵以前。我们这次讲新疆的考古，暂时也以公元 1370 年蒙古族的察哈台汗国灭亡为止。"人类的"、"历史的"，是说未经人类加工的东西如古生物的化石，不属于考古学。我们利用"实物的史料"，例如罗布淖尔附近的石器、吐鲁番古墓中的陶器等，来研究新疆过去的人类社会活动，以求了解当时的社会面貌。这和狭义的历史学利用书本上的文字记载是不同的。实物的史料和文献（文字记载）的史料，二者都是研究历史科学所必需的。

＊　本文是 1956 年 7 ~ 8 月间作者为新疆考古工作人员训练班讲课的提纲。当时曾油印汉、维两种文本，作为教材发给学员。后来，作者在其自存的汉文油印本上有所订正，并补充1956 年以后的若干考古发现。现依订正本编入文集。

（二）考古学的重要性

（1）历史科学中考古学所占的重要地位。考古学是历史科学的必要组成部分。古代文字记载不完备，要依靠实物来补充。新疆地区历史很长久，但文字记载残缺不全，考古学的研究更为重要。

（2）在我国目前的建设工作中考古学的重要性。在新中国的社会主义建设工作中，考古学配合基本建设工程，是有现实意义的。新疆将要进行大规模的建设工作，这次办考古训练班便是要配合工程，展开考古学的工作。

（三）马克思列宁主义对于考古学发展的意义

考古学是历史科学，要搞好考古学工作必须要学习和掌握马克思列宁主义。

（1）辩证唯物主义（不要孤立地看问题，要注意发展进化，寻求客观规律）。

（2）历史唯物主义（生产力和生产关系。要重视生产工具，要有历史观点）。

（3）实践论（通过实践来发现真理。材料要忠实、正确、合于实际，并且要十分丰富，通过实践证实并发展真理。将感性认识的材料加以系统化，使之成为理论以指导实际）。

（四）考古学的对象

历史科学资料分为文献的（文字记载的）资料和实物的资料。考古学是以实物资料为对象，尤其是以生产工具为重要对象。具体地说，可分为两大项：

（1）狭义的遗物。形体不大，可以搬运。这些可依质料分为石器、陶器、金属器、骨角器等，也可依用途分为生产工具、器皿、武器、装饰品等。

（2）遗迹。形体较大，难于搬运。例如坟墓、庙宇、住宅、城堡、作坊等。这和前者的区别也是相对的。有些东西，如库车和吐鲁番的石窟寺的壁画，可以说是遗迹，但也有被帝国主义者剥切下来运走的。

（五）考古学和其他科学的关系

（1）与狭义"史学"的关系。考古学可以补文献的不足或订正其错误，也常增添新的文献资料。文字记载可提供寻找遗迹的线索，可确定年代、制作者的族名或人名，也可解决发现物的制法或用途等问题。总之，考古资料应和有关文字记载放在一起研究，互相印证。

（2）与民族学的关系。考古学可帮助研究各民族的过去历史，尤其是过去没有文字或缺少文字记载的民族。民族学使我们了解遗物的制法或用途，物质文化与非物质文化间的关系，以求了解社会生活的全貌。

（3）与地质学的关系。以遗物来推定第四纪沉积层或河畔台地的年代。地质学以地层构造和古生物来断定遗物的年代，审定遗物原料的产地和石质，以了解当时的技术和交通。地理学和土壤学可提供寻找遗址的线索，及了解古代社会的地理环境和生产力的地理基础。

（4）与其他自然科学的关系，如化学、动物学、植物学、应用科学等。各门科学的研究工作间的合作是非常需要的。

第二讲　新疆的地理环境和过去的考古工作

（一）新疆的地理环境

地理条件不能决定一个社会，但是能够发生影响，尤其是对于早期社会，当时人类控制自然的能力较低，它的影响更大。

新疆的位置在中国的西北角，正是到西方各国去的陆路要道，在航海未发达以前更为重要。

新疆面积是 160 多万平方公里，比内地浙江省大 15 倍半。西部以葱岭与苏联、阿富汗为界；南部以昆仑山与印度、西藏自治区为界；东南以阿尔金山与青海省为界，又以沙漠与甘肃省为界；东北以阿尔泰山与蒙古人民共和国为界；西北以赛里山等与苏联为界。新疆内部以天山为界，分为南北二部，各成一地理上的小单位。天山以北称为天山北路，也称为准噶尔盆地；天山以南称为天山南路，也称为塔里木盆地。

塔里木盆地东西长由喀什噶尔至罗布淖尔约 1400 公里，南北由库车至和阗约 550 公里。四周是高山，中央是大沙漠。盆地内西高东低，河流东流，最主要的是塔里木河，流入罗布淖尔。气候干燥，全年雨量不到 100 毫米。夏季酷热，吐鲁番达 118 华氏度（118°F，1942 年 9 月），气候较天山北路暖和，植物生长季长达 210 天。在山麓一带有绿洲，利用高山融化的雪水，可以农耕。但绿洲并不紧相连接，常相距百余或数百公里。

准噶尔盆地成三角形，东西约 300 公里，南北约 400 公里，南边及东北是高山，西北边较开展，山势较低。盆地东半是沙漠，西半是草原，地势东高西低，河流多向西流入湖泊。气候较润湿，平均降雨量为 150～200 毫米，冬季严寒，植物生长季节不过 150 天，所以宜于牧畜。但天山北麓和伊犁河谷，也有可以农耕的地方。

气候变迁问题。帝国主义的学者，以为新疆的气候由汉唐以来逐渐干燥，没有发展的前途。他们的论据是塔里木盆地沙漠附近的古代城市，现今多成废墟。但这说法是不正确的。古城的废弃，有许多不同的原因，有些由于战争毁坏，有些由于河川改道（例如罗布淖尔），有些由于水利失修，有些由于土壤碱质加重，有些由于流沙掩埋（例如和阗一带），并不是由于气候变干燥。而新疆的气候，汉唐时期与今日实在没有多大的差别，否则当时在地面的遗物早已腐败了，而今日新疆新建设的蓬勃发展，更可以使这谬说不攻自破了。

（二）过去的新疆考古工作

19 世纪末叶，资本主义国家进入帝国主义阶段，进行了各种侵略。帝国主义国家的御用学者，便以考古调查队为名来到新疆。他们一面做特务工作，测绘军用地图，搜集情报；一面劫掠新疆的古代文物，捆载而去；还发表一些荒谬学说，如上面所提及的气候变迁说，便是一例。

我们要批判他们不正确的论点，要驳斥他们别有用意的荒谬言论，要揭露他们帝国主义的行动。但是对于他们在考古工作方面所发表的东西，我们仍应该知道一些，以为我们将来展开新疆考古工作时做参考。现举出比较重要的如下：

斯文赫定（1865～1952），瑞典人，年轻时在德国读书，对德国纳粹分子抱同情态度。到过新疆六次（1890、1893～1897、1899～1902、1905～1908、1927～1931、1934）。他是地理学家，主要工作是勘查地理，但也附带做些考古调查。第五次是中瑞西北科学考察团，他当瑞方团长，得到德国欧亚航空公司的支持。第六次是勘查甘新公路的路线，但也在罗布淖尔做点考古工作。

斯坦因（1862～1942），匈牙利人入英国籍。有印度总督府参谋本部的测量人员协助做测绘地图的工作。到过新疆四次（1900～1901、1906～1908、1913～1916、1930），每次的路线不同，除了最后一次被禁止做考古发掘，并无所获外，其余三次都搜劫很多古代文物。三次的正式报告有 11 本之多。

德国的格伦威得尔（1856～1925）和勒可克（1860～1920），德国的新疆考古队共来过四次（1902～1903、1904～1905、1905～1907、1912～1914），主要是在库车和吐鲁番调查佛教艺术，劫掠了许多壁画和塑像回去。也曾在吐鲁番的高昌古城做发掘。

法国的考察队，1906～1908 年伯希和（1878～1945）曾来新疆库车一带做考古工作。1931～1932 年中法西北科学考察团也附带做点考古工作。

日本的大谷光瑞和橘瑞超的中亚探险队，共来新疆三次（1902～1904、1908～1909、1910～1914），印有《西域考古图谱》和《新西域记》二书。一部分考古标本在旅顺博物馆。

解放以前，反动政府不注意考古工作，更不注意新疆的考古工作。这和帝国主义国家别有用心的重视新疆考古工作，恰成对比。但二者都是要不得的。中国学者，在那种情形下，也只能以合作的名义参加帝国主义国家所组织的考察团，做了一些考古工作。1931～1932年中法考察团的杨钟健发现石器遗址数处。1928～1932年中瑞考察团的袁复礼在新疆天山北路工作，曾在吉木萨尔（唐代北庭都护府）等地做发掘。黄文弼来过新疆三次（1927～1930、1934、1943～1944），第一次为参加中瑞考察团，第二次代表当时的教育部考察新疆教育和文化，第三次为参加国父实业计划考察团。前二次曾在吐鲁番、库车、和阗、罗布淖尔等地做考古工作。

解放以后，新中国的一切工作都以空前的规模发展，新疆的考古工作也展开了。关于解放以来的新疆考古工作，将请文化局同志另作一份报告。我们相信在中央和地方当局的重视和领导之下，经过各位同志的努力，将来新疆的考古工作一定会有很大的成绩。

第三讲　旧石器文化

（一）什么叫作石器时代

考古学是研究人类的历史，从猿到人的分界线，应该采用"人是工具制造者"这一标准。马克思说："弗兰克林'人是工具制造者'的定义是富有意味的。"恩格斯说："劳动创造了人本身。"又说："劳动是和制造工具一起开始的。"

人类开始制造的工具，是石器和木器。木头的工具不易保存到今日，所以只好依靠石器的研究，使用石器的时代便叫作"石器时代"。这是人类的原始社会阶段，不仅时代最古老，并且所占的时间最长久（北京人是 50 万年以前，已用石器。但铜器的采用，距今不过四五千年，所占比例不及百分之一）。虽然新疆所发现的石器并不多，这是由于以前不注意。今后一定会有更多的发现。

石器时代又分为早晚两期，早期的叫作旧石器时代，晚期的叫作新石器时代。这是社会发展史上的重要阶段，所以要利用新疆以外的考古资料，综合来谈。

（二）石器制法

在没有谈石器时代的人类和文化以前，先说明打制石器的制作方法，以便辨认出它与天然石片的不同。

人类使用天然的石块做原料，从这石块上打下一片一片的石片。打去石片后的石头叫作石核，被打下的小石片叫石片。

为着打制的方便，在原来的石头上常选择一平面的或先击一平面，叫作打击面。然后从打击面的一点，用重力打击，便打下石片。这些人工打击下的石片，可以看出打击面、打击点、半锥体、斑痕、辐射线和波纹。为了进一步加工，常将石片的边缘加以修整。有些石器是用压制的方法制成，石器的表面有整齐排列的压制浅槽痕。

为了不同的用途，人类打制了各种不同类型的石器。例如：刮削器、尖状器、敲砸器、箭镞等。

（三）中国旧石器时代的人类和文化

人类在距今 50 万年前出现。因为他们是刚由更原始的猿类演变而成，体质上一部分像现代人，一部分像现代猿，所以叫做"猿人"，但是已知道制造石器，所以猿人仍应归入于人类中。在北京附近的周口店，便发现了这种猿人，叫作"北京猿人"。体质特征：脑量较小，平均 1075 立方厘米（现代人为 1350 立方厘米）；眉骨脊强大；齿粗大，齿面沟纹复杂；没有下颏。

北京人已知道制造石器，有砾石制成的斧状器和锤状器，有石片制成的尖状器、刮削器、盘状器和两端平刃器等。也知道用火，发现有灰烬烧过的兽骨和石块。

比较北京人稍晚的，有山西的丁村人、内蒙古的河套人、周口店的山顶洞人。前二处都曾发现人的牙齿，后一处发现人头骨。三处都有打制的石器，都是属于旧石器时代。

（四）新疆境内还没有发现可以确定的旧石器文化

据袁复礼说：中瑞西北考察团曾在巴里坤东北百余里发现过粗重的打制石片，有点像山西丁村的旧石器。

有些地质学者，以为从猿演化为人类的地点，可能便在新疆一带。人类的最初出现，约在地质时代的第四纪。我们知道第三纪时印度北部（喜马拉雅山麓）有在森林生长的猿类，在那里曾发现一些猿类化石。第三纪末的造山运动产生了喜马拉雅山，将海洋吹来的风阻止了，山北地区的森林消灭。这些猿类只好由树林下来到平地觅食，两足走路，解放了双手，逐渐演变为用手制造工具的人类。新疆便是喜马拉雅山以北的地带，所以很有发现旧石器时代人类和文化的可能。

第四讲　新石器文化

（一）新石器时代概说

前面已说过，新石器时代的人类使用磨光的石器。这时的人类，体质上与现代的人类没有重要的区别。人类的进步，从旧石器晚期到今日，只是体现在生产力、社会组织等文化方面，而并不体现在人类的体质形态上。新石器时代除磨制石器之外，还有陶器的烧制、农业和牧畜业的发明。

（二）陶器概论

新石器时代发明了陶器，此后陶器（尤其是破碎的陶片）成为考古学上最重要的资料。这是因为：第一，陶器是日用品，所以数量很多；第二，容易破碎，碎后即无用处，但不易消灭，因此便保存下来；第三，器形纹饰等富于多样性，演变迅速，易于区别。

陶器的制造：采取泥土，必要时加工（淘洗泥土或加入羼和料），制造成形（捏塑法、泥条筑成法、模型法、轮制法），干后入窑烧硬即成。

陶器的纹饰：除了陶器本身的器形和颜色以外，为了美观还饰以纹饰：①彩绘（烧前或烧后）；②附加堆纹；③镂孔（多在圈足器上）；④划纹或刻纹（用细木棒刮成或用刀刻成）；⑤篦纹（用篦状器印成）；⑥篮纹、绳纹、席纹（篮、绳或席的印痕）；⑦几何纹印纹（用模子印成）。

（三）中国的新石器文化

考古学上所谓"某文化"，是表示在考古遗址中（尤其是原始社会遗址）观察到的共同体。这些遗迹的特征是具有同样形式的工具和器皿，同样的制造工具技术，器物上同样的装饰等。这些属于同一或相近的时代，有地方特征而集中于一定限度地域内的共同体，常以最初发现的地点（如仰韶文化）或某一种特征（如细石器文化）来做文化名称。

中国新石器时代，主要是下列四种文化：

细石器文化 主要分布于新疆和内蒙古，也延及辽宁、河北、山西和陕西。是以细长精制的打制小石器和篦纹陶器为特征。开始时期比仰韶文化为早，但是继续存在，与仰韶文化相混合。有些地区可能延续到金属时代。

仰韶文化　由于最初发现于河南省渑池县仰韶村而得名。分布于河南、陕西、山西、甘肃和青海东部。以彩绘陶器和磨制石器为特征。在新疆和内蒙古也发现有彩绘陶片和陶器，当与仰韶文化有关。河南的仰韶文化，大概开始于公元前两千多年，延续了好几百年。有些地方延续的更晚。

龙山文化　最初发现于山东省历城县龙山镇，以黑、亮、薄陶器为特征，在安徽、河南、河北、辽宁等地也有发现，分布地区偏于仰韶文化的东方，但在这二区交接的地方有两种文化重叠或混合的现象。

印纹硬陶文化　最初发现于江苏和浙江，现在知道分布至福建、广东、江西和湖南。有的与磨制石器共存，但晚期的可能已是金属时代。

后二者偏于东部，前二者的分布都包括新疆在内。

第五讲　新石器文化和金石并用文化

新疆境内现已发现的最早的人类文化是属于新石器时代。人类除打制石器之外，还能磨制石器，并已发明陶器，已知道在陶器上绘彩。除了狩猎外，大概是以牧畜为主要生产。

就其不同的特征，可分为下列三种文化。

（一）细石器文化

特征是细小的石器，当是装入木柄中使用。已知道的有下列各处。

哈密、吐鲁番一带

三道岭子　哈密西约80公里，1931年杨钟健等在残余黄土的最上部和地面上发现石器颇多，有砾石打制成的敲刮器、小长石片和锥形的小石核等。

七角井子　1931 年杨钟健等在其地之西约 11 公里的一寺院旁，曾发现石器颇多，有打制石斧和扁形石核。

柴窝堡　在达坂城之西。贝格曼在堡东约 1~2 公里处路北，发现细小石核 5 件、细长石器 3 件、小刮削器 1 件。

吉木萨尔等处

袁复礼也曾发现细石器遗址，未见发表。

罗布淖尔附近

斯文赫定 1900~1901 年在该处便采集石器两件（细石核和小石片各一件）。后来，斯坦因、黄文弼、陈宗器、贝格曼等都曾在塔里木河入罗布淖尔处附近，发现石器时代遗址数处。陶器不多，为淡褐色粗陶。石器有打制的细石器（包括桂叶形箭镞、石核、刮削器等），也有磨光的石斧。

又有两处也可算是罗布淖尔附近。黄文弼在罗布淖尔的库鲁克塔格中的英都尔库什沙阜附近发现石核和石片。贝格曼在吐鲁番南辛格尔村西的沙丘上发现很多陶片和石器，且有灰烬和烧灶痕迹。陶片褐色或红色，并不很粗，间有一两片有画纹或堆纹的装饰。石器 300 余件，包括石核、柳叶形箭镞、细长石片等。

且末（车尔臣）

贝格曼在城东南约 65 公里发现石器，有细小石片、小石核和小刮削器。又有篦纹陶两片，与辛格尔发现相似的素面陶 3 片。

焉耆（哈喇沙尔）

黄文弼在焉耆的博斯腾湖边沙碛中发现打制石镞 1 件。

巴楚

1913 年斯坦因在巴楚附近发现石器，计石核 2 件、箭镞 1 件、尖状器 1 件、石片 8 件。斯坦因以为可能是旧石器时代的，疑仍属细石器文化系统。

上面所说的各地点，东面从哈密起，在天山的博格多山南北两侧的山麓，都有分布；西面到焉耆，可能远到巴楚；南面经由库鲁克山中的辛格尔、英都尔库什到罗布淖尔的西侧，更南直到且末南边的山谷旁。就石器而论，与内蒙古自治区及其附近毗连地区所发现的细石器文化，大体相同。去年在黄河和渭河交界的陕西省境内的沙苑地方，也发现有这种细石器。罗布淖尔附近的细石器文化，当在公元前 2 世纪以前，因为它们显然是比当地西汉（公元前 2 世纪）遗迹为早，也许早好几百年。

（二）阿克苏文化

阿克苏的东边，有高出河面约 20 米的台地，为沙土堆积。杨钟健等曾于这台地上发现陶片和石器。石器多由天然砾石稍加打制而成，所以有"砾石工业"之称。器形有盘形器、渔网坠和石刀。又有磨制很好的石刀。陶片灰黑色，质粗，手制，有以篮纹为饰者。

以砾石为主的文化，广西武鸣一带山洞有之。其他各处的细石器文化中也偶有砾石打成的石器，但这里所发现的，都不很相似。这或许自成一种特殊的文化。所以暂名之为"阿克苏文化"。

（三）带有彩陶的文化

新疆境内发现一种带彩陶的文化，因为发现物不多，这文化的性质还不十分清楚。它与仰韶文化虽然或许有关系，显然是属于两种文化。但是与甘肃民勤的沙井文化，似乎相近。时代稍晚，末期已知用金属。发现地点如下。

1. 哈密庙尔沟

1928 年贝格曼在哈密东南约 85 公里，曾发现彩陶片。陶片红色，绘以黑彩。同地发现有孔石锤，时代或较陶片为晚。袁复礼也曾在哈密附近发现彩陶片（黄文弼谓在哈密的焉不拉村，见《考古》1959 年第 2 期第 81 页）。

2. 吐鲁番附近

雅尔崖　1930 年黄文弼曾在吐鲁番西北雅尔崖沟北区墓中发现磨光石斧、彩陶杯、红陶罐、铜环和骨器（骨镞、骨签），雅尔崖古城中也曾发现彩陶片。沟北区墓葬较西汉（公元前 2 世纪）为早。如以甘肃沙井文化作比较，可能早到公元前 5 世纪左右。

胜金口　在吐鲁番东 33 公里。1928 年布格曼曾发现彩陶片，系夹砂红陶，涂有红色的色衣，绘以黑彩。

托克逊　1928 年贝格曼曾发现彩陶片，似为由扰乱过的墓中出来的。陶片有红色的色衣，绘以黑彩。

3. 博格多山北麓

袁复礼曾发现过彩陶片。因为未发表报告，故不清楚。

4. 罗布淖尔西岸

黄文弼曾发现彩陶片。与石镞同出一红黑彩陶片，其他又有铜片，都是地面捡拾的，可能时间不同。

5. 且末（车尔臣）

1928 年贝格曼曾在其地购得一完整陶罐，系红色，颈部涂以白色的色衣，再绘黑色网纹。身部也以黑色和白色绘成图案。时代可能比哈密和吐鲁番一带出土的陶器稍早。

6. 库车哈拉墩

1957～1958 年黄文弼等发现，有彩陶与骨器及石器共出。陶质为粗砂红陶上涂一层白粉面，紫红色花纹，有三角纹和平行纹（《考古》1959 年第 2 期第 81 页）。

7. 伊犁的阿脱洛克旧城（《考古》1959 年第 2 期第 81 页，1960 年第 2 期第 8 页）。

此外，焉耆的阿希土拉、白土墩子，新和的于什格提，拜城的赛里木旧城都曾发现过彩陶（《考古》1959 年第 2 期第 81 页）。

由上面所说，我们知道新疆石器时代一直到金石并用时代，便已有发达的文化。这些文化与东面的内蒙古和甘肃等处的文化，已发生了关系。

第六讲　经过新疆的"丝道"的开拓和维持

（公元前 2 世纪至公元 3 世纪）

（一）历史的背景

公元前 2 世纪的初期，匈奴正称霸于蒙古，他们控制了新疆，强迫当时新疆的人民为他们服务，以赋税榨取新疆人民的劳动。同时他们威胁汉族，时常掠夺。秦始皇筑建万里长城，仍是挡不住。到汉武帝即位（公元前 140 年）后，决心要解除这威胁，想在西方取得同盟国。他即位后不久（约公元前 139 年），便派遣张骞经新疆一直到中亚细亚了解情况，13 年后张骞才回来。张骞回国后叙述新疆和中亚、西亚的情况，汉文的史书上便开始对于新疆境内情况有详细的记载。

汉武帝后来于公元前 121～前 119 年用武力击破了匈奴，不久便将长城延筑到敦煌的玉门关和阳关。后又从敦煌起，经过罗布淖尔和塔里木河北岸一直到尉犁（现在库尔勒附近），修建起防御的烽火台。在轮台驻兵防守，并屯田自给。汉族和新疆人民，联合在一起防御匈奴，维持这东西交通的要道。经过这条要道向西运输的主要货物是蚕丝，所以有人称之为"丝路"。汉族和新疆人民都在这贸易中获得利益。

经过新疆的东西交通要道，据《汉书》说分两道，南路经过昆仑山的北麓，北道经过天山南麓，都由敦煌玉门关开始，西端越过葱岭（帕米尔）到中亚、西亚。公元前 59 年汉朝派人攻破姑师（今吐鲁番），汉置西域都护府，治乌垒，以保卫这交通要道。

公元 9 年，汉朝大臣王莽篡位，发生内乱，顾不到新疆。汉朝复兴后，又恢复这交通要道，并且从匈奴手中夺取伊吾地（今哈密），开辟一道从敦煌到哈密的新道。一直到第 4 世纪初，晋朝发生内乱，延续很久，更顾不到新疆。但是文化方面仍保持密切的联系，因为当时东西交通贸易道经过新疆，沿途的新疆人民获得利益变得富裕，在原有的文化上再吸收东西两方面的文化，便造成了灿烂的文化。

（二）防御"丝道"的遗迹

前面是根据史书上文字记录的一个撮要。现在我们利用考古资料来和文字记录互相印证，互相补充，以便获得比较全面的认识。

先谈防御"丝道"的工程。汉代长城直达敦煌的玉门关，在敦煌西北的戈壁现仍有保存到高达两米多的残迹，可见其工程坚固。长城沿线每隔十里左右，便是一烽火台。从前没有电话和电报，发现敌人便举烽火为信号，相邻的烽火台也举烽火相照应，这样便将警报传送到驻有重兵的营垒，可以出来抵抗敌人，将他们逐走。

新疆境内发现这种烽火台很多，罗布淖尔一带便是汉代设置的。在湖北岸一个叫作"土垠"的地方，1930 年黄文弼发现一烽台上面有 5 根木杆，便是举烽用的，下面还发现有成束的烽苣。附近有居住看守兵的房子，有储藏粮食的窖穴，在房子内垃圾中发现铜箭头、破衣服和碎布，作文书用的木简。木简上有写"黄龙元年"的，也有写"元延五年"的，知是公元前 49 ~ 前 48 年的东西。

罗布淖尔的西岸有一个小城堡，1900 年由斯文赫定发现，可能是古代楼兰。在这里发现有写在木简或纸张上的文书，知道是晋代的东西。大概在公元 4 世纪初因为河水改道以致北湖干涸，这城堡便被放弃了。这里还发现一些用物，如铜镜、铜箭头、木器漆杯、布绢等。

罗布淖尔附近还有一些烽台，多只剩一个土坯筑成的方形高台，有的间以芦草。每边约 16 ~ 20 米，高度达 7 米以上。在湖的西边沿塔里木河北岸一直到营盘，也有几座烽台。从营盘到库尔勒，有 10 个烽台。这些烽台附近常有汉代陶片和古钱。

为着解决卫戍士兵的给养，汉代实行屯田制度。据史书上记载，在楼兰（罗布淖尔旁）、渠犁（库尔勒附近）、车师（吐鲁番）、龟兹（库车）、轮台、莎车等处，都有屯田。1934 年，黄文弼在罗布淖尔西北，发现屯田的沟渠，宽 3 米，深不到 1 米；又有蓄水坝，用土块和柳枝堆成。1953 年，西北文化局在库车七区草湖中，也发现有屯田和粮食的遗迹，可能早到汉代。

在罗布淖尔的北岸，还发现一条古代的道路。因为践踏多年的关系，比现在地面稍低。沿途有时拾得汉代的古钱和铜器。

这些遗迹是当时交通情况很好的证据，在一般的情况下很容易消灭无痕。只有像新疆的罗布淖尔这些地方，才可保存下来。所以有人说，新疆是考古工作的理想地区。

第七讲　公元前 2 世纪至公元 3 世纪的
新疆人民生活

（一）公元前2世纪初新疆境内的政治情况

原来居住敦煌祁连间的游牧民族大月氏为匈奴所迫，约在公元前 174～前 160 年间迁来新疆；后为乌孙所迫，再西行迁往中亚、西亚建国。另一游牧民族乌孙，原与大月氏共住在敦煌祁连间，也迁来新疆。乌孙迫走大月氏后，便在伊犁河谷一带住下，在草原上从事游牧。大月氏人也有小部分人留在乌孙国内。天山北路的东部，这时为匈奴所占，乌孙臣属于匈奴[①]。天山南路的绿洲可以农耕，人民多为农民。各绿洲间相距颇远，隔以沙漠，所以当时分为三十六国。匈奴本国地穷，所以

---

① 乌孙遗存，1928 年以后在哈萨克斯坦和吉尔吉斯的天山区曾有发现，约当公元前 2 世纪至公元 1 世纪，主要是墓群。塞种遗存（公元前 8～3 世纪），1950～1951 年亦曾在帕米尔地区发现，为古城及堡垒。

榨取各国颇甚。公元前 59 年汉破匈奴后，匈奴才将僮仆都尉取消。其后，西域三十六国分为五十余国。据《后汉书》说：光武帝末年（公元 25~57 年）莎车王渐强，徙于阗王俞林为骊归王。明帝时（公元 58~75 年），于阗将休莫霸反莎车自立为于阗王。葱岭帕米尔以东，鄯善、于阗两国最大，鄯善便是楼兰改名的。后来安帝元初时（114~119年），疏勒、龟兹二国也足与相敌。今日鄯善县原名辟展，乃是汉狐胡国，晋以后高昌国之柳中县。我们根据考古资料，知道一些当时人民的生活情况，但是资料仍是不完备的。

（二）楼兰（罗兰淖尔附近）

楼兰后来改名鄯善，国都原在罗布淖尔西岸，后来迁移到南面来。这国恰在交通孔道上，据《汉书》说：仰谷旁国"民随畜牧逐水草"，是一游牧民族。后来汉族屯田，也有农耕的地方。

从考古学上的发现，知道在公元前 2 世纪初的时候，汉族文化传播到来以前，这里确是游牧民族。在罗布淖尔的西北角，曾发掘到人的坟墓。这些墓可以和后来汉文化传入后的古墓区分开来。墓中随葬品都是本地的制品。死者头戴尖顶毡帽，帽侧饰以鸟羽。周身以毛织物包裹，围一腰带，足穿鹿皮靴。腰旁有的系一小口袋，袋中曾发现胡麻、小麦和粟粒。随葬物有芦苇编成的篮子，木制的杯子和梳子，形制都和当时汉人所用的不同。铜器仅有小件的锅子和零物，也有骨制箭头。棺以两木板挖空扣合，棺身像独木舟。墓旁常竖立一木杆。附近曾发现住屋，是一草房，用土坯筑墙。里面发现泥杯、骨器、牛角等。我们可以知道，湖畔的居民主要是兼营牧畜和渔猎，过半游牧生活，但也有农作物，或许是交换来的。

罗布淖尔附近另有一种坟墓，是属于汉族文化传入以后的时代。这些墓中的死者，穿丝制的衣服，有些是织有花纹的。足穿鞋履是用丝麻或皮制的，随葬有漆耳环、汉式的木梳和陶器。身上还有藏着铁刀、铁剪和铁镜的。棺作长方形。这些墓有些可能属于随着屯田而移住这里的汉人，但也有吸取汉族文化的本地人。

我们就这些地方附近的居住地遗址所出的东西和上面所说的墓葬随葬品一起来考察，可以知道当时罗布淖尔附近的人民生活。这些人民最初主要是牧畜生活兼行狩猎，后来也有从事农业的，知道挖沟渠从事灌溉。房子是用土坯或木材建筑的。

所出遗物有下列几种：

生产工具和武器 已知用铜铁。《汉书》说：婼羌、鄯善山有铁，自作兵。曾发现过铁制的刀、箭头、锤等。也发现过铜制的箭头、弩机、剑头等。曾发现过铜渣，知道有些铜制物是当地制造的。

陶器 这时比新石器时代所制的进步多了。多为灰青色，轮制。纹饰有划波纹和绳纹的。曾发现烧窑，知道本地是能制造陶器的。

漆器和木器 漆器当由东方输入。漆耳杯与朝鲜所出土的相同。木器大部分为本地制的，带圈耳的直筒杯或圆杯，都是本地的形式。但后来有些木器的花纹是受外来的影响，如卷草纹、花瓣纹等。木梳有本地式的和汉式的二种。

织物 有些是本地制的，如毡子、毛毯、毛织物和棉织物。丝织品是汉族由东方输入的，有的还织有汉字。毛织品的花纹，有显然受希腊罗马影响的。死者常穿的衣服是织锦的。又有平素的绢，发现时卷成一捆，大概是经过这里的商品。

服饰和铜镜 有玻璃和石质的串珠，又有汉式的铜带钩和铜镜。

钱币 在这贸易道路线上的地方，钱币自然很通行，曾发现汉代的"五铢"钱及王莽所铸的"货泉"和"大泉五十"。

文具和文字文具 早期是用木简，后来兼行用纸。纸是汉族于公元1世纪发明的。信函，公文有用封泥的。文字，除了汉字以外，还有当时在印度西北、阿富汗和于阗一带通行的佉卢文（Rharoshthi），以及古时中亚细亚撒马尔罕通行的窣利文（Sagolian）。

据《后汉书》说，明帝时（公元 58～75 年）鄯善吞并精绝、且末诸国。在现在且末县西约 5 公里有一古代遗址，便是汉代的且末。今年自治区文化局也曾进行调查。1906 年斯坦因调查过，后来 1928 年布格曼又做过调查，并且发掘过几座早期墓葬。出土器物如陶器之类，有些早到汉代；但有些遗物，晚到宋元时代。

精绝在今民丰县（尼雅）北约三天的路程，已为沙掩埋。1900 年斯坦因曾去发掘，1906 年再度发掘。这里也发现了汉文木简，"五铢"钱和漆器。木简上泥封有"鄯善都尉"和希腊式神像印。也有用佉卢文写的。后者多写在木简上，但也有写在羊皮上的。这里也有本地人织的毛毯和木器等。1959 年 9 月调查时，发现佉卢文木简和"司禾府印"章。这地方在公元 3 世纪时便废弃了。

鄯善后来的都城是伊循城，地点未能确定。有人以为在今婼羌；有人以为在今米兰，二者相距 80 公里。米兰有公元 3～5 世纪的重要佛教遗迹，留在下讲再谈。婼羌城西 5 公里也有一古城遗址，据斯坦因说可能是唐代的石城镇。

（三）于阗

汉时于阗是南道的大国，强盛时东接鄯善，西接疏勒。三国时（公元 220～264 年）且将疏勒为臣属。它的国都遗址，便是今和阗县西约 10 公里的约特干（Yotkan）。1870 年前后，因为由哈喇杰什河引来的一道沟渠冲出文化层的遗物，有金叶、小陶像、石印章等，便引起村民挖宝。斯坦因 1900 年去时，已被乱挖了三十多年，但到今日还有遗物发现。1953 年西北文化局曾去调查过，还收集一些东西回来。文化层上所盖的冲积层很厚，达 3～4 米，不易发掘。所出土的东西，从公元 1 世纪直到唐宋时代（公元 11 世纪），重要的有下列各种：

钱币　有汉代的"五铢"钱和王莽的"货泉"钱，更重要的是本地铸的无孔钱，一面是汉文"四铢"或"六铢"，另一面是马（偶或单峰驼）的像，头向右，绕以佉卢文的王名。此种钱币的大概年代是公元 170~200 年，王名却以 Gugra 起首，斯坦因以为或即与"尉迟"二字有关，此外又有大月氏贵霜朝的钱币，包括丘就却（Kujula Kadphises Ⅰ）和他的孙子迦腻色迦（Kanishka）的钱币，也是属于公元 1 世纪和 2 世纪初的。钱币也有是晚期的，如汉文唐、宋钱或阿拉伯文钱。

陶器　这些是本地制，碎片很多，完整者很少。有模制的人脸或人像，以堆纹的方法，堆在陶片上。雕塑的风格，有些像公元 1~3 世纪的佛教塑像。此外，又出土大批的陶制小动物像，以猴子为最多，其次是驼和马。

印章　主要有二种：一种是石质的或铜制的，圆形或椭圆形，可镶嵌于戒指上。就花纹而言，有些显然是公元 1 世纪罗马派的作品，另有些是印度或伊朗的作风，当然也有些是本地制成的，时代大概是公元 1~3 世纪。另一种是方形、长方形或八角形，背面有孔钮，多为铜制，是本地制的，都有简单的花纹。

佛像　有些是小的铜像，有些是石刻或象牙制的。时代可能稍晚。

和阗是今日新疆主要产丝的地方。传说是东汉末至三国时一位国王的公主下嫁给于阗王时，将蚕种藏在帽中携出。于阗北 60 英里一处唐代遗址出土的一块画板便绘有这个故事。

此外，南疆的汉代大国，还有车师（都交河，今吐鲁番雅尔湖）、龟兹（都延城）、疏勒（都疏勒城）等国。有的现仍未确定其地点，有的没有加以发掘，或虽曾发掘但没有达到汉代地层，所以这里从略。

北疆以乌孙为最强，在今伊犁河谷。巴里坤为蒲类国，乃汉人和匈奴交战的地区，今在焕彩沟有汉永和五年（公元 140 年）沙南侯纪功碑。又有永和二年（公元 137 年）裴岑纪功碑，原也在巴里坤，已断为数块。

拜城北面山中有永寿四年（公元 158 年）刘平国刻石，记载开凿道路事，在所开道路旁的岩壁上。

第八讲　佛教传入新疆和新疆的佛教遗迹

（公元 2 世纪以后）

（一）佛教的历史和传入新疆

释迦牟尼的时代，约在公元前 7～前 6 世纪。公元前 3 世纪印度阿育王崇信佛教，遂大行于印度。公元 1 世纪后半叶，印度西北的大月氏王迦腻色迦笃信佛教，曾派遣僧侣到四方去宣扬佛教。2 世纪初，疏勒王臣磐以月氏之助得立为王，后莎车亦叛于阗，属疏勒。佛教可能便是在这时传入新疆的疏勒（喀什噶尔）和莎车（叶尔羌）。至于于阗的佛教，也许由疏勒传来，也许直接由印度克什米尔传来。然后由于阗经南道东传。另一路由疏勒沿着天山的南麓传到库车、焉耆和吐鲁番。天山南麓现今仍保存下来许多石窟寺。塔克拉玛干沙漠之南，也有很多的佛教遗迹。这些遗址中有精美的壁画和塑像等，但多被帝国主义者盗走。

（二）从古代于阗到米兰

前面已说过古代于阗的遗址曾出土了佛教的小像，更重要的发现是在婼羌以东 40 公里的米兰的佛教遗迹。

米兰遗址在婼羌东，公元 4 世纪左右便废弃了，是比较早期的佛教遗址。发现有：①建筑：佛寺和塔。②塑像：有高达 2 米余的跌坐佛像，依希腊式佛教美术制成。③壁画：外方内圆的一个建筑中，圆塔的基部有翼天佛像（阴影和凹凸）。另一建筑的壁画作风相同，有佉卢文的画家题名为提泰（东罗马通行的人名）。壁画和雕塑都显示犍陀罗作风。④佉卢文的丝质彩幡和梵文贝叶经（公元 3～4 世纪）。

另一重要佛教遗址为和阗北的丹丹乌里克。这遗址的时代比较晚，大概是公元 7～8 世纪。庙中也有壁画和塑像，作风已与早期的不同。

壁画中有上面说过的中国公主携蚕种至于阗的故事，又有鼠头的神，与于阗传说老鼠救和阗国难的故事有关。这时已不用佉卢文了，除了用婆罗谜字体写的梵文之外，还有用同种文体写的古和阗语。据研究结果，这已亡佚的古和阗语是伊兰语的一支。

（三）新疆的石窟寺

1953 年西北文化局的新疆调查队一共调查了 13 处。计焉耆区有西克辛 1 处，吐鲁番区有吐峪沟、伯孜克里克、胜金口、雅尔崖 4 处，库车拜城一带有赫色尔、库木吐喇、赫孜尔朵哈、森木撒姆、玛札伯赫、台台尔、吐和拉克店、呼拉克伊艮 8 处。实际上，除这 13 处以外，还有许多石窟寺未经调查，待将来继续调查（例如，巴楚的固木舒克千佛洞，巴里坤城南 15 里的南山千佛洞等）可能仍有重要的发现。

这些石窟寺多分布于天山南麓。这一带也有建筑在平地的庙宇群，例如焉耆（哈喇沙尔）的"明屋"（Ming-äi），在千佛洞的东南。所出的塑像和壁画，与石窟寺所出相同。现专谈石窟寺。

石窟寺的建筑依用途而结构不同，主要的为佛窟，塑有佛像，是拜佛的地方。其形式有下列各种：①西域通行形式（长方形、穹顶）；②方顶饰以斗八藻井；③方洞圆穹顶；④后期的混合式。佛窟以外，还有讲堂、仓库和僧寮。僧寮是和尚静修的住室。

石窟寺的壁画，依壁画题记所用的文字而论，笔者有维吾尔人、汉人和吐火罗人（即古代库车人）等。库车赫孜尔千佛洞有画家作画之图，下题吐火罗文字，或即吐火罗人。作画之法，泥坯施白石灰，绘上颜色。

壁画的分期：初期为公元 3 ~ 4 世纪，即前举的米兰壁画，保存阿富汗和印度西北的犍陀罗式；第二期为 5 ~ 7 世纪，融合前者而成为西域地方的佛教艺术，库车早期多此类。第三期约 8 ~ 9 世纪，由东面再吸收由汉人所改变的新佛画，壁画的题记中常有汉字，有时汉文和维文并列。这式在 9 世纪后仍有发展，吐鲁番壁画多此种。最后为喇嘛式，系借用西藏、蒙古的喇嘛教画法。壁画的题材有佛说法图、佛本生故事、贤劫千佛等。

新疆各千佛洞的塑像，多已遭帝国主义文化侵略者的破坏。现所知者，这里的洞中常以石制粗像为中心部，附加像头和身体各部分。塑像的头部和身体各部分尚用模制。所用的模型也有发现。据研究，因为利用模型的关系，塑像保持旧作风较多，不像壁画发展那么快。

有些人以为新疆古代的文化便是佛教文化，新疆考古学便是佛教考古。这看法是不正确的。但是，佛教艺术应在新疆考古学中占一重要位置，这是毫无疑问的。

第九讲　公元3世纪至9世纪新疆的政治、社会和经济生活

（一）政治情况

天山北路，匈奴衰后，鲜卑继之而兴，据匈奴故地的天山北路的东部。公元 318 年更西兼乌孙故地。公元 402 年，柔然由蒙古入新疆兼并诸部，自称可汗，尽占天山北路，并且役属天山南路的高昌、焉耆、于阗等国。突厥兴起后，于公元 555 年灭柔然，占有天山北路。后来突厥又分为东西两部，西突厥可汗曾一度驻在龟兹北三弥山（今库车北的天山中）；605 年以后，天山北路是西突厥的臣属铁勒的据地。

天山南路，公元 3 世纪时，由于兼并的结果，已仅余鄯善、于阗、疏勒、龟兹、焉耆、车师等几国。4 世纪初关内因为内乱，分裂成许多国家。新疆与在甘肃地方所建立的小国（前凉、后凉、北凉等）仍继续发生关系，前凉并曾在吐鲁番设高昌郡，治交河城（今雅尔湖附近）。公元 460 年，高昌郡独立，为高昌国。高昌国历几个朝代，以麹

氏一朝（500～640）为最重要。柹氏是金城（今兰州）的汉人。公元 5 世纪中叶，当时占据今日青海的吐谷浑族，也由柴达木盆地穿过阿尔金山进入新疆，占领了今日婼羌、且末，西接于阗。

唐代兴起，公元 635 年破吐谷浑，至且末之西。640 年灭高昌国（今吐鲁番）以为西州，置安西都护府。高昌以西的焉耆、龟兹、疏勒、于阗等国，也都臣属于唐。656 年回纥（即维吾尔）兵与唐兵联盟灭了西突厥。吉木萨尔为唐代庭州，也是北庭都护府的治所。658 年，唐设四镇，移安西都护府于龟兹。中西交通的要道又大为畅通。7 世纪初，吐蕃兴起于西藏高原，661 年进占青海，670 年侵入新疆（670～692），占婼羌、且末、于阗等地，中间以内乱衰退，新疆又为唐朝的势力范围。这时，大食国（阿拉伯）东侵至中亚细亚，751 年与唐兵战于怛逻斯，击败唐军。不久唐朝又有"安史之乱"。763 年，吐蕃乘势占领甘肃中部，766 年占领新疆的且末等处，789 年且越过天山攻陷北庭（即今吉木萨尔），至 866 年吐蕃衰落，西州（今吐鲁番）、北庭（今吉木萨尔）、轮台等为回鹘（即维吾尔）所攻取。新疆历史进入新的一页，留待下讲再谈。

新疆的社会结构，在石器时代当为原始氏族社会，公元前 2 世纪汉族文化传入后，东西交通的丝道已开，经济骤然发展，新疆似即跃过奴隶社会而进入封建社会。但关于这时候的汉族社会是否已进入封建社会，还有不同的见解。公元 4 世纪以后，汉族已进入封建社会，大家没有异词。受汉族文化影响的新疆，这时显然是封建社会，连天山北路的游牧民族也是游牧封建社会。

（二）考古学的资料

这时期中保存下来的考古资料，以佛教方面的为最丰富。它和欧洲中世纪的基督教一样，都是封建社会宗教意识的表现。因为在上一讲已详细谈过，这里不再重复。

新疆的石刻　1902年德国人曾在吐鲁番的哈喇和卓，发现公元445年所立的北凉沮渠安周造寺功德碑。沮渠安周是北凉的皇族，北凉亡后由敦煌经鄯善（今婼羌）至高昌，在其地称王，建筑佛寺。1910年农民掘土，又掘到公元575年榯斌造寺碑。碑阴有施田产和房舍的契约。原在将军署碑亭，今不知去向。

吉木萨尔的唐北庭故城中，据徐松《西域水道记》有唐金满县残碑和唐造像碑，不知仍存否。巴里坤有唐姜行本纪功碑，是640年唐朝进兵高昌时所刊立，原在巴里坤帝庙旁，现已移至哈密地委干部学校。

吐鲁番古墓中所出石刻张怀寂墓志，现存乌鲁木齐博物馆。但性质上与吐鲁番所出写在砖上的其他墓志相同。

高昌古墓和所出古物　高昌古城的东北和西北都是戈壁滩，有6世纪和7世纪的古墓。交河古城（雅尔湖）沟西的古墓，年代也差不多。这里二处都曾加以发掘。日本人橘瑞超和英国人斯坦因，曾在前一处发掘（斯坦因掘了30余墓）。黄文弼在前一处发掘数墓（得墓志二方），在后一处发掘百余墓（得墓志120余方）。解放前后也有墓志出土，现存乌鲁木齐博物馆。

每墓有坟堆高约2米。每家族的坟，常排列成群，外绕以砾石堆的低垣。坟有墓道，深达3～4米即抵墓门。由墓门进入墓室，墓志砖便砌在墓道墙壁上。墓室中除尸首外，都有随葬品。现分述如下：①墓志。系一方砖，上以朱或墨写汉字，也有刻字填朱的。记载死者姓名、官衔、死亡年月。我们知道，当时高昌国不仅使用汉字，政治制度也完全仿照汉族。国王有年号，官爵中央有令尹、大将军、长史等，各县有城令、司马、参军、主簿等。唐灭高昌后，墓志上使用唐朝年号。②陶俑。这是泥塑的小人像和动物像，有些是武士，有些是武装的骑士，也有马俑、驼俑和怪兽俑。③陶器。有碗、碟、罐等，系在陶器烧成后涂黑衣，再绘白色和红色花纹。④织物。尸体常用织物包裹。这些大都是丝织品，有的织成美丽的花纹。花纹大都是汉族的风格，但也有波斯萨珊王朝的装饰风格。又有一卷彩绘的绢画，上绘妇女，非常精美。也有尸体上盖以伏羲、女娲像的。⑤钱币。死者口中有的含有东罗马式的金币，眼睛上有 6 世纪波斯的银币。也有口中含有 7 世纪初的唐朝"开元通宝"铜钱和西域银钱。⑥汉字文件。尸体的旁边常有废纸，大概是填塞棺材的，上面写着汉字，是一些文书，内容为日常例行的琐细公事，如驿站的建立、书信的登记等。⑦面食品。有一墓中掘出各样各色的面食品，可以看到当时的食品。

古城遗址　除了古墓以外，两座古城中也出土了一些唐代的古钱（开元通宝、乾元通宝）和唐代的文书纸。其中一件说到将田租佃与立佃契事，可见当时封建式佃租已盛行。因为这古城上层是回鹘（维吾尔）时代物，所以这里不多讲了。

吐鲁番以外他处唐代古城遗迹　且末城西的古城址，有唐代"开元"钱和陶片。且末、婼羌间的瓦什沙尔的古城址（或即唐代弩支城）有唐宋瓷片和唐宋古钱。和阗城西的约特干，有唐代古钱。库车区的沙雅西北约 35 公里乌什哈特的古城址（或即唐龟兹国都的延城）有唐代陶片，焉耆（哈喇沙尔）城西（在湖畔）的报达沙尔（或为唐代焉耆国都）有唐代"开元"钱和古墙遗迹。以上各地未经发掘，故详细情形不清楚。前一讲提到过和阗北的丹丹乌里克，除了与佛教有关的遗物之外，还掘到 8 世纪汉文写的文书，唐代的"开元"钱和"乾元"钱。这些文书中有些是借据，知道当时庙中的和尚还兼营放债的事。另有用婆罗谜字写的古和阗语的文书和佛经，也是 8 世纪物。佛寺附近还有古代园林道路的遗迹，水渠和住宅。这些寺院是经营封建式的庄园制度。这遗址大概由于 8 世纪末叶吐蕃（西藏）的入侵，灌溉系统被破坏而废弃了。这也许可以代表吐蕃入侵前这一带人民的生活。

吐蕃占据新疆时期的古迹　公元 8~9 世纪时，吐蕃占据新疆，主要的是军事占据，在几个地方建立他们军队留守的堡垒。在婼羌东米兰附近的一个吐蕃堡垒中，发掘到很多髹漆的皮制鱼鳞战甲残片，一千多片以上用藏文写的文书，所记录的多是军事方面如守戍兵需粮、军队开动和乞援等。这里没有片纸汉字的文书，但有一小包用古代突厥文写的文书，其中许多人名大概是回鹘（维吾尔）的兵士，发给他们的通行证之类。还掘到破烂布片和器具等。在和阗北约 500 英里的马扎尔达格地方，也曾发掘过一个西藏兵士的堡垒，获得了许多藏文的文书，也是 8～9 世纪的。在且末和民丰（尼雅）之间安得悦的一个遗址，1901 年也掘到过藏文的佛经及壁上题记。这遗址大概是 8 世纪中叶废弃的，比丹丹乌里克遗址稍早，有唐代开元年号的汉文题记和 "五铢" 钱，丝织物和棉织物。这里的佛寺和堡垒，大概是汉人所建的，后为西藏人所据，再后来便废弃了。

（三）游牧民族所留下的古迹

天山北路是游牧民族活动的草原，除了像吉木萨尔附近的古城外，古代留下的遗迹比较少，考古工作也做得比较少。但是，有两种特殊的遗迹与游牧民族有关，值得提一下，年代未能确定，暂时放在这里讲。

石人　在草原上常有一石柱竖立着，大都高约 2 米，稍加雕刻成为人像。常只刻出脸部和一腰带，但也有刻出两臂和双手的。1953 年西北文化局调查过 6 处一共 11 个：霍城特勒克尼 2 个，现有一个陈列在乌鲁木齐博物馆；昭苏小洪海 1 个，下台 3 个，撒母塔什 2 个，叶森培孜儿 1 个，哈萨克培孜儿 2 个。此外，我们知道乌鲁木齐的柴窝堡也有 3 个（2 个已仆于地）。这些石人的附近常有土堆，或许与坟墓有关。这种石人分布地区颇广，内蒙古自治区、蒙古人民共和国、南西伯利亚都有发现，并且都是与游牧民族有关。汉文的史书上说，突厥贵族死后立石于坟侧，有人便以为是突厥时物。突厥是 6 世纪才侵入天山北路，这种石人似开始得更早，或在公元头几世纪，甚至于公元以前的时期。

岩画　游牧民族常在山岩上刻凿一些图画，大都是动物或人像。1953 年调查队发现的 5 处地点，其中 4 处在天山北路，1 处在南疆。

①昭苏科培雷特（有早期的，也有后期的，包括藏文和佛像）；②特克斯唐姆洛克塔什（动物像，也有蒙文，较昭苏的似稍晚）；③霍城库鲁塞脱（动物像）；④昭苏叶森培孜儿；⑤皮山桑珠镇（早期）。此外，我们还知道几处：①库尔勒兴地南 6 公里库鲁克山径侧；②婼羌东南 140 公里的卡尔泰阿拉贡山。

这种岩画也分布很广，蒙古人民共和国乌梁海区的萨彦岭和苏联西伯利亚南部都有，也都是与游牧民族有关。新疆岩画，晚期的有佛像和蒙古文或西藏文，是近代的；但早期有可能与上述石人同时，例如昭苏叶森培孜儿，二者便在一起。这些早期的岩画，有骑马人像，有马和骆驼像，已是游牧民族，有些是用金属工具雕凿的，时代也不会太早。

第十讲　回鹘（维吾尔）时代的新疆

（9 世纪以后暂讲至 14 世纪止）

（一）政治和宗教情况

维吾尔族在古代汉文中称为回纥或回鹘。5 世纪末，吐鲁番西北天山附近有高车部族，据说便是维吾尔族。8 世纪时，高昌（吐鲁番）便有回鹘人。但是，那时维吾尔的主要部族，仍在蒙古鄂尔浑河附近。9 世纪（840 年左右）因内乱和外患的关系，在蒙古的回鹘分三支向西迁移，一支是河西回鹘，在甘肃张掖（甘州）一带；一支是葱岭西回鹘，在 10 世纪（或谓在 9 世纪末）建立哈拉汗王朝，东侵以喀什噶尔为第二国都，并有叶尔羌和于阗；另一支是西州回鹘，即高昌回鹘，初在北庭（吉木萨尔）、高昌（吐鲁番）一带，都城在哈喇和卓，10 世纪末分布到龟兹（库车）和阿克苏。这些国家都是封建制度的社会。

伊斯兰教于 7 世纪初叶创立后，不久便随着阿拉伯的军事势力向四方传布，8 世纪中叶已达中亚细亚。公元 751 年，唐朝大将高仙芝率领汉族和新疆其他各族的军队，与阿拉伯军队作战于怛逻斯。高仙芝率领的联军失败了，中亚各国便多归阿拉伯，并皈依伊斯兰教。

葱岭西的回鹘于 9 世纪到中亚以后，于 9 或 10 世纪建立哈拉汗王国。这王朝的苏兔克波拉汗，在 10 世纪前半（922 年左右）便已信奉伊斯兰教，领土包括喀什噶尔。这时伊斯兰教便传入新疆喀什，后来南边传到叶尔羌和于阗，北边传到阿克苏和库车。

但是，这时在吐鲁番的高昌回鹘，仍是信仰佛教或摩尼教的。也许有伊斯兰教徒和景教徒（聂斯脱利教，为基督教的一派）移住在这王国内，但是并不会多。直到 15 世纪后期，高昌王室改信伊斯兰教，这里的佛教才衰落，完全被伊斯兰教所替代。

12 世纪时，由内蒙古来的契丹人，1132 年左右在中亚细亚建立了哈喇契丹国（汉文称为西辽），领土包括喀什噶尔、叶尔羌、和阗、库车等。吐鲁番的高昌国也成为属国。13 世纪初，蒙古信仰景教（聂斯脱利教）的乃蛮部西来，篡夺了哈喇契丹的王位。但没有几年，便在 1218 年为蒙古成吉思汗所灭。高昌王国早于 1209 年臣属于蒙古。后来蒙古帝国分裂为四大汗国。新疆北路属窝阔台汗国，为蒙古的瓦剌部落所据。天山南路和阿力麻里克（伊犁河流域）属于察合台汗国，1370 年察合台汗国灭亡后，天山南路出现了许多割据的封建王国。我们的讲课便以这时代为止。

（二）考古学的资料

这时期中，维吾尔族成了新疆的主要民族。宗教方面，伊斯兰教传入新疆，由西而东，逐渐代替佛教成为新疆人民的主要宗教。维吾尔人继承了原有的文化传统，又在原基础上吸收融化各方面传来的东西，发展成为另外一种综合性的新文化，放出辉煌的光彩。

文字和印刷　维吾尔族很早就有文字，最初用古突厥文，西迁后又依照粟特字母创制了古回鹘文。俄国学者在蒙古哈喇和林古都废址发现的 9 世纪初所立的九姓回鹘可汗牌，便是突厥文的。我们在前一讲中提到，在米兰的 8~9 世纪西藏堡垒遗址中所发现的古突厥文文书，也是相同的。但是，稍晚的吐鲁番和库车所发现的写本，有很多是用古回鹘文写的，到 11 世纪才逐渐采用阿拉伯字母。古回鹘字母，后来蒙古文和满文也都采用。

吐鲁番的高昌故城（哈喇和卓）和交河故城（雅尔湖），都是西州回鹘时代的重要都市，前者便是都城。这二城的废址中，曾发现过许多古回鹘文的写本。吐鲁番巴什里克千佛洞壁画上，也有古回鹘文的题记，有的并且和汉文题记并列互相对译。库车也发现有古回鹘文写本。到 13 世纪初，便有古回鹘文的雕版印刷品。在敦煌还发现 14 世纪时古回鹘文的木刻活字，可以证明当时印刷术的进步。

这时所使用的文字，除了上述的回鹘文、古突厥文和汉文之外，还使用梵文（佛经的印度原文）、吐火罗文（古龟兹文和古焉耆文）、叙利亚文（景教徒所用）、中古波斯文（即钵罗婆文，摩尼教徒所用）、粟特文等。当时恐也没有人能兼通这许多种语言文字，一定是需要翻译的。佛教、摩尼教和景教的经典，都曾在吐鲁番发现古回鹘文译本和汉文译本。

吐鲁番曾发现一历书残片，是用粟特文写的。历上所记的日子用粟特文、汉文、突厥文三种称呼，可为回鹘人融合各种文化以做出贡献的证据。吐鲁番又出有古回鹘文写的汉族八卦占卜的书，希腊《伊索寓言》的译本，都可看出他们吸收外来文化的态度。

宗教遗迹和遗物 至于宗教方面也是"百家争鸣"的。这时佛教仍继续盛行于吐鲁番一带。吐峪沟曾出一古回鹘文石刻，记载重修庙宇事。伯孜克里克千佛洞有古回鹘文题记。这些佛洞中的壁画和塑像，都能继续以前的传统而加以发展，美术价值很高，可惜多被帝国主义者剥下偷运去了。除了佛教以外，这时期在新疆的重要宗教有下列三种：

摩尼教 公元3世纪波斯人摩尼所创立。7世纪末传入唐朝京城长安，但当时汉人信奉者很少。8世纪（723年）传入蒙古的鄂尔浑，其地回鹘人便奉为国教，更派人来唐传教，曾在长安、洛阳建寺。据汉文记载说，摩尼教徒白衣白冠。吐鲁番发掘出来的壁画和经典，壁画所绘摩尼教徒都是白衣白冠，摩尼教经典有古回鹘文译本。

景教 景教是基督教的一派，公元5世纪东罗马人聂斯脱利创立，所以便叫作聂斯脱利教。汉文取名"景教"是"光辉发挥"的意思。起初盛行于波斯，后传至中亚细亚，7世纪时传入唐都长安，建有波斯寺，后改为大秦寺（长安有781年所立景教碑，现仍保存在西安碑林）。吐鲁番的哈喇和卓，发现有景教礼拜堂，在壁画上绘耶稣和使徒约翰彼得等像。也曾发现古回鹘文译的景教经典。

据景教徒记载，公元9世纪时撒马尔罕（即康国）是一个主教区。接近撒马尔罕的伊犁河流域人民，也较早地接受了景教。后来12~13世纪乃蛮部由蒙古迁移至伊犁河流域，也是崇信景教的。其国虽为成吉思汗所灭，但人民仍有继续崇信景教的。1953年西北文化局调查队至伊犁城东北的阿里马废城调查，据云该废城中常出刻有十字架的石刻，这便是景教徒所遗留的。1273~1274年，马可波罗经过喀什和叶尔羌时，两地都有景教徒和教堂。

伊斯兰教 早期的伊斯兰教遗迹，以玛扎尔为最重要。将伊斯兰教传入新疆的哈拉汗王朝，是以中亚细亚的八拉沙衮为首都，而以喀什为第二国都。莎车下阿斯图什的波拉汗玛扎尔，是最早的一个玛扎儿（公元11世纪），可惜于40年前被洪水冲坏（同时，维吾尔伟大诗人玉素甫·哈什哈吉甫的坟墓，便在喀什的南郊，用绿色琉璃花砖砌成）。库车东关有默拉纳额什丁玛扎尔，据云是13世纪由阿拉伯来传教，卒葬于此。伊犁区霍城有吐虎鲁克玛扎尔，吐虎鲁克铁木尔是成吉思汗七世孙，死于1363年，这玛扎尔已是将近600年的古建筑。上面所说的诸个古代玛扎尔，都是1953年西北文化局调查队所调查过的。

今后展开考古调查，发现一定很多。至于近代的玛扎尔，那一定更多了。

古城遗址和所出遗物　这一时期遗留下来的古城遗址很多，我们只能举几个重要的来讲。这里面有些是汉唐时代便已建立的城市，这时期继续居住，后来才废弃的。

吐鲁番三堡高昌古城　这是高昌回鹘时期的都城。周围约 5 公里，城垣大半尚存。城中有住宅、佛寺、景教礼拜堂等。城中常掘出古回鹘文和汉文等文书残片。曾发掘到窖藏，有铜镜、装饰品和 12 世纪初汉族宋朝古钱。

吐鲁番雅尔湖古城　城垣周围约 3.5 公里，也大部分尚存。城中建筑遗迹也残存很多。常掘出古回鹘文的写本。

吉木萨尔别失八里古城　这是唐代北庭都护府所在的金满县。这时称为别失八里。高昌王夏季避暑于此。城垣尚存。据清人记载，城中曾出过元代造像碑（14 世纪）。

疏附的康奥依古城　在疏附县东北约 20 公里。废址陶片分布的范围东西约 5 公里。出土有唐代（开元）和宋代（景祐）的汉文古钱（至 11 世纪），也有无孔的阿拉伯文钱。现今的喀什城，是后来建立的（斯坦因说，现有证据只能说可以早到 16 世纪）。或许较古的喀什城便在这废址。

和阗的约特干古址　就所出汉文钱币而论，早期的到公元 1 世纪左右，晚期的到北宋（12 世纪初）。也有无孔的阿拉伯文铜钱（12～13 世纪）。

婼羌西的瓦什沙尔古址　在村西。出有宋代瓷片很多，知这时仍在交通要道上。

伊犁区霍城和绥定的阿里马古城废址　大概是西辽至察合台汗时的城市，陶瓷片很多，也有银质钱币。霍城的一处，还出过刻有十字架的石刻。

上面所讲，只是列举主要的几处。将来调查时希望多加注意，必定发现更多。

至于所出的遗物，上面已讲到与宗教信仰有关的遗物，以及各种文字的写本等。另有下列两种遗物，也应特别加以注意。

陶瓷片　各古城遗址，陶片都是很多的，也是重要断定年代的标准。因为从前不加注意，对于这时期不同年代的陶片的特征，没有研究出来。否则对于考古调查帮助很大。瓷片这时已出现于新疆，因为没有合适的瓷土，所以这时都是由东面汉族地区来的。但本地能制作加釉的陶器，也很美观。

钱币　这时汉族的钱币，不像汉（五铢）唐（开元）几百年继续铸造。这时不仅每个皇帝即位要铸新钱，并且同一皇帝改换年号便改铸新钱。钱上有年号容易断定年代。蒙古帝国时，又有"至元宝钞"，在新疆也曾发现。本地制的钱文，有用古回鹘文的有孔钱（阿拉伯文的本地有孔钱是清代的），甚至于有用汉文"高昌吉利"的有孔钱（年代尚难确定，黄文弼谓或系14世纪初所铸），另有无孔的阿拉伯文钱，如和阗约特干所发现的，为11～14世纪所铸。喀什和莎车也发现过这种无孔的阿拉伯铜钱。

这时期离现在最近，但是也最不受考古学家的注意。今后要多加注意才好。

新疆考古学概况[*]

第一讲

一　新疆考古工作的回顾和展望

（1）19 世纪末叶以后，资本主义进入帝国主义阶段的时候，新疆也成为帝国主义者以考古探险为名，进行间谍活动和文化劫夺的场所①。他

---

①　在新疆进行过考古活动的帝国主义御用学者，斯文赫定（1865～1952），到过六次（1890，1893～1897，1899～1902，1905～1908，1927～1931，1934）；斯坦因（1962～1943），到过四次（1900～1901，1906～1908，1913～1916，1930）；格伦威得尔（1856～1935）和勒柯克（1860～1930）的德国探险队到过四次（1902～1903，1904，1905～1907，1913～1914），伯希和（1878～1945）在 1906～1908 年到过一次；大谷光瑞和橘瑞超的日本探险队到过三次（1902～1904，1908～1909，1910～1914）；贝格曼（1902～1946）到过两次（1927～1923，1934）。

他们的考古活动，有下列各书可供参考。

①斯文赫定的书很多，但都以地理学方面为主。可以阅他的自传，"*My Life as an Explorer*"（London，1926），有两种汉译本，（一为李述礼译《亚洲腹地旅行记》，开明版；孙仲宽译本，西北科学观察团）丛刊本，考古收获，由别人为他整理出版：A·Concady，*Die chinesischen Handschriften und Sonstigen Kleintunde Sven Hedins in Lou – lan. 1920*；F. Bergman，Lou – lan wood. Canvings and small Finds Discovered by Sven Hedin，BMFFA，No. 7（1935）；G. Mou teel，Sven Hedins Archaedogicao Collcitions fnom Khotan，同上，（转下页注）

们还传布离间我国民族团结的谬论①。

（2）解放以前，我国考古工作者只能随帝国主义者组织的考察团在新疆考古②。只有解放以后，在党的领导之下，全国展开了考古调查工作，新疆也不例外，1953 年西北文化部新疆文物调查组，1957～1958 年考古研究所新疆考古队，1959～1960 年新疆博物馆开展了调查发掘工作③。

（3）新疆的古代遗存，因为气候干燥，保存得特别好。这地区在

（接上页注①）No. 7（1935），No. 10（1930）。

②斯坦因的考古正式报告：*Ancient Khotan*，I－II，1907；*Serindia*，I－V，1921；*Innermost Asia*，I－IV，1928。总结三次考古收获的半通俗的书有 *On Acient Central Asia Tracks*，1933（向达译本，《斯坦因西域考古记》，1936）。

③格伦威得尔：*Altbuddhistische Kultstätten in Chinesisch － Turkistan*，1912；*Alt － Kutscha*，1920。

④勒可克：*Chotscho*，1913；*Die Buddhisfische Spätantike in Mittelasien*，I－Vll，1922－1932；*B：lderaflas zur kunsf und Kulturgeschichtle Mittelasiens*，1925。总指各次的通俗的考察记 *Aut Hellas Spuren in Ostturkistan*，1926（译本名 *Bucied Tneasuces of Chinese Tuckestar*，1928）。

⑤伯希和的考察结果，除去《敦煌千佛洞图录》I－Vl（1920－1924）及零星论文和资料专刊之外，仅有简报发表：Tnaia（BEFEO. Tame X，271－281，1910 页同卷 655 页以下）。

⑥大谷光瑞：《西域考古图谱》二卷，1915；《新西域记》（上原芳太郎编）二卷，1923 年。《西域文化研究》第一册（1958）、第二册（1959）。

⑦贝格曼的新疆考古，见 *Archaeological Researchos in Sinkiang*，1939；*Travels and Archaeological Field － Works in Morgolia and Sinkiang*，*1927－1930*，1945。

关于综合叙述新疆考古成绩的，有贺昌群：《近年西北考古的成绩》，《燕京学报》第 12 期，1932；羽田享：《西域文明史概论》，1931，这书有两种汉译本，郑元芳译（有附图）和钱稻孙译（无附图）。

① 例如羽田享以为新疆有史以来即为伊兰民族所占据。汉代虽传入汉族文明，并无融合事实。回鹘（即维吾尔）至晚唐时代占据西域。（见《西域文明史概论》末章结论）即为此种谬论之一。

② 十九世纪时，我国学者即注意西北史地。徐松的《汉书西域传补注》和《西域水道记》，更为这方面重要著作，对于新疆实地考古调查，今日仍有很大的参考价值。解放前，黄文弼到过三次（1927～1930，1934，1934～1934）。著有《高昌陶集》、《高昌专集》、《吐鲁番考古记》、《罗布淖尔考古记》；袁复礼也做了些考古工作，但未发表报告。

③ 1953 年的文物调查，见《文物参考资料》1954 年第 3 期及 1955 年第 6 期；考古所调查简报，见《考古通讯》1958 年第 5 期及《考古》1959 年第 2 期、1960 年第 2 期；新疆博物馆工作见《文物》1960 年第 6 期、第 8～9 期及《考古》1961 年第 3 期。

世界文化史上又占有特别的地位。今后在党的领导之下，在马列主义、毛泽东思想的指引之下，一定可以取得更大的成绩。一方面批判资产阶级思想，另一方面提高工作水平，详细占有资料。为阐明我国各民族的融合过程，贯彻党的民族政策服务。[①]

二 新疆的地理和民族

1. 地理环境

（1）我们要批判地理决定论，但是地理环境可以促进和推进社会的发展，也可以对于一个地区的社会某些特点给予一定的作用。

（2）新疆古代遗存与其地理环境的关系：地理位置上是中西交通的孔道，遗存显示本地长成的文化中包括东西两方输入的文化元素，汉代起文明的骤然发达是由于"丝路"上的交通贸易。地形上的昆仑山、天山和阿尔泰山形成了塔里木盆地、天山山区和准噶尔盆地。土壤（漠钙土、盐浸土、高山草原土、栗钙土、灰钙土）温度和湿度等，使居民点在塔里木盆地限于沃洲，使准噶尔盆地成为牧场。古代遗存的分布正反映这事实。古代气候变迁问题：古城的废弃，不能归因于两千年来气候的干旱化，主要是人民的活动和河流变化。

2. 新疆是一个多民族的地区

（1）民族、语言和种族。民族自身由于生产力发展所引起的变化和各民族间的关系问题（贸易、文化传播、同化、迁移和征服）。

（2）现今新疆有十三个民族：维吾尔、哈萨克、柯尔克孜、乌孜别克、塔塔尔、蒙古、满族、锡伯、塔吉克、回族、汉族、俄罗斯、达

---

① 塔里木盆地各处年雨量均不足 100 毫米，库车为 75.8 毫米，和阗 29.5 毫米，婼羌 4.5 毫米。温度夏季 6~8 月颇热，平均在 22℃以上。库车冬季 1 月平均温度为零下 14℃，和阗为零下 5.5℃。准噶尔盆地雨量较多，年量概在 150~300 毫米之间，但较冷，最冷月平均温皆在零下 15℃以下。乌鲁木齐曾达零下 34.3℃，塔城达零下 40℃。吐鲁番最热，曾达 47.8℃，年雨量为 21.0 毫米，其地势低（最低处在海平面下 283 米）。

斡尔。

（3）古代的新疆民族问题。

①种族问题：体质人类学的种族分类标准包括头发、肤色、身长、头型、脸部、鼻、眼。今日已罕见纯种。种族的混合和分化问题。历史记载上的新疆古民族：汉代西域（塔里木盆地）诸国，大率皆土著，与匈奴、乌孙异俗、未言种族特征；颜师古云乌孙人青眼赤须。汉谓大宛以西，其人皆深目多须。

②语言问题：语言的变化并不即是种族的变化。吐鲁番发掘所得的古文书，有十七种语文之多。其中有前所未知的古代语文，如吐火罗语（古焉耆语即甲方言，古龟兹语即乙方言），古和阗语（一称塞种语），窣利语（或译粟特语），都属印欧语言。但民族的异同，除语言外，还要顾到种族、文化等。

三　有文字记载以前的新疆——新石器和铜器时代

（1）曾发现个别的原始型的石器，但还没有能确定为旧石器时代的遗物。

（2）新疆地区因为地理环境并不适合于生产力低下的原始社会的人民的经济生活，所以原始氏族社会的遗留，并不丰富，除阿克苏文化似限于阿克苏地区，其他两种类型的文化遗存，分布仍很广。

①细石器文化的遗存，东自哈密、西至巴楚，北至吉木萨尔，南至且末，都曾发现过①。这和内蒙古自治区及其毗连地带所发现的细石器亦相近。与苏联中亚细亚及西伯利亚高原地带的细石器亦相近。但陶器有不同类型，可能是由于经济生活的相近所致，并不代表属于同一民族共同体。但可能有文化互相影响的关系。

---

① 细石器的遗址，现在已知道的，有下列各处：哈密吐鲁番一带（三道岭子、七角井子、柴窝堡），吉木萨尔等处，罗布淖尔附近（辛格尔、英都尔库什、塔里木河口），且末、焉耆、巴楚。

②彩陶发现地点也很多，塔里木盆地以外，伊犁地区也有发现①。与仰韶文化的彩陶不同。可能和沙井文化的彩陶有关。苏联中亚的新石器及铜器并用时代也有彩陶。

（3）铜器时代的遗物，发现不多，但最近发现的铜刀，有些近似西伯利亚南部的卡拉苏克文化中的铜刀，相当于西周早期。

第二讲

一　经过新疆的"丝道"的开辟和维持（公元前二世纪至公元后三世纪）

1. 历史背景

（1）新疆地区的社会发展到可以形成阶级社会的阶段，可能已知道建设灌溉渠道，开始冶铸铁器（至少《汉书》记载其在西汉时已如此）。在塔里木盆地出现几十个"土著"务农的沃洲小国，在准噶尔草原出现了游牧的"行国"。（城市遗址和灌溉制度的研究，都很重要）

（2）匈奴于公元前 2 世纪初成为奴隶制的强国，征服了新疆境内楼兰、乌孙②等二十多国，设置"僮仆都尉"，从事剥削。公元前 138 年汉武帝派张骞去新疆。后来于公元前 121～前 119 年击破匈奴，筑长城到敦煌，列烽燧到新疆罗布淖尔。在轮台渠犁驻军，屯田，和新疆人民一起防御匈奴。

（3）从此后，汉文史书中继续不断地有关于新疆的记载。新疆地

---

① 彩陶发现地点。已知道的有下列各处：哈密（庙尔沟），吐鲁番附近（雅尔崖、胜金口、托克逊），博格多山北麓，罗布淖尔西岸、且木、焉耆、新和、拜城、库车、伊犁。
② 《汉书·西域传》颜师古注："乌孙于西域诸戎其形最异，今之胡人，青眼赤须，状类弥猴者本其种也。"

区也发现有汉文、佉卢文的古文书。

（4）中亚这时有大月氏、安息，更西为大秦（罗马帝国的近东属地）。这些国家由这条路输去蚕丝，所以称为"丝道"，因为这"丝路"的通过，沿途人民也获利不少。新疆人民在原有的文化基础上，再吸收东西两方文化的一些元素，便造成了灿烂的文化。

2. 有关"丝道"的遗迹

（1）罗布淖尔"土垠"的峰台，（汉简有黄龙元年及元延五年即公元前49年及公元前8年），楼兰古城（晋代文书，公元4世纪）。

（2）屯田以养士卒，罗布淖尔西北的沟渠；库车七区草湖中的屯田遗迹（后者的年代还不能确定）。

（3）道路：罗布淖尔北岸有古道路的遗迹。

（4）中西交通的物证：关于在新疆境内的发现，将在下节中叙述。现只举新疆以外的发现。敦煌汉代烽燧遗址中发现8封用古窜利文（粟特文）写在纸上的书信，有一匹绢上写有汉字和婆罗谜文。1939年在阿富汗培格拉（Bégcarn，即《大唐西域记》中的迦毕试）发现的一个王宫库房中，和罗马玻璃器及铜雕像、印度象牙雕刻一起的有8件东汉漆器（耳杯、盒、碗），还有贵霜的迦尼腻迦货币。叙利亚的（Palugna）也曾发现汉化丝锦。

二 汉时新疆人民生活（公元前2世纪至公元3世纪）

1. 社会性质的问题

汉代新疆已进入阶级社会，但何时由奴隶社会进入封建社会，尚未确定，或以为唐代（公元7~8世纪）才进入封建社会，或以为早在汉代受汉族影响，即已进入封建社会。（更有人主张汉代新疆仍在氏族社会阶级）

2. 天山以北为游牧民族

史载塞种所居，后大月氏西迁破走塞王而居其地，后乌孙又破大月氏而居其地。我们在这地区做的考古工作很少。苏联柯尔克孜加盟共和国在 1950～1951 年曾在帕米尔地区发现公元前 8 至 3 世纪的塞种遗存，为古城及堡垒。又在 1928 年起，即在哈萨克加盟共和国及柯尔克孜加盟共和国的天山区，发现公元前 2 世纪至公元 1 世纪的乌孙遗存，主要为墓葬群。

3. 天山以南的塔里木盆地，南部重要的为楼兰和于阗

（1）楼兰（罗布淖尔附近）：由于考古发现，知公元前 2 世纪汉族文化未达到该地以前，是渔猎游牧生活。汉代文化传入以后，因为地处交通孔道，文化骤形发达，并在墓中发现汉人所制器物（丝织品、漆耳杯、汉式木梳、五铢钱、莽钱、铜镜和铜带钩）。又有汉文、佉卢文和窣利文的文书。民丰的尼雅为精绝国废址，当时属于楼兰（鄯善）；也有重要发现（居住遗址和墓葬）。

（2）于阗：为南道大国，今和阗县西的约特干（Yotkam）遗址，1870 年即开始发现古物、陶器有堆纹人脸或人像。又有大批小动物的陶像，以猴子为最多。有汉代五铢钱及莽钱，又有本地铸的无孔钱，一面为汉文，另一面为佉卢文。也有大月氏贵霜朝的钱币。

4. 天山以南的北道沿途

有车师、焉耆、库车、疏勒，虽也曾做过不少考古工作，但多注重汉代以后的佛教遗迹。

三　佛教传入新疆和新疆的佛教遗迹（从略）

四　公元 3 世纪至 9 世纪新疆的政治和社会经济情况

1. 天山北路

公元 402 年柔然由蒙古入天山北路，并役属天山南路的高昌、焉耆、于阗等国。突厥兴起后，于 555 年灭柔然，占有天山北路。突厥分东西二国，西突厥可汗曾一度驻在库车北的三弥山中；605 年以后，天山北路是西突厥属下的铁勒部的据地。除了吉木萨尔的庭州故城以外，游牧民族留下的遗迹较少，经过调查发掘的更少，有两种遗迹值得特别提出。

（1）石人像。在草原上竖立石人，高约 2 米左右，附近常有土冢，似与坟墓有关。这种石人在天山北路已发现十几个①。在内蒙古自治区、蒙古人民共和国、西伯利亚南部都有发现，并且都与游牧民族有关。大约为 7~10 世纪的突厥人所立的。

（2）岩画。在山岩上，游牧民族常刻凿一些图画，大都是动物或人像。1953 年在天山北路调查过四处，1958 年又发现一处。② 这种岩画分布也很广，蒙古人民共和国的乌梁海区的萨彦岭和苏联西伯利亚南部，也都有发现，并且也都和游牧民族有关。新疆的岩画，晚期的有佛像和蒙文或藏文；但早期的可能与上述石像同时，例如，昭苏有一处二者便在一起。

吉木萨尔是天山北麓的沃洲，属于山区而不属于准噶尔草原，是唐代庭州金满县的治所，也是北庭都护府所在地，曾发现过唐金满县残碑和唐造像碑，城垣残迹仍保存。东面的沃洲巴里坤，便是汉代的蒲类国，有唐代的姜行本纪功碑（604 年），发掘工作做得不多，否则一定可以发现更多的汉族和当地人民文化融合的遗迹。

2. 天山南路

最重要和发现最多的是吐鲁番（高昌）和库车。其次是焉耆、于阗。至于哈密、疏勒、莎车，虽在当时也很重要，但考古工作做得不

---

① 1953 年西北文化局曾调查过 6 处 11 个：霍城特勒克尼 2 个，昭苏小洪海 1 个，下台 3 个，萨姆塔什 2 个，叶森培孜儿 1 个，哈萨克培孜儿 2 个。此外，乌鲁木齐的柴窝堡有 3 个，1958 年考古所工作队调查过 3 处，除了霍城和昭苏下台的以外，还有昭苏阿克牙咀的 2 处，似在上列各处之外。

② 1953 年调查的有：昭苏科培雷特（有早期的，也有晚期的，包括藏文和佛教像），特克斯唐姆洛克塔什（动物像，也有蒙古文题字），霍城库鲁寨脱（动物像），昭苏叶森培孜儿，1958 年调查的为霍城昆带山中的塔木达什（动物像）。此外，我们知道在天山南路也有 3 处：皮山的桑珠镇，库尔勒的库鲁克山中，婼羌东南的长尔泰、阿拉贡山中。

多。

（1）吐鲁番。前凉、后凉和北凉时都曾在这里设郡置太守，各城都有汉人居住。460 年独立为高昌国，经历几朝以由金城（公兰州）汉人所建立的麴氏一朝（500～640 年）为最重要（《新唐书·地理志》谓王都交河城，今雅尔湖）。唐初改为郡县（《新唐书·地理志》西州治前庭本高昌。按高昌城，今哈喇和卓）。8 世纪时，回鹘人已来高昌，9 世纪时回鹘一支由蒙古西迁，即以高昌为据点，称西州回鹘。

考古发现：两座古城（高昌和交河）都保存城垣和一部分废弃的庙宇和住宅。在前一处曾发掘出公元 445 年所立的北凉沮渠安周造寺碑和 575 年的麴斌造寺碑，都是汉文的。两处所得古代文书很多，包括十几种语文。又在两处城外的墓地中，发掘到许多汉文墓志，是6～8 世纪的古墓，多是汉族人，也有少数属于非汉族的。掘出陶俑、丝织物、钱币及波斯银币。由一些古文书中可以看到当时的封建式佃租制度。

（2）焉耆和库车。唐太宗时，二者都为唐朝的保护国，为安西四镇之二。统辖四镇的安西都护府常设在库车（龟兹）。它们和庭州、西州为郡县不同。武后时，四镇曾为吐蕃所占领。

焉耆区内，1957 年曾调查过十一座古城，其中唐王城（可能为唐代焉耆都城）最为重要。试掘结果，有房屋遗址及粮仓，出土有陶器、铁器和谷物。

库车境内曾发现过水渠遗迹和炼铁遗迹。1957～1958 年曾在苏巴什古城和龟兹古城内哈喇墩做过发掘，都有唐代的遗物，如开元钱及写有汉文和少数民族文字的东西，后者或即龟兹国都延城的遗址。哈喇墩发现排列整齐的大缸 23 个，可能为酒库。

遗迹，焉耆有明屋（千佛洞）及舒尔楚克。1957 年曾作试掘。库车附近有库木头拉及赫色尔（属拜城县）等。

古文字方面，库车境内曾发现吐火罗乙种文字，焉耆发现吐火罗甲种文字。或以库车语为当地方言，而吐火罗甲种则为中亚传入之外来语。它们皆为 7～10 世纪之物（粟特文字曾在汉长城遗址中发现过，起源较早。但也有 7～10 世纪的文件）。

（3）于阗。今和阗城西的约特干遗址，有早到汉代的遗物，也有唐代的遗物，如开元通宝。和阗北部的丹丹乌里克（Dadanulik），除了有关佛教的遗迹之外，也发掘到 8 世纪的汉文书及开元、乾元钱，有些是借据，知道寺院也放债。古于阗语的文书，也是属于 8 世纪的。佛寺附近还有古代果园、道路、水渠和住宅，是封建式的庄园制度。8 世纪末吐蕃入侵，这庄园被毁而废弃。

3. 这时的中西交通

（1）前节所说的新疆境内考古发现，有许多可以证明当时中西交通经过这条孔道如何频繁。当时住民在生产力的发展基础上，创造了灿烂的文明；吸收东西两方面的文化，产生了独特的文明。关于我国境内（包括新疆境内）的发现和汉文书籍的记载中西交通的史料，不再赘述。

（2）现仅就苏联的中亚细亚所发现的考古资料，稍加介绍：

①康国：南北朝和唐代的康国，都城在萨马尔干旧城，现名阿弗拉西阿勃（Afrasiab）。在乌孜别克加盟共和国境内，由公元前 6 世纪至公元 13 世纪继续居住。1908 年起即断续发掘，曾发现有康国货币。7～8世纪时所铸，有些显然受汉人钱币的影响，其东的片治肯特（pyangikent）和菱格山（Mt. Mug），现都属塔吉克加盟共和国，1947～1950 年在前一处废址中发现 7 世纪袄教徒壁画，但作风有些和新疆佛教壁画相近，在后一边城堡废址中发现 8 世纪初年古文书 81 件，其中汉文的 8 件，突厥文及阿拉伯文各一件，余为粟特文。

②苏对沙那（东曹国）的蒙乍克德普（Muuchak - tepe）原属乌兹别克加盟共和国。1943～1944 年发掘一墓地，为公元 1～4 世纪的，出有中国的五铢钱。又有适于骑马使用的扁陶壶。

③安国都城，在今日布哈拉的瓦拉赫什（Varakhsha），现属乌孜别克斯坦加盟共和国，1937 年起陆续发掘，曾掘到 7 世纪的王宫。

④热海（今名伊塞克湖）畔的裴罗将军城，现属柯尔克孜加盟共和国，为西辽国都，上层为西辽时（12 世纪）遗留，但 1953 年掘至下层，有 8 世纪佛寺，所出雕塑和壁画，与新疆出土的相似。

五　新疆考古工作的展望

（1）新疆古代的生产工具、生产用具、住宅、城市、水渠等遗存的研究，以阐明各时代的生产力、经济生活等，以便确定其社会经济发展的各阶段。

①北部游牧民族社会的特点和它的社会发展的特殊性。

②南部绿洲中的社会的特殊性。它的城市建设和灌溉工程。

（2）将考古资料与民族学调查相结合，以探求现下新疆各民族与古代的民族间的关系。

（3）新疆的农耕人民和天山以北的草原（包括准噶尔草原及蒙古草原）上游牧民族的关系，新疆人民与汉族的关系。以阐明我国成为多民族国家的形成过程。

（4）新疆古代的宗教和艺术。

（附注：关于回鹘入新疆后的考古及文献资料，可参阅中央民族学院研究部所编《维吾尔族史料简编》）。

《考古学论文集》编后记[*]

这集中所收的关于中国考古学的文章，一共 10 篇，分为三部分。这些都是已经发表过的。这里的编次，是依照文章的性质分类排列，并不依照发表年月的先后。各篇内容，仍照原来发表时的样子，仅作微小的文字修改，有的加了补记或增添了一些注释。

第一部分是关于我国原始社会遗存的调查和发掘的报告。这些是我在抗日战争期中在甘肃东部所做的田野工作的成果。关于齐家文化的一篇，改正了安特生的错误，同时也要想纠正当时一般所谓"学者"盲目崇拜"外国学者"的坏风气。解放后，最近在甘肃刘家峡水库区的调查和渭水上游的调查中，都获得了齐家文化层压于仰韶文化层之上的证据，可以证明我所提出的说法确是合于客观的事实。这使我们可以在中国原始社会的发展史的研究工作上，搬开了一个绊脚石。寺洼山发掘记提出了将出土遗物和少数民族文化相结合的问题。我相信这是研究少数民族早期历史的一个重要的方法，是今后应该力加发展的一个方面。

这几篇发掘和调查报告，有些地方嫌于繁琐。在当时也许是需要的。当时这是一种创始缔造的工作，须要对于遗迹和遗物作比较细致的描述，竭力要求明确。并且当时在反动政府统治之下，田野考古工作无

---

* 本文是作者于1959年末为其自选《考古学论文集》所写后记，该书由科学出版社1961年出版。

法展开，可以有很多的时间坐在室内做这种整理和描述的工作。今日我国田野考古工作在党的领导下已经空前地展开了。为了使田野工作的收获能成为历史研究工作的起点以便继续深入，每个报告最好要有它明确的目的性。为了使编写报告能赶上田野工作，这便须要精简扼要。但是在力求避免繁琐中，作为重点的遗迹和遗物，仍是须要详尽明确的。

第二部分是根据出土的古物作专题研究。敦煌汉简一文中，除了介绍当时新发现的一批漠简之外，还提出了对于玉门关设置年代的新看法，又对于"征和"和"延和"年号的问题，也纠正了近人的错误见解。吐谷浑墓志一文，介绍新出土的数据，并且对于这一个少数民族的晚期历史，作了综合的叙述。至于外国货币的三篇，是对于当时中国和波斯及东罗马的一部分经济关系，加以阐明，并且对当时中西交通路线的问题，提出了一些新看法。这些研究，力求结合文献上的资料。考证方法，也力求谨严。但是有些地方，难免有过于繁琐的毛病。

附录的一篇总述十年来的考古新发现，可以看出我国解放以后的中国考古学的蓬勃发展。这种发展充分地证明党的领导的正确性和社会主义的优越性。

这十来篇文章的思想水平和学术水平都不高，它们只是局限于供给数据这一阶段。我们虽然也不必过分地菲薄数据性的工作，但我们对于中国考古学的研究，显然决不能局限在这阶段。我们要更进一层提高理论的水平，加强理论工作。我们要以马列主义的世界观作为基础，多解决一些关键性的问题，以便建立起马克思主义的中国考古学。在这样的一个考古学体系中，这几篇所包含的工作成果，或许可以作为建筑高楼大厦的过程中几块砖和几枚钉子。当然的，其中一定有些错误和未妥的地方：我恳切地希望读者们的指正和批评。

1959 年 12 月